독자의 1초를 아껴주는 정성!

세상이 아무리 바쁘게 돌아가더라도

책까지 아무렇게나 빨리 만들 수는 없습니다.

인스턴트 식품 같은 책보다는

오래 익힌 술이나 장맛이 밴 책을 만들고 싶습니다.

길벗이지톡은 독자여러분이 우리를 믿는다고 할 때 가장 행복합니다.

나를 아껴주는 어학도서, 길벗이지톡의 책을 만나보십시오.

독자의 1초를 아껴주는 정성을 만나보십시오.

미리 책을 읽고 따라해본 2만 베타테스터 여러분과

무따기 체험단, 길벗스쿨 엄마 2% 기획단,

시나공 평가단, 토익 배틀, 대학생 기자단까지!

믿을 수 있는 책을 함께 만들어주신 독자 여러분께 감사드립니다.

홈페이지에 오시면 책을 함께 만들 수 있습니다.

(주)도서출판길벗 www.gilbut.co.kr

길벗이지톡 www.gilbut.co.kr

길벗스쿨 www.gilbutschool.co.kr

---

mp3 파일 다운로드 안내

길벗이지톡(www.gilbut.co.kr) 회원(무료 가입)이 되시면 오디오 파일을 비롯하여 다양한 자료를 이용할 수 있습니다.

1단계	로그인 후 홈페이지 가운데 화면에 있는 SEARCH [　　　　　] 검색 에서 찾고자 하는 책이름을 입력하세요.
2단계	검색한 도서에 대한 자료를 다운로드 받으세요.

〈초초강추 토익 RC 실전문제집〉 부가 자료 다운로드 방법

1 길벗이지톡 홈페이지(gilbut.co.kr)에서 로그인한 다음 검색창에 '초초강추 토익'을 검색합니다.

2 해당 책을 클릭한 다음 상세 페이지로 들어가 '자료실'을 클릭합니다.

3 '자료실'에서 MP3나 학습자료를 선택해 다운로드 할 수 있습니다. (MP3는 실시간 듣기 가능)

도서 관련 질문하는 방법

1 시나공 토익 홈페이지(sinagong.gilbut.co.kr/toeic)에 접속해서 상단에 '묻고 답하기'를 클릭합니다.

2 하단에 문의하기를 클릭하고, 〈다른 도서 찾기 −〉 도서 선택 −〉 페이지 입력 −〉 하단 문의하기 클릭 −〉 문의 내용 입력〉 순으로 문의를 남겨주시면 됩니다. 자주 질문하는 책은 처음에 도서 등록을 해놓으시면 더 간편하게 이용하실 수 있습니다.

3 길벗이지톡 홈페이지(gilbut.co.kr)에 접속해서 상단에 〈고객센터〉 클릭 후 〈1:1 문의〉를 통해서도 질문하실 수 있습니다.

시험에 나오는 것만 공부한다!

시나공 토익 MAP

고득점 공략
950 시리즈

실전서
권장점수 600점 이상

끝장 가성비
실전 문제집

부족한 파트만
공략하는
파트별 문제집

**이론
+
전략서**
권장점수 500~700점

목표 점수대를
공략하는
이론+전략서

기본서
권장점수 500~700점

실전용 기본기를
다지는
기본서

입문서
권장점수 400~500점

체계적인
시작을 위한
입문서

실전문제집
READING

강진오·강원기 지음

초초강추 토익 RC 실전문제집

초판 발행 · 2019년 12월 24일

지은이 · 강진오, 강원기
발행인 · 이종원
발행처 · ㈜도서출판 길벗
출판사 등록일 · 1990년 12월 24일
주소 · 서울시 마포구 월드컵로 10길 56(서교동)
대표전화 · 02) 332-0931 | **팩스** · 02) 322-6766
홈페이지 · www.gilbut.co.kr | **이메일** · eztok@gilbut.co.kr

기획 및 책임편집 · 고경환 (kkh@gilbut.co.kr) | **디자인** · 최주연 | **제작** · 이준호, 손일순, 이진혁
영업마케팅 · 김학흥, 장봉석 | **웹마케팅** · 이수미, 최소영 | **영업관리** · 심선숙 | **독자지원** · 송혜란, 홍혜진

CTP 출력 및 인쇄 · 예림인쇄 | **제본** · 예림바인딩

- 이 도서의 국립중앙도서관 출판예정도서목록(CIP)은 서지정보유통지원시스템 홈페이지(http://seoji.nl.go.kr)와
  국가자료공동목록시스템(http://www.nl.go.kr/kolisnet)에서 이용하실 수 있습니다.(CIP제어번호: CIP2019050194)

ISBN 979-11-6521-015-1 03740
(이지톡 도서번호 301032)

정가 13,000원

· ·

독자의 1초까지 아껴주는 정성 길벗출판사

(주)도서출판 길벗 | IT실용, IT/일반 수험서, 경제경영, 취미실용, 인문교양(더퀘스트) **www.gilbut.co.kr**
길벗이지톡 | 어학단행본, 어학수험서 **www.eztok.co.kr**
길벗스쿨 | 국어학습, 수학학습, 어린이교양, 주니어 어학학습, 교과서 **www.gilbutschool.co.kr**

오프라인 수강생 10만명 돌파
"초초강추 토익"의 첫 교재!

저는 토익 교재만 25권 이상 집필을 했지만 저의 강의명 '초초강추 토익'을 달고 집필한 책이 세상에 나오는 건 제 생애 처음입니다. 이 책에는 YBM 어학원에서 10년 이상 토익 강의를 하면서 오프라인에서 직접 학생들과 대면하면서 얻은 노하우 그리고 10년 이상 교재를 집필하면서 얻은 노하우를 담으려고 노력했습니다. 원고를 쓰면서도 여러 번의 수정을 거듭했고 힘겨웠지만 이제 당당히 여러분 앞에 책을 내놓으려고 합니다.

정기 토익의 핵심만 골라 담은 500제!

이 책은 RC 총 5세트, 500문제로 구성되어 있습니다. 각각의 세트는 실제 토익 문제 유형과 난이도, 출제자의 의도를 파악해서 수험생들이 토익 시험을 응시하기 전에 최적화된 모의고사를 치를 수 있도록 구성이 되어 있습니다. 또한 수험생들이 따로 단어장을 구매하지 않도록 13년 동안 토익시험에서 출제된 단어들을 정리해 부록으로 제공해서 학습효율을 더 높였습니다.

실제 수강생들에게 주는 자료를 카톡 아이디만 등록해도 드립니다!

매달 시험을 보고 거의 매일 수험생 앞에서 강의하다 보면 토익 시험에 뭐가 나오는지 뚜렷하게 보일 때가 있습니다. 이런 생각을 정리해서 꾸준히 자료로 남겨왔습니다. 저는 현장에서 수험생들이 아쉬움을 느끼는 점을 몸소 체험해 왔다고 자부하기 때문에 제가 수강생들한테 주는 자료는 정말 '도움이 되는' 자료라고 확신합니다. 이 책 표지에 있는 제 카톡 아이디를 등록하시면 이런 제 경험과 그동안 쌓인 노하우를 풀어낸 수업 시간에 수강생들한테만 주는 자료를 제가 직접 드립니다.

'초초강추 토익'의 노하우를 다 풀어놓은 책!

이 책 RC 500문제는 누군가에는 많고 누구에게는 적을 수 있습니다. 하지만 개인적으로 지금까지 집필한 책 중에서 가장 많은 심혈을 기울였다고 자부합니다. 문제 하나하나에 많은 신경을 썼기 때문에 끝까지 5회분을 푸신다면 반드시 RC 고득점을 받을 수 있을 것입니다. 해설에도 제 강의 내용을 그대로 옮겨오려고 노력했고 도움이 되는 팁을 하나라도 더 넣기 위해 여러 번 퇴고했습니다.

저에게는 힘든 작업이었지만 자신 있게 이 책을 세상에 내놓을 수 있어서 기쁩니다. 이 책을 집필하는 데 도움을 주신 도서출판 길벗 임직원분들에게 심심한 감사를 드리며, 이 책이 대한민국 토익 시장에서 수험생에게 가장 도움이 되는 책이 될 수 있기를 간절히 기도해 봅니다. 감사합니다.

2019년 12월 겨울
저자 강진오, 강원기

1

오프라인 수강생 수 10만명의 '초초강추 토익'의 첫 책!

총 수강생 수 10만명을 돌파한 신촌 YBM '초초강추'팀의 이름으로 출간한 첫 책입니다. 10년 이상 강의 현장에서 체득한 풀이 노하우와 실제 시험을 보며 알게된 출제 포인트를 이 책에서 모두 풀어냈습니다. 국내 어떤 문제집보다 밀도있고 핵심이 살아있는 500제를 담았습니다.

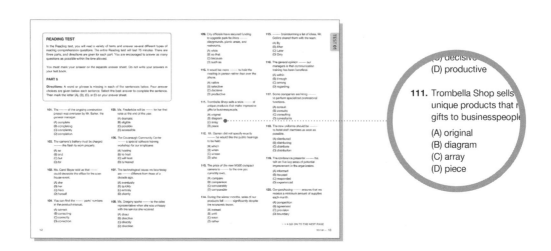

2

정기 토익의 핵심만을 담은 500제!

이 책에 실린 500제는 그냥 500제가 아니라 10년 간의 데이터를 근거로 만든 핵심만을 담은 500제입니다. 문제 하나하나를 정성을 들여 만들었고 또 세심하게 검증했습니다. 각각의 세트는 실제 토익 문제 유형과 난이도, 출제자의 의도를 파악해서 수험생들이 토익 시험을 응시하기 전에 최적화된 모의고사를 치를 수 있도록 구성이 되어 있습니다.

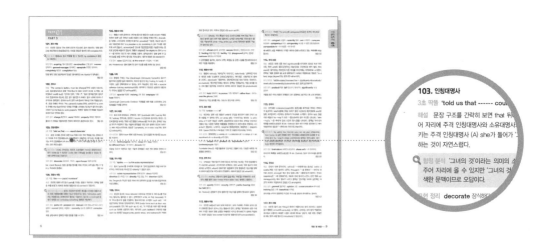

3 저자 카톡을 등록하면 고득점용 수업 자료를 보내줍니다!

이 책 표지에 있는 저자의 카톡 아이디를 등록하시면 저자가 그동안 쌓아온 풀이 노하우를 아낌없이 공개한 수업 시간에
수강생들한테만 주는 자료를 저자가 직접 보내줍니다. 학원을 굳이 다니지 않고도 모든 자료를 공개해 수험생들이 학습
효율을 높일 수 있게 배려했습니다.

4 단어장 1권 분량의 13년치 RC '기출 어휘집' 제공!

수험생들이 따로 단어장을 구매하지 않도록 13년 동안 토익시험에서 출제된 단어들을 정리해 부록으로 제공해서 학습
효율을 더 높였습니다. 저자가 매회 시험을 보고 직접 업데이트를 해 온 총정리용 어휘집입니다.

1 TOEIC이란?

TOEIC은 Test Of English for International Communication의 앞 글자들을 따서 만든 용어로서, 영어가 모국어가 아닌 사람들을 대상으로 하여 언어의 주 기능인 의사소통 능력을 평가하는 시험입니다. 주로 비즈니스와 일상생활 같은 실용적인 주제들을 주로 다루고 있으며, 듣고 이해하는 Listening 분야와 읽고 파악하는 Reading 분야로 나뉩니다. 이 두 부분은 각각 495점의 배점이 주어지며, 총 만점은 990점입니다. 특히 Listening은 미국뿐만 아니라 영국, 호주의 영어발음까지 섞여 나오기도 합니다.

2 시험의 구성

구성	Part	내용	문항 수	시간	배점
Listening Comprehension	1	올바른 사진 설명 찾기	6	45분	495점
	2	질문에 알맞은 대답 찾기	25		
	3	짧은 대화 내용 찾기	39		
	4	긴 연설문 내용 찾기	30		
Reading Comprehension	5	문법 / 어휘 빈칸 채우기(문장)	30	75분	495점
	6	문법 / 어휘 빈칸 채우기(지문)	16		
	7	1개 장문의 주제와 세부사항 찾기	29		
		2개 장문의 주제와 세부사항 찾기	10		
		3개 장문의 주제와 세부사항 찾기	15		
Total		7 Part	200	120분	990점

3 토익 출제분야

토익은 국제적으로 통용되는 비즈니스와 특정 문화에 국한되지 않는 일상생활에 관한 내용을 다룹니다.

비즈니스	일반업무	구매, 영업/판매, 광고, 서비스, 계약, 연구/개발, 인수/합병
	제조	생산 공정, 품질/공장 관리
	인사	채용, 지원, 승진, 퇴직, 급여
	통신	공지, 안내, 회의, 전화, 이메일, 팩스, 회람, 인트라넷, 협조
	재무/회계	투자, 세금 신고, 환급/청구, 은행
	행사	기념일, 행사, 파티, 시상식
일상생활	문화/레저	영화, 공연, 박물관, 여행, 쇼핑, 외식, 캠핑, 스포츠
	구매	주문/예약, 변경/취소, 교환/환불, 배송
	건강	병원 예약, 진료, 의료보험
	생활	고장, 보수, 생활 요금, 일정

4 시험 시간 안내

시간	내용
09:30 ~ 09:45	답안지 배부 및 작성 오리엔테이션
09:45 ~ 09:50	휴식 시간
09:50 ~ 10:05	1차 신분증 검사
10:05 ~ 10:10	문제지 배부 및 파본 확인
10:10 ~ 10:55	LC 시험 진행
10:55 ~ 12:10	RC 시험 진행(2차 신분 확인)

*아무리 늦어도 9시 50분까지는 입실해야 하며, 고사장의 상황에 따라 위의 시간은 약간 변할 수 있습니다.

5 토익 접수 방법

접수기간 및 접수처 확인 : TOEIC 위원회 홈페이지 / **응시료** : 44,500원

① 방문 접수

- 해당 회 접수기간에 지정된 접수처에서 응시료를 납부하고, 신청서를 작성한 후 접수합니다.
- 사진(반명함판, 3x4cm) 한 장을 지참합니다.
- 원서 접수시간: 09:00~18:00(점심시간 12:00~13:00)

② 인터넷 접수

해당 회 접수기간에 TOEIC 위원회 홈페이지(www.toeic.co.kr)에서 언제든 등록이 가능합니다. 사진은 jpg 파일로 준비하면 됩니다.

③ 특별 추가 접수

특별 접수기간 내에 인터넷 접수로만 가능하며 응시료가 48,900원입니다.

6 시험 준비 사항

① 규정 신분증

주민등록증, 운전면허증, 공무원증, 여권, 초·중·고생의 경우는 TOEIC 정기시험 신분 확인 증명서, 학생증, 청소년증을 인정합니다. 신분증이 없으면 절대 시험을 볼 수 없습니다. 꼭 챙기세요!

② 필기도구

컴퓨터용 연필(연필심은 굵게 준비해 두면 답안지 작성할 때 편리함), 지우개 *사인펜은 사용할 수 없습니다.

7 성적확인 및 성적표 수령

성적은 정해진 성적 발표일 오전 6시부터 토익위원회 홈페이지와 ARS 060-800-0515를 통해 조회할 수 있습니다. 성적표는 선택한 방법으로 수령이 가능하며 최초 발급만 무료입니다.

PART 5

105. Among the most ------- complaints we receive are those concerning slow response times.

    (A) frequent
    (B) probable
    (C) reliable
    (D) cautious

출제 경향

기본적인 인칭대명사, 부사자리, 능동태/수동태, 비교급 등의 기본적인 문법 구조를 물어 보는 문제 위주로 출제되고 있습니다. 어려운 문법적인 문제는 출제되지 않으며 반드시 문법지식이 있어야만 풀리는 문제는 2-3개 이내입니다(인칭대명사, 관계대명사). 문법보다 정확한 번역을 통해서 정답을 찾아야 하는 어휘 문제의 출제 빈도가 증가하고 있습니다. 결국 파트 5 30문제 중에서 25~28문제 정도는 문법적인 지식이 없어도 번역으로 문제가 해결이 됩니다. 보통 중·상 사이의 난이도를 유지하는 편입니다.

PART 6

DENVER (November 3) – Tough Knits, Inc. announced yesterday that it will be partnering with Atrios Graphics to develop a new line of hats for winter sport enthusiasts. The local ------- manufacturer
143.
has entered into similar partnerships in the past.

143. (A) hardware
    (B) luggage
    (C) apparel
    (D) equipment

출제 경향

단순 번역보다는 문맥을 통해서 접근을 하도록 유도하는 문제가 출제됩니다. 파트 6에서는 어휘 문제와 문장 삽입 문제에서 수험생들이 어려워합니다. 난이도가 비교적 쉽게 출제되지만 1년에 2-3회 정도는 어렵게 출제되고 있습니다.

PART 7

LAWRENCE (January 22) – The recent period of cold weather could cause hundreds of thousands of dollars of damage to homes throughout the Sedona Valley as temperatures return to normal later this week.

147. What is the purpose of the article?

    (A) To recommend hiring a plumber right away
    (B) To urge readers to take preventative action
    (C) To issue a winter storm warning
    (D) To comment on a forecasting error

출제 경향

작년에 비해 지문이 많이 짧아지고 있긴 하지만 혼동이 될 만한 함정 문제가 매해 5~8문제 정도 나와서 난이도를 유지하고 있습니다. 단일 지문에서 대화체와 기사 그리고 삼중 지문을 수험생들이 어렵게 느끼고 있습니다. 작년에 비해 파트 7은 비교적 쉬워지고 있지만 여전히 지문에서는 이해력을 요구하는 어려운 문제가 좀 있기 때문에 여전히 시간이 부족하다고 느끼는 수험생들은 많습니다.

목 차

＊자세한 해설을 확인하고 싶으시면 홈페이지에서 해설집을 다운로드하세요.(www.gilbut.co.kr)

TEST 01

시작 시간 ___시 ___분

종료 시간 ___시 ___분

목표 개수 _____ / 100

실제 개수 _____ / 100

- 중간에 멈추지 말고 처음부터 끝까지 풀어보세요.
  문제를 풀 때에는 실전처럼 답안지에 마킹하세요.

- 정답 개수에 5를 곱하면 대략적인 점수가 됩니다.

READING TEST

In the Reading test, you will read a variety of texts and answer several different types of reading comprehension questions. The entire Reading test will last 75 minutes. There are three parts, and directions are given for each part. You are encouraged to answer as many questions as possible within the time allowed.

You must mark your answer on the separate answer sheet. Do not write your answers in your test book.

PART 5

Directions: A word or phrase is missing in each of the sentences below. Four answer choices are given below each sentence. Select the best answer to complete the sentence. Then mark the letter (A), (B), (C), or (D) on your answer sheet.

101. The ------- of the ongoing construction project was overseen by Mr. Barker, the general manager.

(A) complete
(B) completing
(C) completely
(D) completion

102. The camera's battery must be charged ------- the flash to work properly.

(A) so
(B) and
(C) but
(D) for

103. Ms. Carol Bayer told us that ------- could decorate the office for the open house event.

(A) she
(B) her
(C) hers
(D) herself

104. You can find the ------- parts' numbers in the product manual.

(A) correct
(B) correcting
(C) correctly
(D) correction

105. Ms. Fredericks will be ------- for her first raise at the end of this year.

(A) dramatic
(B) eligible
(C) possible
(D) accessible

106. The Cavanaugh Community Center ------- a special software training workshop for our employees.

(A) hosting
(B) to host
(C) will host
(D) is hosted

107. The technological issues we face today are ------- different from those of a decade ago.

(A) eventually
(B) quickly
(C) entirely
(D) shortly

108. Ms. Gregory spoke ------- to the sales representative when she was unhappy with the service she received.

(A) direct
(B) directive
(C) directly
(D) direction

109. City officials have secured funding to upgrade park facilities ------- playgrounds, picnic areas, and restrooms.

(A) while
(B) so that
(C) because
(D) such as

110. It would be more ------- to hold the meeting in person rather than over the phone.

(A) native
(B) selective
(C) decisive
(D) productive

111. Trombella Shop sells a wide ------- of unique products that make impressive gifts to businesspeople.

(A) original
(B) diagram
(C) array
(D) piece

112. Mr. Damon did not specify exactly ------- he would like the public hearings to be held.

(A) which
(B) when
(C) whose
(D) who

113. The price of the new M500 compact camera is ------- to the one you currently own.

(A) compare
(B) comparison
(C) comparably
(D) comparable

114. During the winter months, sales of our products fell ------- significantly despite the economic boom.

(A) instead
(B) until
(C) soon
(D) rather

115. ------- brainstorming a list of ideas, Mr. Collins shared them with the team.

(A) By
(B) After
(C) Later
(D) Only

116. The general opinion ------- our managers is that communication training has been beneficial.

(A) within
(B) through
(C) among
(D) regarding

117. Some companies are hiring ------- to perform specialized professional functions.

(A) consult
(B) consults
(C) consulting
(D) consultants

118. The new uniforms should be ------- to hotel staff members as soon as possible.

(A) distributed
(B) distributing
(C) distribute
(D) distribution

119. The conference presenter ------- his talk on five key areas of potential improvement in the organization.

(A) informed
(B) focused
(C) responded
(D) experienced

120. Our purchasing ------- ensures that we receive a minimum amount of supplies each month.

(A) competition
(B) agreement
(C) provision
(D) boundary

▶ ▶ ▶ GO ON TO THE NEXT PAGE

121. The two-dimensional map shows the ------- location for our new corporate office complex.

(A) propose
(B) proposing
(C) proposal
(D) proposed

122. Immediately after graduating from medical school, Dr. David White began practicing ------- in a small clinic.

(A) profession
(B) professing
(C) professionally
(D) professional

123. Now that the computer network has been upgraded, the director ------- fewer communication problems.

(A) designs
(B) expects
(C) prevents
(D) disrupts

124. Hiring sales associates is expected to continue across industries ------- there is a slight economic downturn.

(A) even if
(B) instead
(C) moreover
(D) whereas

125. Previously a regional chain, Benjamin's stores are now found ------- the country.

(A) along
(B) besides
(C) among
(D) throughout

126. Interest in teaching our method of financial analysis has grown ------- over the past year.

(A) nearly
(B) recently
(C) extremely
(D) substantially

127. The new mobile app will enable employees ------- their work files remotely.

(A) access
(B) accessed
(C) accessing
(D) to access

128. The company president, Mr. Lopez, will celebrate the tenth anniversary of the ------- of the company.

(A) founding
(B) found
(C) founder
(D) foundational

129. The Western government placed new ------- on the amount of steel that could be imported and exported.

(A) industries
(B) approaches
(C) attractions
(D) restrictions

130. The main technician ------- the malfunctioning of the copy machine to a worn-out roller.

(A) suggests
(B) attributes
(C) introduces
(D) discontinues

PART 6

Directions: Read the texts that follow. A word or phrase, or sentence is missing in parts of each text. Four answer choices for each question are given below the text. Select the best answer to complete the text. Then mark the letter (A), (B), (C), or (D) on your answer sheet.

Questions 131-134 refer to the following e-mail.

To: Rodney Casset
From: David Singer
Date: April 8
Subject: Service request #78322

Dear Mr. Casset,

I am responding to your April 7 service request (#78322) submitted on our Web site. Based

on the ------- you provided, it appears that you do not need to send your phone to a Katana
       131.

service center for repairs. Instead, I suggest you try resolving the issue yourself first. We

------- a troubleshooting guide, which you can find on our Web site at www.katana.com/
132.

products/support. -------. If, after referring to the guide, you continue to experience the
                133.

problem, please contact our technical support line at 1-888-555-4904. Our representatives

are ------- to help customers like you.
    134.

Sincerely,

David Singer

131. (A) review
(B) information
(C) product
(D) license

132. (A) were creating
(B) have created
(C) have been created
(D) would have created

133. (A) Choosing the right product has now become easier.
(B) Feedback from consumers is very important to us.
(C) Our company continually improves our products.
(D) Most customers find the solutions they need there.

134. (A) hesitant
(B) potential
(C) available
(D) predictable

▶ ▶ ▶GO ON TO THE NEXT PAGE

Questions **135-138** refer to the following information.

RETURN POLICY

We hope that you are pleased with your purchase from Kintzer Hardware. All regular

products ------- by us come with a 30-day money-back guarantee. If for any reason, you are
      135.

not satisfied with your purchase, bring it to any Kintzer Hardware location for a full refund.

Please be aware that certain ------- apply. Returns must be accompanied by the sales
      136.

receipt. -------, we ask that you return the unwanted products in the original packaging.
    137.

-------. These items will be marked with a "Clearance" sticker. Clearance items are sold "as
138.

is" and may not be returned or exchanged for any reason.

---

135. (A) sell
(B) will sell
(C) are sold
(D) sold

136. (A) reasons
(B) receipts
(C) conditions
(D) evidences

137. (A) In short
(B) In addition
(C) For instance
(D) At that time

138. (A) Kintzer Hardware has been serving customers for over four decades.
(B) Our business model places our customers first and foremost.
(C) Occasionally, Kintzer Hardware will sell discontinued items.
(D) Decisions are sometimes made by managers that affect employees.

Questions 139-142 refer to the following article.

DOHA, 2 February – Gulf Airlines announced yesterday that it soon will offer discounted

vacation packages ------- international travelers. The deals are the result of a new
                    139.

partnership between the airline, Crown Hotel, and Dune Tours.

Travelers will soon be able to add lodging and local excursions to flights booked on the

airline's Web site. By purchasing the services -------, travelers can save up to 30% off
                                              140.

their individual prices.

The travel packages aim to make planning more convenient for foreigners. This potential

benefit is most appealing to first-time visitors to the region. These travelers are likely to be

------- with the many options available. -------.
141.   **142.**

139. (A) as
(B) from
(C) with
(D) for

140. (A) instead
(B) together
(C) ahead
(D) recently

141. (A) popular
(B) unfamiliar
(C) expensive
(D) competitive

142. (A) Shopping in one place will reduce
time spent on research.
(B) Please inform us if you are interested
in these sights.
(C) Prices for airline tickets have risen in
recent years.
(D) More experienced travelers can
benefit in other ways.

▶ ▶ ▶ GO ON TO THE NEXT PAGE

World Art Coming to Pollard Museum

June 8 – The Pollard Museum will be ------- the Global Extravaganza from June 22
143.

through September 30. Visitors will have the opportunity to view the works of artists from

around the world. -------. Displays will be arranged thematically and geographically.
144.

Tickets to this special ------- can be purchased at www.pollard.org or at the museum
145.

itself. Admission to all other sections of the museum is included with the ticket. The price

for adults is $15. Children, students, and senior citizens can enter for $10. ------- rates are
146.

also available for groups. Contact the Pollard Museum at 555-9090 for details.

143. (A) reviewing
     (B) hosting
     (C) documenting
     (D) selecting

145. (A) banquet
     (B) concert
     (C) tournament
     (D) exhibit

144. (A) A variety of paintings, sculpture,
         photographs, and drawings will be
         featured.
     (B) Several of the museum's curators
         worked overseas earlier in their
         career.
     (C) Please let us know what you think
         about this special event.
     (D) Proceeds from sales in the gift shop
         will help support the cause.

146. (A) Complete
     (B) Limited
     (C) Provided
     (D) Reduced

PART 7

Directions: In this part you will read a selection of texts, such as magazine and newspaper articles, e-mails, and instant messages. Each text or set of texts is followed by several questions. Select the best answer for each question and mark the letter (A), (B), (C), or (D) on your answer sheet.

Questions 147-148 refer to the following advertisement.

Body Craft

Inspiring Active Lifestyles

Winter is almost here. Don't let the cold weather keep you from staying active. Sign up for a winter membership for just $30 a month.* You'll get access to all of our fitness classes, swimming pools, weight rooms, saunas, locker rooms, and other facilities at all of our locations.

Available to individuals aged 18 and older living in Branford, Kingsley, and Chesterfield.

Advertised rate is for first-time guests. Good for December, January, and February.

Discount cannot be combined with other discounts.

147. What is Body Craft?

(A) A tennis club
(B) A sports arena
(C) A gym
(D) A health clinic

148. What is NOT mentioned about the memberships?

(A) Only new members get a discount.
(B) Memberships are for one location only.
(C) The $30 rate is only for three months.
(D) There is a minimum age restriction.

▶ ▶ ▶ GO ON TO THE NEXT PAGE

ARTS FESTIVAL AT KENSINGTON PARK
AUGUST 8 – 11

Entertainment, food, and fun daily from 10:00 A.M. to 9:00 P.M.

Arts and crafts for kids and adults at the Big Blue Tent.

Local vendors will set up booths around the lake.

Food trucks will be located near the Pavilion.

Special events organized by Laura Sherry at the Bandstand:

New City Ramblers Concert
Thursday, August 8, at 6:00 P.M.

Halo Youth Chorus
Friday, August 9, at 2:00 P.M.

Storytelling Completion
Saturday, August 10, at 4:00 P.M.

Community Talent Show*
Sunday, August 11, at 6:00 P.M.
*(Contact Laura Sherry at 555-4040 to register)

Complete schedule and maps at www.artsfestival.org.

149. Where can visitors hear a group of people sing?

(A) At the lake
(B) At the Bandstand
(C) At the Big Blue Tent
(D) At the Pavilion

150. How can readers enter the talent show?

(A) By visiting a Web site
(B) By filling out a form
(C) By calling the organizer
(D) By showing up beforehand

Questions 151-153 refer to the following article.

Traveling in the Off-Season
By Moira Schwartz

September 2 – For most families, summer is the time to take a vacation. But summer is often the peak season for many popular destinations. Visiting a theme park in July, for instance, typically means encountering huge crowds and long lines. Plus, hotels and airlines almost always raise their prices during the busiest travel months. Consider traveling in the off-season to beat the crowds and to save money. Figuring out the best time of year to visit a particular park, resort, or city was once best left to travel agents. Nowadays, with some basic research skills and an Internet connection, you can find that information yourself. Whether you decide to hire a professional or do it yourself, start looking at least a year or two before your anticipated vacation dates. That gives you plenty of time to find the best deals.

151. What is the purpose of the article?

(A) To recommend a travel agency
(B) To complain about high-priced resorts
(C) To provide advice on planning vacations
(D) To promote a new online service

152. What is suggested about some resorts?

(A) They offer lower rates in the off-season.
(B) They are becoming incredibly popular.
(C) They charge more for families.
(D) They can only be booked through agents.

153. What does Ms. Schwartz recommend that readers do?

(A) Read the fine print about deals
(B) Always get help from experts
(C) Join online discount sites
(D) Begin planning well in advance

▶ ▶ ▶ GO ON TO THE NEXT PAGE

Questions 154-155 refer to the following text message chain.

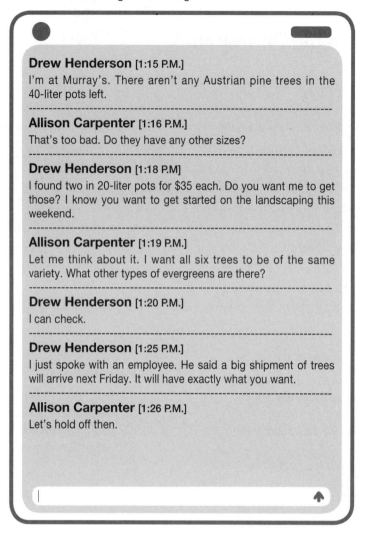

Drew Henderson [1:15 P.M.]

I'm at Murray's. There aren't any Austrian pine trees in the 40-liter pots left.

Allison Carpenter [1:16 P.M.]

That's too bad. Do they have any other sizes?

Drew Henderson [1:18 P.M]

I found two in 20-liter pots for $35 each. Do you want me to get those? I know you want to get started on the landscaping this weekend.

Allison Carpenter [1:19 P.M.]

Let me think about it. I want all six trees to be of the same variety. What other types of evergreens are there?

Drew Henderson [1:20 P.M.]

I can check.

Drew Henderson [1:25 P.M.]

I just spoke with an employee. He said a big shipment of trees will arrive next Friday. It will have exactly what you want.

Allison Carpenter [1:26 P.M.]

Let's hold off then.

154. At 1:16 P.M., why does Ms. Carpenter write, "That's too bad"?

(A) She believes Murray's is not a reliable business.
(B) She is disappointed some products are not available.
(C) She would rather have smaller pots.
(D) She wanted Mr. Henderson to go to Murray's earlier.

155. What is most likely true about Ms. Carpenter?

(A) She will ask to have some trees delivered next week.
(B) She will place an order with Murray's today.
(C) She will postpone the start of her landscaping project.
(D) She will meet Mr. Henderson at Murray's.

Report Streetlight Outages Online

June 1

Central Valley Electric (CVE) maintains over 25,000 streetlights in Hartman County. Some streetlights are owned by CVE, but others are owned by the city or town they are located in. We only perform maintenance and repairs on the streetlights that we own.

We regularly inspect our streetlights; however, unless consumers report a problem immediately, it might go unnoticed for some time. The next time you see a streetlight that is out, let us know. In addition to contacting our customer service center at 1-888-555-9340, you can now use our new incident report form at www.cve.com/streetlights.

When a streetlight is reported out, CVE crews work hard to determine the cause of the outage. In many instances, repairs can be made on the spot. Occasionally, however, more complex repairs may be needed, or special materials may need to be ordered. In those cases, repairs could take a week or more. Please keep that in mind when reporting an outage.

156. Who is the notice most likely intended for?

(A) Utility workers
(B) Area residents
(C) City officials
(D) Electricians

157. What recently happened with CVE?

(A) A Web site was finally launched.
(B) Additional streetlights were installed.
(C) An inspection schedule was changed.
(D) A new way to report problems was introduced.

158. What is given as a reason that a streetlight might not be fixed right away?

(A) Necessary supplies are not immediately available.
(B) An outage is reported incorrectly.
(C) Workers are busy with other tasks.
(D) The streetlight belongs to a different entity.

August 2

Michael D'Alessandro
803 Lead Avenue SE
Santa Fe, NM 18301

Dear Mr. D'Alessandro:

Last month, we mailed you a letter requesting your participation in a national Economic Health Indicators (EHI) survey. ---[1]---. The Bureau of Economic Statistics regularly asks small business owners to participate in the EHI survey to get a snapshot of current economic conditions. Data obtained from this and other surveys is also used to analyze economic trends over time.

According to our records, we have not received your EHI survey. Please complete the survey right away. ---[2]---. Responding is easy and takes only a few minutes of your time. Simply go to www.bes.gov/survey. ---[3]---. You will then be taken directly to the secure survey Web site.

If you are unable to complete the survey online, need assistance, or have questions, please call 1-888-555-1211 or e-mail us at help@bes.gov. ---[4]---.

I want to thank you in advance for your valued participation.

Sincerely,

Edward Billingham
Director, Bureau of Economic Statistics

---

159. What is suggested about Mr. D'Alessandro?

(A) He conducts economic analyses.
(B) He owns a commercial enterprise.
(C) He has been asked to contribute photographs.
(D) He works for the government.

160. What is the purpose of the letter?

(A) To extend an initial invitation to a survey
(B) To express appreciation for past assistance
(C) To report on the results of recent findings
(D) To remind Mr. D'Alessandro about a previous request

161. In which of the positions marked [1], [2], [3], and [4] does the following sentence best belong?

"Next, enter your survey ID number: 21-7843."

(A) [1]
(B) [2]
(C) [3]
(D) [4]

Questions 162-164 refer to the following advertisement.

Railway Vacations.com
Book through us and save big.

West Coastal Explorer Package* $2,900 and up
This luxurious four-day, three-night journey from Catalpa to Sunday Bay takes you through hundreds of kilometers of undeveloped coastline. Overnight stops in Newport, Sandusky, and Livermore. Hotel upgrades available.

Mountain Adventure Package* $3,000 and up
Experience the majestic beauty of the Hammond Mountains by train on this five-day, four-night journey starting and ending at Walton. Stops in Kingston, Vernal, and Opal national parks. Time is allotted for optional hiking, horseback riding, and fishing.

Cross Country Explorer Package* $950 and up
See this vast country on this three-day, two-night trip from Portland to Easton. Accommodations in sleeper car provided.

Piedmont Pass $550
Travel between any cities served by the Piedmont Express Line during a thirty-day window. Perfect for the independent traveler, this pass is good for five one-way trips. Includes one meal voucher for each trip.

These are just a few of our trips. Visit our Web site to see more!

All-inclusive packages include train tickets, hotel rooms or train berths, and some meals. Admission to parks, museums, and other attractions included with some packages. Optional add-ons available.

---

162. What is indicated about all of the advertised trips?

(A) The trips start and end at the same location.
(B) The rates are subject to change.
(C) Reservations must be made in person.
(D) Food is included with the price.

163. Which is most likely true about the Piedmont Pass?

(A) Travelers board the train in Portland.
(B) It must be booked a month in advance.
(C) The cost of lodging is extra.
(D) The trip ends after five days.

164. What trip advertises opportunities for outdoor activities?

(A) Cross Country Explorer Package
(B) Mountain Adventure Package
(C) Piedmont Pass
(D) West Coastal Explorer Package

▶ ▶ ▶GO ON TO THE NEXT PAGE

Questions 165-167 refer to the following memo.

MEMO

To: All Call Center Staff
From: Rex Trumble
Date: July 8
Subject: Lunch Breaks

Starting next month, all call center employees will have assigned times for their lunch breaks. We are making this change to ensure that our phone lines are adequately staffed throughout the day.

As you are likely aware, we have been receiving an unusually high number of complaints from customers about excessive waiting times. Specifically, customers calling between 11:50 A.M. and 1:00 P.M. wait up to 125% longer than customers calling at other times of the day. The reason is that many employees are taking their lunch break at the same time, leaving too few remaining employees to answer the phones.

Company policy permits employees who work six hours or more to receive a paid half-hour lunch break. In the coming weeks, supervisors should work with their teams to make a lunch break schedule. Lunch breaks should be staggered and can begin as early as 11:00 A.M. and end as late as 2:00 P.M. No more than three employees per team may take a lunch break at the same time.

I expect to receive lunch break schedules for each team no later than July 20.

165. What is the main purpose of the memo?

(A) To request feedback on an existing policy
(B) To complain about employee lunch options
(C) To report a problem to a supervisor
(D) To announce a mandatory schedule adjustment

166. What is suggested about customers calling before 11:00 A.M.?

(A) They must wait for employees to take a lunch break.
(B) They are able to speak directly with a supervisor.
(C) They will receive the best service.
(D) They have a shorter waiting time than those calling at noon.

167. The word "make" in paragraph 3, line 2, is closest in meaning to

(A) cause
(B) assign
(C) create
(D) force

West Mesa Golf Course
Average rating: 3.25/5 (38 reviews)

Most recent: June 7
By: Trish Newton

West Mesa Golf Course, located at 72 Edwards Road, is home to the longest course in the city. The 18-hole course runs a full 6,051 meters and offers plenty of challenging terrain. For those stretched for time or looking for something less challenging, there is also an 1,890-meter-long 9-hole executive course. The latter is ideal for beginners while the former is better for those with some experience. ---[1]---.

If you want to work on your skills, check out the free putting greens or hit some balls at the driving range. As this is a public golf course, the fees are very reasonable, even on weekends and holidays, when they are higher. Bring your own clubs and balls or rent them from the clubhouse. You can enjoy drinks and light meals there, too.

Some reviewers gave this golf course a poor rating. ---[2]---. They specifically mentioned dirt patches on the greens and surly staff. But if you look at the dates of those reviews, you will note almost all of those were written last year or earlier. ---[3]---. A new manager took over in January, and things have changed for the better. This golf course is not perfect, but all of the major issues that other reviewers mentioned have been resolved. If you don't believe me, check out the article in the May 2 issue of the local newspaper that documents the transformation in detail.

---[4]---. I highly recommend it to beginners through advanced players. Rating: 4.5/5.

Click **here** to show older reviews.

---

168. What is indicated about the review?

(A) The writer liked the course more than the average reviewer.
(B) It was written by a former employee.
(C) The writer is unhappy with the length of the course.
(D) Newer reviews have been posted since it was written.

169. What is NOT mentioned about the West Mesa Golf Course?

(A) It sells food and beverages.
(B) It has options for players of different skill levels.
(C) It has equipment for temporary use.
(D) It is only open to club members.

170. What most likely happened earlier this year?

(A) The quality of the greens improved.
(B) West Mesa opened a shorter course for beginners.
(C) A journalist interviewed Ms. Newton.
(D) Several employees attended a special meeting.

171. In which of the positions marked [1], [2], [3], and [4] does the following sentence best belong?

"In short, the West Mesa Golf Course is a great place to play a round or two."

(A) [1]
(B) [2]
(C) [3]
(D) [4]

▶ ▶ ▶ GO ON TO THE NEXT PAGE

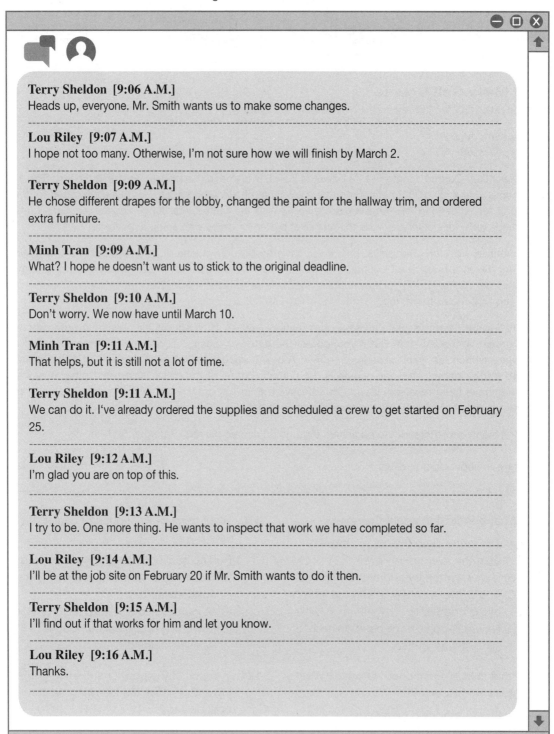

Terry Sheldon [9:06 A.M.]
Heads up, everyone. Mr. Smith wants us to make some changes.

Lou Riley [9:07 A.M.]
I hope not too many. Otherwise, I'm not sure how we will finish by March 2.

Terry Sheldon [9:09 A.M.]
He chose different drapes for the lobby, changed the paint for the hallway trim, and ordered extra furniture.

Minh Tran [9:09 A.M.]
What? I hope he doesn't want us to stick to the original deadline.

Terry Sheldon [9:10 A.M.]
Don't worry. We now have until March 10.

Minh Tran [9:11 A.M.]
That helps, but it is still not a lot of time.

Terry Sheldon [9:11 A.M.]
We can do it. I've already ordered the supplies and scheduled a crew to get started on February 25.

Lou Riley [9:12 A.M.]
I'm glad you are on top of this.

Terry Sheldon [9:13 A.M.]
I try to be. One more thing. He wants to inspect that work we have completed so far.

Lou Riley [9:14 A.M.]
I'll be at the job site on February 20 if Mr. Smith wants to do it then.

Terry Sheldon [9:15 A.M.]
I'll find out if that works for him and let you know.

Lou Riley [9:16 A.M.]
Thanks.

172. Who most likely is Mr. Smith?

(A) A painter
(B) A colleague
(C) A client
(D) A deliveryman

173. According to the conversation, when did the writers initially plan to finish the project?

(A) On February 23
(B) On February 25
(C) On March 2
(D) On March 10

174. At 9:11 A.M., why does Mr. Sheldon write, "We can do it"?

(A) He believes a deadline can be met.
(B) He decided to start working sooner.
(C) He will request extra help.
(D) The necessary supplies have arrived.

175. What does Mr. Sheldon imply that he will do?

(A) Supervise workers himself
(B) Contact Mr. Smith
(C) Hire a building inspector
(D) Check on an order

▶ ▶ ▶ GO ON TO THE NEXT PAGE

Jumping Jack Footwear

Athletic Shoe Sale!

Buy One Pair, Get Another Pair for Half Price*

Good for any styles with sticker prices of $99 or less

Stock up on shoes for running, walking, tennis, basketball, and more.

Plus, if you spend $200 or more, we will give you a free pair of Como athletic socks,
any style or color of your choice!

*Applies to the lower-priced item. One discount per customer, per day. Offer valid from March 1 through April 30. Selection may vary at each retail location. Cannot be combined with other discounts. Not valid for orders placed on Jumpingjack.com.

To:	Collen Shultz <cshultz@proma.net>
From:	Mark Caseman <mark.caseman@jumpingjack.com>
Date:	March 22
Subject:	Zenia Sneakers

Dear Ms. Shultz,

Thank you for coming in to our store yesterday. I am sorry that we did not have the shoes you wanted in stock. Normally, we have multiple pairs in a variety of sizes at any given time. However, our stock of many popular styles sold out faster than expected.

I have notified our warehouse of this issue. A shipment of Zenia tennis shoes is expected to arrive in the next few days. As per our conversation, I will hold a pair of Zenia Wings sneakers for you at the customer service desk. I have placed a note in our system that you already purchased a pair of Kemper Lux shoes and that we will honor our half-price offer on the Wings when you pick them up and pay for them.

Sincerely,

Mark Caseman

176. What is NOT mentioned about the advertised discount?

(A) It excludes online purchases.
(B) It only applies to certain brands.
(C) It is available for two months.
(D) It can be used more than once.

177. According to the advertisement, how can a customer get complimentary socks?

(A) By exceeding a minimum purchase
(B) By buying a certain brand of product
(C) By arriving early to the sale
(D) By purchasing another pair of socks

178. Why did Mr. Caseman contact Ms. Shultz?

(A) To provide instructions on getting a refund
(B) To inform her of an action that he took
(C) To respond to a complaint
(D) To apologize for a mistake

179. What is most likely true about the Zenia Wings shoes?

(A) They are the most popular style.
(B) They always have to be ordered in advance.
(C) They are not made in large sizes.
(D) They normally sell for under $100.

180. What is suggested about Ms. Shultz?

(A) She regularly shops at Jumping Jack Footwear.
(B) She is buying shoes for someone else.
(C) She met Mr. Caseman on March 21.
(D) She enjoys playing a variety of sports.

▶ ▶ ▶ GO ON TO THE NEXT PAGE

Sixth Annual Fordham House Walk-a-Thon

Saturday, May 7, at 8:00 A.M.

Show your support for Fordham House by walking with us! Last year, we raised over $150,000! Participants of all ages are welcome. Choose from the 2km, 5km, or 20km courses. Sign up today at www.fordhamwalks.org.

All funds raised for this event are donated directly to Fordham House. In addition to providing volunteers to organize and staff our event, our sponsors will match every dollar that walkers raise.

Fordham House provides short- and long-term housing for families of out-of-town patients who are seeking care at McMahon Children's Hospital. Our staff also offers counseling services and logistical support.

This year's gold-level sponsors are Beachcomber Travel, Constantine Dental, Halliday Insurance, Holistic Medical Clinic, and Kimball Industries. For a complete list of sponsors, visit our Web site.

To:	Jeff Parker <j.parker@ralley.com>
From:	Kate Whitney <k.whitney@ralley.com>
Date:	February 13
Subject:	Company image
Attachment:	Fordham House

Jeff,

At last month's meeting, you mentioned that corporate headquarters has been urging us to more actively get our name out in Bakersfield. Although we have only been here for just over six months, I think our office is running smoothly enough to step up to the challenge.

What do you think about organizing a team to participate in the Fordham House Walk-a-thon? A friend of mine participated last year and recommended the event. It would be a great opportunity to introduce ourselves to the community and to support a good cause at the same time. Plus, if all goes well, we could sign up for a sponsorship next year.

I've attached some information about the event. I'm certainly up for doing the longest route. Let me know what you think.

Best,

Kate

181. What is indicated about Kimball Industries?

(A) It donated thousands of dollars.
(B) It has been a sponsor for six years.
(C) Its employees are helping with walk-a-thon.
(D) It helped to build Fordham House.

182. In the announcement, the word "seeking" in paragraph 3, line 2, is closest in meaning to

(A) looking for
(B) taking after
(C) making up
(D) putting on

183. What is Ms. Whitney being encouraged to do?

(A) Volunteer in the community
(B) Develop teamwork among her colleagues
(C) Promote her employer
(D) Find ways to sponsor charities

184. What is suggested about Ms. Whitney's workplace?

(A) It is going to relocate in six months.
(B) It employs a small number of people.
(C) It is near McMahon Children's Hospital.
(D) It opened less than a year ago.

185. What is suggested about Ms. Whitney?

(A) She participated in the walk-a-thon before.
(B) She is willing to walk 20km.
(C) She is Mr. Parker's supervisor.
(D) She has a scheduling conflict.

▶ ▶ ▶GO ON TO THE NEXT PAGE

Dear Mr. Seth Jackson,

We would like to remind you of your appointment on Friday, October 2, at 10:00 A.M.

If you need to reschedule, please do so by calling us at 555-3920.

As you are new to our clinic, please arrive fifteen minutes prior to your scheduled appointment to complete some paperwork. In addition, we recommend that you contact your previous provider to have your records transferred to our medical records administrator.

Ample parking is available in front of our clinic. However, please refrain from using the spaces reserved for patrons of other establishments in the Winchester Professional Office Building.

We look forward to seeing you soon!

Thank you,

Vaquero Medical Clinic
711 Hopewell Road
Andersonville, TX 29211

To:	Karen Clark <karen@ktclinic.org>
From:	Seth Jackson <sjackson@nmr.com>
Date:	September 22
Subject:	Billing Statement

Dear Ms. Clark,

Please send a copy of all the treatments I received from Dr. Kyle Andrews to

Vaquero Medical Clinic
711 Hopewell Road
Andersonville, TX 29211

If you have any questions, please contact your counterpart at Vaquero, Susan Payne, at (606) 555-3920, extension 103.

Thanks,

Seth Jackson

PATIENT BILLING STATEMENT

Seth Jackson
6 Dunstan Lane
Palmer, TX 29190

Vaquero Medical Clinic
711 Hopewell Road
Andersonville, TX 29211

Patient number: 337-3922

Date of service: October 9
Time of service: 2:15 P.M.

Provider: Dr. Pedro Alvarez

Summary of Services

Initial consultation	$0
Physical examination	$100
Blood cholesterol test	$59
TOTAL	**$159**

Amount Paid	$0 (Cash, personal checks, and credit cards accepted)
Balance Due	**$159**

We submitted a claim for $159.00 to Longhorn Insurance on October 15. Please be aware that some service charges are not covered by all insurance providers. Patients are responsible for paying any unreimbursed charges.

---

186. According to the letter, what is indicated about the Vaquero Medical Clinic?

(A) It reserves parking spaces for staff members.
(B) It is located in a shopping area.
(C) It has enough space for patients' vehicles.
(D) It requires all patients to arrive early.

187. Who most likely is Susan Payne?

(A) A mailroom employee
(B) A medical doctor
(C) A nurse
(D) A medical records administrator

188. Why did Mr. Jackson write the e-mail?

(A) To request a transfer of documents
(B) To reschedule an appointment
(C) To update his home address
(D) To recommend a medical provider

189. What is suggested about Mr. Jackson?

(A) He arrived on time for his appointment.
(B) He recently moved to Andersonville.
(C) He wanted an appointment with Dr. Andrews.
(D) He called the Vaquero Medical Clinic.

190. According to the bill, what should Mr. Jackson do?

(A) Apply for a new insurance policy
(B) Agree to receive additional services
(C) Contact his insurance company immediately
(D) Be prepared to be asked to make a payment

▶ ▶ ▶GO ON TO THE NEXT PAGE

To:	Kate Ballard <kb88@airparker.net>
From:	World Cuisine <offers@worldcuisine.com>
Date:	May 11
Subject:	World Cuisine

We just received a new shipment of extra-virgin olive oil from one of our producers in Italy called Olio Grande. A limited number of bottles are available, so order yours today!

1-liter bottles of Olio Grande for just $20.00

Not a member of our Preferred Shopper Club? Join today, and we will send you a complimentary bottle of our best-selling balsamic vinegar.* For $35 a year, members get free shipping on every purchase and digital coupons worth up to $200.

*Allow 3-5 days for shipment to arrive.

WORLD CUISINE INVOICE

Order Number: 78-34933

Received: May 11

Bill To:
Kate Ballard
78 High Street, Apt. 5
Reading, PA 19780
Phone: (610) 555-7747

Ship To:
(same as billing address)

Item Number	Description	Quantity	Cost
W6774	Dried salami	3	$21.00
W2943	Jam sampler	1	$15.00
W2793	Primo pasta	4	$12.00
W9511	Olio Grande	2	$40.00
M0001	Membership, 12 months	1	$35.00

Subtotal:	$123.00
Tax (7%):	$8.61
Shipping:	$0.00
Total:	**$131.61**

Charged to credit card ending in 3783

Shipped On: May 12

Estimated Arrival: May 16

Thank you for your business!

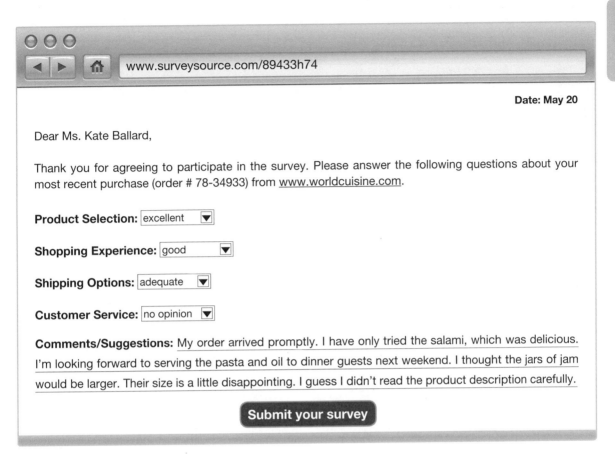

Date: May 20

Dear Ms. Kate Ballard,

Thank you for agreeing to participate in the survey. Please answer the following questions about your most recent purchase (order # 78-34933) from www.worldcuisine.com.

Product Selection: excellent ▼

Shopping Experience: good ▼

Shipping Options: adequate ▼

Customer Service: no opinion ▼

Comments/Suggestions: My order arrived promptly. I have only tried the salami, which was delicious. I'm looking forward to serving the pasta and oil to dinner guests next weekend. I thought the jars of jam would be larger. Their size is a little disappointing. I guess I didn't read the product description carefully.

Submit your survey

---

191. Why was the e-mail sent to Ms. Ballard?

(A) To promote a product
(B) To announce a new sale
(C) To respond to a request
(D) To urge membership renewal

192. When was Ms. Ballard's order sent?

(A) On May 11
(B) On May 12
(C) On May 16
(D) On May 20

193. What is suggested about Ms. Ballard?

(A) She will receive a free gift.
(B) She used a discount code.
(C) She recently moved.
(D) She renewed her membership.

194. Which item is Ms. Ballard somewhat unsatisfied with?

(A) W2793
(B) W2943
(C) W6774
(D) W9511

195. According to the survey, what is probably true about Ms. Ballard's most recent shopping experience?

(A) She misunderstood the return policy.
(B) She had trouble finding what she wanted.
(C) She did not contact customer service.
(D) She is pleased with everything.

▶ ▶ ▶ GO ON TO THE NEXT PAGE

To:	Mike Applebaum <mikeapp@businessventures.com>
From:	Kyle Stephens <k.stephens@cornercafe.com>
Date:	February 18
Subject:	New restaurant

Mike,

We are considering opening a second location, but the new one will only serve lunch. Our targeted customer base is white-collar workers who are pressed for time. Finding the right location is critical to our success. We want to be near lots of office buildings as we will be relying on a high volume of sales to support our business. The next step is to find a real estate agent who can help us find the right property. Would you be able to suggest any names?

Thanks,

Kyle

TELESFORD (May 8) – Busy professionals now have a new lunch option in Market Square. The Corner Café, co-owned by Kyle Stephens and George Franklin, opened last week. The restaurant serves a fast, casual lunch from Monday through Friday from 11:00 A.M. to 2:00 P.M. Patrons can choose from ten set meal options with a side and drink, most of which cost $8 or less. "The grilled chicken salad and roasted vegetable sandwiches have been a hit," said Mr. Applebaum. "All of our food is prepared fresh daily and served with a smile." The restaurant's atmosphere is clean, pleasant, and inviting. The Corner Café also provides catering services.

Catering Service

The Corner Café can cater your next lunch meeting, party, or special event. Choose from any items on our regular menu, or we can develop a custom menu. There is a minimum order of $75 or more. We will deliver to most workplaces within 10km of our restaurant for a 10% fee. Setup is included. Orders must be placed by 3:00 P.M. the day prior to delivery. Call 555-8223 or visit www.cornercafe.com/catering to place your order.

196. What is the purpose of the e-mail?

(A) To submit a business proposal
(B) To ask for a new business name
(C) To request a recommendation
(D) To provide feedback on services

197. What is most likely true about Market Square?

(A) Only one place serves lunch there.
(B) It is closed on weekends.
(C) It was recommended to Mr. Stephens by a team of consultants.
(D) Many offices are located nearby.

198. What is suggested about George Franklin?

(A) He introduced Mr. Stephens to Mr. Applebaum.
(B) He runs two businesses.
(C) He only hires white-collar workers.
(D) He works for a real estate company.

199. What is indicated about the catering menu?

(A) Sandwiches and salads are available.
(B) Beverages must be ordered separately.
(C) Nothing costs more than $8.
(D) Only set menu options are offered.

200. What is NOT mentioned about the catering service?

(A) Food will not be delivered after 3:00 P.M.
(B) Meals have to be ordered a day in advance.
(C) A minimum purchase is required.
(D) Delivery is offered only within a certain range.

STOP! This is the end of the test. If you finish before time is called, you may go back to Parts 5, 6, and 7 and check your work.

TEST
02

적정 풀이 시간 75분

75 min

시작 시간 ___시 ___분	목표 개수 _____ / 100
종료 시간 ___시 ___분	실제 개수 _____ / 100

- 중간에 멈추지 말고 처음부터 끝까지 풀어보세요.
  문제를 풀 때에는 실전처럼 답안지에 마킹하세요.

- 정답 개수에 5를 곱하면 대략적인 점수가 됩니다.

READING TEST

In the Reading test, you will read a variety of texts and answer several different types of reading comprehension questions. The entire Reading test will last 75 minutes. There are three parts, and directions are given for each part. You are encouraged to answer as many questions as possible within the time allowed.

You must mark your answer on the separate answer sheet. Do not write your answers in your test book.

PART 5

Directions: A word or phrase is missing in each of the sentences below. Four answer choices are given below each sentence. Select the best answer to complete the sentence. Then mark the letter (A), (B), (C), or (D) on your answer sheet.

101. All non-medical staff at McGuiness Hospital must ------- an advanced first-aid training program.

(A) finish
(B) finishing
(C) finished
(D) be finished

102. The board of directors appointed Mr. Turner to our team to ensure the timely ------- of the research project.

(A) completed
(B) completing
(C) completion
(D) completely

103. After graduating, Maryanne Miller accepted ------- first engineering job at a small startup company in California.

(A) she
(B) herself
(C) her
(D) hers

104. Dale's Corner Store will remain open ------- the end of the month.

(A) upon
(B) about
(C) until
(D) within

105. Our records ------- that our offices in the National Trust Building would undergo routine maintenance.

(A) indicates
(B) indicating
(C) indicated
(D) indicator

106. With gasoline prices at record lows, we have a wonderful ------- to travel long distances by car.

(A) reputation
(B) exception
(C) opportunity
(D) intention

107. The new department store in Seattle carries a wide ------- of imported food products.

(A) variety
(B) varied
(C) variable
(D) varying

108. Your subscription will be activated within 3 to 5 business days after your payment -------.

(A) processed
(B) will process
(C) is processed
(D) processing

109. Government grants are available to support the ------- of abandoned properties by community groups.

(A) assistance
(B) renovation
(C) realization
(D) system

110. The information on the forms can ------- be entered into the database.

(A) easily
(B) easy
(C) ease
(D) easier

111. ------- the doctor entered the examination room, the patient began to describe her ailments in detail.

(A) As soon as
(B) Instead
(C) Due to
(D) Moreover

112. Train passengers can purchase tickets from machines ------- within stations.

(A) locate
(B) located
(C) location
(D) locating

113. Relocating our company can begin ------- a new office building has been found by the regional real estate agent.

(A) once
(B) until
(C) while
(D) unless

114. You can sign up for a Raleigh shopper's card ------- to save up to 10% on regular purchases.

(A) you
(B) your
(C) yours
(D) yourself

115. For ------- unable to attend, online tutorials will be posted on the Web site sometime next week.

(A) them
(B) that
(C) these
(D) those

116. The Employee Excellence Awards acknowledge employees who make ------- contributions to the success of the Vexus Corporation.

(A) except
(B) exception
(C) exceptional
(D) exceptionally

117. The Census Bureau documented sizable ------- in the populations of several coastal cities.

(A) increases
(B) increase
(C) increasing
(D) increasingly

118. Pritzker Financial has grown its base of clients by 125% ------- the last two years.

(A) into
(B) over
(C) among
(D) between

119. David Whitmore will not attend our team meeting this week but will ------- join us next week.

(A) almost
(B) recently
(C) nevertheless
(D) lastly

▶ ▶ ▶GO ON TO THE NEXT PAGE

120. If you have any questions concerning promotional offers, please ------- them to my assistant, Penny Bale.

(A) hold
(B) obtain
(C) direct
(D) conduct

121. The purchasing office is reviewing your ------- to upgrade the communication technology for your department.

(A) proposal
(B) evidence
(C) situation
(D) stock

122. Please let me know ------- paper you would like the invitations printed on and specify the color.

(A) where
(B) which
(C) whom
(D) when

123. Although some companies are using cutting-edge digital marketing, many still rely primarily on ------- methods.

(A) innovative
(B) conventional
(C) advanced
(D) principal

124. Davidson Architecture has supported local charities ------- it first opened its San Mateo office in 1999.

(A) since
(B) though
(C) when
(D) before

125. ------- the former director of the department, Clarissa Owens is highly organized and very efficient.

(A) Unlike
(B) Except
(C) Rather
(D) Given

126. Due to a shortage of cashiers, we asked customers to wait in line ------- to be checked out.

(A) anonymously
(B) straightly
(C) expressly
(D) patiently

127. The Kaliope Theater is very proud to ------- Monet's Garden, the opening production of the fall season.

(A) invite
(B) design
(C) maintain
(D) present

128. ------- on the tour schedule, we might have enough time to visit the historical building on our own.

(A) Depend
(B) Depends
(C) Depended
(D) Depending

129. To improve the quality of the soil in the garden, we have added effective, ------- microorganisms.

(A) aggressive
(B) gradual
(C) beneficial
(D) detailed

130. The thirty-minute workshops are scheduled for Wednesday and Friday at 1:00 and 3:00, -------.

(A) briefly
(B) directly
(C) punctually
(D) respectively

PART 6

Directions: Read the texts that follow. A word or phrase, or sentence is missing in parts of each text. Four answer choices for each question are given below the text. Select the best answer to complete the text. Then mark the letter (A), (B), (C), or (D) on your answer sheet.

Questions 131-134 refer to the following notice.

NOTICE: Bicycle Parking Moved

Due to Platform 1 being repaired, the bike racks have been relocated to the north side of

the train station. Most of the racks have been set against the building. The ------- has
                                               131.

been placed under the trees nearby. Cyclists are welcome to continue to use the racks at

their new location. -------, use extra care as there will be increased pedestrian traffic in
                             132.

that area as well. Once the construction is complete, the bike racks will be returned to

their ------- location. -------.
    133.   **134.**

---

131. (A) remain
    (B) remained
    (C) remaining
    (D) remainder

132. (A) Nevertheless
    (B) In that case
    (C) Likewise
    (D) Provided that

133. (A) bigger
    (B) original
    (C) ideal
    (D) new

134. (A) Train tickets are sold at the counter inside the station.
    (B) Road construction will begin sometime next week.
    (C) Special train passes are available for tourists.
    (D) Please send any questions to the station manager.

Questions 135-138 refer to the following article.

MORRIS (October 2) – Starting next month, a fleet of ten electric buses will pick up and drop off passengers around the city. The buses will ------- an equal number of
135.
diesel-powered buses. More electric buses ------- to be added in the next year as existing
136.
buses are retired. The new buses are part of a larger city initiative to reduce air pollution.

Mayor James Cramer came into office earlier this year promising to bring positive changes to our city. -------. Rapid population growth over the past decade has led to more vehicles
137.
on the roads. -------, the use of public transportation has dropped. The mayor believes that
138.
electric buses can reverse these trends.

135. (A) order
(B) extend
(C) replace
(D) double

136. (A) expected
(B) are expected
(C) have expected
(D) will have expected

137. (A) Chief among these was to improve air quality.
(B) Voters narrowly supported his opponent.
(C) As the mayor, he lives in a home near City Hall.
(D) Passengers will be able to take buses for low prices next week.

138. (A) Therefore
(B) Otherwise
(C) In summary
(D) At the same time

Questions 139-142 refer to the following article.

SAN FERANDO (November 2) – Oriana International announced yesterday that it had reached an agreement with the government ------- a luxury resort on Boca Island. The
139
project is the first of its kind and is expected to stimulate the local economy. Hundreds of local residents are expected to be employed in the construction and operation of the facilities.

------- a press conference, Oriana spokeswoman Mariah Solana said, "We are honored to
140.
have been chosen by the government. -------."
141.

Up to now, only a handful of government-run ------- have been available to tourists
142.
wanting to stay on the island. Foreign commercial investment had also been prohibited.

Oriana will become the first international company permitted to do business on the island.

139. (A) build
(B) building
(C) to build
(D) built

140. (A) About
(B) While
(C) When
(D) During

141. (A) This is a unique opportunity to bring high-end tourism to the island.
(B) The influx of tourists will create traffic jams on the streets.
(C) The island is home to several rare species of birds and fish.
(D) We are the largest provider of luxury goods in the region.

142. (A) malls
(B) hotels
(C) centers
(D) programs

▶ ▶ ▶ GO ON TO THE NEXT PAGE

Questions 143-146 refer to the following letter.

February 1

David Garrity
22 Wharf Street
Portland, ME 77342

Dear Mr. Garrity:

My name is Bruce Wittman, and I am the president of the National Association of Travel Guide Writers. We ------- our annual conference in your city this summer and would be
143.
honored to have you speak at our event. Many in our organization grew up reading your books. Inspired by ------- work, they embarked on their own journeys to far-off lands.
144.

Our organization is small, but our members are very hospitable and fun loving. We can offer you dinner, lively conversation, and a modest stipend. Should you accept our -------,
145.
we are certain you will have good time. -------.
146.

Sincerely,

Bruce Wittman

143. (A) held
(B) are holding
(C) are held
(D) to hold

144. (A) his
(B) your
(C) her
(D) our

145. (A) order
(B) review
(C) suggestion
(D) invitation

146. (A) Please let me know if you are able to join us from August 8 to 10.
(B) We would be more than happy to fly you to your conference.
(C) Dinner party invitations are being designed right now.
(D) Choose any one of our membership levels at no charge.

PART 7

Directions: In this part you will read a selection of texts, such as magazine and newspaper articles, e-mails, and instant messages. Each text or set of texts is followed by several questions. Select the best answer for each question and mark the letter (A), (B), (C), or (D) on your answer sheet.

Questions 147-148 refer to the following advertisement.

Theater in the Gardens

Enjoy live theater in the gardens! For the second year in a row, the Chambersburg Botanical Gardens is collaborating with the Brindle Performing Arts Company. We will host five presentations, including Jackson Pantone's *Soft Is the Night* and Eloise Chen's *Living Grand*. Performances will be held in the Japanese Gardens and start at 5:30 P.M. Tickets can be purchased at www.showtime.com. If you belong to the Garden Friends Club, provide your membership number and save 10% on tickets to all performances.

147. What is indicated about the live theater series?

(A) It started last year.
(B) It takes place in the morning.
(C) It lasts for five weeks.
(D) It will be held indoors.

148. What is mentioned as a benefit of membership in an association?

(A) Saving money on admission to a botanical garden
(B) Getting an invitation to a special event
(C) Receiving a discount to see a play
(D) Meeting some performers

▶ ▶ ▶ GO ON TO THE NEXT PAGE

Henry's
8 Main Street
Haddam, CT 06424
959-555-2290

August 9	*2:23 P.M.*
Cashier	*Kenny*

Replacement door lock	$12.95
Additional keys, 2	$3.50
Bathroom sink faucet	$37.45
Electric sander	$45.98
Subtotal	$99.88
Sales tax (6%)	$5.99
Total	**$105.87**
Amount received	$120.00
Change	$14.13

All items, except gasoline-powered equipment and gift cards, can be returned within 30 days of their original purchase date. A store credit equivalent to the amount of the purchase will be issued for all items returned within 30 days. Shipping and handling for online purchases will not be refunded.

149. What type of business is Henry's?

(A) A craft supply store
(B) A hardware store
(C) A locksmith
(D) An auto parts store

150. What is true about the store's policy?

(A) Refunds will be issued in cash.
(B) Certain products cannot be returned.
(C) Gift cards cannot be used to pay shipping costs.
(D) Online orders are ineligible for refunds.

Questions 151-152 refer to the following text message chain.

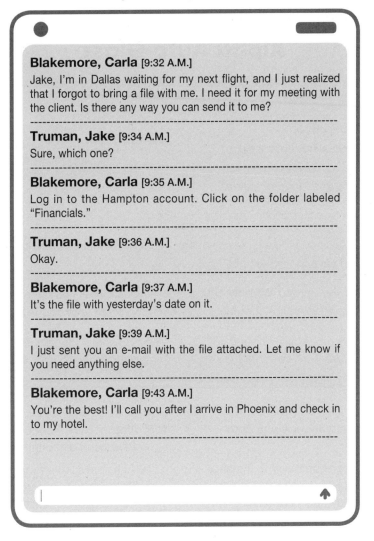

Blakemore, Carla [9:32 A.M.]
Jake, I'm in Dallas waiting for my next flight, and I just realized that I forgot to bring a file with me. I need it for my meeting with the client. Is there any way you can send it to me?

Truman, Jake [9:34 A.M.]
Sure, which one?

Blakemore, Carla [9:35 A.M.]
Log in to the Hampton account. Click on the folder labeled "Financials."

Truman, Jake [9:36 A.M.]
Okay.

Blakemore, Carla [9:37 A.M.]
It's the file with yesterday's date on it.

Truman, Jake [9:39 A.M.]
I just sent you an e-mail with the file attached. Let me know if you need anything else.

Blakemore, Carla [9:43 A.M.]
You're the best! I'll call you after I arrive in Phoenix and check in to my hotel.

----

151. Where is Ms. Blakemore?

(A) At a meeting
(B) At a hotel
(C) At an airport
(D) At an office

152. At 9:43 A.M., why does Ms. Blakemore write, "You're the best"?

(A) She will probably need more files.
(B) She wants to hire Mr. Truman.
(C) She likes how Mr. Truman writes e-mails.
(D) She appreciates Mr. Truman's help.

▶ ▶ ▶GO ON TO THE NEXT PAGE

Alpha Auto Glass

For over fifty years, we have been the most trusted auto glass specialists in Pittsburgh.

We specialize in
- Windshield chip repair
- Complete windshield replacement
- Side and rear window replacement
- Window tinting in a range of shades

Most services can be completed in one hour or less.

Call 1888-555-5943 to schedule a service at any of our nine locations. Mention this advertisement and save 5% off your bill.*

Too busy to bring your car in? We now offer a mobile service. We'll come to your home or place of work to perform any of our regular services. Check out www.alphaglass.com for details.

Offer good from March 15 through June 15. Limit one discount per customer.

153. What is indicated about Alpha Auto Glass?

(A) Its employees can travel to install a new windshield.
(B) The company has locations throughout the country.
(C) New services will be offered soon.
(D) Customers must make appointments online.

154. According to the advertisement, what can readers do on the company's Web site?

(A) Select a specific color
(B) Read customer reviews
(C) Learn more about a service
(D) Download a coupon

155. What is NOT mentioned about the advertised discount?

(A) It is available for a limited time.
(B) It can only be used once.
(C) It requires a customer to talk about the advertisement.
(D) It is not applicable to some services.

To:	Elizabeth Kelley <e.kelley@lightfoot.com>
From:	Frances Patterson <f.patterson@lightfoot.com>
Date:	April 22
Subject:	Position #49045

Dear Ms. Kelley,

Thank you for contacting us about the administrative assistant position you would like to fill in your department. The information you provided is sufficient for us to create a job posting for the company's Web site. As per your request, the posting will be made public from May 1 through May 30. Once the posting is removed, we will send you digital versions of all submitted application materials. Printed copies can be requested by contacting Stacy Bergson in our office. Please allow up to 24 hours for her to fulfill your request. Materials can be delivered via interoffice mail or picked up from our office. We can also provide assistance setting up interviews.

Sincerely,

Frances Patterson
Human Resources Department
Lightfoot Corporation

156. For whom is the e-mail most likely intended?

(A) A hiring manager
(B) A Web site designer
(C) A job applicant
(D) A new employee

157. What is mentioned about the administrative assistant position?

(A) It is expected to be filled next month.
(B) Ms. Patterson will supervise the employee.
(C) It will be advertised online.
(D) Several applications for it have been received.

158. What is suggested about Ms. Bergson?

(A) She knows how to program computers.
(B) She is a new employee.
(C) She interviews job candidates.
(D) She works in the Human Resources Department.

▶ ▶ ▶ GO ON TO THE NEXT PAGE

MIDLAND (July 2) – Capitol Paint announced yesterday that the company has committed $380 million to build a new production facility in Midland. The announcement was made by CEO Marcy Lambert at a press conference at the company's corporate headquarters in Atlanta. "With record sales last year," said Ms. Lambert, "we want to invest our cash to create the conditions for future growth." Construction of the plant is expected to start next month. Once completed, the 6,500-square-meter building is expected to produce up to $150 million worth of paint a year and will create at least 100 jobs. Ms. Lambert, who was appointed by the board earlier this year, stated that her company chose the location based on proximity to a rail line and major highways in addition to the skilled workforce in the area.

159. What is the purpose of the article?

(A) To promote the products of a company
(B) To announce a new corporate leader
(C) To analyze local economic conditions
(D) To report on a planned business expansion

160. What is NOT mentioned about the new paint factory?

(A) New employees will be hired to work there.
(B) Work on the building will commence in August.
(C) Its location was selected by the former CEO.
(D) Almost $400 million will be spent to construct it.

161. What is suggested about Midland?

(A) It will soon have a new headquarters building.
(B) It has good transportation infrastructure.
(C) It has other paint companies in the area.
(D) It is the home of Ms. Lambert.

To:	All Employees <all@tampacorp.com>
From:	David Leonard <david.leonard@tampacorp.com>
Date:	October 1
Subject:	Construction

Dear All,

Over the past three months, over a dozen employees have contacted me about our automated alert system. The system is designed to send reminders, deadlines, warnings, and other messages directly to an employee's phone. The system is only mandatory for employees who are issued a company cell phone. ---[1]---.

Last year, we switched to a new vendor, Campos, to operate the alert system. ---[2]---. Among other things, Campos has added value to the system by creating a form that supervisors can use to quickly distribute messages among their staff. Nevertheless, some employees have been dropped from the system. Even though they have registered, they are not receiving alerts. I want to assure you we are working closely with Campos to find out what is causing this problem. ---[3]---. As soon as I have an explanation, I will let you know.

In the meantime, if you have any questions about the automated alert system or believe that you are not receiving messages in a timely manner, please e-mail me directly. ---[4]---.

Thank you,

David Leonard
Director, IT Department
Tampa Corporation

162. Why was the e-mail sent?

(A) To explain the cause of a problem
(B) To respond to concerns
(C) To introduce a contractor
(D) To request feedback on a policy

163. According to the e-mail, what should employees do if they want more information about the alert system?

(A) Contact a contractor
(B) Fill out a form
(C) Reach out to the IT Department head
(D) Send a text message

164. In which of the positions marked [1], [2], [3], and [4] does the following sentence best belong?

"All other employees are strongly encouraged to participate."

(A) [1]
(B) [2]
(C) [3]
(D) [4]

▶ ▶ ▶GO ON TO THE NEXT PAGE

Mark Twain Riverboat Cruises

Explore the mighty Mississippi River at a leisurely pace aboard our riverboats. Built to imitate famous nineteenth-century styles, our fully modern boats feature all of the latest technology and amenities. Talks by on-board naturalists and historians bring the river, its habitats, and its history to life. Our cruises are an experience you will never forget.

All of our boats feature luxurious two-person staterooms with king-sized beds, full bathrooms, and private balconies. You will receive graceful service from our friendly crew and staff. Delicious breakfasts, lunches, and dinners are served daily in our spacious dining rooms. Every vessel has lounges with self-serve snack bars and beverage refrigerators. Plus, there is live theater, music, or dance performances every night.

Choose from the following cruise trips:

- **Upper Mississippi Cruise (8 days)**
  St. Louis to St. Paul, stopping at 6 ports

- **Lower Mississippi Cruise (7 days)**
  New Orleans to Memphis, stopping at 5 ports

- **Mississippi Delta Cruise (3 days)**
  Baton Rouge to the Gulf of Mexico, return to New Orleans, stopping at 2 ports

- **Grande Mississippi Cruise (15 days)**
  St. Paul to New Orleans, stopping at 12 ports

Extend your vacation by purchasing pre- and post-cruise packages and get to know the main port cities better.

Book your cruise ten months ahead of time and receive special reduced "early-bird" rates. For more information, call us at 1-888-555-0322.

165. What is NOT mentioned as being included with every cruise?

(A) Lectures by experts
(B) Nightly entertainment
(C) A full week of leisure
(D) Three meals a day

166. According to the advertisement, how can readers save money on a cruise?

(A) By making a reservation well in advance
(B) By sharing a stateroom
(C) By calling a special number
(D) By traveling in the off-season

167. The word "feature" in paragraph 2, line 1, is closest in meaning to

(A) include
(B) look
(C) show
(D) view

▶ ▶ ▶GO ON TO THE NEXT PAGE

Questions 168-171 refer to the following online chat discussion.

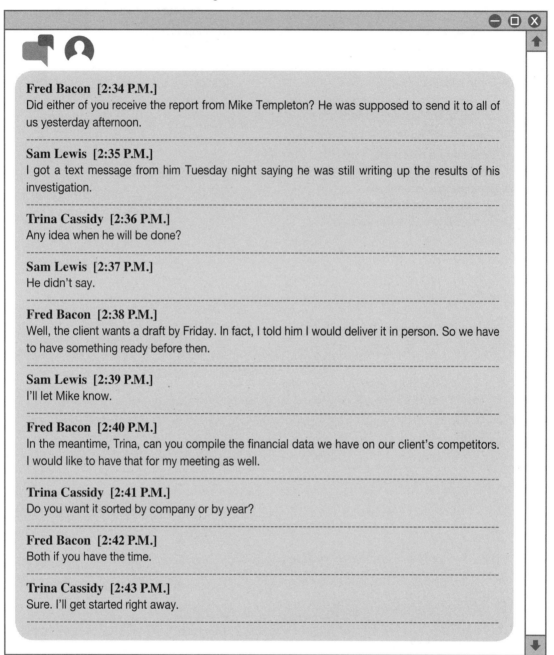

Fred Bacon [2:34 P.M.]
Did either of you receive the report from Mike Templeton? He was supposed to send it to all of us yesterday afternoon.

Sam Lewis [2:35 P.M.]
I got a text message from him Tuesday night saying he was still writing up the results of his investigation.

Trina Cassidy [2:36 P.M.]
Any idea when he will be done?

Sam Lewis [2:37 P.M.]
He didn't say.

Fred Bacon [2:38 P.M.]
Well, the client wants a draft by Friday. In fact, I told him I would deliver it in person. So we have to have something ready before then.

Sam Lewis [2:39 P.M.]
I'll let Mike know.

Fred Bacon [2:40 P.M.]
In the meantime, Trina, can you compile the financial data we have on our client's competitors. I would like to have that for my meeting as well.

Trina Cassidy [2:41 P.M.]
Do you want it sorted by company or by year?

Fred Bacon [2:42 P.M.]
Both if you have the time.

Trina Cassidy [2:43 P.M.]
Sure. I'll get started right away.

----

168. Why did Mr. Bacon contact the other writers?

(A) To inquire about a document
(B) To follow up on an e-mail
(C) To report on his progress
(D) To develop a project

169. At 2:37 P.M., why does Mr. Lewis write, "He didn't say"?

(A) He forgot to ask a question about a report.
(B) He spoke with the wrong person.
(C) He had to end a conversation prematurely.
(D) He is unaware of when a task will be completed.

170. What does Mr. Lewis agree to do?

(A) Revise a report
(B) Contact a colleague
(C) Pay a bill
(D) Meet with a client

171. What will Ms. Cassidy probably do next?

(A) Investigate two companies
(B) Schedule a get-together
(C) Organize some information
(D) Enter a competition

▶ ▶ ▶GO ON TO THE NEXT PAGE

From: James Bissel, Production Supervisor
To: All Production Employees
Subject: First-aid training
Date: January 10

Campbell Hospital will be offering a workplace first-aid class next month. As safety is one of our primary goals at this factory, I think everyone should consider taking basic first aid. ---[1]---. In this class, participants will learn how to respond to emergencies, treat common injuries, and perform CPR. The class is taught by a licensed nurse and meets all government workplace safety standards. Anyone successfully completing the class will be certified in basic first aid for one year.

Earlier this year, Lionel Manfred, our security director, passed this class as well as the more advanced one. He strongly recommended it to me as he has utilized the skills he learned in these classes on several occasions. ---[2]---.

The class will be held at the Macondo Community Center on Saturday, February 8, from 9:00 A.M. to 3:00 P.M. ---[3]---. You can learn more about this and other first-aid classes offered locally at www.firstaid.org.

If you are interested in attending the class, I have a signup sheet in my office. The cost for the basic-level class is normally $125. As long as we get at least twenty employees signed up, we will be eligible for a special corporate rate of $100 per person. Employees must pay for the course up front. ---[4]---. Once certified, annual recertification takes just an hour and costs only $20.

172. What is mentioned about the basic first-aid class?

(A) It will take place at a medical center.
(B) It is offered on a single day.
(C) It will be repeated next year.
(D) It is required for office workers.

173. What is indicated about Mr. Manfred?

(A) He earned a credential.
(B) He supervises Mr. Bissel.
(C) He needed to receive CPR.
(D) He will be leading a first-aid class.

174. In which of the positions marked [1], [2], [3], and [4] does the following sentence best belong?

"However, the company will reimburse the full tuition for anyone who gets certified."

(A) [1]
(B) [2]
(C) [3]
(D) [4]

175. What are interested employees asked to do?

(A) Fill out an online form
(B) Write a check for $125
(C) Visit Mr. Bissel's place of work
(D) Contact a hospital

▶ ▶ ▶GO ON TO THE NEXT PAGE

LOS ANGELES (June 8) – Pitaya, a small family-friendly resort promising a balance of comfort and adventure, opened last week on Kauai. Known as the "Garden Isle" for its lush rain forests, Kauai is the oldest island in the Hawaiian Island chain. Located on 85 hectares of forested property, Pitaya consists of forty-eight private cottages with a restaurant serving both standard fare and Hawaiian specialties.

Pitaya is owned and operated by Sundara Incorporated. In addition to having a dozen hotels in California and Mexico, the Los-Angeles-based hospitality company owns two other resorts on the Hawaiian Islands. The largest, Royale, opened on the island of Oahu in 2015. The following year, Marlin opened on the island of Maui. A fourth, Kumu, is planned to open on the Big Island next year.

All of Sundara's Hawaiian resorts include swimming pools, private beaches, and live entertainment. In addition, Pitaya offers an array of adventure activities. Guests can snorkel, scuba dive, or learn to surf. Guided kayak and hiking trips are also available.

To:	abenson@pitaya.com
From:	kheller@techman.net
Date:	July 8
Subject:	Family Vacation

Dear Mr. Benson,

My husband and I stayed at Marlin the year it opened and loved it. Another couple there recommended visiting the other islands. As we now have two small children, we were delighted to find out about your newest resort. We are planning a one-week vacation sometime in September or October. I looked on the calendar on your Web site, but I could only find information about rates and availability through August. For some reason, when I clicked on any months after that, I only got an error message. Could you kindly let me know what is available and what it would cost during the timeframe I mentioned?

Sincerely,

Kristin Heller

176. In the article, the word "fare" in paragraph 1, line 8, is closest in meaning to

(A) cuisine
(B) entertainment
(C) fees
(D) travel

177. What is suggested about Royale?

(A) It has scuba diving instructors.
(B) It is popular with nature lovers.
(C) It is located on the coast.
(D) It has trails in the forest.

178. Why did Ms. Heller write to Mr. Benson?

(A) To report a scheduling conflict
(B) To change a reservation
(C) To express appreciation
(D) To request information

179. Where does the Heller family want to have a vacation?

(A) The Big Island
(B) Kauai
(C) Maui
(D) Oahu

180. What is suggested about Mr. and Ms. Heller?

(A) They got married two years ago.
(B) They recently adopted children.
(C) They usually take a vacation in September.
(D) They visited Maui before.

▶ ▶ ▶ GO ON TO THE NEXT PAGE

Questions 181-185 refer to the following Web pages.

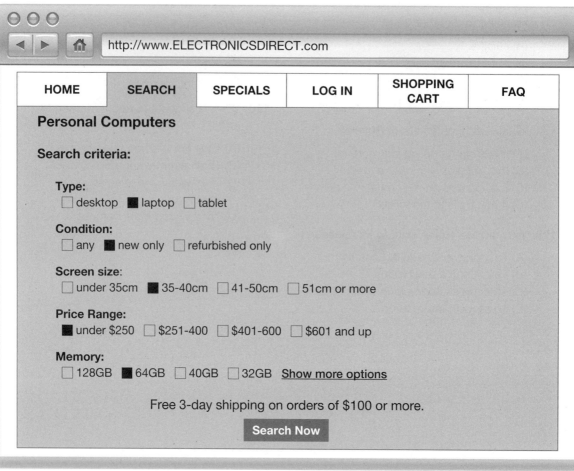

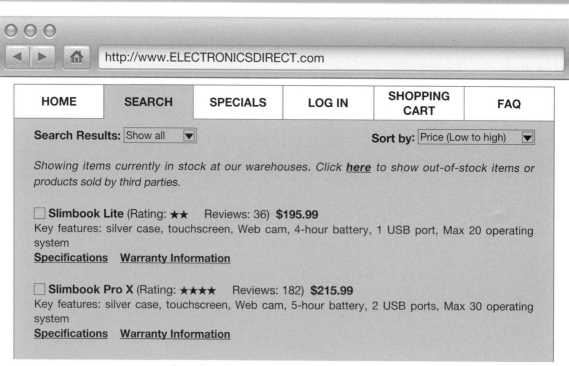

☐ **Solar ST490** (Rating: ★★★   Reviews: 5) **$229.99**
Key features: black case, touchscreen, 4-hour battery, 4 USB ports, Sigma 5 operating system
Specifications   Warranty Information

☐ **Freecomp 115** (Rating: ★★★★   Reviews: 98) **$249.99**
Key features: black case, touchscreen, Web cam, 6-hour battery, 2 USB ports, Max 30 operating system
Specifications   Warranty Information

| Compare | Add to Shopping Cart |

181. What is the most that the customer is probably willing to pay?

(A) $200
(B) $225
(C) $250
(D) $400

182. What is indicated about the Slimbook Lite?

(A) Its screen is less than 41cm.
(B) It has been returned and repaired.
(C) It is available in two colors.
(D) It is the most expensive laptop.

183. In the search results, what product received the most feedback from customers?

(A) Freecomp 115
(B) Slimbook Lite
(C) Slimbook Pro X
(D) Solar ST490

184. What is true about all of the laptops listed in the search results?

(A) They are sold by a company other than the Web site.
(B) They will be sent to the customer at no additional cost.
(C) They can be used to make video calls.
(D) They have nearly identical features.

185. What is suggested about the search results?

(A) Items with fewer than two stars will not be displayed.
(B) Only four items can be displayed simultaneously.
(C) All products offer similar warranties.
(D) Additional laptops may be available but are not listed.

Frank's

serving customers for over fifty years

This weekend only!
End-of-season sale on all window-mounted air-conditioning units
Entire summer stock must go to make room for new fall inventory
Free delivery and installation (location restrictions apply)*

Frio 2730 Now $260 (Reg. $320) - consistently one of our best sellers	**LM 7844** Now $320 (Reg. $380) - winner of Best Value Award by *Home Style* magazine
Palmer 890 Now $190 (Reg. $220) - perfect for apartment dwellers	**Viro 1000** Now $400 (Reg. $550) - our most powerful window-mounted unit

Available to residential addresses in Medford, Stanley, Winston, and Middletown. Standard $25 fee applies to all other addresses.

To:	Deborah Vance <d.vance@blueskynet.com>
From:	Kevin Sykes <kevin@franks.com>
Date:	August 19
Subject:	Your purchase from Frank's

Dear Ms. Vance,

Thank you for shopping at Frank's during our end-of-season sale. We are scheduled to deliver your Frio 2730 air conditioner tomorrow at 11:30 A.M. Installation typically takes between ten and twenty minutes. I will be delivering the unit to 6B Macon Street in Edgewood. Is this correct? My mapping software does not show a 6B Macon Street.

Kevin

To:	Kevin Sykes <kevin@franks.com>
From:	Deborah Vance <d.vance@blueskynet.com>
Date:	August 19
Subject:	RE: Your purchase from Frank's

Dear Mr. Sykes,

The information I provided is correct. I live in a separate building on my landlord's property with its own private driveway. Look for the mailbox with "6B" on it. That is the entrance to my driveway.

I have to head off to work half an hour before your delivery time. So if you think you won't be able to arrive before I leave, please let me know so that we can reschedule.

Thanks!

Deborah

186. According to the advertisement, why is Frank's having a sale?

(A) To promote popular brands
(B) To mark the start of summer
(C) To make room for new products
(D) To celebrate an anniversary

187. What is indicated about the product Ms. Vance purchased?

(A) It won an award.
(B) It is a popular model.
(C) It normally costs $380.
(D) It can chill large homes.

188. Why did Mr. Sykes write the e-mail?

(A) To verify an address
(B) To correct an error
(C) To reschedule a delivery
(D) To explain the reason for a delay

189. What is suggested about Ms. Vance?

(A) She went to Frank's on August 18.
(B) She paid to have an item delivered to her home.
(C) She is the owner of multiple properties.
(D) She will set up an air conditioner herself.

190. When does Ms. Vance plan to leave her home on August 20?

(A) At 8:00 A.M.
(B) At 9:00 A.M.
(C) At 10:00 A.M.
(D) At 11:00 A.M.

Questions 191-195 refer to the following letter, e-mail, and guidelines.

April 2

Dear Maria Harbin,

We would like to invite you to participate in the fifth annual Rockford Arts Festival in Riverside Park on Saturday, July 22, and Sunday, July 23.

In addition to showcasing the work of local artists, the festival includes live music, activities for children, a storytelling tent, food, and an arts and craft market.

Reserve your booth by filling out a vendor registration form at www.raf.org. Choose from the following options:

Booth Size	Rental Fee
2.5m x 2.5m	$187
2.5m x 3m	$225
3m x 3.5m	$315
3.5m x 6m	$630

We hope to see you at this year's festival!

Sincerely,

Kendra Davies
Organization Team Director
Rockford Arts Festival

To:	maria@heartandsoulpottery.com
From:	k.davies@raf.org
Date:	May 3
Subject:	Rockford Arts Festival Registration
Attachment:	invoice

Dear Ms. Harbin,

Thank you for registering as a vendor at the fifth annual Rockford Arts Festival. We have booked a 2.5 meter by 3 meter booth for you. Your booth, #46, will be located in row 3 of the vendor area. A deposit of $100 has been charged to your credit card ending in 4849. The balance for your booth rental is due by June 15.

Please let me know if you have any questions.

Sincerely,

Kendra Davies

GUIDELINES

Setting up your booth
- Vendors can set up their booths after 5:00 P.M. the day before the event starts. Use the service entrance on High Street to access the vendor area. Security guards will monitor the festival area.

Cleaning up your booth
- Cleanup will begin at 6:00 P.M. At that time, vendors may bring their vehicles in to the vendor area via the service entrance on High Street. All items must be removed by 10:00 P.M.

191. In the letter, what is NOT mentioned about the festival?

(A) It charges admission to guests.
(B) It has been held several times before.
(C) It includes entertainment.
(D) It takes place over two days.

192. What total amount will Ms. Harbin most likely pay for her booth rental?

(A) $187
(B) $225
(C) $315
(D) $630

193. What is suggested about Ms. Harbin?

(A) She attended the festival last year.
(B) She completed an online form.
(C) She contacted Ms. Davies by phone.
(D) She recently opened a pottery business.

194. What does Ms. Davies ask Ms. Harbin to do?

(A) Confirm receipt of the invoice
(B) Verify a setup time
(C) Meet her in the vendor area
(D) Make an additional payment

195. When is the earliest Ms. Harbin can bring her pottery to her festival booth?

(A) July 20
(B) July 21
(C) July 22
(D) July 23

▶ ▶ ▶GO ON TO THE NEXT PAGE

Celebrate the Sox!

This season marks the thirtieth year for the San Pedro Sox.

Special Game Nights

Classic Uniform Night
June 4
vs. Altamont Marlins

Fifty lucky fans will be randomly selected to receive a classic Sox baseball cap.

Mascot Night
June 28
vs. Montrose Sluggers

Meet all of our mascots over the years. Fun and games for the kids.

Fifty-Cent Hot Dog Night
July 11
vs. Yancy Dodgers

Hot dogs are just $0.50. Sodas, fries, and ice cream are only $2 each.

Championship Night
August 10
vs. Hanford Eagles

Relive the magic of the Sox's 1999 national championship. Meet former players and collect autographs.

Tickets	Tuesday – Thursday	Friday - Saturday
General Admission	$12	$15
VIP Seating	$20	$24
Children (12 and under)	$8	$10

Skip the lines! Get your tickets at www.sanpedrosox.com and pick them up at the ticket office up to three hours before any game.

Cottar Stadium - *"Home of the San Pedro Sox"*

Thursday, July 11
Sox vs. Yancy Dodgers
Gates open at 6:00 P.M.
Game starts at 7:00 P.M.

General Admission
Seat 136B

No refund in the event of cancelation.
Stick around for the fireworks show following the game!

To:	Rus Martin <r.martin@blueribbons.net>
From:	Paul Simms <paulsimms@koinbox.com>
Date:	July 12
Subject:	Sox game

Hi, Rus,

I saw my first Sox game last night with my coworkers. We had a blast! The weather was perfect, and the fans were enthusiastic.

I told my son about it, and now he wants to go to a game. We are thinking of going next Saturday. I thought you and Steven might be interested in joining. We could take the light rail down to the waterfront, grab a bite to eat, and then walk to the game.

What do you think?

Best,

Paul

---

196. What is NOT indicated about tickets to Sox games?

(A) They can be purchased online.
(B) They are nonrefundable.
(C) They cost less for kids.
(D) They are cheaper on weekends.

197. How much did the ticket cost?

(A) $12
(B) $15
(C) $20
(D) $24

198. What is the purpose of the e-mail?

(A) To suggest taking public transportation
(B) To extend an invitation
(C) To provide instructions
(D) To report on a vacation

199. What event did Mr. Simms enjoy?

(A) Championship Night
(B) Classic Uniform Night
(C) Fifty-Cent Hot Dog Night
(D) Mascot Night

200. What is suggested about Cottar Stadium?

(A) It can seat up to 20,000 people.
(B) It first opened in 1999.
(C) It holds games four nights a week.
(D) It is near public transportation.

STOP! This is the end of the test. If you finish before time is called,
you may go back to Parts 5, 6, and 7 and check your work.

TEST
03

적정 풀이 시간 75분

75 min

시작 시간 ___시 ___분

종료 시간 ___시 ___분

목표 개수 _____ / 100

실제 개수 _____ / 100

- 중간에 멈추지 말고 처음부터 끝까지 풀어보세요.
  문제를 풀 때에는 실전처럼 답안지에 마킹하세요.

- 정답 개수에 5를 곱하면 대략적인 점수가 됩니다.

READING TEST

In the Reading test, you will read a variety of texts and answer several different types of reading comprehension questions. The entire Reading test will last 75 minutes. There are three parts, and directions are given for each part. You are encouraged to answer as many questions as possible within the time allowed.

You must mark your answer on the separate answer sheet. Do not write your answers in your test book.

PART 5

Directions: A word or phrase is missing in each of the sentences below. Four answer choices are given below each sentence. Select the best answer to complete the sentence. Then mark the letter (A), (B), (C), or (D) on your answer sheet.

101. According to the e-mail, twenty-five people ------- the seminar next week.

(A) to attend
(B) attended
(C) will attend
(D) have attended

102. Templeton Bank ------- offers savings certificates with above-average interest rates.

(A) frequency
(B) frequent
(C) frequently
(D) frequented

103. The Vexus Corporation is currently seeking ------- for our annual Employee Excellence awards.

(A) nominates
(B) nominated
(C) nominations
(D) nominating

104. A panel of eight judges will ------- the contest entries beginning on July 1.

(A) review
(B) agree
(C) look
(D) reply

105. Please notify all drivers ------- the present condition of Terminal 3.

(A) of
(B) with
(C) into
(D) along

106. The consultants ------- that we invest in newer production equipment immediately.

(A) recommend
(B) complete
(C) determine
(D) consider

107. If the shipments are to be delivered -------, we will need to schedule a second driver soon.

(A) separate
(B) separable
(C) separation
(D) separately

108. A team of doctors and nurses ------- treated the patients in the hospital's emergency room.

(A) briefly
(B) currently
(C) gradually
(D) urgently

109. Ms. Penner offered light refreshments to the visitors to make ------- feel welcome.

(A) they
(B) them
(C) their own
(D) themselves

110. Your opinions will help us make ------- to the many programs supported by the McKnight Community Foundation.

(A) exceptions
(B) investments
(C) improvements
(D) announcements

111. After the presentation, David Struthers invited listeners to provide ------- criticism of his proposal.

(A) constructively
(B) constructive
(C) constructing
(D) construct

112. The new edition of the guidebook profiles several lesser-known tourist ------- in the city.

(A) statements
(B) attractions
(C) excursions
(D) statistics

113. You should complete the survey and place it in the secure box no ------- than February 28.

(A) late
(B) lately
(C) lateness
(D) later

114. For ------- reasons, passengers are requested not to leave any baggage unattended at the airport.

(A) market
(B) security
(C) finance
(D) maintenance

115. When ------- payroll requests, always double-check all calculations.

(A) process
(B) processing
(C) processed
(D) processes

116. Booklog, an online database of professionally written book reviews, was ------- only available by subscription.

(A) significantly
(B) originally
(C) elegantly
(D) finally

117. Daiwa Motors released a new ------- car that is easy to park and very fuel efficient.

(A) compact
(B) profitable
(C) introductory
(D) mechanical

118. Anyone interested in participating in the training seminar should complete an online ------- form.

(A) apply
(B) applying
(C) applicant
(D) application

119. Please make sure that ------- shipment is carefully checked before packing it.

(A) other
(B) each
(C) any
(D) all

120. Customers may obtain a free bus pass at closed stations good for the ------- of the closure.

(A) operation
(B) duration
(C) environment
(D) renovation

▶ ▶ ▶GO ON TO THE NEXT PAGE

121. Local artist Mason McGregor has ------- used a variety of recycled materials to produce public sculptures.

(A) create
(B) creative
(C) creation
(D) creatively

122. Several popular items made by Harmony Bakery are now ------- at local coffee shops.

(A) selective
(B) available
(C) accessible
(D) convenient

123. Tamara Barkley, the owner of the Giga Software Company, used to design computer programs -------.

(A) her
(B) she
(C) herself
(D) her own

124. The High Street Café will have to close ------- it can bring in more revenue by the end of the quarter.

(A) unless
(B) soon
(C) as if
(D) but

125. By making some minor ------- to the designs, we were able to create stylish and affordable clothing.

(A) mistakes
(B) operations
(C) statements
(D) adjustments

126. The performance evaluation process is ------- to make objective evaluations of employees in the workplace.

(A) intends
(B) intended
(C) intending
(D) intentional

127. The cruise ship's passengers ------- enjoyed the music and dance performances.

(A) carefully
(B) thoroughly
(C) remarkably
(D) extremely

128. When working in dangerous sections of the mine, we operate the mining equipment -------.

(A) electricity
(B) electronic
(C) electronically
(D) electronics

129. Montrose County has partnered with local greenhouses ------- to encourage residents to plant more trees.

(A) accidently
(B) typically
(C) effectively
(D) specifically

130. Mr. Taketa believes we can determine the cause of the problem by expanding the ------- of our investigation.

(A) case
(B) scope
(C) volume
(D) height

PART 6

Directions: Read the texts that follow. A word or phrase, or sentence is missing in parts of each text. Four answer choices for each question are given below the text. Select the best answer to complete the text. Then mark the letter (A), (B), (C), or (D) on your answer sheet.

Questions 131-134 refer to the following article.

(October 2) – Tamara Shelly, a sales ------- at Danner Outdoor Equipment, has been
                                           131.
named the employee of the year for the North Atlantic region.

Managers at each store location ------- one staff member for the award. Nominees are
                                 132.
evaluated by regional leadership based on past work performance, recommendations

from supervisors and colleagues, and customer reviews.

Twelve winners, representing each region, will receive a $500 cash price. -------, they are
                                                                          133.
invited to a celebratory banquet at corporate headquarters in Seattle.

"I'm looking forward to meeting colleagues from around the country," said Ms. Shelly. "It

will be my first time to visit the west coast."

-------. She started working at store #675 before relocating to store #784 three years ago.
134.

131. (A) associate
     (B) associated
     (C) associates
     (D) association

132. (A) nominates
     (B) can nominate
     (C) are nominated
     (D) would have nominated

133. (A) However
     (B) Otherwise
     (C) Moreover
     (D) Since then

134. (A) A friend, Karen Bates, was not
         surprised that Ms. Shelly was
         selected.
     (B) Ms. Shelly has been an employee
         at Danner Outdoor Equipment since
         2013.
     (C) Employees must have at least three
         years' experience to participate.
     (D) The local store owner personally
         notified Ms. Shelly of her award.

▶ ▶ ▶ GO ON TO THE NEXT PAGE

From: dbaxter@manfred.com

To: t.eubank@dcmail.net

Date: Friday, August 8

Subject: Interview

Attachment: Directions

Dear Ms. Eubank,

I am writing to follow up on our phone conversation from this morning. I ------- you for an
135.
interview with our hiring manager on Wednesday, August 13, at 1:30 P.M. As we discussed,

please plan to arrive ten minutes early. In addition, bring the names and phone numbers of

three professional references.

Finding our building can be somewhat tricky. -------, I am sending you directions. You may
136.
want to print a copy to bring along with you. Parking is available in Lot C, but you need a

temporary parking pass. -------.
137.

I look forward to ------- you next week.
138.

Sincerely,

Daniel Baxter

Office Manager

Administrative Services Department

Manfred Corporation

135. (A) schedule
(B) will schedule
(C) have scheduled
(D) would have scheduled

136. (A) In contrast
(B) Meanwhile
(C) For that reason
(D) Since then

137. (A) Discounted bus passes are
currently available to employees.
(B) Policy permits temporary employees
to work for us for up to 90 days.
(C) Congratulations on your new
position at our company.
(D) The security guard at the gate can
issue one at no charge.

138. (A) meet
(B) meeting
(C) being met
(D) having met

Questions 139-142 refer to the following e-mail.

To: t.parish@gomail.net
From: f.vargas@bantam.com
Date: August 5
Subject: Your Recent Stay

Dear Mr. Parish,

Thanks for choosing Bantam Hotels. We are committed to ensuring that our ------- have a
139.

positive experience at our hotels.

Our records show that you stayed at our location in Dexter on July 13 and July 14. How

was your stay? We would like to know what we did well and what we can -------. Please
140.

take a moment to share your comments and suggestions by ------- a short survey. Simply
141.

click on the following link to begin: Bantam Hotel Survey.

Upon completion of the survey, you can enter your name in a drawing. -------. The prize is
142.

a voucher for one free night at any Bantam Hotel.

Sincerely,

Fernando Vargas

139. (A) employees
(B) participants
(C) guests
(D) guides

140. (A) attend
(B) improve
(C) complete
(D) purchase

141. (A) complete
(B) completed
(C) completing
(D) completely

142. (A) Send your job application before the
deadline passes.
(B) Each month, one lucky winner is
randomly chosen.
(C) An independent agency is
conducting the survey for us.
(D) The Bantam Hotel is located near
your company.

▶ ▶ ▶ GO ON TO THE NEXT PAGE

To: k.lyman@gotmail.com

From: custserv@homestore.com

Subject: Order #7393

Date: September 7

Dear Ms. Lyman,

We are writing to update you on the ------- of your order (#7393). The merchandise that
143.
you purchased from our Web site has been delivered to our retail location at 558 Hampton

Road in Beaverton. -------. You can pick up your order there during our normal business
144.
hours. ------- you already paid for you order, we will need to verify your identity. Please
145.
bring a copy of this e-mail or a photo ID.

If you do not pick up your order ------- sixty days of today, it will be sent to you. Your
146.
credit card will be billed for shipping.

Sincerely,

Customer Service

The Homestore

---

143. (A) number
  (B) portion
  (C) status
  (D) delay

144. (A) Please check out our weekly flyer for
    sales.
  (B) Respond to this e-mail if you have
    any questions.
  (C) Each location is managed by a
    franchise owner.
  (D) We will hold your order at the
    customer service desk.

145. (A) Since
  (B) Until
  (C) So that
  (D) Assuming

146. (A) before
  (B) within
  (C) until
  (D) except

PART 7

Directions: In this part you will read a selection of texts, such as magazine and newspaper articles, e-mails, and instant messages. Each text or set of texts is followed by several questions. Select the best answer for each question and mark the letter (A), (B), (C), or (D) on your answer sheet.

Questions 147-148 refer to the following e-mail.

To:	Ellen Lewis <e.lewis@netdino.com>
From:	Susan Blandon <sb2@generalhealth.org>
Date:	April 4
Subject:	Nutritional Consultation
Attachment:	Intake form

Dear Ms. Lewis,

Thank you for signing up for a consultation on our Web site. You are scheduled to meet with a nutritionist on Monday, April 11, at 8:00 A.M. Typically, an initial consultation takes between fifteen and thirty minutes. During the consultation, the nutritionist will review your medical information, evaluate your dietary habits, and suggest possible modifications. Please fill out the attached intake form and send it back to me. If you have any questions, feel free to call me at 555-1134.

Sincerely,

Susan Blandon

---

147. What is the reason that Ms. Blandon wrote to Ms. Lewis?

(A) To make dietary recommendations
(B) To verify medical records
(C) To confirm an appointment
(D) To recommend a specialist

148. What is Ms. Lewis asked to do?

(A) Complete some paperwork
(B) Recommend a time
(C) Forward an e-mail
(D) Change her diet

Pedal One Bike Tours

Explore the city of Montreal with us! Our friendly guides will take you on a relaxing, fun, and informative tour of their hometown. You will stop at several famous attractions, cruise along the canals, and explore hidden neighborhoods. Choose from two-hour, half-day, and full-day tours. The latter includes a lunch stop at a popular café frequented by artists and other creative types. Bring your own bike or use one of ours. Helmets and locks are provided. We will also give you a water bottle with our logo. It's yours to keep and will remind you of your tour. All tours depart from our East Street office, a short distance from the Dubois metro stop. Visit www.pedalone.ca to book your tour today!

149. What is NOT indicated about the tours?

(A) Riders receive a souvenir.
(B) They are of different durations.
(C) They are self-guided.
(D) Equipment is available for use.

150. What is suggested about Pedal One?

(A) It has bikes for sale.
(B) It operates tours in other cities.
(C) It only hires professional cyclists.
(D) It is located near public transportation.

Ways to Access Your Account

Management of your company's retirement savings plan will transition over to Iverson Financial on October 1. During the week of September 24, Iverson will mail a PIN to you. With this unique number, you will be able to access your account as soon as the changeover is complete.

Iverson Financial offers two ways to access your account. Visit www.iverson.com and search for your company's retirement plan page. Then, enter your PIN to set up a username and a password. Once you are logged on, you can check your account balance, change your account settings, authorize transactions, chat with a service representative, and perform other functions. You can also access your account by calling 1-800-555-6394. Listen to automated account information 24 hours a day. For assistance with transactions or for inquiries, you can speak with a customer service representative from Monday through Friday from 7:00 A.M. to 7:00 P.M.

151. What is the purpose of the information?

(A) To promote retirement planning
(B) To introduce a new management firm
(C) To offer assistance to employers
(D) To explain a process

152. What is NOT indicated about the retirement savings accounts at Iverson?

(A) They require the use of an access number.
(B) They are charged a monthly fee.
(C) They can be checked by phone.
(D) They are unavailable before October 1.

153. What does the information say that customers can do on Iverson's Web site?

(A) View a list of investment options
(B) Set up automated alerts
(C) Find out how much is in their accounts
(D) Schedule a meeting with a representative

NOTICE

Posted: May 2

Representatives from the City Transportation Authority will be holding a public meeting on Thursday, May 18, at 6:00 P.M., at the Warwick neighborhood branch of the Bakersfield Public Library to discuss a proposed construction project.

The city of Bakersfield is considering improving the intersection of Gilbert Road and Sahara Street. The project will install new drains, overhead lights, and traffic signals. Highly visible crosswalks with automated signs will be built. The roadways will be widened to allow for the creation of left-turn-only lanes. Altogether, these modifications will improve traffic flow, pedestrian safety, and stormwater drainage.

As planning for this project is in the early stages, community input is requested. Neighborhood businesses and residents are welcome to attend this event.

A copy of the project proposal can be downloaded at www.bakersfield.gov/transportation/908734.

154. For whom is the notice most likely intended?

(A) Government planners
(B) Construction workers
(C) Downtown businesses
(D) People living near a road juncture

155. What is NOT an implied benefit of the construction project?

(A) Rain will be less likely to cause flooding.
(B) There will be fewer traffic jams.
(C) More parking will be available for shoppers.
(D) Walkers can cross the street without fear.

Questions 156-157 refer to the following text message chain.

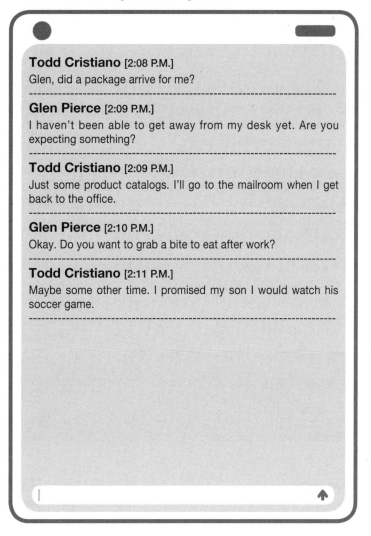

Todd Cristiano [2:08 P.M.]
Glen, did a package arrive for me?

Glen Pierce [2:09 P.M.]
I haven't been able to get away from my desk yet. Are you expecting something?

Todd Cristiano [2:09 P.M.]
Just some product catalogs. I'll go to the mailroom when I get back to the office.

Glen Pierce [2:10 P.M.]
Okay. Do you want to grab a bite to eat after work?

Todd Cristiano [2:11 P.M.]
Maybe some other time. I promised my son I would watch his soccer game.

156. What is most likely true about Mr. Pierce?

(A) He frequently orders items by mail.
(B) He did not go to the mailroom today.
(C) He plans to do some shopping.
(D) He returned to the office earlier.

157. At 2:11 P.M., why does Mr. Cristiano write, "Maybe some other time"?

(A) He is politely refusing an offer.
(B) He has to work late today.
(C) He forgot to check his schedule.
(D) He does not like to eat dinner.

▶ ▶ ▶GO ON TO THE NEXT PAGE

TEST 03 ··· 85

Position: Registered Nurse
Posted on: June 1

Ventura Hospital is committed to providing exceptional care to our patients. Our nursing staff is essential to our mission, which is why we provide them with reasonable patient loads, regular hours, and scheduled breaks. It is no surprise that we have one of the highest retention rates for nursing staff in California.

We are seeking a full-time nurse to join our pediatric care team. The successful applicant will have an RN license and pediatric nursing certification along with three or more years of experience at a hospital, health center, or doctor's office. An associate degree in nursing is required; however, a bachelor's degree in nursing is strongly preferred. The applicant must be able to work the evening shift (3:00 P.M. to 11:00 P.M.).

As a member of our team, you will serve children seeking routine care and treatment for illnesses and injuries. You will also help families of children with chronic diseases to develop in-home care plans. Preventive care is vital to the wellbeing and healthy development of children. As such, your role will also be to teach children and their parents about healthy habits, nutrition, and vaccinations. Being able to communicate sensitively with family members from diverse cultural backgrounds is essential.

We offer competitive pay and benefits, a $12,000 signing bonus, and tuition reimbursement.

Apply at www.venturahospital.org.

---

158. What is indicated about Ventura Hospital?

(A) It primarily serves international patients.
(B) Its turnover of nurses is low.
(C) It has limited hours of operation.
(D) It recently expanded its pediatric unit.

159. What is NOT required of applicants?

(A) Providing education to families
(B) Possessing certain credentials
(C) Helping patients at night
(D) Having worked at a pharmacy before

160. The word "routine" in paragraph 3, line 1, is closest in meaning to

(A) predictable
(B) boring
(C) regular
(D) balanced

MEMORANDUM

FROM: Mason Tacuba, President
TO: All Dayana Employees
DATE: October 13
SUBJECT: Rates at All-Star

Last week, I announced that company employees would no longer be eligible for reduced rates at All-Star Child Care Center, effective the first of next month. Since then, my inbox has been flooded with e-mails. Some suggested that our company is backing away from our support of working parents. Nothing could be further from the truth. ---[1]---. The responsibility for not fully communicating how and why we made this decision is fully mine.

All-Star has offered us reduced rates since first opening five years ago. ---[2]---. The owner, Sarah Jenkins, made this special arrangement with us because she strongly supported our family-friendly policies. Ms. Jenkins has worked very hard to get A-Plus Accreditation for her business. ---[3]---. She and her staff had to complete hundreds of hours of training to attain the rating. Upon achieving the A-Plus distinction, All-Star decided to charge all customers the same rates and to cease offering discounts of any kind. ---[4]---. I strongly believe that All-Star remains an outstanding deal. In fact, I am proud to send my own daughter there.

If you have any additional questions or concerns, feel free to contact me or Ms. Jenkins.

161. What is the purpose of the memo?

(A) To clarify a misunderstanding
(B) To announce a new program
(C) To promote a family friend
(D) To announce a policy change

162. What is suggested about Ms. Jenkins?

(A) She received a lot of complaints.
(B) She owns several businesses.
(C) Her daughter knows Mr. Tacuba.
(D) She attended learning events.

163. In which of the positions marked [1], [2], [3], and [4] does the following sentence best belong?

"The rates are still lower than other childcare providers of that caliber."

(A) [1]
(B) [2]
(C) [3]
(D) [4]

▶ ▶ ▶ GO ON TO THE NEXT PAGE

Questions 164-167 refer to the following online chat discussion.

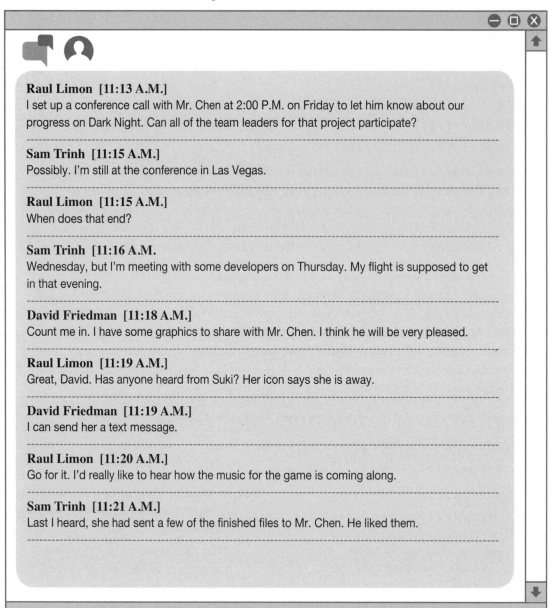

Raul Limon [11:13 A.M.]
I set up a conference call with Mr. Chen at 2:00 P.M. on Friday to let him know about our progress on Dark Night. Can all of the team leaders for that project participate?

Sam Trinh [11:15 A.M.]
Possibly. I'm still at the conference in Las Vegas.

Raul Limon [11:15 A.M.]
When does that end?

Sam Trinh [11:16 A.M.
Wednesday, but I'm meeting with some developers on Thursday. My flight is supposed to get in that evening.

David Friedman [11:18 A.M.]
Count me in. I have some graphics to share with Mr. Chen. I think he will be very pleased.

Raul Limon [11:19 A.M.]
Great, David. Has anyone heard from Suki? Her icon says she is away.

David Friedman [11:19 A.M.]
I can send her a text message.

Raul Limon [11:20 A.M.]
Go for it. I'd really like to hear how the music for the game is coming along.

Sam Trinh [11:21 A.M.]
Last I heard, she had sent a few of the finished files to Mr. Chen. He liked them.

164. Who most likely are the writers?

    (A) Professional musicians
    (B) Video game designers
    (C) Robot programmers
    (D) Graphic artists

165. What is suggested about Mr. Trinh?

    (A) He supervises Suki.
    (B) He will be unable to join the call.
    (C) He plans to leave an event early.
    (D) He is the head of a workgroup.

166. At 11:20 A.M., what does Mr. Limon mean when he writes, "Go for it"?

    (A) He wants to receive a text message.
    (B) He approves of a colleague taking action.
    (C) He can provide a phone number.
    (D) He needs to leave soon.

167. What is mentioned about Mr. Chen?

    (A) He is a very demanding client.
    (B) He met with Suki last week.
    (C) He is pleased with some music.
    (D) He likes to play sports.

▶ ▶ ▶ GO ON TO THE NEXT PAGE

Sports apparel retailer Soraya has been adopting new technologies to attract younger customers. Currently, the company's average shopper is 45 years old, has two children, and lives in the suburbs. Although that demographic segment has played a major role in the economy since the company first opened twenty-two years ago, most new income growth is occurring in major metropolitan areas among 18-34 year olds. That age group has different tastes not only in clothes but also in technology and modes of social interaction.

Concurrent with the launching of a new line of products, called Soraya Lite, the retailer debuted a new smartphone app. With it, consumers can create a profile and receive personalized recommendations and coupons. Plus, shoppers using the app generate "points" for each purchase made at a retail location or at www.soraya.com. Points can be redeemed for gifts, discounts, and free shipping.

Soraya's second innovation has been to team up with the private delivery company Zippy. Customers can use the Soraya app or purchase items from nearby retail locations and have them delivered to a local address. For time-stressed professionals, a new exercise outfit can be had in a few hours with the tap of a screen.

Finally, Soraya will soon permit third parties to sell its products. Get ready for the company's signature shorts and T-shirts to be available at your favorite gym or tennis club. Users of the new app will be able to purchase Soraya products at these locations for the same prices as at www.soraya.com regardless of the store's actual sticker prices.

168. What is the article mainly about?

(A) A company hiring younger employees
(B) The development of new technology
(C) A company shifting its strategy
(D) The changing preferences of consumers

169. What is true about Soraya?

(A) It wants more families to shop at its stores.
(B) It was founded over two decades ago.
(C) Most of its stores are in the suburbs.
(D) It operates a variety of athletic facilities.

170. What is indicated about the new app?

(A) It can suggest items for purchase.
(B) It offers special discounts to first-time customers.
(C) It aims to appeal to shoppers in their 20s.
(D) It cannot be used at affiliated retailers.

171. According to the article, what can shoppers do on the company's Web site?

(A) Earn future savings
(B) Compare prices
(C) Find a sponsored fitness center
(D) Track a shipment

▶ ▶ ▶GO ON TO THE NEXT PAGE

To:	Alan Kemper <alankemper@teafortwo.com>
From:	Fred Shiller <f.shiller@findlaymarkets.com>
Date:	May 1
Subject:	Re: Samples

Dear Mr. Kemper,

Thank you for your e-mail. I received the tea samples and distributed them to a handful of our stores for both staff members and customers to try. The responses have been overwhelmingly positive. People like the taste and aroma. ---[1]---. The packaging is attractive. As a result, we would like to place an order. Based on an earlier conversation I had with one of your product representatives, my understanding is that you offer 10% off your regular wholesale prices on purchases of ten thousand boxes or more. ---[2]---. If this is correct, then we would like to order at least that minimum amount. I think we have enough monthly sales volume to justify such a large initial purchase.

Before we move forward, however, it is necessary to make sure other decision makers at my company are onboard. Thus, I would like to set up a conference call with my company's three district managers. ---[3]---. I would also like to be on the call along with our vice president of sales, Nathan Robinson. Mr. Robinson was in my position before his promotion. He can provide you with any demographic information regarding our customer base. ---[4]---. Please let me know what days and times work best for you.

Sincerely,

Fred Shiller
Chief Buyer
Findlay Markets

172. Why was the e-mail sent?

(A) To respond to a survey
(B) To arrange a virtual meeting
(C) To revise an order
(D) To recommend some products

173. What is suggested about Mr. Robinson?

(A) He was recently elevated to Mr. Shiller's position.
(B) He personally tried some tea samples.
(C) He recently met with a product representative.
(D) He used to be a wholesale purchaser.

174. What is indicated about Findlay Markets?

(A) Mr. Shiller currently works at its largest store.
(B) It has stores throughout the country.
(C) Mr. Shiller believes it can sell thousands of boxes of tea.
(D) It negotiated a discount with Mr. Kemper's company.

175. In which of the positions marked [1], [2], [3], and [4] does the following sentence best belong?

"They have questions concerning the marketing and pricing of your products."

(A) [1]
(B) [2]
(C) [3]
(D) [4]

▶ ▶ ▶ GO ON TO THE NEXT PAGE

MEMO

To: All Customer Service Staff
From: Lewis Campbell, Customer Service Department Director
Subject: Making Improvements
Date: April 8

We have received nearly a dozen complaints from three of our largest clients. Specifically, e-mails and calls have not been returned in a timely manner, incorrect facts have been provided, and billing errors have not been cleared up efficiently.

I understand that many members of our team have been under considerable strain since the adoption of our new Internet-based phone system and tracking software. If you have been having trouble keeping up with your workload or learning the new technology, help is available. Human Resources can refer you to a free counseling service provided by an outside party.

In addition, I am working with Concentric Communication to develop a workshop tailored to our specific needs. The tentative dates are April 22 or April 25. Trainers from Concentric Communication will be brought out to show you how to get the most out of their phone system and software. If you would like to participate, please contact me at l.campbell@sigmafinancial. com.

To:	Lewis Campbell <l.campbell@sigmafinancial.com>
From:	Kevin Sanford <k.sanford@sigmafinancial.com>
Date:	April 9
Subject:	Workshop

Lewis,

First off, I want to thank you for upgrading our phone system. It was challenging to transfer calls using the old system. That is one feature of the new system that I find is much easier to use. Nevertheless, I still have a lot to learn before I am completely comfortable with it. I am very interested in attending the workshop; however, I am not available on the second date that you proposed. I scheduled my vacation to start on that date, and I am unable to change my reservation. If you choose the other date, I will definitely be there.

Best,

Kevin

176. According to the memo, what is one reason customers are upset?

(A) They did not receive products on time.
(B) They received the wrong information.
(C) They spoke with rude employees.
(D) They were overcharged on their bills.

177. What does Mr. Campbell ask his staff to do?

(A) Communicate interest in a training session
(B) Meet with a Human Resources employee
(C) Test their new phones
(D) Suggest additional dates

178. In the memo, the word "party" in paragraph 2, line 4, is closest in meaning to

(A) celebration
(B) legal agreement
(C) organization
(D) political group

179. On what date will Mr. Sanford most likely be traveling?

(A) April 8
(B) April 9
(C) April 22
(D) April 25

180. What does Mr. Sanford indicate about Concentric Communication?

(A) There is one feature of its technology that he likes.
(B) It made the old phone system as well.
(C) He is displeased with the company.
(D) It is doing its best to help his fellow employees.

▶ ▶ ▶GO ON TO THE NEXT PAGE

Sojourner Resort Vacations

For over twenty-five years, we have created amazing vacation experiences for our guests. Our resorts are all-inclusive, making it easy for you to focus on your vacation. For a single fee, you get luxurious lodging, exquisite service, delicious meals, live entertainment, and access to our private beaches and other facilities. Some locations offer guests guided boat tours and other special activities. Guests arriving at Manatee Airport in Coral Beach can take our complimentary shuttle to any of our resorts.

We operate four resorts along the Sunshine Coast. Popular with families, Sand Dollar Cay is our oldest and largest resort. Looking for an aquatic adventure? Stay at Manta Ray Lagoon, where you can snorkel, surf, and sail till your heart is content. No experience is necessary. Our instructors are topnotch. For a romantic getaway, Emerald Point offers privacy and room service all day long. Condor Natura, our newest resort, offers peace and quiet. Relax and restore your energy at our spas. Do yoga on the beach and get daily massages.

www.sojourner.com

To:	reservations@sojourner.com
From:	k.harper@topton.gov
Date:	June 10
Subject:	RE: Your Confirmation

Hello,

My husband and I booked a stay at your most recently built location (reservation #38948) from July 8 to July 14. We stayed at your lover's paradise last year for our anniversary and had a wonderful time. This time, we were looking for something different. I asked for a room on an upper floor in the Opa Lodge so we could get a good view of the ocean. However, my husband injured his knee. He would prefer to not have to deal with stairs and elevators. He might also need assistance getting on and off your shuttle. Would it be possible for us to move to a first-floor room? We are more than willing to pay the difference.

Thanks,

Kate Harper

181. What is indicated about the company in the advertisement?

(A) It includes airfare with its vacation packages.
(B) It is an established business.
(C) It will deliver meals to guests' rooms.
(D) It operates its own ferry service.

182. Who most likely was the advertisement written for?

(A) People who want a hassle-free vacation
(B) People who want a vacation near their home
(C) People who like to go from place to place
(D) People who enjoy international travel

183. What is the main reason Ms. Harper wrote the e-mail?

(A) To confirm a reservation
(B) To express satisfaction
(C) To see if a change can be made
(D) To celebrate a milestone

184. What resort is Ms. Harper planning to visit?

(A) Condor Natura
(B) Emerald Point
(C) Manta Ray Lagoon
(D) Sand Dollar Cay

185. What is implied about Ms. Harper?

(A) She got married last year.
(B) She never worries about money.
(C) She visits the Sunshine Coast regularly.
(D) She will be flying to Coral Beach.

▶ ▶ ▶ GO ON TO THE NEXT PAGE

To:	Vincent Chavez <vince@solarcoffee.com>
From:	Linda Domini <l.domini@cmr.com>
Date:	March 3
Subject:	Market Analysis
Attachment:	Report

Dear Mr. Chavez,

My team has completed our analysis of several communities on the immediate outskirts of Castleton. Being close to a major metropolitan area, each has a high population density and lots of consumer activity. Additionally, being outside the city's administration, taxes are lower. The primary challenge is the higher real estate costs. Our research suggests the following four communities will best support your business model:

- Fox Haven is a high-income area with a country club and a limited number of properties. (Average annual rent: $118/square meter)

- Mayfair has a handful of suitable properties near the university and gets lots of pedestrian traffic. (Average annual rent: $107/square meter)

- Palmyra has decent properties near a hospital, restaurants, and shops. (Average annual rent: $96/square meter)

- Riverton has several small shopping centers. (Average annual rent: $82/square meter)

Attached is a report presenting our complete market analysis.

Sincerely,

Linda Domini

GRAND OPENING CELEBRATION

Friday, June 1
7:00 A.M. – 11:00 A.M.

Solar Coffee's newest location!

1208 Park Avenue
Palmyra

Try samples of our freshly brewed coffee, handmade coffee-based drinks, and freshly baked pastries.
Live music provided by the Black Eagles, Travis Walker, and the Salem Organ Trio.
Get a coupon for 50% off any beverage* with any purchase.

*Good only at this location. Expires August 31.

August 1: The Franklin County Small Business Association (FCSBA) has chosen Vincent Chavez as its business owner of the month. Mr. Chavez is the owner of Solar Coffee. Two months ago, he opened his third location in the area.

"Business is booming at my new coffee shop," said Mr. Chavez. "We have a wonderful staff that I trained, and we are building a loyal customer base."

Second only to his passion for coffee is his love of music. "The grand opening event was such a hit," added Mr. Chavez, "that I plan to have regular live music at this location. All of the musicians that made the event a success have agreed to come back."

To read more about Vincent Chavez, visit www.fcsba.org.

186. Who most likely is Ms. Domini?

(A) A custodian
(B) A researcher
(C) A property developer
(D) A landlord

187. What is suggested about Mayfair?

(A) It has lots of affluent residents.
(B) It does not charge business taxes.
(C) It includes walkable areas.
(D) It has a large medical center.

188. What most likely is the yearly rent for the new Solar Coffee location?

(A) Around $82 per square meter
(B) Around $96 per square meter
(C) Around $107 per square meter
(D) Around $118 per square meter

189. What is suggested about Travis Walker?

(A) He works for Mr. Chavez.
(B) He lives in Castleton.
(C) He received a future discount for coffee.
(D) He wants to perform at Solara Coffee again.

190. In the article, what is NOT indicated about Mr. Chavez?

(A) He studied to be a musician.
(B) He personally instructed his employees.
(C) His new coffee shop is succeeding.
(D) He owns more than one coffee shop.

▶ ▶ ▶ GO ON TO THE NEXT PAGE

MEMO

FROM: Jason Burton, Hiring Manager, Transportation Department
TO: Fred Kimble, Vice President of Finance
RE: Permission to Hire
DATE: March 19

I am formally requesting permission to hire a junior engineer. Following the recent corporate reorganization, two members of my staff have been moved into managerial roles. This change limits their availability to be involved in the day-to-day design of infrastructure projects. My team needs an additional member as we were recently awarded a $15 million contract from the government to build a road linking Highway 8 and Highway 12. We have several other projects where the new employee could contribute as well. Attached is a budget proposal to fund the new position. I look forward to your response.

www.jobfinder.com

Posting #: 746744
Position Title: Civil Engineer I
Employer: Ashton Corporation
Location: Salt Lake City

The Ashton Corporation is seeking a civil engineer to join our Transportation Department. The person will be responsible for designing and overseeing the construction of transportation infrastructure, including, but not limited to, roadways, overpasses, on- and off-ramps, embankments, and rest stops. Applicants must have a bachelor's degree in civil engineering, a current CEP license, two or more years' experience working at an engineering firm, proficiency in CADDO software, and excellent oral and written communication skills. Prior experience working with the State Board of Transportation is strongly preferred.

This position requires visiting projects around the state and occasionally spending one or more nights in a hotel.

Click **here** to apply. Position open from May 1 – May 31.

NOTE: Only applications that meet the minimum requirements will be forwarded to the hiring manager.

To:	Kevin Sears <kevin.g.sears@wjakline.net>
From:	Danielle McKinley <d.mckinley@ashton.com>
Date:	June 8
Subject:	Application for Civil Engineer I position

Dear Mr. Sears,

We have received your application for the Civil Engineering I position in the Transportation Department and would like you to come in to our office to interview with the hiring manager. Openings are available on the following dates and times:

Tuesday, June 12, 10:00 A.M.
Wednesday, June 13 at 2:15 P.M.
Friday, June 15 at 9:00 A.M.

Please let us know what works best for you.

Sincerely,

Danielle McKinley
Human Resources Specialists
Ashton Corporation

191. According to the memo, what is true about the Transportation Department?

(A) It has seen its workload increase.
(B) It has to prepare a new budget each year.
(C) A few of its employees recently left.
(D) It is part of a local government agency.

192. What is NOT mentioned about the advertised position?

(A) Applications will be accepted for one month.
(B) The position will be based in Salt Lake City.
(C) The posting was written by Ms. McKinley.
(D) Job seekers can apply for it online.

193. What is something the Civil Engineer I will be expected to do?

(A) Submit a hiring budget
(B) Design a connector route
(C) Create computer programs
(D) Train junior engineers

194. Why did Ms. McKinley write to Mr. Sears?

(A) To invite him to meet Mr. Burton
(B) To verify his application materials
(C) To offer him a job
(D) To reschedule an interview

195. What is suggested about Mr. Sears?

(A) He can program software.
(B) He has collaborated with government officials.
(C) He earned multiple college degrees.
(D) He has worked in his field before.

▶ ▶ ▶ GO ON TO THE NEXT PAGE

Family Fashion Outlet

Our end-of-winter sale is happening now!
Save big on our already low-priced winter wear.

25% off all coats, jackets, parkas, and snow pants	**15% off** all sweaters
10% off all cold-weather accessories (hats, gloves, etc.)	**20% off** all winter footwear

Can't find what you want at your local Family Fashion Outlet?
Order online and have it delivered free to any of our stores.

Visit www.familyfashionoutlet.com
or call 1-888-555-4953
to find a store near you.

ORDER FORM

Order Number: 768412
Received on: February 12

Ship to: Patricia Raymer
893 Elm Street
Owings Mills, MD 21117

Phone: (301) 555-3998

Shipped on: February 13

Product #	Description	Quantity	Cost
67710	*Highlander snow boots, girl's, white	1	$22.15
87439	*Elise wool scarf, women's, heather plaid	1	$9.75
22741	*Icelandia wool sweater, girl's, blue/white	1	$17.50
74503	*Maxto Ski gloves, boy's, blue	1	$11.25
		Subtotal	$60.65
		Sales Tax (7%)	$4.25
		Shipping (Standard 3-5 Days)	$5.90
		Total	$70.80

Thank you for shopping at www.familyfashionoutlet.com!

*No refunds on sale items. Return for store credit only within 30 days of purchase.

To:	Family Fashion Outlet <contactus@familyfashionoutlet.com>
From:	Patricia Raymer <p.raymer@oriona.com>
Date:	February 17
Subject:	Order #768412

Hello,

Thank you for sending my order so quickly. My sister told me about your sale. She regularly shops at your Morgantown location. I really like the products that I bought for myself and my son. However, my daughter is not thrilled with the sweater I bought for her. She is very finicky and has decided to refuse to wear anything with stripes on it. So I would like to exchange it for one that is solid. I was wondering if I could exchange it at your store in my neighborhood. That way, I wouldn't have to pay shipping to return the item to you. Please let me know if this is possible.

Sincerely,

Patricia Raymer

196. According to the advertisement, what is true about Family Fashion Outlet?

(A) Its current sale ends soon.
(B) It has more than one retail location.
(C) Its sales representatives are available at all times.
(D) It has a big sale every season.

197. What is NOT indicated about Ms. Raymer's order?

(A) It should take less than a week to arrive.
(B) It was placed online.
(C) It will be delivered at no charge.
(D) It included a payment to the government.

198. What discount was most likely NOT applied to Ms. Raymer's order?

(A) 10%
(B) 15%
(C) 20%
(D) 25%

199. Why does Ms. Raymer want to exchange an item?

(A) The item was the wrong size.
(B) She wants to get store credit.
(C) She is unhappy with the quality.
(D) Her child does not like the pattern.

200. What is indicated about Ms. Raymer?

(A) She is willing to visit the Owings Mills location.
(B) She received her order on February 12.
(C) She bought all of the items for herself.
(D) She frequently shops at Family Fashion Outlet.

STOP! This is the end of the test. If you finish before time is called,
you may go back to Parts 5, 6, and 7 and check your work.

TEST 04

적정 풀이 시간 75분

75 min

시작 시간 ___시 ___분

종료 시간 ___시 ___분

목표 개수 _____ / 100

실제 개수 _____ / 100

- 중간에 멈추지 말고 처음부터 끝까지 풀어보세요.
  문제를 풀 때에는 실전처럼 답안지에 마킹하세요.

- 정답 개수에 5를 곱하면 대략적인 점수가 됩니다.

READING TEST

In the Reading test, you will read a variety of texts and answer several different types of reading comprehension questions. The entire Reading test will last 75 minutes. There are three parts, and directions are given for each part. You are encouraged to answer as many questions as possible within the time allowed.

You must mark your answer on the separate answer sheet. Do not write your answers in your test book.

PART 5

Directions: A word or phrase is missing in each of the sentences below. Four answer choices are given below each sentence. Select the best answer to complete the sentence. Then mark the letter (A), (B), (C), or (D) on your answer sheet.

101. Mr. Tam and Ms. Ito are interested in joining the marketing team, so ------- will attend the meeting next week.

(A) their
(B) them
(C) they
(D) their own

102. The Preston Gallery in Twin Oaks ------- the works of both amateur and professional photographers.

(A) exhibit
(B) exhibits
(C) exhibiting
(D) to exhibit

103. The sales manager requested that we verify the price tags of ------- items in the store.

(A) multiple
(B) capable
(C) accurate
(D) eager

104. Applicants should send a résumé and a cover letter outlining how they meet the ------- requirements of the position.

(A) specify
(B) specific
(C) specifically
(D) specification

105. After earning a license to practice as an electrician, Mr. Stevens has ------- been looking for a job.

(A) substantially
(B) consistently
(C) provisionally
(D) eventually

106. Mr. Kent has developed a highly effective team of employees ------- support one another.

(A) who
(B) whose
(C) whom
(D) whoever

107. If you are unsatisfied with our publication, you can receive a refund for any ------- issues in your subscription.

(A) remain
(B) remaining
(C) remained
(D) remainder

108. The Kitchen Store is having a clearance sale on Carter-Soka appliances ------- the end of the month.

(A) until
(B) since
(C) upon
(D) within

109. With my company's equipment, you can complete most common blood tests ------- right in your facility.

(A) rigidly
(B) timely
(C) quickly
(D) extremely

110. Mr. Kendall worked in a ------- different industry earlier in his career in Portland.

(A) creation
(B) creative
(C) creating
(D) completely

111. Ms. Abuja, the new administrative assistant, is going to help us prepare for the ------- conference.

(A) outgoing
(B) possible
(C) upcoming
(D) relative

112. The exchange program is designed to promote better ------- between our Hong Kong and London offices.

(A) cooperation
(B) cooperate
(C) cooperated
(D) cooperatively

113. Current and former clients are ------- to the grand opening of our new office.

(A) celebrated
(B) entitled
(C) invited
(D) qualified

114. News reports indicate that the new Zam-Zoom motor scooter was ------- designed at the New York branch.

(A) innovate
(B) innovative
(C) innovation
(D) innovatively

115. After reading the market research report, we are absolutely ------- that our new phone will sell extremely well.

(A) ready
(B) certain
(C) bound
(D) constant

116. According to a press release, Ms. Montoya was given an award ------- her innovative design of the athletic attire.

(A) for
(B) with
(C) among
(D) through

117. We have found that productivity increased with the regular ------- of staff members from one office to another.

(A) efficiency
(B) alteration
(C) observation
(D) possibility

118. New sales associates are normally ------- by the store's assistant manager.

(A) trained
(B) training
(C) trains
(D) to train

119. Ms. Thai is currently in a meeting, but she will ------- return your call as soon as it ends.

(A) especially
(B) promptly
(C) efficiently
(D) already

▶ ▶ ▶GO ON TO THE NEXT PAGE

120. ------- not required, advance registration for winter lectures is strongly recommended to members of the public.

(A) In addition
(B) Unless
(C) Although
(D) In order to

121. Please obtain written ------- from your supervisor before submitting a purchase order.

(A) approve
(B) approving
(C) approved
(D) approval

122. Sales at most retail locations have been steadily growing, ------- a few stores are seeing declines.

(A) so
(B) nor
(C) for
(D) but

123. The bank committee, ------- members include leading economists, will issue a recommendation on Friday.

(A) whose
(B) who
(C) their
(D) its

124. The factory manager has delayed hiring more employees although production continues to -------.

(A) increase
(B) increases
(C) increasing
(D) increased

125. The small rural restaurant was ------- busy while the film crew was in town.

(A) adversely
(B) optionally
(C) currently
(D) unusually

126. The ------- of the old factory building was planned to start last month.

(A) renovate
(B) renovated
(C) renovating
(D) renovation

127. We have received many complaints from customers ------- the product assembly instructions.

(A) concerning
(B) beside
(C) from
(D) toward

128. No one at our office ------- Mr. Crandall has ever visited corporate headquarters.

(A) whereas
(B) unless
(C) besides
(D) yet

129. The city council is expected to ------- construction of the shopping mall at its next meeting.

(A) perform
(B) inquire
(C) enforce
(D) authorize

130. Mr. Jackson's report explains the reasons for price fluctuations mostly in ------- terms.

(A) broaden
(B) broadest
(C) broad
(D) broadly

PART 6

Directions: Read the texts that follow. A word or phrase, or sentence is missing in parts of each text. Four answer choices for each question are given below the text. Select the best answer to complete the text. Then mark the letter (A), (B), (C), or (D) on your answer sheet.

Questions 131-134 refer to the following e-mail.

From: t.sheppard@grainger.com
To: all@grainger.com
Date: October 4
Subject: Lisa Wharton

As you may have heard, Lisa Wharton, our accounting supervisor, will soon be leaving our

company. She ------- a position in California. Lisa and her husband would like to have
         131.

children in the near future, so they are moving to live closer to her family. Although we will

miss Lisa, we wish her the best ------- she prepares for the next stage of her life.
                          132.

Lisa's last day of work is Friday, October 12. Please join us for a farewell lunch in Room

101 at noon. We will celebrate Lisa's ------- to our company over the past nine years.
                             133.

There will also be a going-away card to sign. -------.
                                    134.

Sincerely,

Tim Sheppard

131. (A) accepts
(B) was accepted
(C) has accepted
(D) would have accepted

132. (A) even if
(B) in case
(C) assuming
(D) as

133. (A) transfer
(B) anniversary
(C) contributions
(D) promotion

134. (A) I look forward to seeing everyone at the gathering.
(B) She appreciates everything we have done for her.
(C) She will be promoted to vice president next month.
(D) Thank you for your assistance in this matter.

▶ ▶ ▶ GO ON TO THE NEXT PAGE

Thank you for purchasing a Vault portable hard drive. Your hard drive comes with a five-year warranty. Vault warrants all of our products against defects in materials and workmanship under ------- use. Damage caused by improper use or storage will not be covered by the
135.
warranty. Repairs on Vault products may only be performed by ------- technicians.
136.

All product warranties begin on the date of purchase. -------. In addition, we strongly advise
137.
owners to register their product online. Doing so can expedite any future warranty claims.

------- your product, visit www.vault.com/registration/login. First, you need to create an
138.
account. Then, complete the registration by entering the product's model number, serial number, and date of purchase.

135. (A) excessive
(B) personal
(C) normal
(D) frequent

136. (A) certifies
(B) certified
(C) certifying
(D) certificate

137. (A) You can purchase all products at discounted prices.
(B) Select the length of the warranty that you prefer.
(C) Please retain a copy of your receipt as proof of purchase.
(D) Customer service can be reached at 1-888-555-7686.

138. (A) To register
(B) Register
(C) Registering
(D) Registration

Learn Salsa Dancing at the RCC

The Ridgecrest Community Center is offering an introductory salsa dancing class on Thursdays at 7 P.M. -------.
139.

The class will be taught by Guillermo and Alma Castro. Natives of Cuba, the Castros have been dance instructors for ------- three decades. The couple has won numerous awards.
140.
Mr. Castro is the president of a local Latin American dancing club.

The class starts on February 22 and runs for eight weeks. The class is free and open to the public. Anyone aged sixteen or older can participate. No ------- dance experience is
141.
necessary. -------, space is limited to 20 participants. Register at the information desk.
142.

139. (A) Thank you for choosing to participate in this special event.
(B) Many former professional dancers started out at our studio.
(C) Salsa is a fun and energetic style of dance that originated in Latin America.
(D) The RCC will be found soon to enrich the community.

140. (A) more
(B) until
(C) over
(D) during

141. (A) eligible
(B) prior
(C) new
(D) little

142. (A) However
(B) Likewise
(C) Meanwhile
(D) Above all

▶ ▶ ▶ GO ON TO THE NEXT PAGE

To: All staff members
From: Benjamin Deacon
Date: August 1
Subject: website development

Dear all,

The Human Resources Department is in the process of developing an internal Web site for employees to learn about job benefits. ------- completed, the site will allow employees to
143.
verify their eligibility for a variety of benefits. Employees will also be able to learn about different benefit options and find answers to ------- asked questions.
144.

To help us tailor this site to your needs, we are asking everyone ------- a few minutes to
145.
review the preliminary design. This link to our departmental Web page will take you to the site. After checking it out, you will have the opportunity to complete a short survey. -------.
146.

Thank you for your assistance in this important matter.

Sincerely,

Ben Deacon

---

143. (A) Once
(B) Before
(C) Promptly
(D) Therefore

144. (A) regularly
(B) commonly
(C) presently
(D) certainly

145. (A) takes
(B) taking
(C) to take
(D) is taking

146. (A) The survey will be attached to this e-mail.
(B) Your feedback will be used to improve the design.
(C) Let us know which benefits we use the most often.
(D) Nominations can be submitted online.

Directions: In this part you will read a selection of texts, such as magazine and newspaper articles, e-mails, and instant messages. Each text or set of texts is followed by several questions. Select the best answer for each question and mark the letter (A), (B), (C), or (D) on your answer sheet.

Questions 147-148 refer to the following flyer.

Bike Market

The Newport Bike Club is holding our second annual bike market on Saturday, May 9, from 9:00 A.M. to 2:00 P.M. at the Newport Community Center. This is a golden opportunity to get some cash for an old bike or to exchange a bike for another model. All bikes and equipment available for sale or exchange must be in working condition. In addition, several bike shops in the area will be selling their extra inventory at huge discounts at the event. Everyone is invited to shop, but only our club members can sell. Call 555-9046 for details.

147. Who most likely is the audience for the flyer?

(A) Fitness instructors
(B) Local residents
(C) Fashion models
(D) Professional cyclists

148. What is NOT mentioned about the bike market?

(A) It limits selling to certain participants.
(B) It will last for several hours.
(C) It has been held for many years.
(D) It only features functional equipment.

▶ ▶ ▶ GO ON TO THE NEXT PAGE

(April 19) – Falcon Glove entertained fans for over three hours last night at the Capital Theater with songs from their newest album, Slow Dance on Mars. Several favorites from their first two albums were also interwoven in the extended set. Having seen Falcon Glove the last time they were in Sedgewick, I was eager to hear their new drummer, Steve Adams, who replaced co-founder Harrison Baker shortly before the band recorded Slow Dance on Mars. The chemistry between Adams and the remaining three co-founding members was electrical. Vocalist Paul Liu had the crowd singing along with him. The guitar riffs of James Isa and bass lines of Glen Waldron were powerful. If you missed this show, Falcon Glove is playing tomorrow at the University of Manfred. – Alan Chin

149. What is NOT mentioned about the band?

(A) It consists of students.
(B) It had a personnel change.
(C) It will perform on April 20.
(D) It performed in Sedgewick before.

150. What is suggested about Harrison Baker?

(A) He came up with the band's name.
(B) He prefers not to travel.
(C) He returned to school.
(D) He performed on the band's debut album.

151. Who most likely is Alan Chin?

(A) A recording engineer
(B) A music critic
(C) A theater owner
(D) A concert promoter

Questions 152-153 refer to the following text message chain.

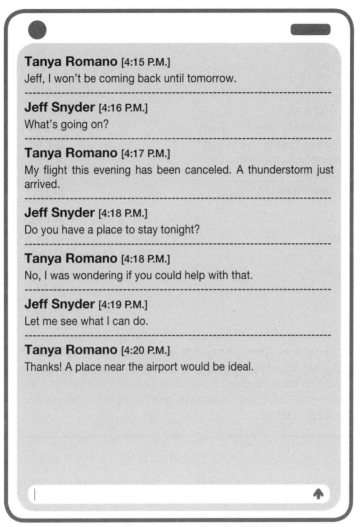

Tanya Romano [4:15 P.M.]
Jeff, I won't be coming back until tomorrow.

Jeff Snyder [4:16 P.M.]
What's going on?

Tanya Romano [4:17 P.M.]
My flight this evening has been canceled. A thunderstorm just arrived.

Jeff Snyder [4:18 P.M.]
Do you have a place to stay tonight?

Tanya Romano [4:18 P.M.]
No, I was wondering if you could help with that.

Jeff Snyder [4:19 P.M.]
Let me see what I can do.

Tanya Romano [4:20 P.M.]
Thanks! A place near the airport would be ideal.

152. Why is Ms. Romano unable to come back today?

(A) Weather halted her flight.
(B) She lost her ticket.
(C) A plane has a mechanical problem.
(D) She arrived at the airport late.

153. At 4:19 P.M., what does Mr. Snyder mean when he writes, "Let me see what I can do"?

(A) He will try to find lodging for Ms. Romano.
(B) He is busy right now.
(C) He can fill in for Ms. Romano.
(D) He will check on Ms. Romano's flight.

▶ ▶ ▶GO ON TO THE NEXT PAGE

Questions 154-155 refer to the following receipt.

Mansfield Garden Center
1908 Harper Road
Mansfield, CT 06269
(959) 555-8921

June 8	9:37 A.M.	
12 x	strawberry plants, 1.25-liter pot	$48.00
8 x	juniper bushes, 5-liter pot	$42.00
1 x	cotton gloves, medium	$3.75
1 x	trowel	$12.25
1 x	watering can, 3 liters	$7.50

Subtotal	$113.50
Sales Tax (6%)	$6.81
Total	$120.31
Amount Received	$130.00
Change	$9.69

REFUND POLICY
Returns and exchanges can only be processed with the original receipt. All plants, tools, books, accessories, and gift items can be exchanged or returned for store credit within 30 days. Non-plant products must be in their original packaging. We guarantee all plants in 3.75-liter or larger pots for 12 months from the date of purchase. Customers must bring in the original plant for inspection. Please note that fruits, vegetables, and plants in containers smaller than 3.75 liters are not eligible for our guarantee.

154. What is suggested about the customer?

(A) The person paid with cash.
(B) The person shopped in the afternoon.
(C) The person exchanged an item.
(D) The person received a discount.

155. What item can still be returned after one month?

(A) The juniper bushes
(B) The watering can
(C) The cotton gloves
(D) The strawberry plants

Water Restrictions Tightened
June 28

The Tupelo County Water Authority (TCWA) has ordered Phase III water restrictions to be implemented on July 1 and to remain in effect until further notice. The decision was made after state hydrologists announced declining groundwater levels in several test wells through the county. Combined rainfall so far this year is 25 centimeters below average, making this the driest year on record.

The new restrictions limit residents and businesses in Tupelo County to water their lawns only one day per week. Watering may be done by hand or with a sprinkler system before 8:00 A.M. and after 7:00 P.M. In addition, residents are only allowed to wash their vehicles by hand while using a bucket of water. Hoses and power sprayers are not permitted to avoid wasting water. The use of commercial car washes with water-recycling technology is strongly recommended. For a complete list of new restrictions and water-saving tips, please visit www.tcwa.gov.

TEST 04

156. What is NOT mentioned about the new restrictions?

(A) They only apply to local homeowners.
(B) They do not have an end date.
(C) They discourage certain methods for cleaning cars.
(D) They limit when people can water their grass.

157. What can be found on the water authority's Web site?

(A) Amounts of annual rainfall
(B) A map of suggested companies
(C) The names of affected communities
(D) Advice for residents

To:	Juliette Barnes <juliebarnes@beautyinsight.net>
From:	Mayra Trujillo <m.trujilllo@naturalliving.com>
Date:	July 6
Subject:	Your photograph

Dear Ms. Barnes,

Thank you for your submission of "Cloud Forest" to our annual amateur photography contest. ---[1]---. Although your photograph was accompanied by an official entry form with your signature, the form did not state your age at the time the photograph was taken. ---[2]---. Please respond to this e-mail with your date of birth. ---[3]---. Once we have received that information, we will be able to assign your photograph to the correct age category. Our panel of judges, which includes members of our editorial board as well as several professional photographers, will begin reviewing submissions at the end of this month. Letters to contest winners will be sent out on September 15. ---[4]---. In addition, all of the winning photographs will be published in our October issue.

Sincerely,

Mayra Trujillo
Natural Living Magazine

158. Why was the e-mail sent?

(A) To request information
(B) To confirm a subscription
(C) To announce an award
(D) To order a photograph

159. When will Ms. Barnes' photograph be evaluated by a group?

(A) In July
(B) In August
(C) In September
(D) In October

160. In which of the positions marked [1], [2], [3], and [4] does the following sentence best belong?

"Prizes will be awarded to first-, second-, and third-place winners in each of the five age categories."

(A) [1]
(B) [2]
(C) [3]
(D) [4]

FROM: Jennifer Sorokin, Human Resources Director
TO: All Employees
DATE: April 21
SUBJECT: Vacation Policy

My department has carefully reviewed our company's benefits. The following changes are being made to our paid vacation policy to bring it in line with current standards in the local labor market.

Effective immediately, all full-time employees will earn 0.25 days of paid vacation for every 40 hours worked for up to 15 days per year. Newly earned vacation days will become available at the end of each biweekly pay period.

In addition, we are expanding our paid vacation policy to include all part-time employees. These employees will earn paid vacation days at the same rate as full-time employees for up to 5 days per year.

All employees may continue to request unpaid vacation days at the discretion of their supervisor. Employees may carry over up to five vacation days from one year to the next. Any remaining unused paid vacation days will be forfeited at the end of the year.

Requests for paid or unpaid vacation must be made in writing to a supervisor according to the following schedule:
- Requests for 3 or fewer days off must be made 10 days in advance.
- Requests for more than 3 days off must be made 30 days in advance.

Please direct any questions concerning this new policy to your supervisor or Human Resources representative.

TEST 04

161. Why is the company changing its paid vacation policy?

(A) To match the policies of other companies
(B) To give workers more time to rest
(C) To coincide with new pay periods
(D) To attract more workers from out of the area

162. What is suggested about part-time employees?

(A) They cannot save vacation days from year to year.
(B) They did not receive paid vacation in the past.
(C) They are numerous at the company.
(D) They no longer can take unpaid vacation days.

163. What are readers asked to do if they are uncertain about the new rules?

(A) Visit an office
(B) Review an attachment
(C) Speak with a manager
(D) Meet with a travel agent

▶ ▶ ▶ GO ON TO THE NEXT PAGE

Questions 164-167 refer to the following online chat discussion.

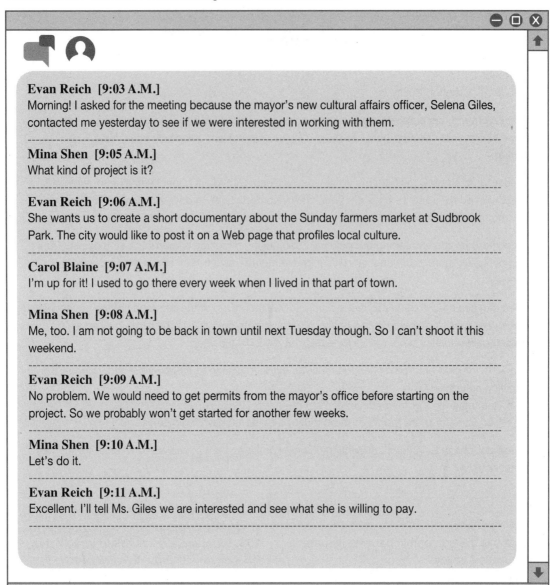

Evan Reich [9:03 A.M.]
Morning! I asked for the meeting because the mayor's new cultural affairs officer, Selena Giles, contacted me yesterday to see if we were interested in working with them.

Mina Shen [9:05 A.M.]
What kind of project is it?

Evan Reich [9:06 A.M.]
She wants us to create a short documentary about the Sunday farmers market at Sudbrook Park. The city would like to post it on a Web page that profiles local culture.

Carol Blaine [9:07 A.M.]
I'm up for it! I used to go there every week when I lived in that part of town.

Mina Shen [9:08 A.M.]
Me, too. I am not going to be back in town until next Tuesday though. So I can't shoot it this weekend.

Evan Reich [9:09 A.M.]
No problem. We would need to get permits from the mayor's office before starting on the project. So we probably won't get started for another few weeks.

Mina Shen [9:10 A.M.]
Let's do it.

Evan Reich [9:11 A.M.]
Excellent. I'll tell Ms. Giles we are interested and see what she is willing to pay.

164. Who most likely are the writers?

(A) Advertisers
(B) Filmmakers
(C) Farmers
(D) Government officials

165. What is indicated about Ms. Blaine?

(A) She no longer shops on weekends.
(B) She is currently out of the office.
(C) She used to reside near Sudbrook Park.
(D) She was once part of a cultural office.

166. At 9:10 A.M., what does Ms. Shen mean when she writes, "Let's do it?

(A) She wants to participate in a project.
(B) She would like to negotiate a later starting date.
(C) She wants to design a Web site.
(D) She is willing to request permission.

167. What does Mr. Reich plan to do?

(A) Apply for a business license
(B) Make a payment
(C) Contact a potential collaborator
(D) Go to a farmers market this weekend

▶ ▶ ▶ GO ON TO THE NEXT PAGE

Sanford Scores Construction Contract in the Northeast
by Seth Oliver

TRAINOR (October 2) – Sanford Systems has been awarded a 10% share in a $1.8 billion contract to build a tunnel under the Franconia River in Clover City. The local company submitted a bid as a member of a consortium consisting of seven companies, all of which are based in the Northeastern region, except for Sanford.

The consortium, called Cross-Town, is expected to sign the final contract next month. ---[1]---. At that time, preliminary designs from the bid will be made public.

According to a Cross-Town spokesperson, construction of the two-lane tunnel will begin by June of next year. The 2-kilometer-long tunnel will connect the Highland Park and Riverview neighborhoods. ---[2]---.

Operation of the tunnel will be handled by the Clover City Port Authority. The individual members of Cross-Town are expected to continue to perform maintenance tasks on an as-needed basis for at least ten years.

Sanford's role in the project is to design and install all of the electrical systems. ---[3]---.

"We are excited to branch out to a project in another part of the country," said Sanford CEO David Walsh. ---[4]---. "This project is the first in our planned expansion." Since being appointed to the top position at Sanford early last year, Mr. Walsh has focused on aggressively growing the company's revenue.

168. What is the article mainly about?

(A) The reorganization of a team
(B) A change in leadership
(C) The reopening of a bid
(D) A company's recent success

169. According to the article, what will happen in November?

(A) A group of businesses will hold a press conference.
(B) Details about a tunnel will be revealed.
(C) An initial payment will be made.
(D) A construction project will commence.

170. What is most likely true about Highland Park?

(A) It is experiencing population growth.
(B) It is the home of Mr. Walsh.
(C) It has several bridges.
(D) It is a section of Clover City.

171. In which of the positions marked [1], [2], [3], and [4] does the following sentence best belong?

"Subcontractors may be hired to supply the actual lighting fixtures and control switches."

(A) [1]
(B) [2]
(C) [3]
(D) [4]

▶ ▶ ▶GO ON TO THE NEXT PAGE

MEMO

To: All Employees
From: Joseph Okempo, Factory Manager
Subject: Quality Control
Date: December 8

As you may know, the number of products discarded due to defects has increased from 5% to 15% over the past six months. This situation has begun to cut into our profits and must be addressed. I assigned a team of technicians to find out why we are producing more defective products. Their careful investigation revealed several factors and solutions.

First, we implemented a new quality control process back in May. As a result, we have been finding more flawed products before they are shipped out to retailers. I want to commend our inspection team for their fine work. We will continue to support their efforts.

Second, one of our major suppliers went out of business. We have found another company that has provided us with replacement materials at comparable prices. However, these new materials are easily damaged by our production processes. We are making adjustments to those processes.

Finally, many of our machines are over fifty years old. They, therefore, require more and more maintenance to run efficiently. Improperly maintained machines contribute significantly to production errors. As funds become available, we will replace these machines. In the meantime, we are implementing a new, more rigorous maintenance schedule.

172. What is the main reason Mr. Okempo wrote the memo?

(A) To propose a simpler process
(B) To explain the reasons for a problem
(C) To introduce a new policy
(D) To recommend a new vendor

173. The word "fine" in paragraph 2, line 3, is closest in meaning to

(A) delicate
(B) healthy
(C) narrow
(D) satisfactory

174. Why did the factory decide to purchase materials from another company?

(A) Problems were found in the original materials.
(B) The prices were lower.
(C) It was required to adopt a new production process.
(D) A supplier ceased operating.

175. What is indicated about the machines at the factory?

(A) All have become outdated.
(B) Some are expected to be phased out.
(C) A few operate at very high efficiency.
(D) Most have been poorly cared for.

▶ ▶ ▶GO ON TO THE NEXT PAGE

Value Plus Prescription Savings Plan

Save up to 60% off our regular prices with the Value Plus Prescription Savings Plan. We designed this plan specifically for our members who do not have health insurance or who need medications that are not covered by their health insurance—including medicine for their pets.

The Prescription Savings Plan is not a health insurance plan, but rather it is an optional benefit available to our members. For an extra $25 a year, members can get a Prescription Savings Plan card good for use at any Value Plus location with an in-store pharmacy. Simply present the card when ordering a prescription, and a discount of between 20% and 60% will be applied at checkout.

Not a member? Join today. Standard Value Plus memberships are available for $80/year (includes primary member, spouse, and dependents). Business Value Plus memberships are available for $100/year. See www.valueplus.com for a list of benefits.

To:	Kevin Owens <kevin@owenspainting.com>
From:	Richard Pena <richard.pena@doharay.com>
Date:	May 1
Subject:	Discounted medication program
Attachment:	scan 01

Kevin,

It was good catching up with you at our class reunion last night. It's hard to believe that twenty-five years have passed since we graduated from Marshall High!

In regards to our conversation, I am sending you some information from Value Plus that you might find useful. I got a membership for my family at the Highpoint location earlier this year. My wife has diabetes and some other health issues. We had been spending $550 a month on medications for her, but with the Value Plus prescription plan, we now spend $100 less. I wish I had found out about this program sooner. You might want to check it out for you and your employees.

Best,

Richard

176. What is a benefit of the Prescription Savings Plan?

(A) Finding local pharmacies
(B) Obtaining health insurance coverage
(C) Getting lower prices on veterinary medicines
(D) Saving money on a club membership

177. What is suggested about Value Plus?

(A) The store also offers separate health insurance plans.
(B) Some locations are unable to fill prescriptions.
(C) Prescriptions can be ordered on its Web site.
(D) Membership rates have recently increased.

178. Why did Mr. Pena write to Mr. Owens?

(A) To provide a recommendation
(B) To follow up on a phone call
(C) To express appreciation
(D) To promote his business

179. What amount did Mr. Pena pay to join Value Plus?

(A) $25
(B) $80
(C) $100
(D) $120

180. What is indicated about Mr. Owens?

(A) He attended school with Mr. Pena.
(B) He has a serious medical condition.
(C) He spends less money on his wife's medicine.
(D) He recently completed a training program.

▶ ▶ ▶GO ON TO THE NEXT PAGE

Home Improvement Classes: February

Walsh Hardware Store #008
7001 Horner Road, West Mifflin

Installing a Programmable Thermostat

(Saturday, February 4, 10:00 A.M. – 11:30 A.M.): New digital thermostats make it easy to reduce energy consumption. We'll show you how to select the right model for your home and wire it yourself.

Maintaining Kitchen Appliances

(Sunday, February 12, 1:00 P.M. – 3:00 P.M.): Learn simple techniques to keep your stove, range, microwave, blender, and other appliances working properly for many years.

Replacing Bathroom Faucets

(Saturday, February 18, 9:00 A.M. – 10:45 A.M.): Updating faucets can give a new look to your bathroom and reduce water consumption.

Deep Cleaning Carpets and Upholstery

(Sunday, February 26, 3:00 P.M. – 4:15 P.M.): Learn how to use commercial-grade carpet shampooers and steamers to rejuvenate old carpets and upholstered furniture.

All classes meet in the learning center located at the back of the store. No prior experience necessary. Classes are free, but space is limited. Contact Monica Brito at m.brito@walsh.com to register.

To:	Monica Brito <m.brito@walsh.com>
From:	Ed Springer <ed.g.springer@sakaopen.com>
Date:	January 20
Subject:	February Classes

Dear Ms. Brito,

A friend attended your carpet cleaning class when your store offered it last year. Thanks to the tips provided by the instructor, my friend obtained excellent results using a rented shampooer from your store and doing the job himself. I am very interested in attending that class. However, it is scheduled the same day as a bowling tournament that I am participating in, so I can't make it. I wonder if you are planning to offer the class again in the near future. If that is not likely, is there any way I could get copies of the handouts provided to participants?

Thank you,

Ed Springer

181. What is NOT true about all of the classes?

(A) They are held on a weekend.
(B) They restrict the number of participants.
(C) They take place at a business.
(D) They charge a fee for people to participate.

182. What class would most likely teach basic plumbing skills to participants?

(A) Deep Cleaning Carpets and Upholstery
(B) Installing a Programmable Thermostat
(C) Maintaining Kitchen Appliances
(D) Replacing Bathroom Faucets

183. What is suggested about Walsh Hardware?

(A) It repeats the same classes every month.
(B) It rents cleaning equipment.
(C) Its classes are taught by Ms. Brito.
(D) It has more than one location in West Mifflin.

184. When does Mr. Springer plan to attend a sporting event?

(A) On February 4
(B) On February 12
(C) On February 18
(D) On February 26

185. In the e-mail, the word "tips" in paragraph 1, line 1, is closest in meaning to

(A) advice
(B) clues
(C) ends
(D) money

▶ ▶ ▶ GO ON TO THE NEXT PAGE

www.techexpo.org

| ABOUT US | CALENDAR | PLAN YOUR VISIT | CLASSES |

About Us

In 2005, Tech Expo was founded by a group of educators, engineers, and scientists. Our goal is to make mathematical and scientific concepts tangible by providing real experiences. We believe that children learn best by using their senses and exploring the world around them. Come to Tech Expo and let your curiosity guide you!

Tech Expo was awarded a National Science Education Award of Excellence in 2008 for our innovative exhibits and programs.

Admission is $5 for children and $8 for adults. Children under 2 years of age get in free.

Become a member and get unlimited admission for a year. Visit the information desk in our lobby to start your membership today.

July Events

July 6 – Meet a Scientist (Wingate Room) 2:30 P.M. – 4:00 P.M.
- This month's guest is Dr. Karl Jacobson of Paulson University, who will lead a hands-on demonstration of how different materials can be attached to one another. All ages.

July 15 – Makerspace Open Hours (Makerspace) 3:00 P.M. – 5:00 P.M.
- Design and build your own project or use one of our technology kits. Supplies provided. All ages.

July 23 – Math and Built Structures (Octagon Room) 4:00 P.M. – 5:30 P.M.
- Elementary-aged kids can learn how buildings are made by taking apart and reassembling models of bridges, skyscrapers, and more. Parents and siblings welcome.

July 31 – Build a Robot (Makerspace) 12:00 noon – 3:00 P.M.
- Children aged 7 and up will build their own robot. Discounts available for members. Limited to 10 participants. Register online at www.techexpo.org/classes.

NOTE: Unless specified otherwise, all events are included in the price of admission.

To:	Pamela Gatwick <p.gatwick@techexpo.org>
From:	Allison Holmes <allison.holmes@kinecta.com>
Date:	June 20
Subject:	Volunteering

Pamela,

I have to work next Tuesday evening, so I will not be able to attend the volunteer training on that day. Is there any way I can attend the Thursday afternoon session instead? I would really like to be approved to be able to help out at your upcoming architecture workshop. Please let me know if this is possible.

Sincerely,

Allison

186. What is NOT mentioned about Tech Expo?

(A) It is affiliated with some local schools.
(B) It allows some people in at no charge.
(C) It has received countrywide recognition.
(D) It encourages hands-on learning.

187. What is suggested about Meet a Scientist?

(A) It is geared toward young children.
(B) It will take place outdoors.
(C) It requires advance registration.
(D) It will be held in the afternoon.

188. How can a reader participate in the Build a Robot event at a reduced cost?

(A) By bringing a family member
(B) By attending with a school group
(C) By speaking with an employee
(D) By registering early

189. Why did Ms. Holmes write the e-mail?

(A) To become a member
(B) To register for an event
(C) To propose a new program
(D) To ask about a schedule change

190. What is the day that Ms. Holmes would like to volunteer?

(A) July 6
(B) July 15
(C) July 23
(D) July 31

▶ ▶ ▶ GO ON TO THE NEXT PAGE

Questions 191-195 refer to the following advertisement, invoice, and e-mail.

Global Auto Parts

www.globalauto.com

Your source for replacement parts and accessories for all models of domestic and imported cars, trucks, vans, and SUVs. Shop online or at a store near you.

September Specials*

- $35 for 5 liters of Gold Star synthetic motor oil
- 5% off all Swift windshield wipers
- Get a $10 gift card with any purchase of four Hi-Test spark plugs
- 10% off all Midnight batteries

Sign up today for our e-mail promotions and save $15 on your next order of $75 or more. Limit one coupon per customer. Cannot be combined with any other offers.

Need your order right away? Free express delivery on orders of $100 or more. Express delivery will arrive within 24 hours.

Good through the end of the month.

SHIPPING INVOICE

Order #: 110832
Received: September 21 (7:42 A.M.)   **Shipped:** September 21 (9.55 A.M.)

Shipped to:
Todd Christensen
813 Palm Street
Coral Gables, FL 33124

Phone: (786) 555-1258   **E-mail:** tc83@nova.com

Item #	Description	Quantity	Cost
32993	Shop towels, two pack	4	$21.00
56343	Swift windshield wipers, pair	1	$17.35
89911	Gold Star transmission fluid, 1 liter	1	$4.75
80427	Midnight all-weather car battery	1	$124.00
		Subtotal	$167.10
		Tax (7%)	$11.70
		Shipping	$0.00
		Total	$178.80

Total charged to credit card ending in 8943

Thank you for your order!

Visit www.globalauto.com for our return and exchange policy

To:	Global Auto Parts <returns@globalauto.com>
From:	Todd Christensen <tc83@nova.com>
Date:	September 22
Subject:	Re: Order #110832

Hi,

I just want to let you know that I sent item #56343 from my most recent order back. I thought it would fit my car, but it does not. Apparently, I did not read the product description for details regarding compatibility. Please exchange it for item #58773. Thank you.

Sincerely,

Todd Christensen

191. What is suggested about the advertised discounts?

(A) They are available for a limited time.
(B) They require a minimum purchase amount.
(C) They are only good at www. globalauto.com.
(D) They are part of an e-mail promotion.

192. What is suggested about Mr. Christensen's order?

(A) It was placed by phone.
(B) It will include a gift card.
(C) It is eligible for complimentary one-day shipping.
(D) It will earn him a discount on a future purchase.

193. What is NOT indicated on the invoice?

(A) What time the order was sent
(B) How the order was paid for
(C) Where the order will be sent
(D) Which items can be returned

194. What is one reason Mr. Christensen wrote the e-mail?

(A) To ask for a refund
(B) To complain about the quality of a product
(C) To notify Global Auto Parts of a return
(D) To point out incorrect information

195. What product did Mr. Christensen return?

(A) The battery
(B) The shop towels
(C) The transmission fluid
(D) The windshield wipers

▶ ▶ ▶ GO ON TO THE NEXT PAGE

MEMO

From: David Cashman
To: All Project Managers
Date: October 3
Subject: Training Opportunity

Released in August, the company's updated business development plan outlines several strategies to bring in greater revenue. One of these is to grow the number of service contracts we obtain with government agencies. I am confident that we can achieve this goal. To ensure we do, I have reached out to Argus Enterprises to develop specialized training workshops. These workshops will provide you with knowledge, insights, and skills to increase your success rate in winning bids. Argus is a leader in the corporate training field with over 35 years of experience. Please sign up for at least one workshop at www.argus.com. Use the code G789 to bill to our company.

Custom Argus Workshops for the Stella Corporation

Workshops will be held in the Goldberg Room, Ballantine Convention Center, Upper St. Claire. Workshops run from 8:00 A.M. to 12:00 noon with two 15-minute breaks.

Communicating with Agencies (Monday, November 5)

Preparing Effective Proposals (Tuesday, November 6)

Government Contracting Standards (Wednesday, November 7)

Managing Government Contracts (Thursday, November 8)

ARGUS ENTERPRISES
Workshop Participant Satisfaction Survey

Participant Name: Kelley Hanson
Date of Workshop(s): November 6

Please rate each of the following aspects of the workshop(s):

	Excellent	Good	Neutral	Poor
Workshop content	X			
Pace of instruction	X			
Presenter	X			
Workshop materials		X		

Comments/Suggestions: This was my first training provided by your company. I have heard good things about Argus over the years. This workshop led by Kent Jackson exceeded my expectations. Mr. Jackson effectively connected with the group, challenged each of us to learn the material, and encouraged questions. Although I had a great experience, I would have preferred the workshop to last a full day. So many good questions came up that Mr. Jackson did not have time to answer all of them.

196. Why does Mr. Cashman want his staff members to attend the workshops?

(A) To network with government officials
(B) To develop a contracting business
(C) To improve their chances of getting contracts
(D) To increase their salaries

197. What workshop did Mr. Jackson lead?

(A) Communicating with Agencies
(B) Government Contracting Standards
(C) Managing Government Contracts
(D) Preparing Effective Proposals

198. What is true about Mr. Jackson's employer?

(A) It specializes in marketing customized training.
(B) It has been operating for several decades.
(C) It is headquartered in Upper St. Claire.
(D) It has a partnership with the government.

199. What would Ms. Hanson like to change about the workshop she attended?

(A) She would have liked it to be longer.
(B) She would have liked to be in a smaller group.
(C) She would have liked it to include more challenging materials.
(D) She would have liked to be asked fewer questions.

200. What is suggested about Ms. Hanson?

(A) She had trouble understanding some concepts.
(B) She is a project manager.
(C) She visits the Ballantine Convention Center once a year.
(D) She attended previous Argus workshops.

STOP! This is the end of the test. If you finish before time is called, you may go back to Parts 5, 6, and 7 and check your work.

TEST
05

적정 풀이 시간 75분

75 min

시작 시간 ___시 ___분   목표 개수 _____ / 100

종료 시간 ___시 ___분   실제 개수 _____ / 100

- 중간에 멈추지 말고 처음부터 끝까지 풀어보세요.
  문제를 풀 때에는 실전처럼 답안지에 마킹하세요.

- 정답 개수에 5를 곱하면 대략적인 점수가 됩니다.

READING TEST

In the Reading test, you will read a variety of texts and answer several different types of reading comprehension questions. The entire Reading test will last 75 minutes. There are three parts, and directions are given for each part. You are encouraged to answer as many questions as possible within the time allowed.

You must mark your answer on the separate answer sheet. Do not write your answers in your test book.

PART 5

Directions: A word or phrase is missing in each of the sentences below. Four answer choices are given below each sentence. Select the best answer to complete the sentence. Then mark the letter (A), (B), (C), or (D) on your answer sheet.

101. Dramo Chemical has begun a new safety training program for all of ------- employees.

(A) her
(B) his
(C) their
(D) its

102. The Cacophony Coffee Shop now ------- fresh-baked pastries and muffins.

(A) server
(B) serving
(C) is served
(D) serves

103. Ms. Chu ------- worked in the Accounting Department before being transferred to the Sales Department.

(A) simply
(B) briefly
(C) quickly
(D) currently

104. ------- register for the Internet safety course, you need to provide a copy of a photo ID.

(A) In order to
(B) Above all
(C) Because
(D) So that

105. Among the most ------- complaints we receive are those concerning slow response times.

(A) frequent
(B) probable
(C) reliable
(D) cautious

106. One of Mr. Lowe's strategies is to recruit the most ------- designers he can find.

(A) creative
(B) creatively
(C) creator
(D) creating

107. The Web site design class is only offered on Fridays ------- 3:00 P.M. to 5:00 P.M.

(A) at
(B) in
(C) from
(D) through

108. The Denver Trade Show will feature many local companies, ------- some in the home building industry.

(A) include
(B) includes
(C) including
(D) included

109. Since its launch in 2015, MusicBox.com has gradually been offering more and more downloads to -------.

(A) subscribe
(B) subscriber
(C) subscription
(D) subscribers

110. Several sightseeing tours are presented so that guests can choose ------- one they prefer.

(A) that
(B) when
(C) which
(D) how

111. Outdoors enthusiasts interested in ------- a vacation home on the lake are invited to our upcoming information session.

(A) permitting
(B) acquiring
(C) relaxing
(D) spending

112. All twelve performances of the opera were held at the outdoor theater ------- poor weather some evenings.

(A) in spite of
(B) although
(C) because
(D) as soon as

113. A film festival ------- to coincide with the Italian ambassador's upcoming visit to our city.

(A) is being planned
(B) planned
(C) planning
(D) will plan

114. When selecting hotels for business travel, our ------- is to stay at chains that offer reward points.

(A) prefer
(B) preference
(C) preferring
(D) preferred

115. The survey revealed a ------- among many employees to exaggerate their individual contributions to teams.

(A) presence
(B) tendency
(C) correction
(D) precision

116. The ------- hotel rates for conference attendees are only good through the end of this month.

(A) introduce
(B) introductory
(C) introducing
(D) introduction

117. The Hudson Avenue library branch will be closed ------- repairs of the roof are completed.

(A) until
(B) as if
(C) given
(D) in fact

118. Unless Mr. Jung can find a new assistant manager, ------- will have to close the store on Mondays.

(A) he
(B) his
(C) himself
(D) his own

119. Beverage companies have decided to ------- the price of bottled water to increase sales.

(A) obey
(B) look
(C) value
(D) lower

120. When exiting the garden, be sure that the lock on the gate is ------- fastened.

(A) secure
(B) securing
(C) security
(D) securely

▶ ▶ ▶GO ON TO THE NEXT PAGE

121. Please check with the office manager before ------- the filing cabinets into the meeting room.

(A) moving
(B) are moving
(C) move
(D) moved

122. Mutsuhito electric motors are specially designed not to require ------- regular maintenance.

(A) any
(B) many
(C) several
(D) various

123. ------- a basic investment portfolio is easy to do with our online resource guide.

(A) Construct
(B) Constructing
(C) Construction
(D) Constructed

124. The Franconia Society ------- Ms. Lee for her contributions to public health education last month.

(A) has recognized
(B) will recognize
(C) recognizing
(D) recognized

125. We designed this savings plan ------- for our members who do not have health insurance.

(A) indefinitely
(B) preferably
(C) specifically
(D) constantly

126. We have determined exactly ------- is causing our drilling equipment to malfunction.

(A) where
(B) when
(C) that
(D) what

127. All vehicles with license plates ending in even numbers will be ------- to drive Monday, Wednesday and Friday.

(A) permit
(B) permitted
(C) permissive
(D) permission

128. The city notified businesses and residences ------- of the planned closure of Harper Road.

(A) as well as
(B) on behalf
(C) in advance
(D) in order

129. Libros, an online textbook retailer, offers free shipping on all purchases ------- its competitors charge for shipping.

(A) unlike
(B) among
(C) instead
(D) whereas

130. Because of the forecast for rain, it is ------- that Mr. Bates will reschedule the picnic.

(A) pleasant
(B) accessible
(C) probable
(D) competitive

PART 6

Directions: Read the texts that follow. A word or phrase, or sentence is missing in parts of each text. Four answer choices for each question are given below the text. Select the best answer to complete the text. Then mark the letter (A), (B), (C), or (D) on your answer sheet.

Questions 131-134 refer to the following notice.

The Blakemore Genealogical Library understands that our 14-day borrowing period for circulating materials may be too short for some patrons. -------, we are now offering long-
131.
term borrower's cards with a 30-day borrowing period. -------. Please bring one official
132.
form of ID along with proof of -------. Examples of each can be found on our Web site.
133.
Unlike our standard borrower's card, the long-term borrower's card requires the holder to

pay an annual -------. The cost is $50 for individuals and $25 for students and senior
134.
citizens.

131. (A) However
(B) Therefore
(C) Otherwise
(D) Moreover

132. (A) We have responded to concerns
from our borrowers.
(B) Thank you for expressing interest in
this new option.
(C) These new cards can be obtained
from the circulation desk.
(D) Ultimately, the choice is yours as a
patron.

133. (A) reside
(B) residing
(C) residents
(D) residence

134. (A) tax
(B) fare
(C) fee
(D) meeting

▶ ▶ ▶GO ON TO THE NEXT PAGE

Dear Mr. Penner:

The Cotter Creek Business Alliance (CCBA) is pleased to inform you that we have approved your application for membership. As a member, you are ------- for several valuable benefits.
135.

You ------- a subscription to our monthly publication, the *Cotter Creek Gazette*. In it, you
136.

will find articles on current economic conditions, new legislation affecting business owners,

and local business leaders. -------. These are held several times each year at locations
137.

------- the region. Finally, as a member, you will be able to receive discounts from our many
138.

partners. Visit www.ccba.org for details.

Sincerely,

Vance Leonard
CCBA President

135. (A) proud
(B) eligible
(C) valuable
(D) fortunate

136. (A) receives
(B) receiving
(C) will receive
(D) should have received

137. (A) Donations can be made to our charitable giving fund.
(B) Please send any comments or questions to our organization's secretary.
(C) A gift of your choice will be mailed to you in the coming weeks.
(D) Members also receive exclusive invitations to educational and networking events.

138. (A) into
(B) among
(C) between
(D) throughout

Questions 139-142 refer to the following e-mail.

To: c.blanchard@hopewellinstitute.gov
From: bethany.loudon@nha.org
Subject: Call for Proposals
Date: April 20

Dear Mr. Blanchard,

We are preparing for the tenth annual Northeastern Horticultural Science Association

conference at the Walden Hotel in Springfield, Massachusetts, on September 7 and

September 8. Each year, ------- main event brings together individuals from academia,
139.

government, and the private sector from throughout the region. This year's theme is

"Organic Farming: Promises and Challenges." -------, we are inviting our members to
140.

submit proposals for presentations on related topics. Anyone selected to make a

presentation will have the conference registration fee -------. All other members will be
141.

charged $125 to attend. Please submit your proposal of 250 words or less describing your

presentation topic at www.nha.org. -------.
142.

Sincerely,

Bethany Laudon

---

139. (A) our
(B) his
(C) their
(D) its

140. (A) In addition
(B) On the whole
(C) At this time
(D) After all

141. (A) stored
(B) waived
(C) discussed
(D) removed

142. (A) You should download a copy today.
(B) You can attend the annual conference for free.
(C) E-mail is the best way to reach us.
(D) Submissions must be received by May 31.

▶ ▶ ▶ GO ON TO THE NEXT PAGE

DENVER (November 3) – Tough Knits, Inc. announced yesterday that it will be partnering with Atrios Graphics to develop a new line of hats for winter sport enthusiasts. The local ------- manufacturer has entered into similar partnerships in the past.
143.

"We are excited to work with Atrios," said Tough Knits CEO Emily Stephenson. "I am a huge fan of its designs. -------."
144.

Boise-based Atrios Graphics has worked for clients in a variety of industries. The firm got started by ------- promotional materials for local restaurants. It has ------- expanded to
145. **146.**
design logos, packaging, product graphics, and other media.

143. (A) hardware
(B) luggage
(C) apparel
(D) equipment

144. (A) Our company has grown considerably in the past year.
(B) In fact, I own several posters it made for rock bands.
(C) Thank you for taking the time to speak with me.
(D) Fans can get signed copies of our posters for free.

145. (A) create
(B) created
(C) creating
(D) creative

146. (A) nearly
(B) shortly
(C) entirely
(D) since

PART 7

Directions: In this part you will read a selection of texts, such as magazine and newspaper articles, e-mails, and instant messages. Each text or set of texts is followed by several questions. Select the best answer for each question and mark the letter (A), (B), (C), or (D) on your answer sheet.

Questions 147-148 refer to the following article.

LAWRENCE (January 22) – The recent period of cold weather could cause hundreds of thousands of dollars of damage to homes throughout the Sedona Valley as temperatures return to normal later this week. An unexpected low of -17°C was measured at our airport on Sunday. Sub-zero dips can cause pipes to burst in unheated and semi-heated areas of homes. The damage is usually not noticed until the ice melts, causing leaks. Rather than wait for a problem to arrive, homeowners should inspect their pipes now. Call a plumber if any swelling, cracking, or dripping is found.

147. What is the purpose of the article?

(A) To recommend hiring a plumber right away
(B) To urge readers to take preventative action
(C) To issue a winter storm warning
(D) To comment on a forecasting error

148. What is NOT suggested about Lawrence?

(A) It is located in the Sedona Valley.
(B) Some residences there are not fully heated.
(C) Many wealthy individuals live there.
(D) Extreme cold is atypical at the end of January.

▶ ▶ ▶ GO ON TO THE NEXT PAGE

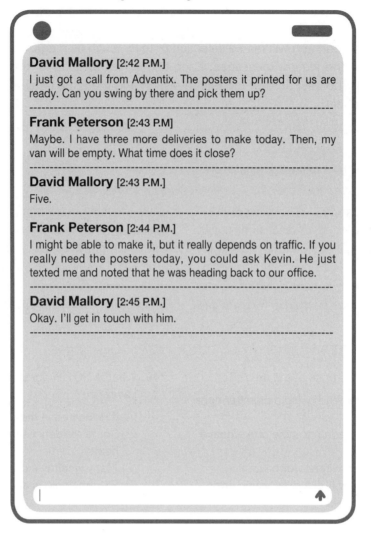

David Mallory [2:42 P.M.]
I just got a call from Advantix. The posters it printed for us are ready. Can you swing by there and pick them up?

Frank Peterson [2:43 P.M]
Maybe. I have three more deliveries to make today. Then, my van will be empty. What time does it close?

David Mallory [2:43 P.M.]
Five.

Frank Peterson [2:44 P.M.]
I might be able to make it, but it really depends on traffic. If you really need the posters today, you could ask Kevin. He just texted me and noted that he was heading back to our office.

David Mallory [2:45 P.M.]
Okay. I'll get in touch with him.

149. What is suggested about Mr. Peterson?

(A) He is employed by Advantix.
(B) He is stuck in a traffic jam.
(C) He needs to leave early today.
(D) He plans to drive around for the next few hours.

150. At 2:45 P.M., what does Mr. Mallory mean when he writes, "I'll get in touch with him"?

(A) He will assign a task to another employee.
(B) He will get the posters himself.
(C) He will contact his coworker to print posters.
(D) He will return to his workplace.

ATTENTION: PASSENGERS
Posted: July 25

Coastal Rail is phasing out all of our diesel-powered engines and replacing them with electric-powered engines. In preparation for the transition, all stations built before 2009 must be upgraded. Work on Track 1 will take place from September 1 through November 15. Track 2 will be upgraded from December 1 to February 15. The rails on each track will be reinforced, and overhead electric power lines will be installed. The benches and canopies on Platform 1 and Platform 2 will also be replaced. Each platform will receive four digital screens which can display the time, date, weather, train locations, and estimated arrival times.

During construction, there will be no arrivals or departures on the affected track. Trains will be rerouted to the remaining track, so please be prepared for possible delays.

Thank you for your patience!

Jim Whitney, Highpoint Station Manager

151. What is NOT mentioned about the construction project?

(A) It will allow a new type of train to use the station.
(B) It affects all Coastal Rail stations built before 2009.
(C) New seating will be installed on both platforms.
(D) It will only affect certain types of passengers.

152. What is suggested from the construction schedule?

(A) Mr. Whitney expects it to change significantly.
(B) There is a time when both platforms will be closed simultaneously.
(C) It will be updated daily on the platform screens.
(D) Delays are less likely at the end of November.

▶ ▶ ▶ GO ON TO THE NEXT PAGE

Enjoy live music under the stars at

The Ninth Annual Crestwood Jazz Festival

The festival is organized by the Crestwood Jazz Society. We are committed to sharing our love of jazz by bringing quality acts to the local community. We offer a handful of free concerts each year thanks to financial contributions from our members. People like Joseph Prudon are who keep us running. We would like to thank him and his family for their generous support. If you would like to become a member, please visit www.crestwoodjazzsociety.org.

All concerts are held at the Lemonwood Park bandstand. Lawn seating only. Bring your own folding chairs or blankets. Arrive early to get a good spot. Free!

Matt Foster Trio	Wednesday, June 8 at 8:00 P.M.
Lightfoot-Thursday	Thursday, June 9 at 8:00 P.M.
Devon Marion Quintet	Friday, June 10 at 9:00 P.M.
The Guitar Masters	Saturday, June 11 at 8:30 P.M.

153. What is true about Mr. Joseph Prudon?

(A) He recently expanded his business.
(B) He is a former jazz musician.
(C) He organizes the festival each year.
(D) He is a member of the Crestwood Jazz Society.

154. What is NOT indicated about the festival?

(A) No admission is charged.
(B) Performances are held outdoors.
(C) Information about performers is on the group's Web site.
(D) The concerts last for four days.

Questions 155-157 refer to the following information.

The View is a popular magazine covering arts, entertainment, and culture in Windham. Our writers offer an informed overview on what's happening in Windham. Distributed at no cost to over forty locations in the area, each month's issue reaches thousands of readers. Cornerstone Marketing estimates that our print and online editions combined are read by at least 65% of the 50,000 tourists visiting our city each year. That's why dozens of restaurants, shops, hotels, and more choose to advertise with us. With affordable rates and a variety of advertising packages, we can help you connect with potential customers. Choose from our readymade templates or work with our team of graphic designers and writers to create a unique advertisement just for you. Our agents will listen to your needs and help you develop an advertising plan that works for you. Give us a call at 555-9240.

155. For whom is the information intended?

(A) Potential tourists
(B) Advertising specialists
(C) Tour guides
(D) Local business owners

156. What is indicated about *The View*?

(A) It is published dozens of times a year.
(B) A minority of out-of-town visitors read it.
(C) It can be obtained at multiple locations.
(D) Performers pay to be profiled in its pages.

157. What is mentioned about the advertisements in *The View*?

(A) Customized versions can be made.
(B) Employees of the magazine can get discounts.
(C) They are primarily for eateries and lodging.
(D) Print advertisements cost more than online ones.

▶ ▶ ▶ GO ON TO THE NEXT PAGE

FROM: Curtis Drew, Payroll Director

TO: All Employees

SUBJECT: New timesheets

DATE: May 3

Over the past few months, we have experienced an increase in calculation errors on employee timesheets. ---[1]---. I would like to remind you that it is the responsibility of each employee to submit accurate information to Payroll. ---[2]---. My staff makes every effort to ensure everyone at this company is paid on time. ---[3]---. Nevertheless, correcting a large number of errors on timesheets is time consuming and takes us away from other essential tasks. ---[4]---. To improve the current situation, we have created new timesheets which will automatically add up the total number of hours worked per day and per week. The new timesheets can be downloaded from my department's Web page. There, you can also find a printable handout that explains how to enter data in the correct fields, save your entries, and submit the timesheet. Nevertheless, if additional assistance is needed, do not hesitate to contact me at c.drew@magenta.com.

158. According to the memo, what is the purpose of the new timesheets?

(A) To identify major errors
(B) To increase employee compensation
(C) To improve work efficiency
(D) To provide a set of instructions

159. What are readers asked to do?

(A) Complete an online training program
(B) Follow a new procedure
(C) Visit their departments' Web pages
(D) Check each other's calculations

160. In which of the positions marked [1], [2], [3], and [4] does the following sentence best belong?

"Failure to do so can delay the processing of your paycheck."

(A) [1]
(B) [2]
(C) [3]
(D) [4]

Learn Pomona Synchro Fast

Subesh Seminars will teach you how to use the popular spreadsheet software Synchro. Increase your productivity in just a day or two.

Day 1: The Basics of Synchro	Day 2: Becoming a Synchro Power User
Beginning users will be introduced to the basics of Synchro. We will also show you how to customize functions to meet your specific needs at work and at home. <ul><li>Design and organize spreadsheets for maximum efficiency and visual effect</li><li>Apply formulas to save time</li><li>Create eye-catching charts</li><li>Master the menu bars</li><li>Implement commands faster with shortcut keys</li></ul> Now: $90 (regularly $110)	Now that you know the basics, take your Synchro skills to the next level. We'll teach you how to be a power user. Friends and colleagues will turn to you for Synchro advice. <ul><li>Learn how to link and cross-reference worksheets</li><li>Import and export data quickly and easily</li><li>Use advanced formulas</li><li>Automate repetitive functions</li><li>Apply advanced principles to spreadsheet and chart design</li></ul> Now: $100 (regularly $120)

Attend both for $170 – a savings of $60!

Puerto del Sol Hotel, Tucson, Arizona
August 8-9, August 10-11, August 15-16, and August 17-18
8:00 A.M. – 5:00 P.M.
Enroll today at www.subesh.com.

161. What is suggested about the class for learners with a prior foundation in Synchro?

(A) It focuses mostly on presenting data graphically.
(B) It will give attendees more knowledge than most other users.
(C) It teaches how to perform calculations the fastest way possible.
(D) It involves using the newest version of Synchro.

162. What is NOT indicated about the advertised seminars?

(A) They will be repeated on four occasions.
(B) A discount is offered for attending the two days together.
(C) They will be held at a lodging establishment.
(D) They are the fastest way to learn a software program.

163. According to the advertisement, what can readers do on the company's Web site?

(A) Obtain an additional discount.
(B) Register for a workshop
(C) Get directions to an event
(D) Learn more about the classes

▶ ▶ ▶GO ON TO THE NEXT PAGE

WILMINGTON (August 3) – Chester's, a chain of casual-dining establishments, opened its newest location last week on Hector Street at the site of a former fish market. The 930-square-meter Beauregard Building originally constructed in the early twentieth century underwent massive renovations earlier this year. Partitioned into six units, the building also houses a hair salon, a coffee shop, and a chocolatier. Tenants are still being sought for the two remaining units.

Chester's is located on the west side of the building and faces the wharf, making it perfect for catching the eye of potential diners strolling the waterfront. Seating is available in an outdoor patio or indoors. An extensive menu and excellent service are offered.

Those preferring a do-it-yourself dining experience might want to check out the Pit. This section of the restaurant features a buffet of different types of meat and seafood, available raw. Diners can select what they want and prepare the food to their liking on a small gas grill set into their table. Sauces and vegetables are also on offer.

The restaurant's bar, located on its east side, offers access to the interior of the Beauregard Building. Drinks and snacks are served there during normal business hours.

Chester's was launched in San Francisco in 2011 and has spread to twenty-one cities across the United States. Plans to open locations in Vancouver, Canada, and Hong Kong in the works.

164. What is the article mainly about?

(A) The development of the waterfront
(B) A proposed restaurant expansion
(C) Rescuing a historical structure
(D) The arrival of a new business

165. The word "raw" in paragraph 3, line 4, is closest in meaning to

(A) atypical
(B) few
(C) uncooked
(D) valuable

166. What is NOT mentioned about the Beauregard Building?

(A) It is visible to pedestrians.
(B) It is located in a tourist area.
(C) It used to be a commercial center.
(D) It has space for additional occupants.

167. What is suggested about Chester's?

(A) Each location features an identical layout.
(B) It has only been marginally profitable.
(C) Customers prefer to enter through its bar.
(D) Its owners have international ambitions.

▶ ▶ ▶GO ON TO THE NEXT PAGE

Questions 168-171 refer to the following online chat discussion.

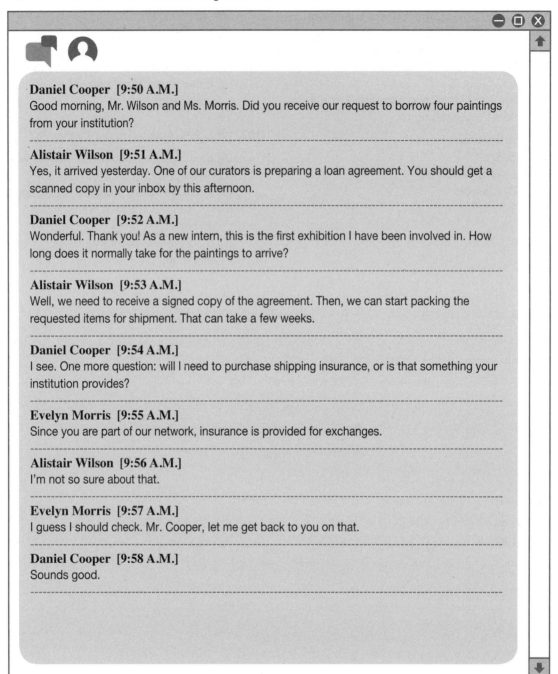

Daniel Cooper [9:50 A.M.]
Good morning, Mr. Wilson and Ms. Morris. Did you receive our request to borrow four paintings from your institution?

Alistair Wilson [9:51 A.M.]
Yes, it arrived yesterday. One of our curators is preparing a loan agreement. You should get a scanned copy in your inbox by this afternoon.

Daniel Cooper [9:52 A.M.]
Wonderful. Thank you! As a new intern, this is the first exhibition I have been involved in. How long does it normally take for the paintings to arrive?

Alistair Wilson [9:53 A.M.]
Well, we need to receive a signed copy of the agreement. Then, we can start packing the requested items for shipment. That can take a few weeks.

Daniel Cooper [9:54 A.M.]
I see. One more question: will I need to purchase shipping insurance, or is that something your institution provides?

Evelyn Morris [9:55 A.M.]
Since you are part of our network, insurance is provided for exchanges.

Alistair Wilson [9:56 A.M.]
I'm not so sure about that.

Evelyn Morris [9:57 A.M.]
I guess I should check. Mr. Cooper, let me get back to you on that.

Daniel Cooper [9:58 A.M.]
Sounds good.

---

168. Where most likely does Mr. Cooper work?

(A) At an insurance company
(B) At an office supply store
(C) At a bank
(D) At a museum

169. What can Mr. Cooper expect to happen later today?

(A) Ms. Morris will call him.
(B) He will receive a digital document.
(C) A package will arrive at his place of work.
(D) His order will be put in boxes.

170. At 9:56 A.M., why does Mr. Wilson write, "I'm not so sure about that"?

(A) To remove an uncertainty
(B) To focus on a detail
(C) To express disagreement
(D) To illustrate a point

171. What does Ms. Morris agree to do?

(A) Prepare a payment
(B) Process an insurance claim
(C) Verify some information
(D) Reschedule a meeting

▶ ▶ ▶ GO ON TO THE NEXT PAGE

February 12

George Lasko
Gamma Industries
Bellevue, Pennsylvania 15202

Dear Mr. Lasko:

After careful consideration, Kendo Electronics has decided to discontinue the manufacture and sale of our Keta-D controller (part number: 8-678443). Support and warranty service will no longer be provided for this product as of December 31 of this year.

Decisions affecting our product lines are made only after deliberation. Kendo regularly reviews product demand. ---[1]---. When we can no longer justify making a product due to declining sales, it will typically be discontinued. ---[2]---.

We appreciate your loyalty over the past nine years. ---[3]---. While we regret any inconvenience our decision could cause you, we are pleased to announce new products that improve upon the features of the original.

The Keta-D controller will be replaced next month by the recently developed Keta-E and Keta-F controllers. ---[4]---. Both models improve on the Keta-D while offering the same reliability and value our customers have come to expect from us. One of our knowledgeable sales representatives would be happy to discuss which might best meet your needs. Simply give us a call at 1-888-555-3477.

Please do not hesitate to contact me if you have additional questions.

Sincerely,

Christopher Templeton
Sales Manager
Kendo Electronics

172. What is the purpose of the letter?

(A) To recommend a new process
(B) To explain a problem with a customer's order
(C) To announce the termination of a product
(D) To respond to a written inquiry

173. What is most likely true about Mr. Lasko?

(A) He is the owner of Gamma Industries.
(B) His company has bought a Keta-D controller in the past.
(C) Product samples will be sent to him in March.
(D) His existing contract will conclude at year's end.

174. What is suggested about Kendo products?

(A) They are known to be dependable.
(B) They are frequently updated.
(C) They come with a long-term guarantee.
(D) They are among the cheapest available.

175. In which of the positions marked [1], [2], [3], and [4] does the following sentence best belong?

"However, we prefer to make this decision only when a suitable replacement is available."

(A) [1]
(B) [2]
(C) [3]
(D) [4]

▶ ▶ ▶ GO ON TO THE NEXT PAGE

To:	dhenderson@lunchhouse.net
From:	noreply@portersteaks.com
Date:	October 28, 7:02 A.M.
Subject:	Order Shipped

Dear Mr. Drew Henderson:

Your order (#674893), placed on October 27, has just shipped. Below is a summary.

Product number	Description	Quantity
89332	Filet mignon steak, 280-300 grams	4
38211	Gourmet pork sausage, 70 grams each	24
47452	T-bone steaks, 670-690 grams	2
22016	Hot sauce, long shelf life, 170-gram bottle	1

Shipping method: standard
Ship to: 1208 Cross Street, Waltham, MA 02452   Phone: 555-7683
Delivered by: Tourneau Delivery, Inc. (555-9421)

Click **here** to track your order.

If you see something about your order that looks incorrect, contact Customer Service at custserv@portersteaks.com.

Porter Steaks Shipment Information

Standard Shipping
Your order will arrive in 10-14 business days from the date on which it was placed.

Order Subtotal	Standard Shipping Charge
up to $70	$17.00
$71-$150	$19.00
Over $150	$24.00

Faster Shipping Options
These options are available for orders of any size. Please specify which option you want at the time of purchase. Deadlines for placing orders to guarantee delivery by the specified timelines can be found at www.portersteaks.com/shipping.

Express	Add $9.00	Arrives in 2-3 business days
Overnight	Add $19.00	Arrives in 1-2 business days

Other Shipping Options
Alaska/Hawai	Add $39.00

Shipping Restrictions
We are unable to deliver to P.O. boxes, unoccupied addresses, and addresses outside the United States. Deliveries to rural areas will be made as long as a valid phone number is provided and the scheduled delivery date is confirmed.

Shipping Process
We contract with local delivery companies. Around 24 hours before your order is ready to be delivered, a representative from the delivery company will contact you. Perishable items will be packed in dry ice and shipped frozen in sealed, insulated packages. To prevent possible spoilage, please be sure to have someone present to receive the delivery. We cannot guarantee the quality of our products for deliveries made to wrong address (i.e., incorrect information was provided) or for repeated attempts to deliver to an unoccupied address. If you need to reschedule a delivery, contact the delivery company directly.

176. What item in Mr. Henderson's order is NOT perishable?

(A) Product #22016
(B) Product #38211
(C) Product #47452
(D) Product #89332

177. What is most likely true about the order that Mr. Henderson placed?

(A) It was charged over $20 for shipping.
(B) It cannot be delivered without a signature.
(C) It contains an error.
(D) It will arrive in November.

178. What is indicated about the overnight shipping option?

(A) It can only be applied to orders of certain amounts.
(B) It is not offered by some local companies.
(C) It requires a payment above the standard shipping amount.
(D) It is only available to a few cities in the United States.

179. What is true about Porter Steaks' shipping policy?

(A) The company charges extra for deliveries outside urban areas.
(B) The company will not send orders to international customers.
(C) The company is unable to reach certain locations in Alaska.
(D) The company has its own delivery trucks and drivers.

180. What should Mr. Henderson do if he wants to change the day his order is dropped off?

(A) Visit a Web site
(B) Send an e-mail
(C) Call 555-9421
(D) Complete an online form

▶ ▶ ▶ GO ON TO THE NEXT PAGE

Riverside Catering
2001 Dover Road
Frederick, MD 21709
(301) 555-1250
www.riversidecatering.com

Order Number: 744323
Received By: Jennifer Beale
Received On: May 11

Bill To:	**Deliver To:**
Matthew Harrison (310) 555-4069	1208 Broad Street Clover Hill, MD 21098

Delivery Information

Date: May 20	**Time:** 11:30 A.M.	**Staff:** Reese Taylor

Order Information

Item	Description	Units	Rate	Cost
00101	Greek salad	2 bowls	$25.00	$50.00
00798	Pasta salad	2 bowls	$23.00	$46.00
00433	Sandwich tray	4 trays	$45.00	$180.00
00241	Fruit and cheese tray	2 trays	$38.00	$76.00
00023	Pastry assortment	2 trays	$17.00	$34.00
00809	Water	60 bottles	$1.00	$60.00

Method of Payment: due on receipt	**Subtotal:**	**$446.00**
Special Instructions: Please set up food on long table outside meeting room. Customer requested extra napkins. Upon arrival, contact Kendra Phillips for detailed instructions.	**Sales Tax (6.55%):**	**$29.21**
	Total:	**$475.21**

THANK YOU FOR YOUR BUSINESS!

To:	Julie Cartwright <julie@riversidecatering.com>
From:	Matthew Harrison <matthew.harrison@connection.com>
Date:	May 23, 10 A.M.
Subject:	My order

Dear Ms. Cartwright,

I want to let you know that the attendees at our quarterly meeting were very pleased with your catering. Your employee arrived early and set everything up to our exact specifications. Everyone enjoyed the food. The salads were a huge hit! Several of my colleagues asked me where the food came from. So I gave them your contact information. In the coming weeks, I expect that you will be getting calls to feed hungry employees at department meetings.

All that being said, I have a question about the invoice. Looking over it just now, I wonder why I was charged for bottled water. The person I spoke to when placing the order said that it would be provided at no charge. I checked your Web site to see if you had missed something. It's not a big deal, but I just need to know so I can budget for future lunches.

Sincerely,

Matthew Harrison
District Manager
Connection Technologies

---

181. What is NOT mentioned in the invoice?

(A) How much Mr. Harrison has to pay
(B) When people expect to start eating
(C) What Mr. Taylor should do
(D) Where the food will be delivered

182. When was the quarterly meeting at Connection Technologies?

(A) On May 11
(B) On May 20
(C) On May 23
(D) On May 24

183. What is suggested about Ms. Beale?

(A) She said Mr. Harrison could get something for free.
(B) She is the owner of Riverside Catering.
(C) She delivered Mr. Harrison's order promptly.
(D) She attended Mr. Harrison's meeting.

184. In the e-mail, the phrase "looking over" in paragraph 2, line 1, is closest in meaning to

(A) promoting actively
(B) fulfilling
(C) considering
(D) examining quickly

185. What amount on the invoice did Mr. Harrison not expect?

(A) $34.00
(B) $46.00
(C) $50.00
(D) $60.00

▶ ▶ ▶GO ON TO THE NEXT PAGE

Questions 186-190 refer to the following advertisement, online shopping cart, and e-mail.

Wolf Creek

"Your source of quality outdoor equipment and apparel"

End-of-season blowout!

Sale starts September 1 and continues until our entire summer inventory has been sold. Here is just a sample of the great deals you can find in our store and on our Web site:

- Majestic-brand tents (one-, two-, or four-person models) are marked down 10%–30%.
- Men's wool hiking socks by Ubuntu are just $4 a pair (small and extra-large only).
- Buy a Mica-brand portable propane camp stoves, and we'll throw in two extra fuel bottles (regularly $7.99 each) at no additional charge!
- Hiking boots by Dolomite for men, women, and kids; save up to 50% on select styles.

Free shipping on orders of $100 or more.*

Sign up for an e-mail list and receive valuable coupons, product recommendations, advance alerts for sales, and more. Visit www.wolfcreekoutdoor.com.

Excluding addresses in Alaska, Hawaii, Canada, and Mexico.

www.wolfcreekoutdoor.com

Welcome	Search	Shopping Cart	Contact Us

You are shopping as a guest. Click **here** to create an account and make future transactions go faster and easier.

Customer Information

Bill to:	Ship to:
Alex Papadopoulos 71 Rogan Lane Juneau, Alaska 99803 (907) 555-7019	(same as billing)

Order informationn

Product #	Description	Quantity	Cost
5503	Majestic "Minus 6" Sleeping bag, adult	1	$120.00
2394	Ubuntu "Trend" hiking socks, men's medium	3	$36.00
4581	Majestic "Summit" two-person tent	1	$208.00
7034	Dolomite "Moraine" hiking boots	1	$95.00

Subtotal: $459.00

Click **here** to calculate shipping rates and tax.

*Need help? Launch our chat application by clicking **here** or give us a call at 1-888-555-4131. Our customer service team is available 24 hours a day, seven days a week, to answer your questions.*

To:	Wolf Creek <info@wolfcreekoutdoor.com>
From:	Alex Papadopoulos <arp83@visionsrv.com>
Date:	September 15
Subject:	Product question

Hello,

I recently placed an order on your Web site and tested all my new gear on a camping trip last weekend. Well, everything worked great! I really like my tent. It's far more spacious than I had expected. The boots fit well and offer a balance of support and cushioning. I'm actually thinking of ordering another pair for my brother, who also enjoys camping and hiking. For some reason, though, I can't find that specific style on your Web site. Similar products are listed as in stock or sold out, but the ones I bought seem to have disappeared. Please let me know if you are still selling them and if so, how to place an order.

Thanks in advance!

Sincerely,

Alex Papadopoulos

186. What is true about the advertised sale?

(A) Customers can only get discounts in person.
(B) More sale items can be found online.
(C) All products are restricted by size.
(D) It is expected to last for a month.

187. How can Mr. Papadopoulos get notifications about future offers?

(A) By updating his account
(B) By going to a Web site
(C) By sending an e-mail message
(D) By speaking with a company representative

188. What is most likely true about Mr. Papadopoulos's shopping cart?

(A) He has to pay extra to have the order sent to him.
(B) He received one item for half price.
(C) He will be exempt from sales tax.
(D) He will receive some free items.

189. What style is Mr. Papadopoulos's brother interested in purchasing?

(A) The "Minus 6"
(B) The "Moraine"
(C) The "Summit"
(D) The "Trend"

190. What is suggested about Mr. Papadopoulos?

(A) He plans to go camping again soon.
(B) He spent less money than he had intended.
(C) He used recently purchased bedding.
(D) He is only partially satisfied with his order.

▶ ▶ ▶ GO ON TO THE NEXT PAGE

Questions 191-195 refer to the following Web site, form, and e-mail.

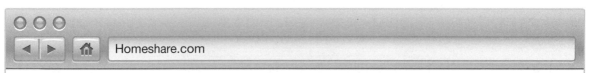

| About Us | Search Listings | List a Property | FAQs | Contact Us |

Whether you are a homeowner who will be traveling for an extended period of time or the owner of multiple residential properties, we can help connect you with short- or long-term renters. Simply register as a host and verify your identity to create an account with us. After that, you can post property listings.

There is no cost to list your property on our site. However, each time someone books your property, we take a 3% commission. You could also be charged taxes and fees depending on where you live. (Check with your local government for details.) All financial transactions are processed through our site, ensuring that the process is convenient, secure, and transparent.

When it comes to pricing, you are in control. Set prices based on what you think your property is worth. Not sure? Our proprietary algorithm analyzes the market and can suggest a range of prices based on your unique inputs. Plus, you can easily adjust your prices during peak period such as weekends, holidays, and public events.

Concerned about damage to your property? We've got your back. Hosts listing their properties on our site receive $1 million in insurance. Additional amounts can be purchased from Gold Shield, Inc. (Call 1-888-555-2092 to speak to one of its representatives.) We can also recommend local providers of cleaning, maintenance, and repair services. All have been verified by our quality control team and have agreed to share reviews from past Homeshare.com hosts.

Click **here** to get started.

| About Us | Search Listings | List a Property | FAQs | Contact Us |

PROPERTY LISTING FORM

Complete the form below. Then, click on "next" to preview your listing.

Host Information
Name: Carmen Rivera
Account #: 384221
Phone: (210) 555-0342
E-mail: c.rivera@holtlaw.com

Rental Property Information
Address: 83 Oak Street, Durham, North Carolina 27709
Phone: (919) 555-4373
Type: townhouse   Bedrooms: 3   Bathrooms: 2
Description (50 words or less): Cute two-story townhouse in gated community. Grocery store, bus stop, bank, salon, and park in the Hillsboro neighborhood. Parking for up to two vehicles. Fenced backyard with flower gardens and patio.

Asking rate: $750/week
Availability: year round
Posting start date: April 15

NEXT

To:	Carmen Rivera <c.rivera@holtlaw.com>
From:	Darren Sileski <d.sileski@glasson.com>
Date:	April 28
Subject:	Listing #749322 (83 Oak Street, Durham)

Dear Ms. Rivera,

Two coworkers and I will be attending a conference in Durham from June 3 through June 8. We are looking to stay in a quiet residential area within walking distance of the Durham Convention Center. Your place fits the bill! Please let me know if I can book your place during that timeframe.

Thanks,

Darren Sileski

191. According to the Web site, how can owners get more protection for their property?

(A) By contacting an insurance provider
(B) By hiring recommended security companies
(C) By returning an insurance form
(D) By verifying guests' contact information

192. What does the Web site say about rental rates?

(A) They can be difficult to determine.
(B) Prices cannot be changed once set.
(C) Help is available to hosts.
(D) Changes are frequently made on a weekly basis.

193. What is suggested about Ms. Rivera?

(A) She has obtained a permit from local officials.
(B) She prefers to be paid by credit card.
(C) She currently owns more than one home.
(D) She had to prove her personal information is correct.

194. What is NOT mentioned about Ms. Rivera's rental property?

(A) It consists of multiple floors.
(B) It is in an enclosed area.
(C) It can only be rented for a week at a time.
(D) It can sleep several people.

195. What is implied about Hillsboro?

(A) It is near a meeting place.
(B) It has many listed properties.
(C) Many businesses are located there.
(D) Rents are very reasonable in that area.

▶ ▶ ▶GO ON TO THE NEXT PAGE

SEATTLE (August 10) – Codex Pharmaceuticals announced that it plans to invest $10 million to expand the former Zeus Biotech facility in Lakewood, Washington. The local research lab company was acquired by the leading drug maker earlier this year.

"With this one-time capital expenditure," said Codex spokesperson Blake Riley, "we will increase the research space at our Lakewood facility by 30% and hire additional staff."

Codex Pharmaceuticals is based out of Passaic, New Jersey, where its administrative offices and some research and manufacturing buildings are located. Most of the company's drugs, however, are developed and produced at its plant in Langhorne, Pennsylvania. The new Lakewood facility will allow the company to develop entirely new lines of products.

Recruiting for chemists, biologists, technicians, and others is underway. Interested individuals can meet with a Codex representative at job fairs in Seattle (September 2), Olympia (September 12), Tacoma (October 1), and Kent (October 9). Visit www.codexpharma.com for details.

To:	ed.carlton3@willouby.net
From:	s.grainger@codexpharma.com
Date:	October 20
Subject:	Interview

Dear Mr. Carlton,

It was a pleasure meeting you at the job fair in your city last month. I forwarded your résumé to the head of the Clinical Trials Group, Dr. James Deacon. He is very impressed with your training and experience and would like to speak with you in person. Are you able to come in to our Lakewood facility next week for an interview? Mr. Deacon is available on Tuesday or Thursday at 10:00 A.M. or 2:00 P.M. Please let me know which day and time you prefer.

Sincerely

Sue Grainger
Human Resources Specialist
Codex Pharmaceuticals

November 2

Edmund Carlton
702 High Street, Apt. 5
Olympia, WA 98501

Dear Mr. Carlton:

Welcome to Codex! Please join us on Monday, November 9, for your new employee orientation. You will have an opportunity to learn about our company's 48-year history, to tour the facility, and to meet your new colleagues. In addition, we will brief you on company policies and procedures. You will receive a packet of information detailing the many benefits the company offers. The orientation runs from 8:00 A.M. until noon. Lunch will follow, after which you will begin work in your respective groups.

Then, the following week, you will have a chance to meet with me to select which insurance options and retirement plan you would like to enroll in. At that meeting, I will be able to answer any questions you have and help you complete the enrollment forms. Below is a schedule of when I will meet with new employees by work group:

Basic Research Group	November 16
Pre-Clinical Development Group	November 17
Clinical Trials Group	November 18
Product Refinement Group	November 19

Please do not hesitate to call me with any questions at (412) 555-2543.

Sincerely,

Sue Grainger

196. What is the main idea of the article?

(A) To describe a company's intended trajectory
(B) To evaluate the feasibility of a plan
(C) To analyze a business acquisition
(D) To introduce an investment opportunity

197. What are readers of the article invited to do at a Web site?

(A) Read a longer version of the article
(B) Find out about upcoming events
(C) Submit applications for job openings
(D) Learn about a company's operations

198. Where most likely did Ms. Grainger and Mr. Carlton first speak to each other?

(A) In Kent
(B) In Olympia
(C) In Seattle
(D) In Tacoma

199. When is Mr. Carlton expected to complete paperwork for insurance benefits?

(A) On November 16
(B) On November 17
(C) On November 18
(D) On November 19

200. What is NOT indicated about the orientation?

(A) Attendees will learn how to communicate respectfully.
(B) It will involve walking around.
(C) The presenter will distribute printed materials.
(D) Food will be provided to new hires.

STOP! This is the end of the test. If you finish before time is called, you may go back to Parts 5, 6, and 7 and check your work.

⟨파트별 실전문제집⟩ 분야 베스트셀러
부동의 누적 판매 1위!

시나공 토익
NEW 파트 1·2·3·4
실전문제집

토미 지음 | 532쪽 | 18,000원

특별 부록 : 독학용 학습 노트, 파트2 200문제,
다양한 버전의 MP3 제공

시나공 토익
NEW 파트 5·6
실전문제집

강진오, 강원기 지음 | 384쪽 | 15,000원

특별 부록 : 독학용 학습 노트(MP3포함)
고득점용 추가 문제 20회분(별책),
독학용 복습노트 PDF, 어휘 문제 2회분

시나공 토익
NEW 파트 7
실전문제집

강진오, 강원기 지음 | 500쪽 | 16,000원

특별 부록 : 독학용 복습 노트,
고난도 100문제, 패러프레이징 암기장

무료! 자세한 해설집 + 독학용 학습 노트 + 추가 학습 자료

- 파트 1·2·3·4 : 받아쓰기 훈련, 어려워진 파트 2 추가 200문제!

- 파트 5·6 : 고득점용 추가 문제 20회분, 고득점용 어휘 문제 추가 2회분!

- 파트 7 : 직독직해 훈련, 고난도 추가 100문제!

권장하는 점수대	400	500	600	700	800	900

이 책의 난이도	쉬움	비슷함	어려움

900점은 기본, 만점까지 가능한 고득점용 실전 1000제!

시나공 토익

시나공 토익 950 1000제 RC

니오 지음 | 428쪽 | 12,900원
특별부록 : 해설집 무료 다운로드, 만점 공략용 추가 600제 제공

시나공 토익

시나공 토익 950 1000제 LC

백형식 지음 | 280쪽 | 12,900원
특별 부록 : 해설집 무료 다운로드 ,학습용 MP3 4종,
　　　　　만점 공략용 파트 2 출제 표현집

······ 극강의 가성비! 자세한 해설집 + 만점 공략용 학습자료 ······

❶ 오답까지 자세하게 설명한 친절한 해설집 무료 다운로드

❷ 만점 공략용 추가 '문법+어휘 600문제'

❸ 만점 공략용 '파트 2 출제 표현집 + 학습용 MP3'

권장하는 점수대	400	500	600	700	800	900

이 책의 난이도	쉬움	비슷함	어려움

<파트별 실전문제집> 분야 베스트셀러
부동의 누적 판매 1위!

시나공 토익

NEW 파트 1·2·3·4
실전문제집

토미 지음 | 532쪽 | 18,000원

특별 부록 : 독학용 학습 노트, 파트2 200문제,
다양한 버전의 MP3 제공

시나공 토익

NEW 파트 5·6
실전문제집

강진오, 강원기 지음 | 384쪽 | 15,000원

특별 부록 : 독학용 학습 노트(MP3포함)
고득점용 추가 문제 20회분(별책),
독학용 복습노트 PDF, 어휘 문제 2회분

시나공 토익

NEW 파트 7
실전문제집

강진오, 강원기 지음 | 500쪽 | 16,000원

특별 부록 : 독학용 복습 노트,
고난도 100문제, 패러프레이징 암기장

무료! 자세한 해설집 + 독학용 학습 노트 + 추가 학습 자료

- **파트 1·2·3·4** : 받아쓰기 훈련, 어려워진 파트 2 추가 200문제!
- **파트 5·6** : 고득점용 추가 문제 20회분, 고득점용 어휘 문제 추가 2회분!
- **파트 7** : 직독직해 훈련, 고난도 추가 100문제!

권장하는 점수대	400	500	600	700	800	900

이 책의 난이도	쉬움	비슷함	어려움

파트 5, 6 문제 중
이 책에서 비껴나가는 문제는 없다!

파트 5, 6 출제율 순으로 우선 순위 학습이 가능하다!

❶ 풀이 기술로 부족한 부분을 채워주는 '함정을 피해봐'!
수업 시간에만 공개하는 '함정 피하기' 비법을 출제 포인트마다 공개했다.

❷ 8년간 출제 문제 완벽히 분석, 출제율 순으로 학습!
최근 출제된 문제를 철저히 분석해서 유형별로 출제율을 뽑아 우선순위로 학습할 수 있다.

❸ 10년간의 강의 노하우가 담긴 암기법과 풀이법!
저자가 수년간 강의를 하며 직접 도출해 낸 '토익 공식'을 고스란히 수록했다.

❹ 실전 적응력을 길러주는 실전 8회분 테스트 수록!
배운 유형별 풀이 노하우를 실전에서 연습해 볼 수 있는 실전 8회분 문제를 제공한다.

권장하는 점수대	400	500	600	700	800	900

이 책의 난이도	쉬움	비슷함	어려움

토익 실전서는 이 책 한 권이면 충분합니다!

RC 실전문제집

오프라인 수강생 수 10만명 돌파!
고득점 제조기 "초초강추 토익!"

가장 최신경향까지 반영한
적중률 100% 핵심 500제!
정기 토익에 반드시 출제되는 문제만 엄선했습니다.

저자 카톡 관리 서비스!
저자 카톡만 등록해도 엄선된 자료가 쏟아집니다.

13년간의 시험을 분석해 정리한
'초초강추 어휘집' 제공!
최근까지 업데이트한 기출 어휘집을 제공합니다.

| 이 책을 권장하는 점수대 | 400 ┼┼┼┼ 500 ┼┼┼┼ 600 ┼┼┼┼ 700 ┼┼┼┼ 800 ┼┼┼┼ 900 |

| 이 책의 난이도 | 쉬움 ┼┼┼┼┼┼┼┼┼┼┼┼┼┼┼┼┼┼ 어려움 |

03740

9 791165 210151
ISBN 979-11-6521-015-1

초초강추 토익 RC 실전문제집
Crack the exam – 500 RC test book
가격 13,000원 (해설집 포함)

강진오·강원기 지음

정답
&
해설집

가장 최신 경향 적중률 100% 핵심 문제

실전문제집
READING

저자와 카톡 친구가 되세요!(ID:toeicstar) | www.gilbut.co.kr

길벗
이지:톡

실전문제집
READING
정답&해설

강진오·강원기 지음

초초강추 토익 RC 실전문제집

초판 발행 · 2019년 12월 24일

지은이 · 강진오, 강원기
발행인 · 이종원
발행처 · ㈜도서출판 길벗
출판사 등록일 · 1990년 12월 24일
주소 · 서울시 마포구 월드컵로 10길 56(서교동)
대표전화 · 02) 332-0931 | **팩스** · 02) 322-6766
홈페이지 · www.gilbut.co.kr | **이메일** · eztok@gilbut.co.kr

기획 및 책임편집 · 고경환 (kkh@gilbut.co.kr) | **디자인** · 최주연 | **제작** · 이준호, 손일순, 이진혁
영업마케팅 · 김학흥, 장봉석 | **웹마케팅** · 이수미, 최소영 | **영업관리** · 심선숙 | **독자지원** · 송혜란, 홍혜진

CTP 출력 및 인쇄 · 예림인쇄 | **제본** · 예림바인딩

• 이 도서의 국립중앙도서관 출판예정도서목록(CIP)은 서지정보유통지원시스템 홈페이지(http://seoji.nl.go.kr)와
  국가자료공동목록시스템(http://www.nl.go.kr/kolisnet)에서 이용하실 수 있습니다.(CIP제어번호: CIP2019050194)

ISBN 979-11-6521-015-1 03740
(이지톡 도서번호 301032)

정가 13,000원

. . . .

독자의 1초까지 아껴주는 정성 길벗출판사
(주)도서출판 길벗 | IT실용, IT/일반 수험서, 경제경영, 취미실용, 인문교양(더퀘스트) www.gilbut.co.kr
길벗이지톡 | 어학단행본, 어학수험서 www.eztok.co.kr
길벗스쿨 | 국어학습, 수학학습, 어린이교양, 주니어 어학학습, 교과서 www.gilbutschool.co.kr

목차

＊자세한 해설을 확인하고 싶으시면 홈페이지에서 해설집을 다운로드하세요.(www.gilbut.co.kr)

TEST 정답표

01

101. (D)	**102.** (D)	**103.** (A)	**104.** (A)	**105.** (B)	**106.** (C)	**107.** (C)	**108.** (C)	**109.** (D)	**110.** (D)
111. (C)	**112.** (B)	**113.** (D)	**114.** (D)	**115.** (B)	**116.** (C)	**117.** (D)	**118.** (A)	**119.** (B)	**120.** (B)
121. (D)	**122.** (C)	**123.** (B)	**124.** (A)	**125.** (D)	**126.** (D)	**127.** (D)	**128.** (A)	**129.** (D)	**130.** (B)
131. (B)	**132.** (B)	**133.** (D)	**134.** (C)	**135.** (D)	**136.** (C)	**137.** (B)	**138.** (C)	**139.** (D)	**140.** (B)
141. (B)	**142.** (A)	**143.** (B)	**144.** (A)	**145.** (D)	**146.** (D)	**147.** (C)	**148.** (B)	**149.** (B)	**150.** (C)
151. (C)	**152.** (A)	**153.** (D)	**154.** (B)	**155.** (C)	**156.** (B)	**157.** (D)	**158.** (A)	**159.** (B)	**160.** (D)
161. (C)	**162.** (D)	**163.** (C)	**164.** (B)	**165.** (D)	**166.** (D)	**167.** (C)	**168.** (A)	**169.** (D)	**170.** (A)
171. (D)	**172.** (C)	**173.** (C)	**174.** (A)	**175.** (B)	**176.** (B)	**177.** (A)	**178.** (B)	**179.** (D)	**180.** (C)
181. (C)	**182.** (A)	**183.** (C)	**184.** (D)	**185.** (B)	**186.** (C)	**187.** (D)	**188.** (A)	**189.** (D)	**190.** (D)
191. (A)	**192.** (B)	**193.** (A)	**194.** (B)	**195.** (C)	**196.** (C)	**197.** (D)	**198.** (B)	**199.** (A)	**200.** (A)

02

101. (A)	**102.** (C)	**103.** (C)	**104.** (C)	**105.** (C)	**106.** (C)	**107.** (A)	**108.** (C)	**109.** (B)	**110.** (A)
111. (A)	**112.** (B)	**113.** (A)	**114.** (D)	**115.** (D)	**116.** (C)	**117.** (A)	**118.** (B)	**119.** (C)	**120.** (C)
121. (A)	**122.** (B)	**123.** (B)	**124.** (A)	**125.** (A)	**126.** (D)	**127.** (D)	**128.** (D)	**129.** (C)	**130.** (B)
131. (D)	**132.** (A)	**133.** (B)	**134.** (D)	**135.** (C)	**136.** (B)	**137.** (A)	**138.** (D)	**139.** (C)	**140.** (D)
141. (A)	**142.** (B)	**143.** (B)	**144.** (B)	**145.** (D)	**146.** (A)	**147.** (A)	**148.** (C)	**149.** (B)	**150.** (B)
151. (C)	**152.** (D)	**153.** (A)	**154.** (C)	**155.** (D)	**156.** (A)	**157.** (C)	**158.** (D)	**159.** (D)	**160.** (C)
161. (B)	**162.** (B)	**163.** (C)	**164.** (A)	**165.** (C)	**166.** (A)	**167.** (A)	**168.** (A)	**169.** (D)	**170.** (B)
171. (C)	**172.** (B)	**173.** (A)	**174.** (D)	**175.** (C)	**176.** (A)	**177.** (C)	**178.** (D)	**179.** (B)	**180.** (D)
181. (C)	**182.** (A)	**183.** (C)	**184.** (B)	**185.** (D)	**186.** (C)	**187.** (B)	**188.** (A)	**189.** (B)	**190.** (D)
191. (A)	**192.** (B)	**193.** (B)	**194.** (D)	**195.** (B)	**196.** (D)	**197.** (A)	**198.** (B)	**199.** (C)	**200.** (D)

03

101. (C)	**102.** (C)	**103.** (C)	**104.** (A)	**105.** (A)	**106.** (A)	**107.** (D)	**108.** (D)	**109.** (B)	**110.** (C)
111. (B)	**112.** (B)	**113.** (D)	**114.** (B)	**115.** (B)	**116.** (B)	**117.** (A)	**118.** (D)	**119.** (B)	**120.** (B)
121. (D)	**122.** (B)	**123.** (C)	**124.** (A)	**125.** (D)	**126.** (B)	**127.** (B)	**128.** (C)	**129.** (D)	**130.** (B)
131. (A)	**132.** (B)	**133.** (C)	**134.** (B)	**135.** (C)	**136.** (C)	**137.** (D)	**138.** (B)	**139.** (C)	**140.** (B)
141. (C)	**142.** (B)	**143.** (C)	**144.** (D)	**145.** (A)	**146.** (B)	**147.** (C)	**148.** (A)	**149.** (C)	**150.** (D)
151. (D)	**152.** (B)	**153.** (C)	**154.** (D)	**155.** (C)	**156.** (B)	**157.** (A)	**158.** (B)	**159.** (D)	**160.** (C)
161. (A)	**162.** (D)	**163.** (D)	**164.** (B)	**165.** (D)	**166.** (B)	**167.** (C)	**168.** (C)	**169.** (B)	**170.** (A)
171. (A)	**172.** (B)	**173.** (D)	**174.** (C)	**175.** (C)	**176.** (B)	**177.** (A)	**178.** (C)	**179.** (D)	**180.** (A)
181. (B)	**182.** (A)	**183.** (C)	**184.** (A)	**185.** (D)	**186.** (B)	**187.** (C)	**188.** (B)	**189.** (D)	**190.** (A)
191. (A)	**192.** (C)	**193.** (B)	**194.** (A)	**195.** (D)	**196.** (B)	**197.** (C)	**198.** (D)	**199.** (D)	**200.** (A)

TEST 정답표

Reading Comprehension

04

101. (C)	**102.** (B)	**103.** (A)	**104.** (B)	**105.** (B)	**106.** (A)	**107.** (B)	**108.** (A)	**109.** (C)	**110.** (D)
111. (C)	**112.** (A)	**113.** (C)	**114.** (D)	**115.** (B)	**116.** (A)	**117.** (B)	**118.** (A)	**119.** (B)	**120.** (C)
121. (D)	**122.** (D)	**123.** (A)	**124.** (A)	**125.** (D)	**126.** (D)	**127.** (A)	**128.** (C)	**129.** (D)	**130.** (C)
131. (C)	**132.** (D)	**133.** (C)	**134.** (A)	**135.** (C)	**136.** (B)	**137.** (C)	**138.** (A)	**139.** (C)	**140.** (C)
141. (B)	**142.** (A)	**143.** (A)	**144.** (B)	**145.** (C)	**146.** (B)	**147.** (B)	**148.** (C)	**149.** (A)	**150.** (D)
151. (B)	**152.** (A)	**153.** (A)	**154.** (A)	**155.** (A)	**156.** (A)	**157.** (D)	**158.** (A)	**159.** (A)	**160.** (D)
161. (A)	**162.** (B)	**163.** (C)	**164.** (B)	**165.** (C)	**166.** (A)	**167.** (C)	**168.** (D)	**169.** (B)	**170.** (D)
171. (C)	**172.** (B)	**173.** (D)	**174.** (D)	**175.** (B)	**176.** (C)	**177.** (B)	**178.** (A)	**179.** (B)	**180.** (A)
181. (D)	**182.** (D)	**183.** (B)	**184.** (D)	**185.** (A)	**186.** (A)	**187.** (D)	**188.** (C)	**189.** (D)	**190.** (C)
191. (A)	**192.** (C)	**193.** (D)	**194.** (C)	**195.** (D)	**196.** (C)	**197.** (D)	**198.** (B)	**199.** (A)	**200.** (B)

05

101. (D)	**102.** (D)	**103.** (B)	**104.** (A)	**105.** (A)	**106.** (A)	**107.** (C)	**108.** (C)	**109.** (D)	**110.** (C)
111. (B)	**112.** (A)	**113.** (A)	**114.** (B)	**115.** (B)	**116.** (B)	**117.** (A)	**118.** (A)	**119.** (D)	**120.** (D)
121. (A)	**122.** (A)	**123.** (B)	**124.** (D)	**125.** (C)	**126.** (D)	**127.** (B)	**128.** (C)	**129.** (D)	**130.** (C)
131. (B)	**132.** (C)	**133.** (D)	**134.** (C)	**135.** (B)	**136.** (C)	**137.** (D)	**138.** (D)	**139.** (A)	**140.** (C)
141. (B)	**142.** (D)	**143.** (C)	**144.** (B)	**145.** (C)	**146.** (D)	**147.** (B)	**148.** (C)	**149.** (D)	**150.** (A)
151. (D)	**152.** (D)	**153.** (D)	**154.** (C)	**155.** (D)	**156.** (C)	**157.** (A)	**158.** (C)	**159.** (B)	**160.** (B)
161. (B)	**162.** (D)	**163.** (B)	**164.** (D)	**165.** (C)	**166.** (B)	**167.** (D)	**168.** (D)	**169.** (B)	**170.** (C)
171. (C)	**172.** (C)	**173.** (B)	**174.** (A)	**175.** (B)	**176.** (A)	**177.** (D)	**178.** (C)	**179.** (B)	**180.** (C)
181. (B)	**182.** (B)	**183.** (A)	**184.** (D)	**185.** (D)	**186.** (B)	**187.** (B)	**188.** (A)	**189.** (B)	**190.** (C)
191. (A)	**192.** (C)	**193.** (D)	**194.** (C)	**195.** (A)	**196.** (A)	**197.** (B)	**198.** (B)	**199.** (C)	**200.** (A)

RC
정답 및 해설

TEST 01

PART 5

101. 명사 어형

해설 빈칸은 정관사 The 뒤에 빈칸이 있으므로 명사 자리이다. '진행 중인 건설 프로젝트의 완성/완료'라는 의미로 정답은 명사인 (D) completion이다.

🔍 **함정 분석** 동명사도 명사 역할을 할 수 있지만, by completing it 형태로 사용한다.

표현 정리 ongoing 계속 진행 중인 construction 건설, 공사 oversee 감독하다 general manager 총지배인 complete 완전한, 완료하다 completely 완전히 completion 완성

진행 중인 건설 프로젝트의 완성은 총지배인인 Mr. Barker가 감독했다.
정답 (D)

102. 전치사

해설 'The camera's battery must be charged'까지 수동태 구조이다. so는 등위접속사로서 뒤에 '주어+동사'의 절이 나와야 하므로 소거한다. 등위접속사 and와 but은 '단어와 단어', '구와 구', '절과 절'처럼 앞뒤 병치구조로 연결되어야 하는데, 빈칸 앞이 절이면 이 뒤에도 절이 나와야 하므로 구조적으로 탈락이다. 전치사 for의 경우 to부정사의 의미상 주어 역할을 한다. 즉, 문장 전체의 주어는 The camera's battery인데, to부정사인 to work의 주체는 the flash이므로 의미상 주어를 나타내는 (D) for가 들어가야 맞다. 그래서 'for the flash to work properly' 부분은 '플래시가 제대로 작동하기 위해서'라고 번역이 된다.

표현 정리 charge 충전하다 work 작동하다 properly 제대로, 적절하게

플래시가 제대로 작동하려면 카메라 배터리가 충전되어야 한다. **정답 (D)**

103. 인칭대명사

3초 딱풀 'told us that ------ could decorate'

해설 문장 구조를 간략히 보면 that 뒤에 나와 주어 역할을 찾는 문제로 주어 자리에 주격 인칭대명사와 소유대명사가 가능한데, 여기서는 주어를 가리키는 주격 인칭대명사 (A) she가 들어가 '그녀가 사무실을 장식할 수 있다'고 하는 것이 자연스럽다.

🔍 **함정 분석** '그녀의 것'이라는 의미의 소유대명사 hers는 문법적으로는 주어 자리에 올 수 있지만 '그녀의 것이 사무실을 장식할 수 있다'는 어색한 문맥이므로 오답이다.

표현 정리 decorate 장식하다, 꾸미다 open house (일반) 공개일

Ms. Carol Bayer는 일반 공개일 행사를 위해 자신이 사무실을 꾸밀 수 있다고 우리에게 말했다. **정답 (A)**

104. 형용사 어형

3초 딱풀 'the ------ parts' numbers'

해설 빈칸은 뒤에 나온 명사 parts를 꾸미는 형용사 자리이다. 문맥상 '정확한 부품 번호'가 되어야 하므로 형용사인 (A) correct가 정답이다.

🔍 **함정 분석** 〈------ 명사〉 구조에서 빈칸은 명사를 수식하는 형용사 자리 외에, 복합명사를 이루는 명사 자리이기도 하다. 'correction parts'라는 복합명사는 어색하므로 명사는 오답이다. 참고로 correcting은 동명사 형태로 for correcting something 형태로 가능하다.

표현 정리 parts 부품 product 상품 manual (기계 등을 사면 따라 나오는) 설명서 correct 정확한, 수정하다 correctly 바르게, 정확하게 correction 정정

제품 설명서에서 정확한 부품 번호를 찾을 수 있다. **정답 (A)**

105. 형용사 어휘

해설 형용사 어휘 문제이다. 빈칸에 들어갈 형용사는 be동사의 보어 역할을 하면서 뒤에 나온 전치사 for와 어울려 숙어 표현을 이뤄야 한다. dramatic은 '(변화·사건 등이) 극적인'의 뜻이고, possible은 '가능한, 가능성 있는'이라는 의미인데 주로 'it is possible to do something'과 같이 주어를 사람으로 쓰지 않는다. accessible은 장소에 '접근[입장/이용] 가능한'이라는 뜻으로 빈칸에 어울리지 않는다. 형용사 eligible는 'be eligible for 명사 or to V ~할 자격이 있다'의 숙어 표현을 이룬다. 문맥상으로도 '올해 말에 첫 급여 인상을 받을 자격이 있다'로 자연스럽다. 따라서 정답은 (B) eligible이다.

표현 정리 raise (임금의) 인상 at the end of ~의 끝에, ~의 말에

Ms. Fredericks는 올해 말에 첫 급여 인상을 받을 자격이 될 것이다.
정답 (B)

106. 시제

해설 문장의 주어는 The Cavanaugh Community Center이고 동사가 없으므로 빈칸은 동사 자리이다. 따라서 동사가 아닌 hosting, to host는 소거한다. 남은 선택지에서 수 일치는 모두 가능한데, 빈칸 뒤에 a special software training workshop이라는 목적어가 나오므로 능동태가 필요하다. 따라서 정답은 (C) will host이다.

표현 정리 special 특별한 training 교육, 훈련 employee 직원 host 주최하다

Cavanaugh Community Center는 직원들을 위한 특별 소프트웨어 교육 워크숍을 주최할 것이다. **정답 (C)**

107. 부사 어휘

해설 부사 어휘 문제이다. 선택지는 각각 〈eventually 결국 / quickly 빠르게 / entirely 전적으로, 완전히 / shortly (시간상으로) 곧〉이라는 뜻이다. 빈칸에 들어갈 부사는 뒤에 나온 형용사 different를 꾸미게 된다. 문맥상 '오늘날 우리가 직면하고 있는 기술적 문제들은 10년 전의 문제와 완전히 다르다'고 해야 자연스러우므로 정답은 'completely, or in every way'라는 뜻의 (C) entirely이다.

추가 포인트 전치사 from 뒤에 나온 those는 앞서 언급된 복수명사인 issues를 가리킨다.

표현 정리 technological 기술적인 issue 문제 face 직면하다 be different from ~와 다르다 decade 10년

오늘날 우리가 직면하고 있는 기술적 문제들은 10년 전의 문제와 완전히 다르다. **정답 (C)**

108. 부사 어형

3초 딱풀 'spoke ------ to the sales representative'

해설 동사 'spoke'를 수식하며 의미상으로 '판매 담당자에게 직접 이야기하다'라는 의미이므로 부사인 (C) directly가 정답이 된다.

표현 정리 sales representative 판매 담당자 direct 직접적인 directive (공식적인) 지시 directly 직접, 곧장, 즉시 direction 방향[쪽]

Ms. Gregory는 자신이 받은 서비스에 만족하지 않았을 때 판매 담당자에게 직접 말했다. **정답 (C)**

109. 전치사

해설 문장의 동사는 have secured 1개이므로 빈칸에 두 개의 동사를 연결하는 접속사는 들어갈 수 없다. 선택지에서 while, so that, because는 모두 '주어+동사'의 절을 연결하는 접속사이므로 소거한다. such as는 '~와 같은'이라는 뜻으로 전치사구이다. 특히 〈basic foods such as flour, rice, and pasta〉와 같이 'N1 such as n1, n2...'의 구문으로 N1에 대한 예시를 such as 이하에 나열하게 된다. 여기서도 park facilities의 구체적인 예를 such as 이하인 'playgrounds, picnic areas, and restrooms'에 구체적

8

으로 명시하고 있다. 따라서 정답은 (D) such as이다.

🔍 **함정 분석** 접속사도 각각 특징이 있다. (B)와 (C)처럼 뒤에 항상 '주어 + 동사' 형태의 절이 와야 하는 접속사도 있지만 while처럼 '주어+동사' 형태도 가능하지만 while ~ing, while p.p., while 전치사구 형태도 가능한 접속사도 있다.

표현 정리 official 공무원, 공식적인 secure 확보하다, 안전하게 하다, 안전한 funding 자금, 자금 지원 facility 시설 playground 놀이터, 운동장 restroom (공공장소의) 화장실

시 공무원들은 놀이터, 피크닉 구역, 화장실 등 공원 시설을 업그레이드하기 위한 자금을 확보했다. **정답 (D)**

110. 형용사 어휘

해설 형용사 native는 '태어난'의 의미이고, selective는 '선택적인'이라는 의미로 보통 '조심해서 고르는[선발하는], 까다로운, 선별적인'의 형태로 쓰인다. decisive는 '결정적인, 결단력[과단성] 있는'이라는 의미이고, productive는 '생산적인'이라는 뜻이다. 문맥상 '전화보다는 직접 회의를 여는 것이 훨씬 생산적일 것이다'가 되어야 하므로 정답은 (D) productive이다.

표현 정리 hold 개최하다 in person 직접, 대면해서 rather than ~보다는 over the phone 전화로

전화보다는 직접 회의를 여는 것이 더 생산적일 것이다. **정답 (D)**

111. 명사 어휘

3초 딱풀 'a wide ------ of'

해설 빈칸에는 앞에 나온 형용사 wide의 꾸밈을 받으면서 뒤에 전치사 of와 어울릴 수 있어야 한다. an array of는 '다수의'라는 뜻이며, 'a wide array of'가 되면 '폭넓은 다양한, 광범위한'의 의미가 된다. 문맥상 '인상적인 선물이 되는 다양한 독특한 제품들을 판매한다'고 자연스럽게 연결되는 (C) array가 정답이다. 나머지는 〈original 원래[본래]의, 독창적인 / diagram 도표 / piece (자르거나 나눠 놓은 것의) 한 부분[조각]〉이라는 뜻이다.

추가 포인트 동의어로는 a variety of = a selection of = a range of = an assortment of = a diversity of가 있다.

표현 정리 unique 독특한 product 제품 impressive 인상적인 businesspeople 사업가

Trombella Shop은 사업가들에게 인상적인 선물이 되는 다양한 독특한 제품들을 판매한다. **정답 (C)**

112. 관계 부사

해설 whose는 뒤에 명사가 와야 하는데 여기서는 he라는 주격 인칭대명사가 나오므로 whose는 구조적으로 어색하다. 또한 who는 뒤에 동사가 와야 하므로 소거한다. when이 들어가면 '공청회가 언제 열렸으면 하는지를 정확히 밝히지 않았다'로 자연스럽게 연결된다. 따라서 정답은 (B) when이다.

🔍 **함정 분석** which는 선행사가 앞에 없을 때는 '어떤'을 의미하므로 소거한다. 예를 들면 I don't know which book I lost. 형태로 사용된다.

표현 정리 specify 명시하다 exactly 정확하게 public hearing 공청회 be held 열리다

Mr. Damon은 공청회가 언제 열렸으면 하는지를 정확히 명시하지 않았다. **정답 (B)**

113. 형용사 어형

해설 빈칸은 be동사인 is의 보어 자리이다. 보어 자리에는 주어와 보어가 동격 관계이면 명사가 오거나 또는 형용사가 온다. 문맥상 '새 M500 소형 카메라의 가격은 귀하가 현재 소유하는 카메라의 가격과 유사하다'가 되어야 적절하다. 따라서 정답은 'fairly similar'의 뜻으로 형용사인 (D) comparable이다.

🔍 **함정 분석** 주어인 The price와 comparison(비교)은 동격이 아니므로 명사는 오답이다.

표현 정리 compact 소형의 currently 현재 own 소유하다 compare 비교하다 comparison 비교 comparably 비교할 수 있을 만큼; 동등하게 comparable to ~와 비슷한, ~와 유사한

새 M500 소형 카메라의 가격은 귀하가 현재 소유하고 있는 카메라와 비슷합니다. **정답 (D)**

114. 부사 어휘

해설 빈칸은 뒤에 나온 부사 significantly를 수식하게 되므로 부사 자리이다. 먼저 until은 접속사/전치사 기능이므로 구조적으로 맞지 않다. 부사 soon은 '곧'이라는 의미인데 다른 부사를 꾸미기에는 어색하므로 소거한다. 문맥상 '제품 판매가 꽤 크게 하락하다'가 되어야 적절하므로 정답은 "to a fairly large degree'라는 뜻의 (D) rather이다.

추가 포인트 'fall/decrease/increase/rise + significantly/dramatically/ drastically/considerably/substantially 등도 함께 암기해두자.

표현 정리 product 제품 fall 감소하다, 떨어지다 significantly 크게, 상당히

겨울철 동안 우리 제품의 판매량이 경기 호황에도 불구하고 꽤 크게 하락했다. **정답 (D)**

115. 전치사

해설 빈칸에는 brainstorming이라는 동명사를 목적어로 취하는 전치사가 필요하다. later(나중에; (지금 이야기 중인 시간보다) 후[뒤]에)와 only(유일한, 오직[겨우] ~만의)는 전치사가 아니므로 소거한다. 전치사 by는 동명사와 어울려 'by ~ing'가 되면 '~함으로써'와 같이 수단을 나타낸다. 'after ~ing'는 '~한 후에'와 같이 시간의 후/나중을 나타낸다. 문맥상 '아이디어 목록을 브레인스토밍한 후 Mr. Collins는 팀과 아이디어를 공유했다'고 해야 적절하므로 정답은 '~후에'라는 뜻의 (B) After이다.

🔍 **함정 분석** 'By using the Internet you can do your shopping from home.'과 같은 문장을 보면, '인터넷을 사용함으로써 쇼핑할 수 있다'와 같이 'by ~ing'가 이끄는 수단으로서의 문맥이 자연스럽다. 여기서는 브레인스토밍하는 수단으로 아이디어를 공유하는 것은 아니므로 by는 빈칸에 부적절하다.

표현 정리 brainstorm 브레인스토밍하다 share with ~와 공유하다

아이디어 목록을 브레인스토밍한 후 Mr. Collins는 팀과 아이디어를 공유했다. **정답 (B)**

116. 전치사

해설 전치사 어휘 문제이다. within은 '~이내에'라는 뜻으로 'within 3 weeks'처럼 기간 명사가 나온다. through는 '~을 통해서' '~까지'의 의미로 쓰인다. among은 복수 명사 앞에 나와 '~중에(서)'의 뜻이다. 전치사 regarding은 '~에 관하여'라는 의미로 뒤에 명사가 나온다. 빈칸 뒤에 our managers라는 복수 명사가 나오고 문맥상 '관리자들 사이의 일반적인 의견'이 되어야 적절하므로 정답은 (C) among이다.

표현 정리 general 일반적인 opinion 의견 communication 의사소통 training 훈련, 교육 beneficial 유익한

관리자들 사이의 일반적인 의견은 의사소통 훈련이 유익했다는 점이다. **정답 (C)**

117. 명사 어형

해설 빈칸은 동사 are hiring의 목적어 역할이므로 명사 자리이다. 따라서 동사 형태인 consult와 consults는 소거한다. 나머지는 모두 명사 역할인데, 회사에서 고용하는 대상은 사람이 되어야 하므로 '상담가, 자문 위원, 컨설턴트'라는 뜻의 사람 명사인 consultants가 정답이다.

🔍 **함정 분석** consulting은 명사이므로 앞에 관사가 없어서 구조적으로는 가능하지만, 의미상으로 hire의 대상이 될 수 없으므로 해석상 오답이다.

표현 정리 **hire** 고용하다 **perform** 수행하다 **specialized** 전문적인, 전문화된 **professional** 직업[직종]의, 전문적인, 전문가 **function** 기능 **consult** 상담하다 **consulting** 자문, 조언 **consultant** 상담가, 자문 위원, 컨설턴트

일부 기업은 특화된 전문가 역할을 수행하기 위해 컨설턴트를 고용하고 있다.

정답 (D)

118. 수동태

해설 빈칸 앞에 be가 나오므로 동사원형인 distribute부터 소거한다. 주어인 The new uniforms와 명사인 distribution이 동격 관계가 아니므로 명사도 소거한다. 새로운 유니폼은 유통되거나 배포되는 대상이므로 수동태인 (A) distributed가 정답이 된다.

표현 정리 **as soon as possible** 가능한 한 빨리 **distribute** 나누어 주다, 유통시키다 **distribution** 유통, 배포, 배부

새 유니폼은 가능한 한 빨리 호텔 직원에게 배부되어야 한다. 정답 (A)

119. 동사 어휘

해설 동사 어휘 문제이다. 빈칸에 들어갈 동사는 〈――― + his talk + on ~〉의 구문을 만족해야 한다. '알리다, 통지하다'라는 뜻의 inform은 'inform +사람' 구문으로 쓰이므로 소거한다. '~에 대응하다, 반응하다'라는 뜻의 respond는 'respond to N' 구문으로 쓰이므로 소거한다. '겪다, 경험하다'라는 뜻의 experience는 'experience difficulty/problems' 형태로 잘 쓰인다. 이들 동사는 모두 구문에 맞지 않아 오답이다. 동사 focus는 'focus A on B' 구문 형태로 목적어 뒤에 전치사 on이 나오고 문맥상 '자신의 강연을 다섯 가지 핵심 분야에 집중했다'로 자연스럽게 연결되므로 정답은 (B) focused이다.

표현 정리 **conference** 회의 **presenter** (라디오 · 텔레비전 프로 각 부분의) 진행자[사회자] **key** 주요한 **area** 영역 **potential** 잠재적인 **improvement** 개선 **organization** 조직

그 회의 발표자는 자신의 강연을 조직에서 잠재적으로 개선할 수 있는 다섯 가지 핵심 분야에 집중했다. 정답 (B)

120. 명사 어휘

해설 명사 어휘 문제이다. 선택지는 각각 〈competition 경쟁, 대회, 시합 / agreement 협정, 합의, 동의, 계약 / provision 공급, 제공, 대비, 준비, (법률 관련 문서의) 조항[규정/단서] / boundary 경계〉 뜻이다. 빈칸에 들어갈 명사는 앞에 나온 purchasing과 어울려 복합명사 역할을 하게 된다. 문맥상 '구매 협정은 매달 최소의 물량을 공급받을 수 있도록 보장한다'고 해야 자연스러우므로 정답은 (B) agreement이다.

표현 정리 **purchasing** 구매 **ensure** 확실히 하다, 보장하다 **minimum** 최소의 **amount** 양, 수량 **supplies** 공급품

우리의 구매 협정은 매달 최소의 물량을 공급받을 수 있도록 보장한다. 정답 (B)

121. 분사

해설 동사 shows의 목적어는 'the ――― location'이다. 빈칸에는 명사 location을 꾸미는 형용사나, 복합명사를 이루는 명사가 들어갈 수 있다. 'proposal location'이라는 복합명사는 어색하므로 명사는 소거한다. 명사를 꾸미는 자리에는 일반형용사 대신 현재분사나 과거분사가 들어갈 수 있다. '명사가 ~하다'의 능동 관계이면 현재분사를 쓰고, '명사가 ~되다'의 수동 관계이면 과거분사를 쓴다. 여기서는 '위치가 제안되다'의 수동 관계이므로, 정답은 과거분사인 (D) proposed이다.

표현 정리 **dimensional** 차원의 **location** 장소[곳/위치] **corporate** 회사의 **complex** 복합건물, 단지, 복잡한 **propose** 제안하다 **proposal** 제안

이 2차원 지도는 우리의 신축 회사 사무소 단지에 대한 제안된 위치를 보여 준다. 정답 (D)

122. 부사 어형

해설 위 문장에서 '전문적으로 병원 운영을 시작하다'로 연결되는 것이 맞다. 따라서 동명사를(practicing) 꾸미는 부사 (C) professionally가 정답이다. 구조상으로는 명사인 (A)와 (D)도 가능해 보이지만 의미상 맞지 않는다.

🔍 **함정 분석** professional은 형용사로 '전문적인', 명사로는 '전문가'를 뜻한다.

표현 정리 **immediately** 즉시 **graduate from** ~를 졸업하다 **practice** (의사 · 변호사 등)이 개업하다, 영업하다 **profession** (특히 많은 교육이 필요한 전문적인) 직업[직종] **profess** 공언[천명]하다 **professionally** 전문적으로 **professional** 전문적인, 전문가

의대를 졸업한 직후 Dr. David White는 소규모 클리닉에서 전문적으로 병원 영업을 시작했다. 정답 (C)

123. 동사 어휘

해설 동사 어휘 문제이다. design은 '디자인[설계/도안]하다'라는 의미이고, 동사 expect는 '기대하다, 예상하다'라는 뜻이며, prevent는 '(~를/…가 ~하는 것을) 막다[예방/방지하다]'라는 뜻으로 〈prevent someone/something from ~ing〉 구문으로 잘 쓰인다. disrupt는 '방해하다, 지장을 주다'라는 뜻이다. 여기서는 'fewer communication problems'라는 명사구를 목적어로 취하는 동사가 필요한데, 문맥상 '통신 문제가 줄어들 것으로 예상한다'가 되어야 적절하다. 따라서 (B) expects가 정답이다.

표현 정리 **upgrade** (기계 · 컴퓨터 시스템 등을) 개선하다 **director** (회사의) 임원[중역/이사] **fewer** 보다 소수의, 적은 **communication** 통신, 의사소통

이제 컴퓨터 네트워크가 업그레이드되었기 때문에, 이사는 통신 문제가 줄어들 것으로 예상한다. 정답 (B)

124. 접속사

해설 빈칸 앞뒤로 'Hiring sales associates is expected to continue across industries'와 'there is a slight economic downturn'이라는 두 개의 절이 나오므로 빈칸은 절을 연결하는 접속사 자리이다. instead(대신에)와 moreover(게다가)는 부사이므로 소거한다. 나머지 접속사 중 문맥상 '약간의 경기 침체가 있더라도 영업 사원을 고용하는 것이 업계 전반에 걸쳐 지속될 것으로 예상된다'는 내용으로 연결되는 것이 적절하다. 따라서 정답은 (A) even if이다.

추가 포인트 문장의 주어는 동명사구인 'Hiring sales associates'이며, 동명사구는 단수 취급하므로 동사 자리에 is가 나온다.

표현 정리 **hire** 채용하다 **sales associate** 영업 사원 **be expected to** ~로 예상되다 **continue** 계속되다 **slight** 약간의 **downturn** 침체, 하락

약간의 경기 침체가 있더라도 영업 사원을 고용하는 것이 업계 전반에 걸쳐 지속될 것으로 예상된다. 정답 (A)

125. 전치사

해설 빈칸에는 the country라는 장소 명사를 목적어로 취하는 전치사가 필요하다. 먼저 among(~중에, 사이에)은 뒤에 복수 명사가 나오므로 소거한다. 나머지는 〈along ~을 따라 / besides 외에 / throughout 곳곳에[도처에서], ~내내〉라는 뜻이다. 문맥상 'Benjamin의 상점들은 현재 전국 도처에서 발견되고 있다'고 해야 적절하다. 따라서 정답은 (D) throughout이다.

표현 정리 **previously** 이전에 **regional** 지역의 **chain** (상점, 호텔 등의) 체인

이전에 지역 체인점이었던 Benjamin의 상점들은 현재 전국 도처에서 발견되고 있다. 정답 (D)

126. 부사 어휘

해설 빈칸에는 동사인 has grown을 꾸미기 적절한 부사 어휘가 필요하다. 먼저 extremely는 very의 동의어로 형용사나 다른 부사를 꾸미고 동사는 직접 수식하지 않으므로 오답이다. 문맥상 '지난 한 해 동안 재무 분석

방법을 가르치는 데 대한 관심이 크게 높아졌다'는 의미가 되는 것이 적절하므로 정답은 (D) substantially(상당히, 많이)이다. 부사 substantially는 considerably, dramatically, significantly 등의 동의어로 증감을 나타내는 동사를 잘 수식한다. 부사 nearly는 '거의, 대략'이라는 의미로 숫자 표현 앞에 잘 나온다.

🔍 **함정 분석** 'over the past year'는 '지난 한 해 동안'이라는 의미로 현재 완료 시제 동사(has grown)와 어울린다. '최근에'라는 의미의 recently 도 현재완료 시제와 어울리는데 여기서는 'over the past year'와 의미 중복이 되므로 정답이 될 수 없다.

표현 정리 interest in ~에의 관심, 흥미 **method** 방법 **financial** 재정의 **analysis** 분석 **grow** 커지다[늘어나다/증가하다]

지난 한 해 동안 우리의 재무 분석 방법을 가르치는 데 대한 관심이 크게 높아졌다. 　　　　　　　　　　　　　　　　　　　정답 (D)

127. to부정사

해설 품사 어형 문제이다. 여기서는 동사 enable의 쓰임을 알아야 한다. 동사 enable은 〈enable someone to do something〉과 같이 목적격 보어에 to부정사가 나오는 대표적인 동사이다. 이외에 'ask/allow/require/request/expect + 목적어 + to V' 형태로 출제된 적이 있다.

표현 정리 enable ~할 수 있게 하다, 가능하게 하다 **remotely** 원격으로, 멀리서 **access** 접근, 접근하다

새로운 모바일 앱은 직원들이 자신의 업무 파일에 원격으로 접속할 수 있게 해줄 것이다. 　　　　　　　　　　　　　　　　　　　정답 (D)

128. 명사 어형

해설 빈칸은 정관사 the가 나오므로 명사 자리이다. 먼저 동사인 found와 형용사인 foundational은 소거한다. 문맥상 '회사 창립 10주년을 기념하다'가 되어야 적절하므로 정답은 '설립, 창립'이라는 뜻의 명사 (A) founding이 정답이다. 영어는 ~ing 형태의 명사가 있으니 주의해야 한다. 대표적인 단어로는 funding[자금지원], spending[지출], hiring[고용], meeting[모임], opening[공석], packaging[포장] 등이 있다.

🔍 **함정 분석** founder는 '설립자'라는 뜻으로 사람 명사이다. 구조적으로는 가능하지만 '회사 설립자의 10주년을 기념하다'는 어색한 문맥이므로 오답이 된다.

표현 정리 celebrate 기념하다, 축하하다 **anniversary** 기념일 **founding** 설립, 창립 **found** 설립하다, 세우다 **founder** 설립자 **foundational** 기본의, 기초적인

회사 사장인 Mr. Lopez는 회사 창립 10주년을 기념할 것이다. 　정답 (A)

129. 명사 어휘

해설 명사 어휘 문제이다. industry는 '산업, 공업, 제조업'이라는 뜻이다. approach는 '접근법'이라는 뜻으로 'approach to N'과 같이 전치사 to와 연결된다. attraction은 '(사람을 끄는) 명소[명물]'이라는 뜻이다. restriction은 '(법률·규칙을 통한) 제한[규제]'라는 뜻이며 〈impose/place restrictions (on)〉 구문으로 잘 쓰인다. 빈칸에 (D) restrictions가 들어가면 구문도 맞고 '수출입이 가능한 철강의 양에 대해 새로운 제한을 두었다'와 같이 문맥도 자연스럽다.

표현 정리 government 정부 **place** 두다, 놓다 **amount** 수량, 금액 **steel** 강철 **import** 수입하다 **export** 수출하다

서방 정부는 수출입이 가능한 철강의 양에 대해 새로운 제한을 두었다. 　　　　　　　　　　　　　　　　　　　정답 (D)

130. 동사 어휘

해설 '제안하다'라는 뜻의 동사 suggest는 〈suggest doing something / suggest (that) S V〉처럼 동명사나 that절을 목적어로 취한다. attribute

---

는 〈attribute A to B〉 구문을 취해 '(특히 말, 글, 그림 등을) ~것[탓/책임]이라고 보다[말하다]'라는 의미로 쓰인다. introduce는 '소개하다'라는 의미로 〈introduce someone to someone〉과 같이 전치사 to 뒤에 사람명사가 나온다. discontinue는 '(특히 정기적으로 계속하던 것을) 중단하다'라는 뜻이다. 구문상으로 (B) attributes가 들어가면 목적어 뒤에 전치사 to로 연결되면서 '복사기의 오작동은 마모된 롤러 때문이라고 말하다'와 같이 문맥도 맞다.

표현 정리 main 주요한 **technician** 기술자 **malfunctioning** 기능 부전, 고장 **worn-out** 낡아빠진, 마모된

주요 기술자는 복사기의 오작동은 마모된 롤러 때문이라고 말한다. 　정답 (B)

PART 6

문제 131-134번은 다음 이메일을 참조하시오.

수신: Rodney Casset
발신: David Singer
날짜: 4월 8일
제목: 서비스 요청 #78322

Mr. Casset 귀하,

저희 웹사이트에 제출해 주신 귀하의 4월 7일 서비스 요청 건(#78322)에 대해 답변해 드립니다. 제공해 주신 정보를 기반으로 했을 때, 귀하는 수리를 위해 전화기를 Katana 서비스 센터에 보내실 필요는 없는 것으로 보입니다. 대신에, 우선 이 문제를 스스로 해결해 보시도록 제안합니다. 저희는 문제 해결 안내서를 만들어 두었으며, 웹사이트 www.katana.com/products/support에서 찾으실 수 있습니다. 대부분의 고객들이 필요한 해결책을 그곳에서 찾고 있습니다. 가이드를 참조한 후에도 문제가 계속 발생할 경우 저희 기술 지원 팀에 1-888-555-4904로 문의해 주십시오. 저희 직원들이 귀하와 같은 고객을 도와드릴 수 있습니다.

감사합니다.

David Singer

표현 정리 respond to ~에 응답하다, 답변하다 **request** 요청, 요구 **submit** 제출하다 **based on** ~에 근거하여, 기반으로 하여 **appear** ~처럼 보이다, 나타나다, 판명되다 **repair** 수리 **instead** 대신에 **resolve** 해결하다 **issue** 문제 **troubleshooting** 문제 해결 **refer to** 참조하다 **experience** 겪다 **representative** 판매 대리인, 세일즈맨

131. 명사 어휘

해설 명사 어휘 문제이다. 선택지는 〈review (특히 필요한 경우 변화를 주기 위한) 검토, (책, 연극, 영화 등에 대한) 논평[비평] / information 정보 / product 제품, 상품 / license 면허〉라는 뜻이다. 문맥상 '제공해 주신 정보에 따르면 수리를 위해 전화기를 Katana 서비스 센터에 보내실 필요는 없는 것으로 보인다'라고 해야 자연스럽다. 따라서 정답은 (B) information이다. 　　　　　　　　　　　　　　　　　　　정답 (B)

132. 시제

해설 동사 create의 적절한 시제를 찾는 문제이다. 빈칸 뒤에 a troubleshooting guide라는 목적어가 나오므로 수동태인 have been created는 소거한다. 나머지는 모두 능동태이므로 시제를 살펴야 한다. 관계대명사로 연결되는 'which you can find on our Web site ~'에서 이미 문제 해결 가이드가 완성되어 웹사이트에서 이용할 수 있음을 알 수 있다. 따라서 과거에 발생했지만 지금 이야기를 해 주고 있으므로 현재완료 (B) have created가 정답이다. were creating은 과거진행 시제인데, 이미 만

들어진 내용이고 과거에 진행 중인 상황을 나타내는 것이 아니므로 오답이다. would have created는 가정법 과거완료 시제로, 과거에 이루지 못한 일로 '과거에 ~을 만들었어야 했는데'를 나타낸다.

🔍 **함정 분석 현재완료**

1. 과거에서 지금까지 – I have lived in Seoul since I was born.
2. 과거에 발생했지만 지금 이야기를 해줄 때 – I have lost my book.

정답 (B)

133. 문장 삽입

해설 빈칸 앞은 문제 해결 가이드를 웹사이트에서 이용할 수 있다는 말이고, 빈칸 뒤는 가이드 참조 후에도 문제가 지속되면 기술팀에 연락 달라는 말이다. 앞뒤에 모두 가이드 언급되므로 주어진 문장에도 이와 관련한 내용이 들어가야 한다. (D) Most customers find the solutions they need there.에서 the solutions가 troubleshooting guide를 통해 얻을 수 있는 해결책이 되고, 앞서 나온 장소를 가리키는 there가 Web site at www. katana.com/products/support를 가리키게 되어 앞뒤 문맥이 자연스럽게 연결된다.

(A) 올바른 제품을 선택하는 것이 이제 더 쉬워졌습니다.
(B) 소비자의 의견은 저희에게 매우 중요합니다.
(C) 저희 회사는 지속적으로 제품을 개선합니다.
(D) 대부분의 고객들이 필요한 해결책을 그곳에서 찾고 있습니다. 정답 (D)

134. 형용사 어휘

해설 형용사 어휘 문제이다. be hesitant to V는 '~하기를 주저하다'라는 뜻이다. potential은 '가능성이 있는, 잠재적인'이라는 의미이다. available은 '(사람들을 만날) 시간[여유]이 있는, (사물이) 이용할 수 있는'이고, predictable은 '예측[예견]할 수 있는'이라는 뜻이다. 직역하면 '고객들을 도울 수 있도록 직원들이 이용 가능하다'로 결국 '직원들이 고객들을 도울 수 있다'는 의미가 되는 (C) available이 정답이다. 정답 (C)

문제 135-138번은 다음 안내를 참조하시오.

> **반품 정책**
>
> 귀하께서 Kintzer Hardware에서 구매하신 품목에 대해 만족스러우시기를 바랍니다. 저희가 판매하는 모든 일반 상품은 30일 기간의 환불 보증이 수반됩니다. 어떤 이유로든 구매품에 만족하지 않으실 경우, 그것을 전액 환불을 받기 위해서 Kintzer Hardware 상점 어느 지점으로든 가지고 오십시오.
>
> 특정한 조건이 적용된다는 점에 유의해 주십시오. 반품 시 반드시 판매 영수증을 지참하셔야 합니다. 또한, 원하지 않는 제품을 원래의 포장 상태로 반품해 주실 것을 요청드립니다.
>
> <u>때때로 Kintzer Hardware는 단종 제품을 판매합니다.</u> 이 품목들은 "재고 정리" 스티커가 붙어 표시됩니다. 재고 정리 품목은 "그 상태 그대로" 판매되며 어떠한 이유로도 반품 또는 교환할 수 없습니다.

표현 정리 return 반품(하다), 반환(하다) be pleased with ~을 기뻐하다 come with ~이 딸려 있다 money-back 환불이 가능한 guarantee 보증, 보장 for any reason 어떠한 이유로도 be satisfied with ~에 만족해하다 location 장소, 위치 full refund 전액 환불 be aware that ~를 알아차리다. 인지하다 apply 적용되다 accompany 동반하다 receipt 영수증 original packaging 원래의 포장 mark 표시하다 clearance 재고 정리 as is 있는 그대로 exchange 교환하다

135. 시제

해설 문장의 주어는 All regular products이고 동사는 come with이다. 따

라서 〈——— by us〉는 주어인 All regular products를 꾸미는 수식어 역할로 빈칸은 명사를 꾸미는 분사 자리이다. 분사가 명사 뒤에서 수식할 때 〈N1 ~ing N2〉와 같이 뒤에 목적어가 나오면 현재분사를 쓰고, 〈N1 p.p. 전 명구/부사〉와 같이 뒤에 전명구/부사가 나오면 수동을 나타내는 과거분사를 쓴다. 여기서는 뒤에 by us라는 전명구가 나오므로 과거분사인 (D) sold가 정답이다. 정답 (D)

136. 명사 어휘

해설 선택지는 〈reasons 이유, 사유 / receipts 영수증, 수령 / conditions 조건 / evidences 증거〉라는 뜻이다. 뒤에 나오는 두 문장을 살피면 반품 시 영수증 제출과 원래 포장에 담아 반환하는 것이 필요함을 알 수 있다. 이 두 가지 내용이 '조건이 적용된다'의 예시에 해당하므로 정답은 (C) conditions 이다. 정답 (C)

137. 접속부사

해설 접속부사 문제로, 선택지는 〈In short 요컨대 / In addition 게다가 / For instance 예를 들어 / At that time 그때(에)〉로 이루어져 있다. 빈칸 앞은 반품 시 영수증을 지참하라는 말이고, 빈칸 뒤는 원래 포장에 제품을 담아 반환하라는 말이다. 두 문장이 일부 조건에 해당하는 내용으로 앞 문장에 이어 '추가/부가' 내용으로 연결되므로 (B) In addition이 정답이다. 정답 (B)

138. 문장 삽입

해설 빈칸 뒤에 나온 문장의 These items에서 지시형용사 These가 가리킬 수 있는 어휘가 주어진 문장에 포함이 되어야 한다. 이들 품목은 재고 정리 스티커가 붙어 표시되고 현 상태 그대로 판매되며 교환/반품이 불가능하다고 이어진다. (C) Occasionally, Kintzer Hardware will sell discontinued items.가 주어진 문장에 들어가면 discontinued items가 These items, Clearance items로 자연스럽게 호응이 된다.

(A) Kintzer Hardware는 40년 이상 고객에게 서비스를 제공하고 있습니다.
(B) 저희 비즈니스 모델은 고객을 최우선으로 생각합니다.
(C) 때때로 Kintzer Hardware는 단종 제품을 판매합니다.
(D) 경우에 따라 직원들에게 영향을 미치는 관리자들이 결정을 내립니다.

정답 (C)

문제 139-142번은 다음 기사를 참조하시오.

> 도하, 2월 2일 – Gulf Airlines는 곧 해외 여행객들을 위해 할인된 휴가 패키지를 제공할 것이라고 어제 발표했다. 이번 상품 혜택은 Gulf Airlines, Crown Hotel과 Dune Tours 간에 새롭게 맺은 제휴 덕분에 탄생한 결과이다.
>
> 여행객들은 곧 항공사 웹사이트에서 예약한 항공편에 숙박과 현지 여행을 추가할 수 있다. 이 서비스를 함께 구매함으로써, 여행객은 개별 가격의 최대 30%를 절감할 수 있다.
>
> 이 여행 상품은 외국인 여행객이 좀더 편리하게 여행 계획을 세우도록 하는 데 목표를 두고 있다. 이 잠재적인 이익은 그 지역을 처음 방문하는 사람들에게 가장 매력적이다. 이런 여행자들은 아마도 이용할 수 있는 선택사항이 많은 데 익숙하지 않을 것이다. <u>한 곳에서 쇼핑하면 물건을 찾는 데 드는 시간이 줄어든다.</u>

표현 정리 announce 발표하다 offer 제공하다 discounted 할인된 vacation package 휴가 패키지 deal 거래(서), (사업상의) 합의 result 결과 be able to 할 수 있다 add 추가하다 lodging 임시숙소 excursion (보통 단체로 짧게 하는) 여행 up to ~까지 individual 개별의 aim to ~하는 것을 목표로 하다 convenient 편리한 potential 잠재적인 benefit 혜택(을 얻다) appealing 매력적인, 흥미로운 region 지역 be likely to ~할 것 같다 option 선택사항 available 이용 가능한 reduce 줄이다, 감소하다 be interested in ~에 흥미가 있다

139. 전치사

해설 전치사 어휘 문제이다. as는 뒤에 '신분, 자격, 역할' 관련 명사가 나와 '~로서'로 쓰인다. from은 보통 출발지를 나타내 '~로부터'라는 의미이다. with는 동반, 수반을 나타내 '~와 함께'라는 뜻이다. for는 보통 '~을 위해'라는 뜻이다. 문맥상 '곧 해외 여행객들을 위해 할인된 휴가 패키지를 제공하다'라고 해야 적절하므로 정답은 (D) for이다.　　　　　　　　　　**정답 (D)**

140. 부사

해설 선택지는 〈instead 대신 / together 함께 / ahead (공간·시간상으로) 앞으로, 앞에 / recently 최근에〉라는 뜻의 부사로 이루어져 있다. 바로 앞문장에서 항공편 외에 숙박과 지역 여행을 추가할 수 있다고 나온다. 이들 세 가지를 '함께' 구매하면 최대 30% 할인 혜택을 받을 수 있다고 해야 연결되므로 정답은 (B) together이다.　　　　　**정답 (B)**

141. 형용사 어휘

해설 형용사 어휘 문제이다. 빈칸에 들어갈 형용사는 뒤에 나온 전치사 with와 연결되어야 한다. 'be unfamiliar with'가 '~에 익숙하지 않다, ~와 친숙하지 않다'라는 뜻으로 '첫 방문객은 옵션이 많으면 (선택에 어려움이 있어) 익숙하지 않을 것 같다'는 자연스러운 문맥을 이룬다. 따라서 정답은 (B) unfamiliar이다. 나머지는 〈popular 인기 있는 / expensive 비싼 / competitive 경쟁력 있는, 뒤지지 않는〉이라는 뜻이다.　　**정답 (B)**

142. 문장 삽입

해설 셋째 문단 첫 문장에 나온 The travel packages는 지금 여러 업체가 제휴해 항공권, 숙박, 여행을 패키지로 선보이는 새로운 The deals를 의미한다. 그리고 이 상품은 지역을 처음 방문한 이용객들에게 가장 매력적으로 와 닿을 것이라고 하며, 이들이 선택사항이 많으면 결정하기 어려울 것이라고 덧붙인다. 이 문장을 뒷받침하는 (A) Shopping in one place will reduce time spent on research.가 들어가면 many options available과 반대 의미로 Shopping in one place가 들어가 물건을 고르는 데 드는 시간을 줄여준다는 이점을 덧붙이는 문맥으로 자연스럽게 연결될 수 있다.

(A) 한 곳에서 쇼핑하면 물건을 찾는 데 드는 시간을 줄여 든다.
(B) 해당 명소에 관심이 있으면 알려주십시오.
(C) 최근 몇 년 동안 항공권 가격이 인상되었다.
(D) 더 숙련된 여행자는 다른 방식으로 혜택을 볼 수 있다.　　**정답 (A)**

문제 143–146번은 다음 기사를 참조하시오.

Pollard Museum을 찾은 세계 미술

6월 8일 – Pollard Museum은 6월 22일부터 9월 30일까지 Global Extravaganza를 주최할 예정이다. 방문객들은 전 세계 예술가들의 작품을 관람할 수 있는 기회를 갖게 된다. 다양한 그림, 조각상, 사진, 그리고 소묘가 전시 될 것이다. 전시작은 주제별 그리고 지리적으로 배치될 것이다.

이 특별 전시회의 입장권은 www.pollard.org나 미술관 현장에서 구입할 수 있다. 미술관의 다른 모든 구역의 입장도 티켓에 포함되어 있다. 성인의 입장권 가격은 $15이다. 어린이, 학생, 고령자는 $10에 입장할 수 있다. 할인 요금도 단체별로 이용할 수 있다. 자세한 내용은 555-9090으로 Pollard Museum에 문의할 수 있다.

표현 정리 have the opportunity to ~할 기회가 있다 **display** 전시, 진열 **arrange** 정리하다. 배열하다 **thematically** 주제별로 **geographically** 지리(학)적으로 **purchase** 구입하다 **admission** 입장(권) **be included with** ~에 포함되다 **rate** 요금 **available for** ~가 이용 가능한 **details** 세부사항 **proceeds** (물건 판매·행사 등을 하여 받는) 돈. 판매수익금 **cause** (정치, 사회적) 운동

143. 동사 어휘

해설 빈칸에는 the Global Extravaganza라는 명사를 목적어로 취하는 동사가 필요하다. Global Extravaganza가 고유명사이므로 뒤의 내용을 참조해 확인해야 하는데, 전 세계 예술가의 작품을 관람할 수 있는 전시회의 일종임을 알 수 있다. 따라서 문맥상 'Pollard Museum이 Global Extravaganza라는 전시회를 주최하다'라고 해야 연결된다. 따라서 정답은 '주최하다, 개최하다'라는 뜻의 (B) hosting이다. 나머지는 〈reviewing 검토하다 / documenting 문서로 기록하다 / selecting 선택하다〉라는 뜻이다.
　　　　　　　　　　　　　　정답 (B)

144. 문장 삽입

해설 빈칸 앞에서 방문객은 the works of artists from around the world와 같이 전 세계 예술가들의 작품을 관람할 수 있다고 하고, 뒤에서는 이를 Displays로 표현하고 있다. 따라서 삽입되는 문장도 이러한 전시되는 예술 작품과 관련이 있어야 하는데, (A) A variety of paintings, sculpture, photographs, and drawings will be featured.가 들어가면 이들 works를 'paintings, sculpture, photographs, and drawings'로 구체적으로 받고, 뒤이어 다시 Displays로 연결할 수 있다.

(A) 다양한 그림, 조각상, 사진, 그리고 소묘가 전시될 것이다.
(B) 미술관의 일부 큐레이터는 경력 초창기에 해외에서 근무했다.
(C) 이 특별 행사에 대한 당신의 의견을 알려 주십시오.
(D) 선물 매장에서 나온 판매 수익은 사회 운동을 후원하는 데 도움이 될 것이다.　　　　　　　　　　　　　　　　**정답 (A)**

145. 명사 어휘

해설 선택지는 〈banquet 연회 / concert 콘서트 / tournament 시합 / exhibit 전시회〉라는 뜻으로 이루어져 있다. 지시형용사 this의 꾸밈을 받을 수 있는 명사가 필요한데, 지문 내용이 Pollard Museum에서 선보이는 예술 작품 전시회이므로 이를 가리킬 수 있는 (D) exhibit이 들어가는 것이 맞다.　　　　　　　　　　　　　　**정답 (D)**

146. 분사 어휘

해설 빈칸에는 뒤에 나온 명사 rates(요금)를 꾸미기 적절한 형용사 어휘가 필요하다. 선택지는 〈Complete 완전한 / Limited 제한된 / Provided 제공된 / Reduced 인하된〉이라는 뜻이다. 앞문장에서 성인은 입장료가 $15이고, 어린이 및 고령자는 $10로 다소 할인된 금액을 적용받는다. 이를 가리키는 (D) Reduced가 들어가 '이 할인된 금액은 단체 입장에도 적용된다'라고 해야 적절하다.　　　　　　　　　　　　　**정답 (D)**

PART 7

문제 147–148번은 다음 광고를 참조하시오.

Body Craft
의욕을 고취시키는 활동적 라이프스타일

겨울이 코앞에 다가왔습니다. 날씨가 춥다고 웅크리만 있지 마세요. **(148) 한 달간 단 $30의 비용으로 겨울 멤버십에 가입하세요.*** **(147) 저희 모든 지점에서 모든 피트니스 클래스, 수영장, 웨이트 룸, 사우나, 라커룸 및 다양한 시설을 이용하실 수 있습니다.**

* Branford, Kingsley 및 Chesterfield에 거주하는 **(148D) 18세 이상 개인이 이용 가능합니다. (148A) 광고 요금은 신규 고객에게 적용됩니다. (148C) 12월, 1월 및 2월에 유효합니다.** 할인은 다른 할인과 함께 결합하여 사용할 수 없습니다.

표현 정리 **inspiring** 고무[격려/자극]하는 **keep A from ~ing** A가 ~하도록 허락하지 않다[시키지 않다] **sign up for** ~을 신청(가입)하다 **get access to** ~을 이용하다 **facility** 시설 **location** 장소[곳/위치] **available to** ~가 이용 가능한 **advertised** 광고된 **rate** 요금 **good** 유효한 **be combined with** ~와 결합되다

147. 세부사항

해설 첫 문단 네 번째 문장 You'll get access to all of our fitness classes, swimming pools, weight rooms, saunas, locker rooms, and other facilities at all of our locations.에서 our locations가 질문의 핵심 어구인 Body Craft와 관련한 것으로 이곳에서 모든 피트니스 클래스, 수영장, 웨이트 룸, 사우나, 라커룸 및 다양한 시설을 이용할 수 있다고 하므로 피트니스 센터를 의미하는 (C) A gym이 정답이다.

Body Craft는 무엇인가?

(A) 테니스 클럽
(B) 스포츠 경기장
(C) 체육관
(D) 건강 클리닉   정답 (C)

148. Not/True 문제

해설 첫 문단 셋째 문장 Sign up for a winter membership for just $30 a month.*에서 겨울 멤버십을 *표시로 덧붙여 설명한 부분을 찾아보면, (A)는 Advertised rate is for first-time guests.에서 첫 방문 고객에 해당하므로 사실 내용이다. (C)는 Good for December, January, and February.에서, (D)는 Available to individuals aged 18 and older ~.에서 확인 가능하다. You'll get access to all of our fitness classes, swimming pools, weight rooms, saunas, locker rooms, and other facilities at all of our locations.에서 모든 지점에서 이용 가능하므로 (B)가 지문과 다른 내용으로 정답이다.

멤버십에 대해 언급되지 않은 것은?

(A) 신규 회원만 할인을 받는다.
(B) 멤버십은 단 한 곳에서만 유효하다.
(C) $30의 요금은 3개월 동안만 적용된다.
(D) 최소 연령 제한이 있다.   정답 (B)

문제 149-150번은 다음 전단지를 참조하시오.

```
Kensington Park 예술 축제

8월 8 ~ 11일

매일 오전 10:00 ~ 오후 9:00까지
엔터테인먼트, 음식 및 재미가 있습니다.
Big Blue Tent에서 어린이와 어른을 위한 예술과 공예.
현지 노점상들이 호수 주변에 부스 설치 예정.
Pavilion 근처에 푸드 트럭 위치 예정.

(149/150) Bandstand에서 Laura Sherry가 주관하는 특별 행사:

New City Ramblers 콘서트
8월 8일 목요일 오후 6:00

(149) Halo 청소년 합창
8월 9일 금요일 오후 2:00

스토리텔링 완성
8월 10일 토요일 오후 4:00

지역 탤런트 쇼*
8월 11일 일요일 오후 6:00

*((150) 등록하려면 555-4040으로 Laura Sherry에게 문의하십시오)

www.artsfestival.org에서 전체 일정과 지도를 확인하십시오.
```

표현 정리 **daily** 매일 **craft** (수)공예 **vendor** 노점상, 행상인, (특정한 제품) 판매 회사 **set up** 설치하다 **be located near** ~ 근처에 위치하다 **organize** (어떤 일을) 준비[조직]하다 **completion** 완료, 완성 **talent show** 탤런트 쇼 (참가자들이 노래, 춤 등의 온갖 장기를 겨루는 경연대회) **register** 등록하다 **complete** 완전한, 완벽한

149. 세부사항

해설 질문의 a group of people은 지문에서 Youth Chorus를 언급하는 것으로, 이 행사는 Special events organized by Laura Sherry at the Bandstand를 통해 열리는 장소가 Bandstand로 나온다. 따라서 (B)가 정답이다.

방문객들은 사람들이 노래하는 것을 어디서 들을 수 있는가?

(A) 호수에서
(B) Bandstand에서
(C) Big Blue Tent에서
(D) Pavilion에서   정답 (B)

150. 세부사항

해설 Community Talent Show*는 *(Contact Laura Sherry at 555-4040 to register)에서 Laura Sherry에게 문의해 등록하라고 하는데, Laura Sherry는 Special events organized by Laura Sherry에서 행사 주최자이다. 따라서 (C) By calling the organizer가 정답이다.

독자는 어떻게 탤런트 쇼에 참가할 수 있는가?

(A) 웹사이트를 방문하여
(B) 양식을 작성하여
(C) 주최자에게 전화하여
(D) 미리 현장에 출석하여   정답 (C)

문제 151-153번은 다음 기사를 참조하시오.

```
비수기 여행
Moira Schwartz

9월 2일 - 대부분의 가족에게, 여름은 휴가를 가는
시기이다. 하지만 여름은 종종 많은 인기 목적지를
찾는 성수기이다. 예를 들어, 7월에 테마파크를 방문하
는 일은 보통 많은 인파와 긴 대기줄을 겪어야 함을 의
미한다. (152) 또한, 호텔과 항공사는 가장 바쁜 여행
기간 동안 거의 항상 요금을 인상한다. 비수기에 여행
을 해서 인파를 피하고 경비를 절감하는 것을 고려해야
한다. 특정 공원, 리조트 또는 도시를 방문하는 최적의
시기를 파악하는 일은 한때 여행사의 몫이었다. (151)
요즘에는 기본적인 조사 능력과 인터넷 검색을 통해 필
요한 정보를 직접 찾을 수 있다. (151/153) 전문가를
고용하든 본인이 직접 알아보든, 예상 휴가일보다 1년
이나 2년 전에 알아보는 일을 시작해야 한다. 이렇게 하
면 충분한 시간을 가지고 나에게 맞는 최고의 상품을 찾
을 수 있다.
```

표현 정리 **take a vacation** 휴가를 얻다 **peak season** 성수기 **destination** 목적지 **typically** 보통, 일반적으로 **encounter** (특히 반갑지 않은 일에) 맞닥뜨리다[부딪히다] **off-season** 비수기 **figure out** ~을 이해하다[알아내다] **travel agent** 여행사 **research** 조사 **skill** 기술 **professional** 전문가 **anticipated** 예상된 **plenty of** 충분한 **deal** 거래, 합의 **fine print** (계약서 등의) 작은 글자 부분(특히 계약자에게 불리한 조건 등을 기록한 주의 사항) **in advance** 미리

151. 주제/목적 찾기 문제

해설 글의 흐름이 바뀌는 Consider traveling in the off-season to beat the crowds and to save money. 이하에서 글의 목적을 찾을 수 있다. 성수기에 여행을 하는 데는 여러 가지 단점이 있다는 내용을 서술하고 난 다음, 비수기에 여행을 하라는 조언을 하고 있다. 그 후 내용을 보면, 요즘에는 기본적인 조사 능력과 인터넷 검색으로 정보를 알 수 있다고 하며, 뒤이

어 나온 Whether you decide to hire a professional or do it yourself, start looking at least a year or two before your anticipated vacation dates.에서 예정된 휴가 일정보다 미리 사전 조사를 시작하라고 나오므로 글의 목적은 여행 조언을 제공한다는 (C) To provide advice on planning vacations가 적절하다.

기사의 목적은 무엇인가?

(A) 여행사를 추천하기 위해
(B) 고가 리조트에 대한 불만을 표하기 위해
(C) 휴가를 계획하는 것에 대한 조언을 제공하기 위해
(D) 새로운 온라인 서비스를 홍보하기 위해 　　　정답 (C)

152. 세부사항

해설 넷째 문장 Plus, hotels and airlines almost always raise their prices during the busiest travel months.에서 호텔과 항공사가 최고 성수기에 요금을 인상시킨다고 나온다. 역으로, 비수기에는 가격이 성수기에 비해 인하됨을 유추할 수 있다. 따라서 (A) They offer lower rates in the off-season.이 정답이다.

일부 리조트에 대해 제시된 것은?

(A) 비수기에 더 낮은 요금을 제공한다.
(B) 믿을 수 없는 인기를 얻고 있다.
(C) 가족 단위에 더 많은 비용을 청구한다.
(D) 여행사를 통해서만 예약할 수 있다. 　　　정답 (A)

153. 세부사항

해설 마지막에서 두 번째 문장 Whether you decide to hire a professional or do it yourself, start looking at least a year or two before your anticipated vacation dates.에서 예정된 휴가 일정보다 1~2년 전에 미리 알아보라고 하므로 (D)가 정답이다.

패러프레이징 start looking at least a year or two before ▶ Begin planning well in advance

Ms. Schwartz는 독자들에게 무엇을 하도록 권하는가?

(A) 거래 상품에 관한 주의 사항을 읽으라
(B) 항상 전문가의 도움을 구하라
(C) 온라인 할인 사이트에 가입하라
(D) 미리 계획을 잘 시작하라 　　　정답 (D)

문제 154-155번은 다음 대화형 문자 메시지를 참조하시오.

Drew Henderson [1:15 P.M.]
저는 Murray's에 있습니다. (154) **40리터 화분의 오스트리아산 소나무가 남아있지 않습니다.**

Allison Carpenter [1:16 P.M.]
(154) **아쉽네요.** 다른 크기는 있나요?

Drew Henderson [1:18 P.M.]
20리터 화분의 소나무 2개를 찾았는데, 각각 $35입니다. 그것이라도 구입할까요? 이번 주말에 조경 작업을 시작하고 싶다고 하셨잖아요.

Allison Carpenter [1:19 P.M.]
생각해 볼게요. 나무 6그루가 모두 같은 품종이기를 원해요. 거기에 다른 종류의 상록수가 있나요?

Drew Henderson [1:20 P.M.]
확인해 볼게요.

Drew Henderson [1:25 P.M.]
방금 직원과 이야기를 했는데요. 다음 주 금요일에 많은 양의 나무가 도착할 것이라고 했어요. 정확히 원하시는 나무도 있을 거예요.

Allison Carpenter [1:26 P.M.]
(155) 그럼 그때까지 기다리도록 하죠.

표현 정리 pine tree 소나무 pot 병[항아리/통] landscaping 조경 variety (식물·언어 등의) 품종[종류] evergreen 상록수, 늘푸른나무 shipment 수송품, 적하물 hold off 미루다, 연기하다

154. 의도 파악 문제

해설 Drew Henderson의 첫 문자 내용인 There aren't any Austrian pine trees in the 40-liter pots left.에 대해 That's too bad.라고 응수하므로 원하는 규격의 상품이 없어 유감을 표하고 있음을 알 수 있다.

패러프레이징 not any ~ left ▶ not available

오후 1시 16분에 Ms. Carpenter가 "That's too bad"라고 한 이유는?

(A) Murray's가 신뢰할 수 있는 사업체가 아니라고 생각한다.
(B) 제품을 구할 수 없어 실망했다.
(C) 더 작은 화분을 원한다.
(D) Mr. Henderson이 더 일찍 Murray's를 방문하기를 원했다. 　　　정답 (B)

155. 추론 문제

해설 Drew Henderson의 마지막 문자 내용인 He said a big shipment of trees will arrive next Friday. It will have exactly what you want.에서 직원 말에 의하면 다음 주에 Allison Carpenter가 원하는 나무가 선적된다고 알려준다. 이에 대해 Allison Carpenter가 마지막에 Let's hold off then.이라고 말하는데, 'hold off'는 'delay, postpone'과 동의어이고 [1:18 P.M.]-Drew Henderson의 내용 중 I know you want to get started on the landscaping this weekend.에서 원래는 이번 주말 예정이었지만 기다리기로 하므로, 조경 프로젝트를 연기할 것이라는 (C)가 정답이다. 나무 구입을 결정한 것은 아니므로 배달을 요청한다는 (A)는 오답이다.

Ms. Carpenter에 대해 사실인 것은?

(A) 다음 주에 나무가 배달되도록 요청할 것이다.
(B) 오늘 Murray's에 주문할 것이다.
(C) 조경 프로젝트 시작을 연기할 것이다.
(D) Murray's에서 Mr. Henderson을 만날 것이다. 　　　정답 (C)

문제 156-158번은 다음 공지를 참조하시오.

(156) 가로등 정전 온라인 신고
6월 1일

Central Valley Electric(CVE)은 Hartman County 내 25,000여개의 가로등을 유지 관리합니다. 일부 가로등은 CVE 소유이지만 다른 가로등은 소재 도시 또는 타운 소유입니다. CVE는 CVE 소유의 가로등만 유지 관리 및 수리를 수행합니다.

CVE는 정기적으로 가로등을 점검합니다. 하지만 소비자가 즉시 신고하지 않으면 문제점을 일정 기간 인지하지 못할 수 있습니다. (156) **다음에 불이 들어오지 않는 가로등을 보시면 CVE에 알려주십시오.** (156/157) 고객 서비스 센터(1-888-555-9340)에 연락하는 것 외에도, 이제 www.cve.com/streetlights에서 새로운 사고 보고서 양식을 이용하실 수 있습니다.

불이 들어오지 않는 가로등이 신고되면, CVE 직원이 정전의 원인을 파악하기 위해 열심히 작업하게 됩니다. 대부분의 경우 현장에서 수리가 이뤄질 수 있습니다. 그러나 때때로 더 복잡한 수리가 필요하거나 (158) **특수 재료를 주문해야 할 수도 있습니다.** 이 경우 수리하는 데 일주일 이상 소요될 수 있습니다. 정전 신고 시 이러한 사항을 숙지해 주시기 바랍니다.

표현 정리 maintain (건물·기계 등을 점검·보수해 가며) 유지하다

streetlight 가로등 own 소유하다 be located in ~에 위치하다
perform 행하다[수행하다/실시하다] regularly 정기[규칙]적으로 inspect 점
검[검사]하다 immediately 즉시 unnoticed 눈에 띄지 않는, 간과되는 out
켜져[타고] 있지 않은, 꺼진 incident 일[사건] outage 정전 on the spot
즉각[즉석에서] order 주문하다 keep that in mind 그것을 명심하다

156. 추론 문제

해설 공지의 제목인 Report Streetlight Outages Online에서 온라인으로
정전이 된 가로등을 신고하는 방법에 관한 글임을 유추할 수 있다. 다음으로
둘째 문단 마지막 부분 The next time you see a streetlight that is out,
let us know. In addition to contacting our customer service center at
1-888-555-9340, you can now use our new incident report form at
www.cve.com/streetlights.에서 신고 방법을 전화와 온라인 이용법으로 구
체적으로 알려주고 있다. 따라서 공지문을 읽는 대상은 지역에 사는 주민들이
가장 적절하므로 (B) Area residents가 정답이다.

이 공지의 대상은 아마도 누구이겠는가?

(A) 전기회사 직원
(B) 지역 주민
(C) 시 공무원
(D) 전기공   정답 (B)

157. 세부사항

해설 둘째 문단 마지막 문장 In addition to contacting our customer
service center at 1-888-555-9340, you can now use our new
incident report form at www.cve.com/streetlights.에서 질문에 나온
recently와 now가 서로 호응을 이루므로, 이를 통해 온라인 신고 방법이 최
근에 생겨난 일임을 알 수 있다. 따라서 정답은 (D)이다.

최근 CVE에 무슨 일이 발생했는가?

(A) 웹사이트가 마침내 선보였다.
(B) 추가 가로등이 설치되었다.
(C) 점검 일정이 변경되었다.
(D) 문제를 보고하는 새로운 방법이 도입되었다.   정답 (D)

158. 세부사항

해설 세 번째 문단 셋째/넷째 문장인 Occasionally, however, more
complex repairs may be needed, or special materials may need to
be ordered. In those cases, repairs could take a week or more.에
서 특수 재료가 필요하면 주문해야 하고 이 경우, 수리 일정이 다소 길어질
수 있다고 나오므로 (A)가 정답이다.

패러프레이징 special materials may need to be ordered ▶
Necessary supplies are not immediately available

가로등이 바로 수리되지 않는 이유로 제시된 것은?

(A) 필요한 물품을 즉시 구할 수 없다.
(B) 정전이 잘못 신고되었다.
(C) 근로자들이 다른 업무로 바쁘다.
(D) 가로등은 다른 독립 기관 소유이다.   정답 (A)

문제 159-161번은 다음 편지를 참조하시오.

8월 2일

Michael D'Alessandro
803 Lead Avenue SE
Santa Fe, NM 18301

Mr. D'Alessandro 귀하:

지난달, 저희는 국가의 경제 건강 지표(Economic Health Indicators,
EHI) 설문 참여를 요청하는 서신을 귀하에게 우편으로 송부했습니다.

---

(159) 경제 통계국(Bureau of Economic Statistics)은 현 경제 상
황을 간략하게 파악하기 위해서, 중소기업 소유주들에게 EHI 설문 조
사에 참여하도록 정기적으로 요청을 합니다. 본 설문 조사 및 기타 설
문 조사에서 수집한 데이터는 시간 경과에 따른 경제 동향을 분석하는
데도 사용됩니다.

기록에 따르면 저희는 귀하의 EHI 설문 조사를 받지 못했습니다. (160)
설문 조사를 바로 작성해 주시기 바랍니다. 응답하기 어렵지 않으며 작
성에 몇 분 밖에 소요되지 않습니다. (161) www.bes.gov/survey로
들어가시면 됩니다. 그러면 보안 설문 웹사이트로 바로 이동합니다.

온라인으로 설문 조사를 작성할 수 없거나 도움이 필요하거나 문의사
항이 있는 경우 1-888-555-1211로 전화하시거나 help@bes.gov로
이메일을 보내주십시오.

소중한 참여에 대해 미리 감사드립니다.

감사합니다.

Edward Billingham
경제 통계국 국장

표현 정리 participation in ~에의 참여 survey (설문) 조사 regularly
정기[규칙]적으로 snapshot 짤막한 묘사[정보] economic conditions
경기, 경제 상황 obtain 얻다 analyze 분석하다 complete 작성하다
respond 대답[응답]하다 directly 직접, 바로 secure 안전핸[보안/문단속이
철저한] be unable to ~할 수 없다 assistance 도움, 지원 in advance
미리 extend an invitation 초대를 베풀다[하다] express appreciation
감사를 표하다

159. 추론 문제

해설 첫 문단 도입부인 Last month, we mailed you a letter requesting
your participation in a national Economic Health Indicators (EHI)
survey.에서 상대를 지칭하는 you가 질문의 키워드인 Mr. D'Alessandro
이고, 이 사람에게 설문 참여 서신을 보냈다고 나온다. 다음 문장인 The
Bureau of Economic Statistics regularly asks small business owners
to participate in the EHI survey ~.에서 설문 조사 대상은 중소기업 소유
주라고 하므로 (B)가 정답이다.

패러프레이징 small business owners ▶ owns a commercial
enterprise

Mr. D'Alessandro에 대해 제시된 것은?

(A) 경제 분석을 수행한다.
(B) 영리 기업을 소유하고 있다.
(C) 사진을 제공하도록 요청 받았다.
(D) 정부에서 일한다.   정답 (B)

160. 주제/목적 찾기 문제

해설 둘째 문단 According to our records, we have not received
your EHI survey.에서 Mr. D'Alessandro의 설문지를 아직 받지 못했다
고 하면서 Please complete the survey right away.라고 덧붙이며 바
로 작성해 줄 것을 요청하므로 (D)가 정답이다. (A)의 경우, 이 편지가 initial
invitation이 아니고, 이미 요청했던 사항에 대해서 다시 확인(설문조사를 해
달라고)하는 내용이기 때문에 initial이라는 단어로 인해 오답이 된다.

편지의 목적은 무엇인가?

(A) 설문 조사에 대한 최초 초대를 하기 위해
(B) 과거의 지원에 대한 감사를 표하기 위해
(C) 최근의 조사 결과에 대해 보고하기 위해
(D) Mr. D'Alessandro에게 이전 요청에 대해 상기시키기 위해   정답 (D)

161. 문장 위치 문제

해설 지문의 흐름상 주어진 문장이 들어가기에 가장 적절한 곳을 고르는 문
제이다. 제시된 문장의 접속부사로 Next가 나오므로, 주어진 문장 앞이나 뒤

에 어떤 행위의 순서로 이어질 문장이 나와야 함을 예상할 수 있다. [3]의 앞 문장인 Simply go to www.bes.gov/survey.에서 웹사이트로 들어가라고 나오고, 뒤의 문장인 You will then be taken directly to the secure survey Web site.에서 그 다음(then) 보안 사이트로 이동하게 된다고 나오므로 [3]에 주어진 문장이 들어가면 ID 번호 입력 시 보안 사이트로 이동한다는 자연스러운 문맥이 된다. 따라서 (C) [3]가 정답이다.

[1], [2], [3], [4]로 표시된 위치 중 다음 문장이 들어가기에 가장 알맞은 곳은?
"다음으로 귀하의 설문 ID 번호: 21-7843을 입력하십시오."

(A) [1]
(B) [2]
(C) [3]
(D) [4] 　　　　　　　　　　　　　　　　정답 (C)

문제 162-164번은 다음 광고를 참조하시오.

Railway Vacations.com

저희에게 예약하시고 커다란 절감 혜택도 받으세요.

West Coastal Explorer Package * $2,900 이상
Catalpa에서 출발해 Sunday Bay로 향하는 럭셔리 3박 4일 여행으로, 수백 킬로미터의 미개발 해안지대를 지나게 됩니다. Newport, Sandusky, Livermore에서 각각 1박 예정입니다. 호텔 업그레이드가 가능합니다.

(164) Mountain Adventure Package* $3,000 이상
Walton에서 시작하고 끝나는 4박 5일 기차 여행을 통해 Hammond Mountains의 장엄한 아름다움을 경험해 보세요. Kingston, Vernal 및 Opal 국립공원에서 정차 예정입니다. (164) **선택 사항인 하이킹, 승마 및 낚시에 일정 시간이 할당됩니다.**

Cross Country Explorer Package* $950 이상
Portland에서 출발해 Easton으로 향하는 2박 3일 동안 이 광대한 지역을 구경하세요. 침대차 숙박이 제공됩니다.

Piedmont Pass $550
30일 동안 Piedmont Express Line이 운행하는 모든 도시 간 여행에 이용할 수 있습니다. (163) **자유 여행객에게 완벽한 이 패스는 편도 5회 여행에 유효합니다. 각 여행마다 식사 쿠폰 1장이 포함되어 있습니다.**

상기 상품은 일부 여행 상품입니다. 더 많은 여행 상품을 보기 위해 당사 웹사이트를 방문해 주십시오!

*(162) **일괄 여행 패키지에 기차표, 호텔 객실 또는 기차 침상, 일부 식사 포함. 일부 패키지에 공원, 박물관, 그리고 기타 명소 입장료가 포함됨. 선택적 추가 사항 이용 가능.**

표현 정리 book 예약하다 luxurious 호화로운 undeveloped 개발되지 않은 coastline 해안 지대 overnight 야간의; 하룻밤 동안의 available 구할[이용할] 수 있는 majestic 장엄한, 위풍당당한 allot (시간·돈·업무 등을) 할당[배당]하다 optional 선택적인 horseback riding 승마 vast 어마어마한[방대한/막대한] accommodation (열차·항공기 등의) 좌석·침대 따위의 설비 sleeper car 슬리퍼 카, 침대차 independent 독립적인 voucher 상품권, 할인권, 쿠폰 all-inclusive 교통비, 숙박비, 식사비, 여행비, 안내비 등 여행에 필요한 통상경비가 모두 포함되어 있는 berth (배, 기차 등의) 침상 admission 입장(료) attraction 명소[명물] add-on 추가[부가]물

162. 사실 파악

해설 광고에 소개된 상품은 West Coastal Explorer Package*, Mountain Adventure Package*, Cross Country Explorer Package*로 총 3개이며 모두 *표시가 되어 있다. 광고 마지막 하단에 *표시로 되어 있는 부분

중 All-inclusive packages include train tickets, hotel rooms or train berths, and some meals.에서 이들 상품에 식사가 포함되어 있음을 알 수 있으므로 (D)가 정답이다.

광고된 모든 여행에 대해 나타난 것은?

(A) 여행은 같은 위치에서 시작하고 끝난다.
(B) 요금은 변동될 수 있다.
(C) 직접 방문 예약해야 한다.
(D) 음식은 가격에 포함되어 있다. 　　　　　　　정답 (D)

163. 추론 문제

해설 질문의 키워드인 Piedmont Pass가 언급된 부분을 보면, 각 도시간에 이동할 때 사용되는 패스로 편도 여행 시 5회 사용이 가능하고(this pass is good for five one-way trips), 식사 쿠폰 1장이 포함(Includes one meal voucher for each trip.)된다는 내용이 나온다. 식사와 교통편은 제공되지만 숙식은 별도 언급이 없으므로 따로 비용을 내야 함을 유추할 수 있다. 따라서 (C)가 정답이다. 또한, 30일의 여행 기간 동안 기차를 5번 편도로 사용할 수 있다는 내용이지, 여행이 5일 후에 종료된다는 뜻이 아니기 때문에 (D)는 오답이다.

Piedmont Pass에 대해 아마도 사실인 것은?

(A) 여행자는 포틀랜드에서 기차에 탑승한다.
(B) 한 달 전에 미리 예약해야 한다.
(C) 숙박비는 추가로 내야 한다.
(D) 여행은 5일 후에 종료된다. 　　　　　　　정답 (C)

164. 세부사항

해설 Mountain Adventure Package 광고 내용 중 마지막 문장인 Time is allotted for optional hiking, horseback riding, and fishing.에서 하이킹, 승마 및 낚시 활동이 배정됨을 알 수 있으므로 (B)가 정답이다.

패러프레이징 hiking, horseback riding, and fishing ▶ outdoor activities

다음 중 야외 활동의 기회를 광고하는 여행은?

(A) Cross Country Explorer Package
(B) Mountain Adventure Package
(C) Piedmont Pass
(D) West Coastal Explorer Package 　　　　　　　정답 (B)

문제 165-167번은 다음 메모를 참조하시오.

메모

수신: 모든 콜센터 직원
발신: Rex Trumble
날짜: 7월 8일
제목: 점심 휴식

(165) **다음 달부터 모든 콜센터 직원은 각자의 점심 시간을 배정받게 됩니다.** 회사 전화에 하루 종일 직원들이 적절히 배치되도록 이러한 변경 사항을 적용하게 되었습니다.

잘 알고 계시겠지만, 지나친 대기 시간에 대해 고객의 불만이 폭주했습니다. (166) **특히 오전 11시 50분과 오후 1시 사이에 전화하는 고객들이 다른 시간대에 전화하는 고객보다 최대 125% 더 오래 기다리게 됩니다.** 많은 직원이 동시에 점심식사를 하는 이유로 너무 적은 수의 남아 있는 직원이 전화에 응답하기 때문입니다.

회사 정책에 따라 6시간 이상 근무하는 직원은 유급 30분의 점심 시간을 받을 수 있습니다. 앞으로 몇 주 동안 관리자가 팀과 협조해 점심 시간 일정을 (167) **작성해야** 합니다. 점심 시간에 시차를 두어야 되며, 빠

르면 오전 11시부터 시작할 수 있고, 늦으면 오후 2시에 종료됩니다. 팀당 최대 3명의 직원만이 동시에 점심 식사를 할 수 있습니다.

7월 20일까지 각 팀의 점심 시간표 일정을 받을 것으로 기대합니다.

표현 정리 ensure 반드시 ~하게[이게] 하다, 보장하다 **adequately** 충분히, 적절히 **staff** 직원을 제공하다 **aware** 알고[의식/자각하고] 있는 **unusually** 대단히, 몹시 **complaint** 불만 **excessive** 과도한, 지나친 **lunch break** 점심시간 **at the same time** 동시에 **remaining** 남아 있는, 남은 **permit** 허용하다 **supervisor** 감독관, 관리자 **stagger** (진행되는 일에) 시차를 두다

165. 주제/목적 찾기 문제

해설 지문 도입부 Starting next month, all call center employees will have assigned times for their lunch breaks.에서 다음달부터 직원마다 점심시간을 배정받게 된다고 나온다. 셋째 문단 후반부 중 Lunch breaks should be staggered and can begin as early as 11:00 A.M, and end as late as 2:00 P.M.에서 구체적으로 빠르면 오전 11시, 늦으면 오후 2시로 시간이 명시된다. No more than three employees per team may take a lunch break at the same time.에서 함께 식사할 수 있는 인원수가 명시된다. 이러한 내용을 종합할 때 직원들에게 의무적인 일정 변경에 대해 알린다는 (D)가 정답이다. 직원들의 점심식사 메뉴에 대해서 말을 하는 것은 아니기 때문에 lunch options가 들어간 (B)는 오답이다.

메모의 주요 목적은 무엇인가?

(A) 기존 정책에 대한 의견을 요청하기 위해
(B) 직원 점심 메뉴에 대해 불만을 표하기 위해
(C) 관리자에게 문제를 보고하기 위해
(D) 의무적인 일정 조정을 발표하기 위해   정답 (D)

166. 추론 문제

해설 둘째 문단 둘째 문장 Specifically, customers calling between 11:50 A.M. and 1:00 P.M. wait up to 125% longer than customers calling at other times of the day.에서 오전 11시 50분에서 오후 1시 사이 전화하는 고객들이 가장 오랜 대기 시간을 가짐을 알 수 있다. 질문에서는 before 11:00 A.M.에 전화하는 고객을 가리키고 이는 지문의 customers calling at other times of the day에 속하므로 정오에 전화하는 고객보다는 대기시간이 상대적으로 짧음을 알 수 있다. 따라서 (D)가 정답이다.

오전 11시 이전에 전화하는 고객에 대해 제시된 것은?

(A) 직원들이 점심 시간을 갖도록 기다려야 한다.
(B) 관리자와 직접 이야기를 나눌 수 있다.
(C) 최고의 서비스를 받을 것이다.
(D) 정오에 전화하는 고객보다 대기 시간이 짧다.   정답 (D)

167. 동의어 문제

해설 In the coming weeks, supervisors should work with their teams to make a lunch break schedule.에서 make는 일정을 '만들다, 작성하다'의 의미이므로 '창조[창작/창출]하다'라는 뜻의 (C) create가 의미상 가장 유사하다.

3문단 두 번째 줄의 단어 "make"와 의미상 가장 가까운 단어는?

(A) cause
(B) assign
(C) create
(D) force   정답 (C)

문제 168-171번은 다음 웹페이지를 참조하시오.

> http://www.castlerocktodo.com
>
> West Mesa 골프 코스
>
> **(168)** 평균 등급: 3.25/5(38개 후기)

가장 최근: 6월 7일
작성자: Trish Newton

72 Edwards Road에 위치한 West Mesa 골프 코스는 도시에서 최장 길이의 골프 코스입니다. 18홀 코스는 전체 6,051미터에 달하며 많은 난이도 있는 지형을 제공합니다. 시간 압박이 있거나 덜 도전적인 코스를 찾는 분들을 위해 1,890미터 길이의 9홀 이규제큐티브 코스도 있습니다. **(169B)** 9홀 이규제큐티브 코스는 초보자에게 이상적이며, 18홀 코스는 약간의 경험이 있는 분들에게 더 좋습니다.

기술을 향상시키려면 무료 퍼팅 그린을 확인하거나 골프 연습장에서 공을 치시기 바랍니다. 이곳은 공공 골프 코스이기 때문에 비용이 높은 주말과 공휴일에도 요금이 매우 합리적입니다. 각자의 클럽이나 골프공을 준비해 오시거나 **(169C)** 클럽 하우스에서 임대해 보시기 바랍니다. **(169A)** 이곳에서 음료와 가벼운 식사도 즐기실 수 있습니다.

일부 후기 작성자들은 이 골프 코스에 좋지 않은 점수를 매겼습니다. **(170)** 특히, 이들은 그린에 있는 흙먼지 지역과 무례한 직원을 언급했습니다. 그러나 이러한 후기 작성 날짜를 살펴보면 거의 대부분 작년 또는 그 이전에 작성된 후기임을 알 수 있습니다. **(170)** 1월에 신임 관리자가 인계 받은 후 상황이 개선되었습니다. 이 골프 코스는 완벽하지는 않지만 다른 후기 작성자들이 언급한 모든 주요 문제가 해결되었습니다. 제 의견을 믿지 못하시면, 지역 신문의 5월 2일 자에 실린 기사를 확인하시면 이러한 변화가 자세히 기술되어 있습니다.

(171) 저는 초보 골퍼부터 기량이 뛰어난 골퍼까지 이 골프 코스를 적극 추천합니다. **(168)** 등급: 4.5/5.

이전 후기를 보시려면 여기를 클릭해 주십시오.

표현 정리 rating 등급 review 리뷰, 후기 course 골프 코스 plenty of 많은 challenging 도전적인, 도전 의식을 북돋우는 terrain 지형, 지역 putting green 퍼팅 그린(홀 근처에서 퍼팅하기 좋도록 잔디를 잘 가꾸어 놓은 작은 골프장) driving range 골프 연습장 reasonable (가격이) 적정한, 너무 비싸지 않은 light 가벼운 specifically 특별히 patch (특히 주변과는 다른 조그만) 부분, 지역 surly 성질 못된, 무례한 take over 인계 받다 resolve (문제 등을) 해결하다 issue (잡지, 신문 같은 정기 간행물의) 호 document (상세한 내용을) 기록하다 transformation 변화[탈바꿈], 변신 in detail 상세하게 highly recommend 적극 추천하다 advanced 고급[상급]의

168. 사실 파악

해설 상단에 나온 Average rating: 3.25/5 (38 reviews)에서 평균 등급은 5점 만점에 3.5인데, 하단에 이 작성자 등급은 Rating: 4.5/5와 같이 4.50이다. 상대적으로 다른 후기 작성자들보다 등급을 더 높게 매겼으므로 이 골프 코스를 더 좋아한다는 (A)가 정답이다.

후기에 대해 나타난 것은?

(A) 작성자는 일반 후기 작성자들보다 이 골프 코스를 더 좋아했다.
(B) 이전 직원이 작성했다.
(C) 작성자는 코스 길이에 만족하지 않는다.
(D) 이 후기가 작성된 이후 새 후기가 게시되었다.   정답 (A)

169. Not/True 문제

해설 본문 둘째 문단 마지막 문장인 You can enjoy drinks and light meals there, too.에서 식음료가 판매되므로 (A)는 맞다. 첫 문단 마지막 문장 The latter is ideal for beginners while the former is better for those with some experience.에서 초보와 상급자에게 모두 맞는 코스를 제공하므로 (B)도 사실이다. 둘째 문단 후반부 Bring your own clubs and balls or rent them from the Clubhouse.에서 클럽이나 골프공을 임대할 수 있다고 하므로 (C)도 맞다. 클럽 회원만 이용 가능하다는 내용은 찾을 수 없으므로 (D)가 정답이다.

패러프레이징 The latter is ideal for beginners while the former is better for those with some experience ▶ options for

players of different skill levels /
rent them ▶ has equipment for temporary use /
enjoy drinks and light meals ▶ sells food and beverages

West Mesa 골프 코스에 대해 언급되지 않은 것은?

(A) 음식과 음료를 판매한다.
(B) 다른 기술 수준을 가진 플레이어에 맞는 옵션이 있다.
(C) 임시 사용을 위한 장비가 있다.
(D) 클럽 회원들에게만 공개된다.　　　　　　　　정답 (D)

170. 추론 문제

해설 셋째 문단 둘째 문장 They specifically mentioned dirt patches on the greens and surly staff.에서 일부 후기 작성자들이 그린에 대해 부정적인 의견을 표했음을 알 수 있는데, 넷째 문장 A new manager took over in January, and things have changed for the better.에서 신임 관리자가 인계 받은 후 상황이 개선되었다고 나온다. 따라서 정답은 (A)이다.

패러프레이징 have changed for the better ▶ improved

올해 초에 아마도 무슨 일이 있었겠는가?

(A) 그린의 품질이 개선되었다.
(B) West Mesa는 초보자를 위해 더 짧은 코스를 개설했다.
(C) 한 기자가 Ms. Newton을 인터뷰했다.
(D) 여러 직원이 특별 회의에 참석했다.　　　　　정답 (A)

171. 문장 위치 문제

해설 지문의 흐름상 주어진 문장이 들어가기에 가장 적절한 곳을 고르는 문제이다. 접속부사 In short는 방금 말한 내용을 요약할 때 사용된다. 따라서 글을 정리하는 마지막 문단 [4]에 들어가 West Mesa 골프 코스는 한두 라운드를 즐기기에 좋은 장소이고 뒤이어 초보부터 상급자까지 이곳을 이용하도록 적극 권장한다는 뒷문장과 자연스러운 문맥이 된다는 것을 알 수 있다. 또한 [4] 뒤에 나온 문장 중 목적어인 대명사 it이 결국 주어진 문장의 West Mesa Golf Course를 가리키는 것도 호응이 맞다. 따라서 (D) [4]가 정답이다.

[1], [2], [3], [4]로 표시된 위치 중 다음 문장이 들어가기에 가장 알맞은 곳은?

"요컨대, West Mesa 골프 코스는 한두 라운드를 하기에 좋은 장소입니다."

(A) [1]
(B) [2]
(C) [3]
(D) [4]　　　　　　　　　　　　　　　　　　정답 (D)

문제 172–175번은 다음 온라인 채팅 토론을 참조하시오.

Terry Sheldon	[9:06 A.M.]

모두에게 알립니다. (172) **Mr. Smith는 우리가 약간의 수정을 하길 원합니다.**

Lou Riley	[9:07 A.M.]

수정사항이 너무 많지 않으면 좋겠네요. (173) **그렇지 않으면 우리가 3월 2일까지 어떻게 일을 끝낼지 잘 모르겠습니다.**

Terry Sheldon	[9:09 A.M.]

(172) **그는 로비에 다른 커튼을 선택했고, 복도 장식용 페인트를 바꿨고, 가구를 추가 주문했습니다.**

Minh Tran	[9:09 A.M]

뭐라고요? 우리가 당초 마감일을 꼭 지키지 않아도 되기를 바랍니다.

Terry Sheldon	[9:10 A.M.]

걱정 마세요. 이제 마감일이 3월 10일까지입니다.

Minh Tran	[9:11 A.M.]

(174) **도움이 되긴 하지만 그래도 넉넉한 시간이 아닙니다.**

Terry Sheldon	[9:11 A.M.]

(174) 할 수 있습니다. 제가 이미 물품을 주문했고 작업반이 2월 25일에 작업을 시작하도록 일정을 잡았습니다.

Lou Riley	[9:12 A.M.]

이 일을 잘 처리해 주시니 정말 기쁩니다.

Terry Sheldon	[9:13 A.M.]

그러기 위해 노력하고 있습니다. 한 가지 더 있어요. 그는 우리가 지금까지 완료한 작업을 점검하고 싶어합니다.

Lou Riley	[9:14 A.M.]

Mr. Smith가 2월 20일에 점검해도 괜찮으시면 제가 그날 현장에 있겠습니다.

Terry Sheldon	[9:15 A.M.]

(175) 그때 그가 시간을 낼 수 있는지 확인 후 알려 드리겠습니다.

Lou Riley	[9:16 A.M.]

감사합니다.

표현 정리 heads up 알림　finish 끝내다　drape 커튼, 휘장　trim (특히 가장자리를 두르거나 색깔을 달리한) 장식 (재질), 테두리　order 주문하다　extra 추가의　stick to ~을 (바뀌지 않고) 고수하다[지키다]　deadline 기한일　schedule 일정을 잡다　crew (같은 일에 종사하는) 일단, 조(組), 반　on top of ~을 잘 처리하여　inspect 점검[검사]하다　complete 완료하다

172. 추론 문제

해설 Terry Sheldon의 첫 대화인 Mr. Smith wants us to make some changes.에서 질문의 키워드인 Mr. Smith가 나오고 이 사람이 약간의 수정사항을 제시했음을 알 수 있다. Terry Sheldon의 뒤이은 문자 내용인 He chose different drapes for the lobby, changed the paint for the hallway trim, and ordered extra furniture.에서 이 사람이 제시한 구체적인 수정사항이 언급되고 있다. 이에 대해 대화에 참여한 사람들이 연장된 기한 동안 업무를 처리할 것임을 알 수 있으므로 정황상 인테리어를 요청한 고객임을 유추할 수 있다. 따라서 (C) A client가 정답이다.

Mr. Smith는 아마도 누구이겠는가?

(A) 도장공
(B) 동료
(C) 고객
(D) 배달원　　　　　　　　　　　　　　　　정답 (C)

173. 세부사항

해설 Terry Sheldon [9:10 A.M.]의 대화 중 We now have until March 10.에서 변동사항으로 인해 10일로 연장되었음을 알 수 있다. 이에 대해 Lou Riley의 첫 대화 중 Otherwise, I'm not sure how we will finish by March 2.에서 당초 3월 2일이 기한일이었음을 알 수 있다. 따라서 (C)가 정답이다.

대화에 따르면 화자들은 처음에 언제 프로젝트를 완료할 계획이었는가?

(A) 2월 23일
(B) 2월 25일
(C) 3월 2일
(D) 3월 10일　　　　　　　　　　　　　　　정답 (C)

174. 의도 파악 문제

해설 고객의 요구로 인해 기한일이 다소 연장되었음을 알 수 있는데, Minh Tran [9:11 A.M.]의 대화 That helps, but it is still not a lot of time.에서 그래도 시간이 넉넉한 것은 아니라는 내용이 나온다. 이에 대해 Terry Sheldon이 We can do it.이라고 말하며, 추가로 I've already ordered the supplies and scheduled a crew to get started on February 25.와 같이 기한을 맞출 수 있는 이유를 덧붙인다. 따라서 기한을 맞출 수 있다는 의도로 말한 것임을 알 수 있으므로 (A)가 정답이다.

오전 9시 11분에 Mr. Sheldon은 왜 "We can do it"이라고 하는가?

(A) 마감일을 맞출 수 있다고 믿는다.
(B) 더 빨리 일을 시작하기로 결정했다.
(C) 추가적인 도움을 요청할 것이다.
(D) 필요한 물품이 도착했다. 정답 (A)

175. 추론 문제

해설 Lou Riley [9:14 A.M.]의 대화 I'll be at the job site on February 20 if Mr. Smith wants to do it then.에서 2월 20일에 Mr. Smith가 작업 상황을 점검할 때 자신(Lou Riley)이 현장에 있겠다고 하자, Mr. Sheldon의 마지막 대화 I'll find out if that works for him and let you know.에서 Mr. Sheldon이 Mr. Smith에게 연락하고 알려주겠다고 하므로 (B)가 정답이다.

Mr. Sheldon은 자신이 무엇을 하겠다고 시사하는가?

(A) 자신이 직접 근로자들을 감독한다.
(B) Mr. Smith에게 연락한다.
(C) 건물 검사 책임자를 고용한다.
(D) 주문을 확인한다. 정답 (B)

문제 176-180번은 다음 광고와 이메일을 참조하시오.

Jumping Jack Footwear

운동화 세일!

(179) 한 켤레 구입 시 다른 한 켤레는 반값입니다*

(179) 표시 가격이 $99 이하인 모든 스타일에 적용

러닝화, 워킹화, 테니스화, 농구화 등의 신발을 준비해 두고 있습니다.

(177) 또한 $200 이상 지출 시 원하는 스타일이나 색상의
Como 운동 양말을 무료로 증정합니다!

*저가 품목에 적용됩니다. (176D) 매일 고객당 1회 할인. (176C) 이 행사는 3월 1일부터 4월 30일까지 유효합니다. 각 소매점마다 상품이 다를 수 있습니다. 다른 할인과 함께 결합하여 사용할 수 없습니다. (176A) Jumpingjack.com에서 주문한 제품에는 적용되지 않습니다.

수신: Collen Shultz <cshultz@proma.net>
발신: Mark Caseman <mark.caseman@jumpingjack.com>
(180) 날짜: 3월 22일
제목: Zenia Sneakers

Ms. Shultz 귀하,

(180) 어제 저희 매장에 방문해 주셔서 감사합니다. 원하시던 상품이 재고가 없어서 죄송한 말씀드립니다. 보통 저희 매장은 언제든 다양한 사이즈의 신발을 다수 준비해 두고 있습니다. 하지만 많은 인기 스타일의 상품 재고가 예상보다 빨리 소진되었습니다.

(178) 저희 창고에 이 문제에 대해 알렸습니다. Zenia 테니스화는 며칠 내에 도착할 예정입니다. (180) 저희가 나눈 대화에 따라, 고객 서비스 데스크에 고객님을 위해 Zenia Wings 스니커즈 한 켤레를 보유해 둘 것입니다. (179) 고객님께서 이미 Kemper Lux 신발 한 켤레를 구매하셨으며 Wings 스니커즈를 픽업하여 결제하시는 날 반값 할인을 제공해 드리도록 당사 시스템에 메모해 두었습니다.

감사합니다.

Mark Caseman

표현 정리 footwear 신발(류) athletic shoe 운동화 sticker price 표시 가격 stock up on ~을 비축하다 free 무료의 apply to ~에 적용되

다 valid 유효한 vary (크기·모양 등에서) 서로[각기] 다르다 retail location 장소[곳/위치] be combined with ~와 결합되다 order 주문 in stock 비축되어, 재고로 multiple 많은, 다수[복수]의 a variety of 여러 가지의 stock (상점의) 재고품[재고] sell out 다 팔리다[매진되다] notify [통고/통지하다] warehouse 창고 issue 문제 shipment 선적 purchase 구입하다 honor (약속 등을) 지키다, 이행하다 pick up (어디에서) ~을 찾다[찾아오다]

176. Not/True 문제

해설 광고 하단 *로 표시된 부분 중 Not valid for orders placed on Jumpingjack.com.에서 온라인 구매는 적용되지 않으므로 (A)는 사실이다. Offer valid from March 1 through April 30.에서 2개월 혜택이 주어지므로 (C)도 사실이다. One discount per customer, per day.에서 하루 1회로 제한되는 것이지, 2개월 유효 기간 동안 여러 번 할인 적용은 되므로 (D)도 사실이다. 브랜드 한정으로 세일이 진행된다는 내용은 찾을 수 없으므로 사실과 다른 내용은 (B)이다.

패러프레이징 Not valid for orders placed on Jumpingjack.com ▶ excludes online purchases / valid from March 1 through April 30 ▶ available for two months

광고된 할인에 대해 언급되지 않은 것은?

(A) 온라인 구매는 제외된다.
(B) 특정 브랜드에만 적용된다.
(C) 2개월간 유효하다.
(D) 1번 이상 사용할 수 있다. 정답 (B)

177. 세부사항

해설 Plus, if you spend $200 or more, we will give you a free pair of Como athletic socks, any style or color of your choice!에서 $200 이상 구입 시 무료 양말이 증정된다고 하므로 (A)가 정답이다.

패러프레이징 spend $200 or more ▶ exceeding a minimum purchase / complimentary socks ▶ a free pair of Como athletic socks

광고에 따르면 고객은 어떻게 무료 양말을 얻을 수 있는가?

(A) 최소 구매액을 초과함으로써
(B) 특정 브랜드의 제품을 구매함으로써
(C) 세일 기간 중 일찍 도착함으로써
(D) 다른 양말 한 켤레를 구입함으로써 정답 (A)

178. 주제/목적 찾기 문제

해설 이메일 첫 단락에서 고객이 구입한 제품이 매장에 비축되어 있지 않음을 알 수 있다. 이에 대해 둘째 단락 첫 문장 I have notified our warehouse of this issue.에서 창고에 이에 대한 문제를 알렸다고 나오고, 뒤이어 며칠 내에 물건이 도착하면 고객이 제품 수령 시 반값 할인을 받게 된다고 덧붙인다. 또한 시스템에 메모를 남겼다고 했기 때문에, 전체적으로 Mr. Caseman이 고객을 위해 취한 조치를 알린다는 (B)가 가장 적절하다.

Mr. Caseman이 Ms. Shultz에게 연락한 이유는?

(A) 환불을 받기 위한 지침을 제공하기 위해
(B) 그가 취한 조치를 그녀에게 알리기 위해
(C) 불만에 대응하기 위해
(D) 실수를 사과하기 위해 정답 (B)

179. 추론 문제 – 정보 조합

해설 두 지문의 내용을 종합해서 풀어야 하는 연계 문제이다. 질문의 핵심 어구인 Zenia Wings가 언급된 이메일을 먼저 확인한다. 둘째 단락 중 I will hold a pair of Zenia Wings sneakers for you ~.에서 고객을 위해 이 운동화를 보유해 둘 것이라고 나오고, 마지막 문장 I have placed a note in our system that you already purchased a pair of Kemper Lux shoes and that we will honor our half-price offer on the Wings when you pick them up and pay for them.에서 이 운동화를 픽업해 결제할 때 반 값 할인이 적용된다고 나온다. 그런데 광고 중 Buy One Pair, Get Another Pair for Half Price*에서 반값 할인은 *Applies to the lower−priced item.에서 보다 낮은 가격의 품목에 적용되고(즉, 할인은 보다 낮은 가격의 품목에 대해서 적용된다는 말) Good for any styles with sticker prices of $99 or less에서 $99 미만인 상품에 유효함을 알 수 있다. 따라서 정답은 (D)이다.

Zenia Wings 신발에 대해 아마도 사실인 것은?

(A) 가장 인기있는 스타일이다.
(B) 항상 미리 주문해야 한다.
(C) 큰 사이즈로 제작되지 않는다.
(D) 보통 $100 미만으로 팔린다.　　　　　　　　　　정답 (D)

180. 추론 문제

해설　이메일 도입부 Thank you for coming in to our store yesterday. 에서 어제 매장을 방문해 주어 고맙다는 인사말이 나오는데, 이메일을 보낸 날짜가 Date: March 22이므로 정답은 (C)이다. 둘째 단락 중 As per our conversation을 통해 이 두 사람이 대화를 나누었다는 사실로 두 사람이 만 났음을 유추할 수 있다.

Ms. Shultz에 대해 제시된 것은?

(A) 정기적으로 Jumping Jack Footwear에서 쇼핑한다.
(B) 다른 사람을 위해 신발을 사고 있다.
(C) 3월 21일에 Mr. Caseman을 만났다.
(D) 다양한 운동을 즐긴다.　　　　　　　　　　정답 (C)

문제 181–185번은 다음 안내문과 이메일을 참조하시오.

제6회 연례 Fordham House 걷기 대회
5월 7일 토요일 오전 8시

저희와 함께 걸으시면서 Fordham House에 대한 여러분의 지지를 보여주십시오! 저희는 작년에 $150,000 이상의 기금을 모금했습니다! 모든 연령대의 참가자를 환영합니다. (185) 2km, 5km 또는 20km 코 스 중에서 선택해 보세요. 지금 www.fordhamwalks.org에서 신청하 시기 바랍니다.

이 행사를 위해 모금된 모든 기금은 Fordham House에 직접 기부됩 니다. (181) 후원업체는 이벤트를 조직하고 이벤트에서 일할 자원 봉사 자를 제공하는 것 외에도 걷기 참가자들이 모금한 금액만큼 기부할 것 입니다.

Fordham House는 McMahon 아동 병원에서 치료를 (182) 받고자 하는 시외 거주 환자 가족을 위한 단기 및 장기 주택을 제공합니다. 저 희 직원들은 또한 상담 서비스와 물류 지원도 제공해 드립니다.

올해의 골드 레벨 후원업체는 Beachcomber Travel, Constantine Dental, Halliday Insurance, Holistic Medical Clinic 및 (181) Kimball Industries입니다. 전체 후원업체 목록을 보시려면 당사 웹 사이트를 방문하십시오.

수신: Jeff Parker 〈j.parker@ralley.com〉
발신: Kate Whitney 〈k.whitney@ralley.com〉
날짜: 2월 13일
제목: 회사 이미지
첨부: Fordham House

Jeff,

(183) 지난달 회의 중, 당신은 회사 본사에서 Bakersfield에 더 적극 적으로 우리의 이름을 알리도록 촉구했다고 말했습니다. (184) 이곳에

서 불과 6개월 좀 넘었지만, 우리 사무소가 그 일을 맡을 수 있을 정도 로 충분히 순조롭게 운영되고 있다고 생각합니다.

(183) Fordham House 걷기 대회에 참여할 팀을 구성하는 데 대해 어떻게 생각하세요? 제 친구가 작년에 참가했고 이 행사를 추천했습 니다. 지역 사회에 우리를 소개하는 동시에 좋은 대의명분을 지원할 수 있는 멋진 기회가 될 것입니다. 또한 모든 것이 잘 진행되면 우리는 내 년에 후원을 신청할 수 있습니다.

제가 행사에 대한 정보를 첨부했습니다. (185) 저는 기꺼이 최장 거리 에 참여할 의향입니다. 생각하고 계신 사항을 제게 알려주세요.

감사합니다.

Kate

표현 정리　walk-a-thon 장거리 경보: (정치적 목적·모금을 위한) 시위 행진, 걷기 대회　support 지지, 후원　raise (자금·사람 등을) 모으다　participant 참가자　sign up 등록하다　donate 기부하다　directly 바로, 직접 volunteer 자원봉사자　organize (어떤 일을) 준비[조직]하다　staff 직원을 제공하다　sponsor 스폰서[광고주/후원 업체]　long-term 장기의 housing 주택　seek 구하다　counseling 카운슬링, 상담, 조언　logistical 수송의 complete 완전한　corporate headquarters 회사 본사　urge 충고 하다[설득하려 하다]　actively 적극적으로　run smoothly 순조롭게 되어 가다　step up to ~을 맡다, ~에 다가가다　participate in ~에 참여하다 opportunity 기회　cause 대의(大義), 이상, 목적　at the same time 동시에　sign up for ~을 신청(가입)하다　attach 첨부하다　up for (어떤 활 동을) 기꺼이 하려고 하는

181. 사실 파악

해설　질문의 키워드인 Kimball Industries는 첫 지문 마지막 문단 This year's gold−level sponsors are Beachcomber Travel, Constantine Dental, Halliday Insurance, Holistic Medical Clinic, and Kimball Industries.에서 후원업체 중 한 곳임을 알 수 있다. 둘째 단락 둘째 문장 중 In addition to providing volunteers to organize and staff our event, our sponsors ~.에서 이들 후원업체는 걷기대회 이벤트가 진행되도록 자원봉사 자를 제공한다는 점을 알 수 있다. 따라서 정답은 (C)이다.

Kimball Industries에 대해 나타난 것은?

(A) 수천 달러를 기부했다.
(B) 6년 동안 후원업체였다.
(C) 직원들이 걷기 대회를 돕고 있다.
(D) Fordham House를 짓는 데 도움이 되었다.　　　정답 (C)

182. 동의어 문제

해설　seek은 '(필요한 것을 얻으려고) 구하다, 추구하다, 청하다, 구하다, ~ 하려고 시도하다' 등의 의미이다. 여기서는 '구하다, 추구하다'라는 뜻으로 쓰 였으므로 'look for'가 의미상 가장 유사하다. 참고로, take after '~를 닮다, ~를 재빨리 쫓아가다', make up '만들다, ~을 이루다, 형성하다', put on '~ 을 입다, 걸치다'라는 뜻이다.

안내문에서, 3문단 두 번째 줄의 단어 "seeking"과 의미상 가장 가까운 단어 는?

(A) looking for
(B) taking after
(C) making up
(D) putting on　　　　　　　　　　정답 (A)

183. 세부사항

해설　질문의 키워드인 Ms. Whitney는 이메일을 보낸 사람이다. 이메 일 도입부 At last month's meeting, you mentioned that corporate headquarters has been urging us to more actively get our name out in Bakersfield.에서 본사에서 이름을 알리는 방법을 강구하라는 내용이

나오고, 둘째 문단 첫 문장 What do you think about organizing a team to participate in the Fordham House Walk-a-thon?에서 걷기 대회 참여를 제안하고 있다. 이들 내용을 종합할 때 회사를 알린다는 의미의 (C)가 정답이다.

패러프레이징 corporate headquarters has been urging us to more actively get our name out ▶ Promote her employer

Ms. Whitney는 무엇을 하도록 권장받고 있는가?

(A) 지역 사회에서 자원 봉사를 하도록
(B) 동료 간의 팀워크를 이루도록
(C) 그녀의 회사를 홍보하도록
(D) 자선 단체를 후원하는 방법을 찾도록　　　　정답 (C)

184. 추론 문제

해설　이메일 첫 문단 둘째 문장 Although we have only been here for just over six months, I think our office is running smoothly enough to step up to the challenge.에서 Bakersfield에 사무소를 개설한 것이 6개월 조금 넘었다고 하므로 이를 1년 미만 전에 개설했다고 표현한 (D)가 정답이다.

패러프레이징 have only been here for just over six months ▶ opened less than a year ago

Ms. Whitney의 직장에 대해 제시된 것은?

(A) 6개월 안에 이전하려고 한다.
(B) 적은 인원을 고용하고 있다.
(C) McMahon 아동 병원 근처에 있다.
(D) 1년도 안 된 시점에 사무소를 개설했다.　　　정답 (D)

185. 추론 문제 – 정보 조합

해설　두 지문의 내용을 종합적으로 확인한 후 풀어야 하는 연계 문제이다. 질문의 핵심 어구인 Ms. Whitney가 작성한 이메일을 먼저 확인한다. 이메일 마지막 문단 I'm certainly up for doing the longest route.에서 자신은 최장 거리에 참여할 의향이라고 하는데, 첫 지문 첫 문단 중 Choose from the 2km, 5km, or 20km courses.에서 3개의 코스 중 가장 긴 코스는 20km이므로 정답은 (B)이다.

패러프레이징 up for doing ▶ willing to walk

Ms. Whitney에 대해 암시되는 것은?

(A) 전에 걷기 대회에 참여했다.
(B) 20km를 걸을 의향이다.
(C) Mr. Parker의 상사이다.
(D) 일정이 겹치는 문제가 있다.　　　　정답 (B)

문제 186-190번은 다음 편지, 이메일, 그리고 청구서를 참조하시오.

Mr. Seth Jackson 귀하,

(189) 10월 2일 금요일 오전 10시에 예약하신 사항에 대해 다시 알려 드리고자 합니다.

(189) 일정을 변경해야 할 경우 555-3920으로 전화해 주십시오.

저희 병원을 처음 방문하시기 때문에 예정된 예약 시간 15분 전에 도착하여 서류를 작성해 주시기 바랍니다. **(187)** 또한, 예전 기관에 연락하여 귀하의 기록을 저희 의료 기록 관리자에게 이전시켜 주시기를 권장합니다.

(186) 병원 앞에 충분한 주차 공간이 마련되어 있습니다. 그러나 Winchester Professional Office Building 내 다른 기관의 고객을 위해 마련된 공간은 사용하지 마시기 바랍니다.

곧 뵙기를 기대합니다!

고맙습니다.

Vaquero Medical Clinic
711 Hopewell Road
Andersonville, TX 29211

수신: Karen Clark 〈karen@ktclinic.org〉
발신: Seth Jackson 〈sjackson@nmr.com〉
날짜: 9월 22일
제목: 청구서

Ms. Clark 귀하,

(188) Dr. Kyle Andrews로부터 받은 모든 진료 사본을 다음 주소로 보내주십시오.

Vaquero Medical Clinic
711 Hopewell Road
Andersonville, TX 29211

(187) 궁금한 점이 있으시면, Vaquero 담당자인 Susan Payne에게 (606) 555-3920 내선 103으로 연락 주시기 바랍니다.

감사합니다.

Seth Jackson

환자 청구서

Seth Jackson	Vaquero Medical Clinic
6 Dunstan Lane	711 Hopewell Road
Palmer, TX 29190	Andersonville, TX 29211

환자 번호: 337-3922

(189) 진료일: 10월 9일　　　　제공자: Dr. Pedro Alvarez
진료 시간: 오후 2:15

진료 내역	
최초 상담	$0
건강 검진	$100
혈액 콜레스테롤 테스트	$59
총계	$159
지불 금액	$0
	(현금, 개인 수표 및 신용 카드 사용 가능)
(190) 미불액	**$159**

저희는 10월 15일에 Longhorn Insurance에 $159.00에 대한 청구서를 제출했습니다. 일부 보험료는 일부 보험사가 보장하지 않습니다. **(190)** 환자는 미환급 비용을 지불할 책임이 있습니다.

표현 정리 remind 상기시키다 **appointment** 약속 **reschedule** 일정을 변경하다 **complete** 작성하다 **paperwork** 서류 작업, 문서 업무 **previous** 이전의 **provider** 기관, 제공업체 **transfer** 옮기다, 이동[이송/이전]하다 **administrator** 관리자, 행정인 **ample** 충분한 **refrain from** ~을 삼가다 **reserved for** ~을 위해 따로 마련해 둔 **patron** 이용객 **establishment** 기관, 시설 **treatment** 치료, 처치 **counterpart** (다른 장소나 상황에서 어떤 사람·사물과 동일한 지위나 기능을 갖는) 상대, 대응 관계에 있는 사람[것] **extension** 내선 **billing statement** 대금 청구서 **summary** 요약 **initial** 처음의, 초기의 **consultation** (특히 의사와의) 상담, 진찰 **physical examination** 신체검사 **balance due** 미불액, (지불해야 할) 부족액 **claim** (보험금 등에 대한) 청구[신청] **be aware that** ~을 인지하다 **charge** (상품·서비스에 대한) 요금 **responsible for** ~에 책임이 있는 **unreimbursed** 환급되지 않은, 배상되지 않은

186. 사실 파악

해설 첫 지문 넷째 단락 첫 문장 Ample parking is available in front of our clinic.에서 병원 앞에 주차 공간이 충분하다고 하므로, 환자 차량을 위한 충분한 공간이 있다는 (C)가 정답이다.

패러프레이징 Ample parking is available in front of our clinic ▶ has enough space for patients' vehicles

편지에 따르면, Vaquero Medical Clinic에 대해 나타난 것은?

(A) 직원을 위한 주차 공간을 마련해 둔다.
(B) 쇼핑가에 위치하고 있다.
(C) 환자 차량을 위한 충분한 공간이 있다.
(D) 모든 환자가 일찍 도착해야 한다.　　　　　　　정답 (C)

187. 추론 문제 – 정보 조합

해설 두 지문의 내용을 종합적으로 확인한 후 풀어야 하는 연계 문제이다. 질문의 핵심 어구인 Susan Payne은 둘째 지문 중 If you have any questions, please contact your counterpart at Vaquero, Susan Payne, at (606) 555-3920, extension 103.에 언급된다. 진료 기록 내역 (all the treatments I received from Dr. Kyle Andrews)을 Susan Payne에게 보내달라는 내용인데, 첫 지문 셋째 단락 마지막 문장 In addition, we recommend that you contact your previous provider to have your records transferred to our medical records administrator.에서 진료 기록을 의료 기록 관리자에게 보내게 됨을 알 수 있다. 따라서 이를 종합할 때 (D)가 정답이다.

Susan Payne은 아마도 누구이겠는가?

(A) 우편실 직원
(B) 의사
(C) 간호사
(D) 의료 기록 관리자　　　　　　　　　　　　정답 (D)

188. 주제/목적 찾기 문제

해설 이메일 도입부 Please send a copy of all the treatments I received from Dr. Kyle Andrews to에서 자신의 진료 기록을 특정 주소로 보내달라고 하므로 서류 양도를 요청한다는 (A)가 정답이다.

패러프레이징 send a copy of all the treatments ~ to ▶ a transfer of documents

Mr. Jackson이 이메일을 쓴 이유는?

(A) 서류 양도를 요청하기 위해
(B) 약속 일정을 변경하기 위해
(C) 집 주소를 업데이트하기 위해
(D) 의료기관을 추천하기 위해　　　　　　　　정답 (A)

189. 추론 문제 – 정보 조합

해설 두 지문의 내용을 종합적으로 확인한 후 추론해서 풀어야 하는 연계 문제이다. 질문의 핵심 어구인 Mr. Jackson이 언급된 셋째 지문 대금 청구서를 보면, Date of service: October 9에서 진료를 받은 날짜가 10월 9일임을 알 수 있다. 그런데 첫 지문 도입부 We would like to remind you of your appointment on Friday, October 2 at 10:00 A.M.에서 원래 예약일은 10월 2일이었다. 그 다음 문장 If you need to reschedule, please do so by calling us at 555-3920.에서 일정 변경 시 전화하라고 하므로, 이들 내용을 종합할 때 병원에 전화했을 것임을 유추할 수 있다. 따라서 정답은 (D)이다.

Mr. Jackson에 대해 제시된 것은?

(A) 예약 시간 정시에 도착했다.
(B) 최근 Andersonville로 이주했다.
(C) Dr. Andrews와의 예약을 원했다.
(D) Vaquero Medical Clinic에 전화했다.　　　정답 (D)

190. 세부사항

해설 청구서 맨 하단 중 Please be aware that some service charges are not covered by all insurance providers. Patients are responsible for paying any unreimbursed charges.를 읽어 보면, 일부 보험사는 일부 보험료를 보장하지 않고, 이에 대해 환자가 미납액을 지불해야 한다고 나온다. 청구서가 발급될 당시를 기준으로, Amount Paid가 $0이고 Balance Due는 $159이므로, 환자가 이에 대한 의료비를 부담해야 할 경우가 생길 수도 있기 때문에, 의료비 일부 부담요청을 받을 수도 있다는 것을 알 수 있다. 따라서 (D)가 정답이다.

패러프레이징 responsible for paying any unreimbursed charges ▶ be asked to make a payment

청구서에 따르면 Mr. Jackson은 무엇을 해야 하는가?

(A) 새로운 보험을 신청한다.
(B) 추가 서비스를 받는 데 동의한다.
(C) 즉시 보험사에 연락한다.
(D) 지불 요청을 받을 준비가 되어 있어야 한다.　정답 (D)

문제 191-195번은 다음 이메일, 청구서, 그리고 설문조사를 참조하시오.

수신: Kate Ballard ⟨kb88@airparker.net⟩
발신: World Cuisine ⟨offers@worldcuisine.com⟩
날짜: 5월 11일
제목: World Cuisine

방금 우리의 이탈리아 생산업체 중 하나로부터 Olio Grande라 불리는 엑스트라 버진 올리브 오일을 새로 받았습니다. **(191) 한정된 수의 상품을 구매할 수 있으므로 지금 주문하십시오!**

Olio Grande 1리터 한 병에 단 $20.00입니다.

Preferred Shopper 클럽의 회원이 아니십니까? **(193) 오늘 가입하시면 베스트셀러 제품인 발사믹 식초 한 병을 무료로 보내드립니다.*** 1년에 $35를 내시면, 회원은 구매할 때마다 무료 배송 및 최대 $200 상당의 온라인 쿠폰을 받게 됩니다.

*배송까지 3~5일이 소요됩니다.

WORLD CUISINE 청구서

주문 번호: 78-34933　　　　　접수일: 5월 11일

청구서 주소:　　　　　　　　배송 주소:
Kate Ballard　　　　　　　　(청구서 주소와 동일)
78 High Street, Apt. 5
Reading, PA 19780
전화: (610) 555-7747

항목 번호	내역	수량	가격
W6774	건조 살라미	3	$21.00
(194) W2943	**잼 샘플러**	1	$15.00
W2793	Primo 파스타	4	$12.00
W9511	Olio Grande	2	$40.00
M0001	**멤버십, 12개월**	1	**(193) $35.00**

소계: $123.00
세금(7%): $8.61
배송비: $0.00
총액: $131.61
끝자리 3783 신용카드로 청구

(192) 배송일: 5월 12일　　　　예상 도착일: 5월 16일

이용해 주셔서 감사합니다!

표현 정리　**producer** 생산자, 생산 회사　**a limited number of** 제한된 수의　**available** 이용할 수 있는　**join** 가입하다　**complimentary** 무료의　**free** 무료의　**shipping** 배송　**purchase** 구매품　**worth** ~의 가치가 있는　**allow** 허용하다　**bill** 청구서[계산서]를 보내다　**billing** 청구서　**description** 내역　**quantity** 수량　**sampler** 견본품　**subtotal** 소계　**charge** 청구하다　**estimated** 예상되는　**arrival** 도착　**agree** 동의하다　**participate in** ~에 참여하다　**following** 다음의　**order** 주문　**selection** 선택　**adequate** 적절한　**promptly** 즉시, 지체 없이　**disappointing** 실망스러운　**carefully** 주의 깊게

191. 주제/목적 찾기 문제

해설 첫 지문 이메일의 첫 단락 중 A limited number of bottles are available, so order yours today!에서 한정된 수량을 이용할 수 있으므로 지금 주문하라고 나온다. 따라서 제품을 홍보한다는 (A)가 정답이다.

Ms. Ballard에게 이메일이 발신된 이유는?

(A) 제품을 홍보하기 위해
(B) 새로운 할인 판매를 발표하기 위해
(C) 요청에 응답하기 위해
(D) 회원 갱신을 촉구하기 위해　　　　**정답 (A)**

192. 세부사항

해설 청구서 하단 Shipped On: May 12에서 배송일은 (B) On May 12이다.

Ms. Ballard의 주문이 발송된 날짜는?

(A) 5월 11일
(B) 5월 12일
(C) 5월 16일
(D) 5월 20일　　　　**정답 (B)**

193. 추론 문제 – 정보 조합

해설 두 지문의 내용을 종합적으로 확인한 후 풀어야 하는 연계 문제이다. 두 번째 지문인 청구서의 제품 내역 중 마지막 Membership, 12 months에서 Ms. Ballard는 멤버십에 가입했음을 알 수 있다. 첫 지문 마지막 부분을 보면, Join today, and we will send you a complimentary bottle of our best-selling balsamic vinegar.에서 무료로 식초 한 병을 보내 준다고 했으므로, 이에 대한 내용을 종합할 때 (A)가 정답이다.

Ms. Ballard에 대해 제시된 것은?

(A) 무료 선물을 받을 것이다.
(B) 할인 코드를 사용했다.

(C) 최근 이사했다.
(D) 회원 자격을 갱신했다.　　　　**정답 (A)**

194. 세부사항

해설 두 지문의 내용을 종합적으로 확인한 후 풀어야 하는 연계 문제이다. 설문지에서 의견란 마지막 부분인 I thought the jars of jam would be larger. Their size is a little disappointing.에서 잼 병의 크기가 다소 실망스러웠다고 하는데, 청구서에서 잼 품목 번호는 (B) W29430이다.

패러프레이징 somewhat unsatisfied ▶ a little disappointing

Ms. Ballard가 다소 만족해지 못한 제품 항목은 무엇인가?

(A) W2793
(B) W2943
(C) W6774
(D) W9511　　　　**정답 (B)**

195. 추론 문제

해설 설문지는 첫 단락 중 Please answer the following questions about your most recent purchase (order # 78-34933) from www.worldcuisine.com.에서 최근의 구매 경험에 대한 내용을 기술하는 것임을 알 수 있는데, Customer service에 no opinion으로 표시가 되어 있고, Comments/Suggestions 부분을 보면, 유일하게 먹어본 살라미에 대해서 만족했고, 유일하게 불만이 있던 잼 병에 대해서도 마지막 문장에, I guess I didn't read the product description carefully.라고 하면서 본인의 실수로 돌리고 있기 때문에, customer service에 연락을 했을 리가 없으므로 정답은 (C)이다.

설문 조사에 따르면, Ms. Ballard의 가장 최근 쇼핑 경험에 대해 아마도 사실인 것은?

(A) 그녀는 반품 정책을 오해했다.
(B) 그녀는 자신이 원하는 것을 찾는 데 어려움을 겪었다.
(C) 그녀는 고객 서비스에 연락하지 않았다.
(D) 그녀는 모든 것에 만족한다.　　　　**정답 (C)**

문제 196-200번은 다음 이메일, 기사, 그리고 정보를 참조하시오.

와 음료가 포함된 10가지 세트 메뉴 중에서 선택할 수 있으며, 대부분의 메뉴 가격은 $8 이하이다. (199) **Mr. Applebaum**은 "**그릴 치킨 샐러드와 구운 채소 샌드위치가 인기를 끌었습니다.**"라고 이야기한다. "저희 식당의 모든 음식은 매일 신선하게 준비되며 미소와 함께 제공됩니다." 레스토랑 분위기는 깨끗하고 쾌적하며 매력적이다. Corner Café는 또한 출장요리 서비스를 제공한다.

출장요리 서비스

Corner Café는 고객의 향후 점심 모임, 파티 또는 특별 이벤트에 음식을 공급할 수 있습니다. (199) **일반 메뉴 항목 중에서 선택하거나, 고객 맞춤형 메뉴를 만들 수 있습니다.** (200C) **최소 주문 금액은 $75입니다.** (200D) **레스토랑에서 10km 이내에 있는 대부분의 직장까지 10%의 수수료로 서비스를 배달해 드립니다. 세팅비가 포함되어 있습니다.** (200B) **배달하기 전날 오후 3시까지 주문하셔야 합니다.** 주문하시려면 555-8223으로 전화하거나 www.cornercafe.com/catering을 방문하십시오.

표현 정리 **location** 장소[곳/위치] **targeted** 목표가 된 **pressed for time** 시간에 쫓겨 **critical** 중요한 **rely on** ~에 의존하다 **real estate agent** 부동산 중개인 **property** 건물 **co-own** 공동 소유하다 **casual** 격식을 차리지 않는, 가벼운 **patron** (특정 상점 · 식당 등의) 고객 **daily** 매일 **atmosphere** 분위기 **pleasant** 쾌적한, 즐거운, 기분 좋은 **inviting** 유혹[매력]적인 **catering** (행사 · 연회 등을 대상으로 하는) 음식 공급[음식 공급업] **cater** (사업으로 행사에) 음식을 공급하다 **regular** 자주[고정적으로] 하는 **custom** 주문하여 만든, 맞춤의 **minimum** 최소의 **fee** 비용, 요금

196. 주제/목적 찾기 문제

해설 이메일은 두 번째 지점 오픈을 위해 적절한 건물을 물색해야 한다는 내용이다. 이에 대해 이메일 마지막 부분 The next step is to find a real estate agent who can help us find the right property. Would you be able to suggest any names?에서 부동산 중개인을 제안해 줄 수 있냐고 하므로 글의 목적은 (C) To request a recommendation이 맞다.

이메일의 목적은 무엇인가?

(A) 사업 제안서를 제출하기 위해
(B) 새로운 사업체 이름을 요청하기 위해
(C) 추천사항을 요청하기 위해
(D) 서비스에 대한 피드백을 제공하기 위해 　　　　정답 (C)

197. 추론 문제 – 정보 조합

해설 질문의 키워드인 Market Square가 언급되는 기사글 도입부 Busy professionals now have a new lunch option in Market Square. The Corner Café, co-owned by Kyle Stephens and George Franklin, opened last week.에서 Market Square라는 장소에서 Corner Café가 문을 열었음을 알 수 있다. 첫 지문인 이메일의 중반부를 보면, We want to be near lots of office buildings as we will be relying on a high volume of sales to support our business.에서 새 지점은 근처에 사무실 건물이 많아야 한다고 명시된다. 이 두 내용을 종합할 때 (D) Many offices are located nearby.가 정답이다. Market Square에 입점한 음식점이 몇 개인지, 또 영업시간이 어떻게 되는지 전혀 정보가 주어지지 않았기 때문에, (A)와 (B)는 오답이다. 선택지 (B)에서 주어 It은 Corner Café를 가리키는 것이 아니고, Market Square라는 것을 유념해야 한다.

Market Square에 대해 아마도 사실인 것은?

(A) 한 곳에서만 점심을 제공한다.
(B) 주말에는 영업하지 않는다.
(C) 컨설턴트 팀에서 Mr. Stephens에게 이곳을 추천했다.
(D) 많은 사무실이 근처에 있다. 　　　　정답 (D)

198. 추론 문제 – 정보 조합

해설 질문의 키워드인 George Franklin은 기사글 둘째 문장 The Corner Café, co-owned by Kyle Stephens and George Franklin, opened last week.에 공동 소유주 중 한 사람으로 언급된다. 다음으로, Corner Café는 첫 지문 도입부 We are considering opening a second location, but the new one will only serve lunch.에서 두 번째 지점을 오픈할 예정이었음을 알 수 있다. 이들 내용을 종합해 유추할 때 George Franklin이 두 개의 사업장을 운영하고 있다는 (B)가 정답이다.

George Franklin에 대해 제시된 것은?

(A) Mr. Stephens를 Mr. Applebaum에게 소개했다.
(B) 두 개의 사업체를 운영하고 있다.
(C) 사무직 근로자만 고용한다.
(D) 부동산 회사에서 일한다. 　　　　정답 (B)

199. 사실 파악 – 정보 조합

해설 셋째 지문 정보글 중에서 Choose from any items on our regular menu, or we can develop a custom menu.에서 출장요리 메뉴는 일반 메뉴 중에서 고를 수 있다고 나온다. 둘째 지문인 기사글 중 인용부호 안에 있는 "The grilled chicken salad and roasted vegetable sandwiches have been a hit."에서 점심 메뉴에 샌드위치와 샐러드가 있음을 알 수 있다. 이들 내용을 종합할 때 (A)가 정답이다.

출장요리 메뉴에 대해 나타난 것은?

(A) 샌드위치와 샐러드를 이용할 수 있다.
(B) 음료는 별도로 주문해야 한다.
(C) $8 이상의 가격은 없다.
(D) 세트 메뉴 옵션만 제공된다. 　　　　정답 (A)

200. Not/True 문제

해설 셋째 지문 중, There is a minimum order of $75 or more.에서 최소 주문액이 필요하므로 (C)는 사실이다. We will deliver to most workplaces within 10km of our restaurant for a 10% fee.에서 배달은 10km 이내에만 한다고 했으므로 (D)도 사실이다. Orders must be placed by 3:00 P.M. the day prior to delivery.에서 배달하기 하루 전에 주문해야 하므로 (B)도 사실이다. 오후 3시는 배달 전날 주문 완료 시점을 의미하고, 이 시간 이후에 배달이 불가하다는 것은 아니므로 (A)가 사실과 달라 정답이다.

**패러프레이징 most workplaces within 10km of our restaurant ▶ only within a certain range /
the day prior to delivery ▶ a day in advance**

출장요리 서비스에 대해 언급되지 않은 것은?

(A) 오후 3시 이후에는 음식이 배달되지 않는다.
(B) 식사는 하루 전에 주문해야 한다.
(C) 최소 구매가 필요하다.
(D) 배송은 특정 범위 내에서만 제공된다. 　　　　정답 (A)

101. 조동사 뒤 빈칸

해설 빈칸 앞에 조동사 must가 나오고 뒤에 나온 'an advanced first-aid training program'은 동사의 목적어이므로 빈칸은 능동태 문장이며 동사 자리이다. 조동사 뒤에는 동사원형이 필요하므로 (A) finish가 정답이다.

표현 정리 non-medical 비의료적인 advanced 고급의, 상급의 first-aid 응급치료의

McGuiness Hospital의 모든 비의료 직원은 고급 응급 치료 프로그램을 이수해야 한다. 정답 (A)

102. 명사 어형

해설 동사 ensure의 목적어는 'the timely ————'가 된다. 형용사 뒤에 -ly가 붙으면 부사이지만, 명사 뒤에 -ly가 붙으면 형용사가 된다. 즉, timely는 형용사이고 빈칸은 형용사의 꾸밈을 받는 명사 자리이므로 '시기적절한 완성'이라는 의미를 이루는 (C) completion이 정답이다.

표현 정리 board of directors 이사회 appoint 임명하다 ensure 반드시 ~하게[이게] 하다, 보장하다 timely 시기적절한 research 연구 complete 완료하다, 끝마치다 completion 완성 completely 완전히

이사회는 연구 프로젝트의 시기적절한 완성을 위해 Mr. Turner를 우리 팀에 임명했다. 정답 (C)

103. 인칭대명사

해설 동사 accepted의 목적어는 '———— first engineering job'이다. 즉, 빈칸은 뒤에 나온 명사구를 꾸미며, 주어인 Maryanne Miller를 가리키게 된다. 따라서 소유격 인칭대명사인 (C) her가 정답이다.

표현 정리 graduate 졸업하다 accept 받아들이다 startup 신규 업체(특히 인터넷 기업)

Maryanne Miller는 졸업 후 캘리포니아에 있는 소규모 신생 기업에서 자신의 첫 엔지니어링 일자리를 수락했다. 정답 (C)

104. 전치사

해설 전치사 어휘 문제이다. upon은 on과 같은 뜻의 의미로 주로 사용된다. about은 '무엇에 대한(관한)'이라는 뜻이다. 전치사 until은 시간의 계속을 나타내 '~까지'라는 뜻으로 뒤에 시점 명사와 어울린다. within은 '(특정한 기간) 이내에[안에]'라는 의미로 뒤에 기간 명사와 어울린다. 빈칸 뒤에 나온 'the end of the month'는 시점 표현이므로 (C) until이 들어가야 한다.

🔍 함정 분석 〈within five minutes / within a week / within six months〉처럼 전치사 within은 기간 명사와 어울린다. 'the end of the month'에서 목적어는 the end이고 이는 시점을 가리키므로 within은 쓰일 수 없다.

표현 정리 remain 계속 ~이다, 남다
Dale's Corner Store는 이달 말까지 영업을 계속할 것이다. 정답 (C)

105. 동사 어형

해설 문장의 주어는 Our records이고, 빈칸 뒤에 나온 that절은 동사의 목적어 역할을 한다. 즉, 빈칸은 문장 전체의 동사 자리이다. 먼저 준동사인 indicating과 명사인 indicator는 소거한다. 문장의 주어는 Our records로 복수 형태이므로 수 일치가 맞지 않는 indicates도 소거한다. 따라서 정답은 과거시제 동사인 (C) indicated이다.

표현 정리 undergo (특히 변화·안 좋은 일 등을) 겪다, 받다 routine 정기적인 maintenance (건물·기계 등을 정기적으로 점검·보수하는) 유지, 관리 indicate (사실임·존재함을) 나타내다 indicator 지표

기록은 National Trust Building에 있는 우리 사무소가 정기적인 유지 관리를 받게 될 것임을 나타내고 있다. 정답 (C)

106. 명사 어휘

해설 선택지는 〈reputation 명성 / exception 예외 / opportunity 기회 / intention 의도, 목적〉으로 이루어져 있다. 특히, 빈칸에 들어갈 명사는 have의 목적어 역할을 하면서 뒤에 to부정사와 연결되어야 한다. '~할 기회가 있다'는 'have the opportunity to do something' 구문으로 쓴다. 문맥상으로도 '자동차로 장거리 여행을 할 수 있는 좋은 기회를 갖게 되었다'고 자연스럽게 연결되는 (C) opportunity가 정답이다.

🔍 함정 분석 명사 intention은 〈have no intention of doing something〉과 같이 뒤에 to부정사가 아닌 'of ~ing'로 연결된다. to부정사와 연결되려면 'intend to do'와 같이 동사 형태로 써야 한다.

표현 정리 gasoline 휘발유 at a record low 사상 최저를 기록하여 distance 거리

휘발유 가격이 사상 최저를 기록하면서 우리는 자동차로 장거리 여행을 할수 있는 좋은 기회를 갖게 되었다. 정답 (C)

107. 명사 어형

해설 빈칸 앞에 부정관사 a와 형용사 wide가 나오고, 뒤에는 전치사가 나오므로 빈칸은 명사 자리이다. 선택지에서 명사는 variety와 variable이 있는데, '매우 다양한'이라는 의미는 'a wide variety of'라는 숙어 표현을 쓴다. 문맥상으로도 '매우 다양한 수입 식품을 취급하다'로 자연스럽게 연결되는 (A) variety가 정답이다.

🔍 함정 분석 〈a wide and varied selection of cheese〉와 같이 varied는 형용사이므로 이 뒤로 명사가 나와야 한다. 'a wide ———— of ~' 구조에서는 빈칸 뒤에 명사 없이 바로 전치사가 나오므로 형용사인 varied는 오답이다.

표현 정리 department store 백화점 carry (가게에서 품목을) 취급하다 import 수입하다 product 상품 varied 다양한 variable 변동이 심한 varying 변화하는

Seattle의 새 백화점은 매우 다양한 수입 식품을 취급하고 있다. 정답 (A)

108. 수동태

해설 빈칸 앞에 나온 after는 여기서 전치사가 아닌 절을 연결하는 접속사이다. 따라서 빈칸은 동사 자리이므로 processing부터 소거한다. 문맥상 당신의 지불이 처리되는 것이므로 수동태인 (C) is processed가 정답이다. 또한, after는 시간의 부사절을 이끄는데, 시간이나 조건의 부사절은 주절이 미래(will be activated)일 때 현재시제를 쓰므로 빈칸에 현재시제 동사인 is processed가 연결되는 것도 확인할 수 있다.

표현 정리 subscription 가입, 구독 activate 활성화시키다 business day 영업일 payment 지불 process (문서, 요청 사항 등을 공식적으로) 처리하다

귀하의 구독은 결제가 처리된 후 영업일 기준 3일에서 5일 이내에 활성화됩니다. 정답 (C)

109. 명사 어휘

해설 선택지는 〈assistance 도움,지원 / renovation 개조, 보수 / realization 인식 / system 시스템〉이라는 뜻으로 이루어져 있다. 문맥상 '지역사회 집단은 버려진 건물의 개조/보수를 지원하기 위해 정부 보조금을 이용할 수 있다'고 해야 적절하다. 따라서 정답은 (B) renovation이다.

🔍 함정 분석 〈A of B〉 구조는 경우에 따라 A를 B의 동사처럼 이해할 수 있다. 여기서도 〈renovation of abandoned properties = renovate abandoned properties〉처럼 문맥을 이해하면 빈칸에 들어갈 명사를 비교적 쉽게 고를 수 있다.

표현 정리 **grant** (정부나 단체에서 주는) 보조금 **available** 이용할 수 있는 **support** 지원하다 **abandoned** 버려진 **property** 재산, 건물, 부동산 **community** 지역사회

지역사회 집단은 버려진 채 황폐한 건물의 보수를 지원하기 위해 정부 보조금을 이용할 수 있다. **정답 (B)**

110. 부사 어형

3초 딱풀 'can ------- be entered'

해설 빈칸은 수동태인 can be p.p. 사이에 있으므로 부사 자리이다. 부사가 동사 'can be entered'를 수식해주므로 정답은 (A) easily이다.

표현 정리 **information** 정보 **form** 양식, 서식 **enter** 입력하다 **easily** 쉽게 **ease** 쉬움, 용이함, (고통, 불편 등이(을)) 덜어주다

양식에 있는 정보는 데이터베이스에 쉽게 입력될 수 있다. **정답 (A)**

111. 접속사

해설 한 문장에 entered와 began이라는 2개의 동사가 나오는데 이를 연결하는 접속사가 없다. 또는 'the doctor entered the examination room' 이 절이므로 빈칸은 절을 연결하는 접속사 자리이다. 따라서 부사 역할인 Instead, Moreover과 전치사구 Due to는 모두 소거한다. 따라서 정답은 절을 연결하는 부사절 접속사 (A) As soon as이다.

표현 정리 **examination** 검사 **patient** 환자 **describe** 설명하다 **ailment** 질병 **in detail** 자세히

의사가 진찰실에 들어서자마자 환자는 자신의 병을 자세히 설명하기 시작했다. **정답 (A)**

112. 분사

해설 문법적으로는 (B), (C), (D) 모두 들어갈 수 있으므로 번역을 해서 정답을 찾아야 한다. 문맥상 역 내에 위치되어진 기계가 되므로 수동을 의미하는 (B)가 정답이 된다. 원래 문장을 'from machines (which are) located within stations' 형태로도 볼 수 있다.

표현 정리 **passenger** 승객 **purchase** 구매하다 **locate** 위치시키다, 찾다

기차 승객들은 역 내에 위치한 기계에서 표를 구입할 수 있다. **정답 (B)**

113. 접속사

해설 빈칸에 두 문장을 연결하는 접속사를 찾는 문제이다. 각각의 의미는 〈once 하자 마자, 일단 ~하면 / until ~할 때까지 / while ~하는 동안, ~인 반면 / unless 만일 ~하지 않는다면〉이라는 뜻이다. 문맥상 '지역 부동산 중개업자가 새로운 사무실 건물을 발견하자 마자 회사의 이전이 시작될 수 있다'고 해야 연결된다. 따라서 (A) once가 정답이다.

표현 정리 **relocate** 이전[이동]하다 **regional** 지역의 **real estate agent** 부동산 매매 중개인

우리 회사의 이전은 지역 부동산 중개업자가 새로운 사무실 건물을 발견하자마자 시작될 수 있다. **정답 (A)**

114. 인칭대명사

해설 문장 구조를 보면, 〈주어(You) + 동사(can sign up for) + 목적어(a Raleigh shopper's card))로 이미 완전하다. 재귀대명사의 강조 용법은 주어를 강조하면서 생략이 가능하다. 빈칸에 재귀대명사 (D) yourself가 들어가면 주어를 강조하는 용법으로 쓰이게 되어 정답이 된다.

표현 정리 **sign up for** ~에 등록하다 **save** 절약하다, 절감하다 **up to** ~까지 **regular** 정기의 **purchase** 구매(품)

Raleigh 쇼핑객 카드를 직접 등록하면 정기 구매 시 최대 10%까지 절약할 수 있다. **정답 (D)**

115. 대명사

해설 빈칸에는 전치사 For의 목적어이자 뒤에 나온 'unable to attend'

라는 수식어의 꾸밈을 받는 명사가 필요하다. 특히, '(who are) unable to attend'는 형용사 unable 앞에 '주격관계대명사 + be동사'가 생략된 형태로, 빈칸에는 관계절의 꾸밈을 받을 수 있는 명사가 필요하다. 인칭대명사의 목적격인 them은 수식어의 꾸밈을 받을 수 없다. 다음으로, 같은 지시대명사라 해도 this/these는 수식어구의 꾸밈을 받을 수 없다. 지시대명사 that/those는 수식어의 꾸밈을 받을 수 있지만 'people'을 의미하는 단어는 those이다. '참석하지 못하는 사람들을 위해 다음 주 중 온라인 사용지침서가 웹사이트에 게시될 것이다'라는 문맥으로 자연스럽게 연결되는 지시대명사 (D) those가 정답이다.

표현 정리 **unable to** ~할 수 없는 **attend** 참석하다 **tutorial** 사용 지침서, (컴퓨터의) 사용 지침 프로그램 **post** (안내문 등을) 게시하다 **sometime** 언젠가

참석하지 못하는 사람들을 위해 다음 주 중 온라인 사용지침서가 웹사이트에 게시될 것이다. **정답 (D)**

116. 형용사 어형

해설 빈칸에 들어갈 형용사는 뒤에 나온 명사 contributions(기여, 공헌)를 꾸미게 된다. exceptional은 '이례적일 정도로 우수한, 특출한'이라는 뜻으로 outstanding과 동의어이다. 문맥상 '우수 직원상은 회사의 성공에 탁월한 기여를 하는 직원들을 인정한다'고 해야 연결된다. 따라서 정답은 'extremely good or impressive'라는 뜻의 (C) exceptional이다.

표현 정리 **acknowledge** 인정하다 **contribution** 기여, 이바지 **exception** 예외 **exceptionally** 유난히, 특별히

Employee Excellence Awards는 Vexus Corporation이 성공하는데 지대한 공헌을 한 직원에게 주는 상이다. **정답 (C)**

117. 명사 어형

해설 품사 어형 문제이다. 문장의 주어는 The Census Bureau이고, 동사는 documented이다. 동사 documented의 목적어는 빈칸이며, 빈칸은 앞에 나온 형용사 sizable의 꾸밈을 받게 된다. '일부 해안 도시의 상당히 큰 인구 증가를 기록하다'라는 문맥으로 정답은 명사 형태인 (A) increases이다. 즉 increase는 가산 명사 형태이므로 a, the, -s가 붙어야 한다.

🔍 **함정 분석** 'increase in N' 'N의 증가'

표현 정리 **document** 기록하다 **sizable** 상당한 크기의 **increase** (양, 수, 가치 등의) 증가[인상], 증가하다 **population** 인구 **coastal** 해안의, 연안의

인구조사국은 일부 해안 도시의 상당한 인구 증가를 기록하였다. **정답 (A)**

118. 전치사

해설 전치사 어휘 문제이다. into는 '~안[속]으로[에]'라는 뜻이다. over는 전치사로 뒤에 기간 명사가 나오면 '~에 걸쳐'라는 뜻이다. among은 '(어떤 수 · 종류 · 동아리) ~중에(서)'라는 의미로 뒤에 복수 명사가 나온다. between은 주로 〈between A and B(A와 B 사이에)〉 구문으로 잘 쓰인다. 빈칸 뒤에 나온 'the last two years'는 '지난 2년'이라는 의미로 기간 명사에 해당한다. 문맥상으로는 '지난 2년 동안 고객 기반이 125% 증가했'고 하는 것이 자연스럽다. 따라서 정답은 (B) over이다.

표현 정리 **grow** 커지다[늘어나다/증가하다] **base** 토대, 기반

Pritzker Financial은 지난 2년 동안 고객 기반이 125% 증가했다. **정답 (B)**

119. 접속부사

해설 부사 어휘 문제이다. 부사 almost는 '거의, 대략'이라는 뜻인데 숫자 표현 앞에서 쓰이면 nearly, approximately 등과 동의어이다. 부사 recently는 '최근에'라는 뜻인데, 동사 자리에 현재완료나 과거시제가 잘 나온다. 등위접속사(but) 뒤에 접속부사 형태인 〈nevertheless 그럼에도 불구하고 / lastly (순서상) 마지막으로〉를 뜻하고 바로 뒤에 콤마를 쓰는 접속부사이다. 빈칸 앞은 이번 주 팀 회의에 참석하지 않는다는 말이고, 빈칸 뒤는 다음 주에는 함께 한다는 말이다. 앞뒤가 역접으로 연결되는 것이 적절하므로 (C) nevertheless가 정답이다.

표현 정리 attend 참석하다 meeting 회의

David Whitmore는 이번 주 우리 팀 회의에 참석하지 않을 것이지만 그럼에도 불구하고 다음 주에는 우리와 함께 할 것이다. 정답 (C)

120. 동사 어휘

해설 hold는 보통 이벤트 관련 명사가 목적어로 나와 '(회의, 시합 등을) 하다[열다/개최하다]'라는 뜻으로 쓰인다. obtain은 get의 동의어로 '얻다, 구하다'라는 뜻이다. conduct는 '(특정한 활동을) 하다'라는 뜻이다. 동사 direct는 '(편지 등을) ~(에게)로 보내다'라는 뜻이며, 이 경우, 〈direct any complaints to the Customer Services department〉처럼 목적어 뒤에 'to N' 구조가 나온다. 문맥상으로는 '문의사항을 비서에게 보내다'로 자연스럽게 연결된다. 따라서 정답은 (C) direct이다.

표현 정리 concerning ~에 관한, 관련된 promotional 홍보의 offer 혜택, 제안 assistant 조수

판촉 할인과 관련하여 문의사항이 있으시면 제 비서인 Penny Bale에게 보내주십시오. 정답 (C)

121. 명사 어휘

해설 선택지는 〈proposal 제안 / evidence 증거 / situation 상황 / stock (상점의) 재고품[재고]〉으로 이루어져 있다. 문맥상 '통신 기술을 업그레이드하려는 제안서를 검토하다'로 자연스럽게 연결된다. 따라서 (A) proposal이 정답이다.

표현 정리 review 검토하다 upgrade 업그레이드하다 technology 기술 department 부서

구매 사무소는 부서를 위해 통신 기술을 업그레이드하려는 귀하의 제안을 검토하고 있습니다. 정답 (A)

122. 관계 대명사

해설 먼저 등위접속사 and는 두 개의 동사(let me know, specify)를 연결하고 있다. 즉, and 이하는 완전한 구조로 보고 and 앞의 구조를 보면, '———— paper you would like the invitations printed on'은 동사 know의 목적어 역할이다. whom은 뒤에 주어 동사 구조가 나오고, where/when도 주어 동사 구조가 나온다. which는 빈칸 뒤에 paper라는 명사를 수식해서 '어떤 용지에 초대장을 인쇄하고 싶은지'와 같이 연결되므로 정답은 (B) which이다.

표현 정리 would like ~하고 싶다 invitation 초대[초청]장 specify (구체적으로) 명시하다, 지정하다

어떤 용지에 초대장을 인쇄하고 싶은지 알려주시고 색상을 지정해 주십시오. 정답 (B)

123. 형용사 어휘

해설 빈칸에 들어갈 형용사는 명사 methods를 꾸미기 적절해야 한다. 선택지는 〈innovative 혁신적인 / conventional 관습[관례]적인, 전통적인 / advanced 발전된 / principal 주요한, 주된〉이라는 뜻이다. 문두에 나온 Although는 양보의 부사절 접속사로 주절과 대비되는 내용을 연결할 때 쓰인다. Although가 이끄는 절에 나온 cutting-edge와 대비되는 단어로 '기존의, 전통적인' 방식이라는 의미를 이루는 (B) conventional이 정답이다.

🔍 함정 분석 advanced는 cutting-edge와 동의어로, 역접으로 연결된 문장에 서로 어울리지 않는다.

표현 정리 cutting-edge 최첨단의 rely on ~에 의지[의존]하다 primarily 주로 method 방법

비록 몇몇 회사들이 최첨단 디지털 마케팅을 사용하고 있지만, 많은 회사들은 여전히 주로 전통적인 방법에 의존하고 있다. 정답 (B)

124. 접속사

해설 빈칸에 적절한 부사절 접속사를 찾는 문제이다. 빈칸이 이끄는 절의 동

사는 opened로 과거시제인데, 주절은 has supported라는 현재완료 시제이다. 접속사 since는 '~이후로'라는 의미일 때 〈S have p.p. ~ since S V(과거시제) ~.〉 구문으로 쓰인다. 'San Mateo 사무실을 처음 오픈한 이래로 지역 자선 단체들을 지원해 왔다'는 문맥도 자연스럽다. 따라서 정답은 (A) since이다.

추가 포인트 'You should talk to Karen since she's the one responsible for authorizing payments.'라는 문장에서는 since가 이유의(~때문에) 부사절 접속사로 쓰여서 위에 명시한 시제 규칙이 적용되지 않는다.

표현 정리 support 지원하다 local 지역의 charity 자선[구호] 단체

Davidson Architecture는 1999년에 San Mateo 사무실을 처음 오픈한 이후로 지역 자선 단체들을 지원해 왔다. 정답 (A)

125. 전치사

해설 빈칸에는 the former director라는 명사를 목적어로 취하는 전치사가 필요하다. 먼저 Rather는 '꽤, 다소'라는 뜻의 부사이므로 소거한다. 나머지는 전치사로, 의미는 각각 〈Unlike ~와 달리 / Except ~을 제외하고는 / Given ~을 고려해 볼 때〉라는 뜻이다. 문맥상 'Clarissa Owens는 이전 부서장과는 달리 대단히 체계적이고 매우 효율적이다'라고 해야 연결된다. 따라서 정답은 'different from someone or something else'라는 뜻의 (A) Unlike이다.

표현 정리 former 이전의 highly 크게, 대단히 organized 체계적인 efficient 능률적인

Clarissa Owens는 이전 부서장과는 달리 대단히 체계적이고 매우 효율적이다. 정답 (A)

126. 부사 어휘

해설 부사 어휘 문제로, 선택지는 〈anonymously 익명으로 / straightly 똑바로 / expressly 분명히 / patiently 끈기 있게〉라는 뜻이다. 빈칸에 들어갈 부사는 to wait in line 부분을 꾸미게 되는데, 특히 이유의 부사구인 Due to a shortage of cashiers와 호응을 이뤄야 한다. '계산 직원이 부족하므로, 계산하려면 인내심을 가지고 줄을 서서 기다리다'라고 해야 문맥이 연결된다. 따라서 정답은 (D) patiently이다.

표현 정리 shortage 부족 cashier (은행, 상점, 호텔 등의) 출납원 wait in line 줄을 서서 기다리다 check out (호텔 등에서 비용을 지불하고) 나가다[체크아웃하다]

계산 직원이 부족하므로, 우리는 고객들에게 계산을 하려면 인내심을 가지고 줄을 서서 기다려달라고 요청했다. 정답 (D)

127. 동사 어휘

해설 동사 어휘 문제이다. invite는 '초대하다'는 뜻으로 〈invite someone to/for something〉이나 〈invite someone to do something〉 구문으로 잘 쓰인다. design은 '설계하다, 도안하다'라는 뜻이며, 주로 〈be designed to do something〉의 수동태 구문으로 잘 쓰인다. maintain은 '(건물 · 기계 등을 점검 · 보수해 가며) 유지하다'라는 뜻이다. present는 (1) (특히 공식적인 의식을 통해) 주다 2) (사람들이 보거나 검토하도록) 제시[제출]하다 3) 소개하다, 공연하다〉와 같이 다양한 의미로 쓰인다. 여기서는 Monet's Garden 이라는 고유명사를 목적어로 취하는데, 동격을 나타내는 콤마 뒤에서 이는 연극 작품임을 알 수 있다. 공연 작품 등을 목적어로 취하는 (D) present가 들어가 'Monet's Garden을 공연하게 되어서 자랑스럽다'라는 문맥이 되는 것이 맞다.

표현 정리 production (영화 · 연극 등의) 제작

Kaliope Theater는 가을 시즌 개막작인 Monet's Garden을 공연하게 되어 매우 자랑스럽습니다. 정답 (D)

128. 전치사구

해설 문장 구조를 보면, 콤마 뒤에 나온 'we might have enough time to visit the historical building on our own'이 주절이며 콤마 앞의 수

식어에 해당한다. 'depend on'은 '~에 달려 있다'라는 뜻의 동사이지만, depending on은 '~에 따라'라는 의미의 전치사구가 된다. 문두에서 전치사구 형태를 만드는 (D) Depending이 정답이다. 참고로 (C)는 과거 동사이다.

표현 정리 **historical** 역사적인, 역사상의 **on one's own** 혼자서, 단독으로 (= alone)

관광 일정에 따라 우리는 직접 역사적인 건물을 방문할 수 있는 충분한 시간을 가질 수 있을 것이다.　　　　　　　　　　　　　　　　　정답 (D)

129. 형용사 어휘

해설 선택지는 〈aggressive 공격적인 / gradual 점진적인 / beneficial 유익한 / detailed 상세한〉으로 이루어져 있다. 문두에 나온 목적의 부사구 'To improve the quality of the soil in the garden'과 호응을 이루려면 '토양의 질을 개선시키기 위해 효과적이고 유익한 미생물을 추가했다'고 해야 자연스럽다. 따라서 정답은 (C) beneficial이다.

표현 정리 **improve** 개선하다, 향상시키다 **soil** 토양 **add** 첨가하다 **effective** 효과적인 **microorganism** 미생물

정원에 있는 토양의 질을 개선시키기 위해 효과적이고 유익한 미생물을 추가했다.　　　　　　　　　　　　　　　　　　　　　　정답 (C)

130. 부사 어휘

해설 선택지는 각각 〈briefly 간단히 / directly 곧장, 직접 / punctually 시간[기일]대로, 정각에 엄수하여 / respectively 각각〉이라는 뜻이다. 빈칸에 들어갈 부사는 앞에 나온 'Wednesday and Friday at 1:00 and 3:00'와 호응을 이루게 된다. 부사 respectively는 앞서 말한 순서대로 '각각'이라는 뜻으로 사용된다. 문맥상으로 '워크숍은 수요일과 금요일 각각 1시와 3시로 예정되어 있다'가 자연스러우므로 정답은 'each or individually'라는 뜻의 (D) respectively이다.

표현 정리 **be scheduled for** ~로 예정되어 있다

30분간의 워크숍은 수요일과 금요일 각각 1시와 3시로 예정되어 있다.　　　　　　　　　　　　　　　　　　　　　　　　정답 (B)

PART 6

문제 131-134번은 다음 공지를 참조하시오.

알림: 자전거 주차장 이전

승강장 1호 수리로 인해 자전거 거치대가 기차역 북쪽으로 이전했습니다. 거치대 대부분은 건물 옆에 있습니다. 나머지는 근처에 있는 나무 밑에 마련되어 있습니다. 자전거 이용객은 새로운 장소에 마련된 거치대를 계속해서 이용하실 수 있습니다. 그럼에도 불구하고, 해당 구역의 보행자 통행량이 증가할 것이므로 각별히 주의해 주십시오. 공사가 완료되면 자전거 거치대는 원래 위치로 복귀됩니다. 궁금한 점이 있으시면 역장에게 문의해 주십시오.

표현 정리 **notice** 공지 **repair** 수리하다, 보수하다 **rack** (물건을 얹거나 걸기 위해 금속·목재 막대를 가로질러 만든) 받침대[선반] **relocate** 이전하다 **place** 놓다, 두다 **nearby** 근처의 **cyclist** 자전거 타는 사람 **care** 조심, 주의 **pedestrian** 보행자 **complete** 완료하다 **original** 원래의

131. 명사어형

해설 빈칸 앞에 정관사 The가 나오므로 빈칸은 명사 자리로서 문장의 주어 역할을 하게 된다. 선택지에 명사 형태는 〈remain / remainder 나머지〉가 있다. 동사가 단수 형태이고, '나머지'는 보통 'the remainder'의 형태로 쓴다. 따라서 정답은 (D) remainder이다.　　　　　　　　　　정답 (D)

132. 접속부사

해설 먼저 구조적으로 빈칸은 문두에서 접속사가 아닌 부사 자리이다. Provided that은 if의 동의어로 조건의 부사절 접속사이므로 먼저 소거한다. 문맥을 살피면, 빈칸 앞은 '자전거 이용객은 새로운 장소에 마련된 거치대를 계속해서 이용할 수 있다'는 내용이고, 빈칸 이하는 '해당 구역의 보행자 통행량이 증가할 것이므로 각별히 주의해 주십시오'라는 말이다. 앞뒤가 서로 대조되는 내용이므로 '그럼에도 불구하고'라는 (A) Nevertheless가 정답이다. 나머지는 〈In that case 그런 경우에는[그렇다면] / Likewise 똑같이; 비슷하게〉라는 뜻이다.　　　　　　　　　　　　　　　정답 (A)

133. 형용사 어휘

해설 선택지는 〈bigger 더 큰 / original 원래[본래]의, 독창적인 / ideal 이상적인 / new 새로운〉이라는 뜻이다. 지문 내용을 보면 Platform 1 수리로 인해 자전거 거치대가 북쪽으로 이전했다고 나온다. 이에 대해 공사가 완료되면 다시 원래 있던 장소로 돌아갈 것이라고 해야 연결된다. 즉, 지문에 나온 Moved, relocated 등과 대비를 이루는 (B) original이 정답이다.　　정답 (B)

134. 문장 삽입

해설 삽입되는 문장은 지문 마지막에 등장한다. 자전거 거치대 이전 소식을 알리면서 이용객에게 새로운 장소를 알려주고, 보행자 통행이 증가하므로 주의를 당부하고 있다. 이에 대해 마무리 내용으로 (D) Please send any questions to the station manager.가 들어가 궁금한 사항을 역장에게 문의해 달라고 하는 것이 흐름상 자연스럽다.

(A) 기차표는 역 내 카운터에서 판매합니다.
(B) 다음 주 중에 도로 공사가 시작될 것입니다.
(C) 관광객을 위한 특별 열차 승차권을 이용할 수 있습니다.
(D) 궁금한 점이 있으시면 역장에게 문의해 주십시오.　　　　정답 (D)

문제 135-138번은 다음 기사를 참조하시오.

MORRIS (10월 2일) – 다음 달부터 10대의 전기버스 편대가 시내를 돌며 승객을 태우고 내려주게 될 예정이다. 이 버스들은 동일한 수의 디젤 동력 버스를 대체하게 될 것이다. 기존 버스가 사라짐에 따라 내년에는 전기버스가 더 추가될 것으로 예상된다. 새 버스는 대기 오염을 줄이기 위한 대도시 계획의 일환이다. James Cramer 시장은 올해 초 취임하며 도시에 긍정적인 변화를 가져오겠다고 약속했다. 이 중 으뜸은 대기질 향상이었다. 지난 10년간 급격한 인구증가로 도로에 더 많은 차량들이 생겨났다. 동시에 대중교통 이용은 감소했다. 시장은 전기버스가 이러한 추세를 역전시킬 수 있을 것으로 전망한다.

표현 정리 **fleet** (한 기관이 소유한 전체 비행기, 버스, 택시 등의) 무리, 편대 **electric** 전기의 **drop off** ~에 갖다 놓다[내려주다] **passenger** 승객 **equal** 동일한, 같은 **existing** 기존의, 현재 사용되는 **initiative** (특정한 문제 해결·목적 달성을 위한 새로운) 계획 **reduce** 줄이다 **air pollution** 대기오염 **come into office** 취임하다 **positive** 긍정적인 **population** 인구, 주민 **growth** 성장 **decade** 10년 **vehicle** 차량, 탈 것 **public transportation** 대중교통 **drop** 떨어지다, 낮추다 **reverse** (정반대로) 뒤바꾸다, 반전[역전]시키다 **trend** 동향, 추세

135. 동사 어휘

해설 선택지는 〈order 주문하다 / extend 더 길게[크게/넓게] 만들다, 연장하다 / replace (다른 사람·사물을) 대신하다, 대체하다 / double 두 배[갑절]로 되다[만들다]〉라는 뜻이다. 문장의 주어 The buses는 앞서 언급된 a fleet of ten electric buses를 가리킨다. 내달부터 이들 전기버스가 디젤 동력 버스 수만큼 '대신한다'고 해야 연결되므로 정답은 (C) replace이다. 그 다음 문장 'as existing buses are retired'에서 기존 버스가 사라지게 된다고 하므로 이를 통해서도 빈칸에 replace가 들어가는 것이 적절함을 확인할

수 있다. **정답 (C)**

136. 수동태

해설 동사 expect의 적절한 형태를 찾는 문제이다. 문장의 주어는 More electric buses이고, 빈칸 뒤에 to부정사가 나온다. 빈칸 뒤에 to부정사가 나올 때 expect의 능수동이 모두 가능해서 해석을 해야 한다. 전기 버스는 예상하는 주체가 될 수 없고, 예상되는 대상이 되어야 한다. '전기버스가 더 추가될 것으로 예상된다'의 문맥이 되어야 하는데, 선택지에서 수동태는 (B) are expected뿐이다. 나머지는 시제가 다르지만 모두 능동형이다.
정답 (B)

137. 문장 삽입

해설 빈칸 앞 문장은 시장이 취임하면서 시에 긍정적 변화를 약속했다는 말이다. 빈칸에 (A) Chief among these was to improve air quality.가 들어가면 지시대명사 these가 앞에 나온 positive changes를 받고, 이러한 긍정적 변화의 주요 예시로 대기질 향상을 언급하면 흐름이 자연스럽다.

(A) 이 중 으뜸은 대기질 향상이었다.
(B) 유권자들은 그의 상대를 근소한 차이로 지지했다.
(C) 시장인 그는 시청 근처에 있는 집에 살고 있다.
(D) 승객들은 다음 주에 저렴한 가격에 버스를 탈 수 있을 것이다. **정답 (A)**

138. 접속부사

해설 선택지는 〈Therefore 그러므로 / Otherwise 그렇지 않으면 / In summary 요약하면 / At the same time 동시에〉라는 뜻의 접속부사로 이루어져 있다. 빈칸 앞은 '지난 10년간 급격한 인구증가로 도로에 더 많은 차량들이 생겨났다'는 말이고, 뒤는 '대중교통 이용은 감소했다'는 말이다. 앞뒤가 지난 10년간 교통편에 대한 유사한 특징을 말하고 있으므로 (D) At the same time이 들어가는 것이 적절하다. **정답 (D)**

문제 139-142번은 다음 기사를 참조하시오.

> SAN FERANDO (11월 2일) – Oriana International은 Boca Island에 고급 리조트를 건설하기로 정부와 합의했다고 어제 발표했다. 이 프로젝트는 이런 종류의 첫 번째 사업이며 지역 경제에 활력을 줄 것으로 예상된다. 이 시설을 공사하고 운영하는 데 수백 명의 지역 주민들이 고용될 것으로 예상된다.
>
> 기자회견 동안 Oriana의 여성대변인 Mariah Solana는 "정부가 우리 회사를 선정하게 되어 영광스럽게 생각합니다. <u>이로 인해 섬에서 고급 관광을 할 수 있는 특별한 기회가 마련되었습니다.</u>"라고 말했다.
>
> 지금까지 관광객은 섬에 체류하려면 정부가 운영하는 소수의 호텔만 이용할 수 있었다. 외국 상업 투자도 역시 금지되어 있었다. Oriana는 섬에서 사업을 하도록 허가된 첫 해외 기업이 될 것이다.

표현 정리 **announce** 발표하다, 알리다 **reach an agreement** 합의에 이르다 **stimulate** 자극[격려]하다, 활발하게 하다 **resident** 거주자, 주민 **employ** 고용하다, 채용하다 **construction** 건설, 공사 **operation** 운영, 운용 **facility** 시설 **press conference** 기자회견 **spokeswoman** 여성대변인 **honor** 명예 [영예]를 주다 **unique** 독특한 **a handful of** 소수의 **government-run** 정부가 운영하는 **commercial** 상업의 **investment** 투자 **prohibit** 금지하다 **permit** 허용하다, 허가하다

139. to부정사

해설 빈칸 앞으로 이미 완전한 문장이므로 빈칸 이하는 수식어에 해당한다. 문맥상으로는 'Boca Island에 고급 리조트를 건설하기 위해 정부와 합의에 이르다'고 해야 연결된다. 따라서 정답은 목적의 부사구를 만드는 (C) to build 이다.
정답 (C)

140. 전치사

해설 빈칸에는 a press conference라는 명사구를 취하는 전치사가 필요하다. While과 When은 절을 연결하는 접속사이므로 소거한다. 또는 〈while/when + ~ing/pp〉와 같이 분사구가 나와 축약 형태로는 쓰일 수 있어도 명사가 바로 뒤에 오지 못한다. 전치사 About은 주제 관련 명사가 나와 '~에 대하여'라는 뜻이고, During은 기간 명사와 어울려 '~동안'이라는 뜻이다. '기자회견 동안 대변인이 이야기했다'는 내용이 되어야 적절하므로 (D) During이 정답이다.
정답 (D)

141. 문장 삽입

해설 빈칸 앞은 대변인의 인용문으로 정부가 자사를 선정해 주어 영광이라는 말이다. 회사는 Boca Island에 고급 리조트를 건설하게 되는데, 이에 대해 (A) This is a unique opportunity to bring high-end tourism to the island.가 들어가면 정부와의 계약으로 섬에 고급 관광 기회가 생겨나게 될 것이라는 자연스러운 흐름을 만들 수 있다.

(A) 이로 인해 섬에서 고급 관광을 할 수 있는 특별한 기회가 마련되었습니다.
(B) 관광객의 유입은 도로에 교통 체증을 일으킬 것입니다.
(C) 섬은 일부 희귀종 조류와 물고기의 서식지입니다.
(D) 우리는 지역에서 최대 규모의 명품 공급자입니다. **정답 (A)**

142. 명사 어휘

해설 명사 어휘 문제로, 선택지는 〈malls 쇼핑몰(충분한 주차장을 갖춘 보행자 전용 상점가), 쇼핑 센터 / hotels 호텔 / centers 센터 / programs 프로그램〉이라는 뜻이다. 정부와의 계약 이전에는 섬에서 관광객이 이용할 수 있는 '숙박시설 → 리조트 → 호텔'은 정부가 운영하는 소수의 시설뿐이었다고 해야 연결된다. 따라서 정답은 (B) hotels이다. **정답 (B)**

문제 143-146번은 다음 편지를 참조하시오.

> 2월 1일
>
> David Garrity
> 22 Wharf Street
> Portland, ME 77342
>
> Mr. Garrity 귀하
>
> 저는 전국 여행 가이드 작가 협회(National Association of Travel Guide Writers) 회장, Bruce Wittman입니다. 저희는 이번 여름에 작가님의 도시에서 연례 컨퍼런스를 개최할 예정이며, 작가님께서 행사에서 연설을 해주시면 영광일 것입니다. 저희 협회의 많은 사람들이 작가님의 책을 읽으며 자랐습니다. 작가님의 작품에서 영감을 받아 그들은 먼 나라로 여행을 떠났습니다.
>
> 저희 협회는 소규모이지만, 구성원들은 매우 친절하고 재미를 즐기는 분들입니다. 작가님에게 저녁식사, 활기찬 대화, 그리고 소정의 비용을 제공할 수 있습니다. 초대에 응해 주시면, 분명 좋은 시간이 되실 것입니다. 8월 8일부터 10일까지 저희와 함께할 수 있으시면 알려주십시오.
>
> 감사합니다.
>
> Bruce Wittman

표현 정리 **president** (클럽 등의) 회장 **hold** (회의, 시합 등을) 하다[열다/개최하다] **annual** 매년의, 연례의 **speak** 연설하다 **organization** 조직 **inspire** 영감을 주다 **work** (생산 결과물로서의) 일, 작품, 저작물 **embark on** ~에 착수하다 **far-off** 먼, 멀리 떨어진 **hospitable** (손님 · 방문객을) 환대하는, 친절한 **lively** 활기[생기] 넘치는 **modest** (크기 · 가격 · 중요성 등이) 그다지 대단하지는 않은, 보통의 **stipend** 봉급, 급료

143. 시제

해설 문장의 주어는 We이고 빈칸이 동사 자리이다. 따라서 준동사인 to hold부터 소거한다. 빈칸 뒤에 목적어가 나오므로 능동태가 필요하다. 따라서 수동태인 are held도 소거한다. 편지를 보낸 날짜는 February 1인데, 행사는 올 여름에 열린다. 가까이 예정된 미래는 현재진행을 쓸 수 있다. 따라서 정답은 (B) are holding이다. **정답 (B)**

144. 인칭대명사

해설 지문은 한 여행작가 협회장이 보내는 서신으로, 서신의 수신인은 'Many in our organization grew up reading your books.'에서 작가임을 알 수 있다. 따라서 상대를 가리키는 (B) your가 들어가 '당신의 작품에 영감을 받은'이라고 해야 문맥이 연결된다. **정답 (B)**

145. 명사 어휘

해설 선택지는 〈order 주문 / review 검토, 후기 / suggestion 제안 / invitation 초대〉라는 뜻이다. 앞 문장 중 'We ~ would be honored to have you speak at our event.'에서 상대에게 행사에서 연설해 주면 좋겠다는 내용이 나온다. 이에 대해 '우리의 초대를 수락한다면'이라고 해야 문맥이 연결되므로 (D) invitation이 정답이다. **정답 (D)**

146. 문장 삽입

해설 빈칸 앞은 여행작가 협회에서 마련하는 컨퍼런스에서 연설을 수락해 주면 즐거운 시간이 될 것이라는 말이다. 이에 대해 (A) Please let me know if you are able to join us from August 8 to 10.이 들어가면 구체적인 행사 시기를 알려주면서 앞뒤 흐름이 자연스럽게 연결될 수 있다.

(A) 8월 8일부터 10일까지 저희와 함께할 수 있으면 알려주십시오.
(B) 저희가 기꺼이 당신의 컨퍼런스 장소까지 항공편으로 모실 것입니다.
(C) 디너 파티 초대장이 지금 준비되고 있습니다.
(D) 멤버십 등급 중 하나를 무료로 선택하십시오. **정답 (A)**

PART 7

문제 147-148번은 다음 광고를 참조하시오.

> 정원 속 극장
>
> 정원에서 라이브 연극을 즐겨 보세요! (147) Chambersburg Botanical Gardens는 2년 연속 Brindle Performing Arts Company와 콜라보를 펼치고 있습니다. Jackson Pantone의 〈Soft Is the Night〉, Eloise Chen의 〈Living Grand〉 등 5개 상연작이 선보일 예정입니다. 공연은 Japanese Gardens에서 개최되며 오후 5:30에 시작됩니다. 티켓은 www.showtime.com에서 구입할 수 있습니다. (148) Garden Friends Club 소속이신 경우 멤버십 번호를 제시하면 모든 공연에 10% 할인 혜택을 받으실 수 있습니다.

표현 정리 in a row 잇달아[연이어] collaborate with ~와 협동하다 host (행사를) 주최하다 presentation (연극 등의) 공연 performance 공연 be held 개최되다 belong to ~ 소유[것]이다, ~에 속하다

147. 추론 문제

해설 질문의 키워드인 live theater가 언급되는 도입부를 보면, Enjoy live theater in the gardens! For the second year in a row, the Chambersburg Botanical Gardens is collaborating with the Brindle Performing Arts Company.에서 2년 연속, 한 공연단과 콜라보를 펼치고 있다고 하므로 작년에 시작되었다는 (A)가 정답이다. Performances will be held in the Japanese Gardens and start at 5:30 P.M.에서 공연 시작이 오후이므로 (B)는 오답이다. 정원에서 공연이 선보이므로 실내 공연이 아닌 야

외 공연임을 유추할 수 있다. 따라서 (D)도 오답이다.

라이브 연극 시리즈에 대해 나타난 것은?

(A) 작년에 시작되었다.
(B) 아침에 개최된다.
(C) 5주간 지속된다.
(D) 실내에서 개최될 것이다. **정답 (A)**

148. 세부사항

해설 마지막 문장 If you belong to the Garden Friends Club, provide your membership number and save 10% on tickets to all performances.에서 멤버십 번호를 제시할 경우 모든 공연 티켓에 10% 할인을 받는다고 하므로 (C)가 정답이다.

패러프레이징 save 10% ▶ Receiving a discount

협회의 회원 자격의 이점으로 언급된 것은?

(A) 식물원 입장료가 절감된다.
(B) 특별 행사 초대장을 받는다.
(C) 연극 관람을 위해 할인을 받는다.
(D) 일부 공연자를 만난다. **정답 (C)**

문제 149-150번은 다음 영수증을 참조하시오.

> (149) Henry's
> 8 Main Street
> Haddam, CT 06424
> 959-555-2290
>
> | 8월 9일 | 2:23 P.M. |
> |---|---|
> | 계산원 | Kenny |
> | (149) 출입문 자물쇠 교체 | $12.95 |
> | (149) 추가 열쇠, 2개 | $3.50 |
> | (149) 욕실 세면대 수도꼭지 | $37.45 |
> | (149) 전기 사포 | $45.98 |
> | 소계 | $99.88 |
> | 판매세(6%) | $5.99 |
> | 총액 | $105.87 |
> | 받은 금액 | $120.00 |
> | 잔돈 | $14.13 |
>
> (150) 휘발유 동력 장비 및 기프트 카드를 제외한 모든 품목은 최초 구매일로부터 30일 이내에 반환할 수 있습니다. 30일 이내에 반환된 모든 품목에 대해 구매 금액에 상응하는 상점 크레딧이 발행됩니다. 온라인 구매에 대한 배송 및 취급비는 환불되지 않습니다.

표현 정리 cashier 출납원 replacement 교체 door lock 출입문 자물쇠 additional 추가의 faucet (수도)꼭지 electric 전기의 sander 전기 사포 subtotal 소계 change 동전, 잔돈 equipment 장비 return 반환하다 original 원래의 equivalent to ~에 상응하는 issue 발급하다 handling 취급 refund 환불하다

149. 추론 문제

해설 질문의 키워드인 Henry's는 영수증 상단에 나온다. 여기서 취급하는 품목을 보면, door lock, key, sink faucet, sander와 같이 각종 철물 도구를 판매하므로 (B) A hardware store가 정답이다. locksmith는 열쇠수리공을 의미한다.

Henry's는 어떤 유형의 업체인가?

(A) 공예품 공급점
(B) 철물점

(C) 열쇠 수리공
(D) 자동차 부품점   정답 (B)

150. Not/True 문제

해설 영수증 하단 중 All items, except gasoline-powered equipment and gift cards, can be returned within 30 days of their original purchase date.에서 휘발유 동력 장비는 반환 대상이 아니므로, 이를 일부 장비는 반환할 수 없다고 표현한 (B)가 정답이다. A store credit equivalent to the amount of the purchase will be issued for all items returned within 30 days.에서 구매 금액에 상응하는 크레딧이 발급되므로 현금 환불을 한다는 (A)는 오답이다. Shipping and handling for online purchases will not be refunded.에서 온라인 구매품에 대한 배송 및 취급비용이 환불 대상이 아닌 것이지, 온라인 주문 품목에 대해 환불을 받을 수 없다는 말은 아니므로 (D)는 오답이다.

상점 정책에 대해 사실인 것은?

(A) 환불은 현금으로 발급된다.
(B) 특정 제품은 반환할 수 없다.
(C) 기프트 카드를 사용하여 배송비를 지불할 수 없다.
(D) 온라인 주문은 환불 대상이 아니다.   정답 (B)

문제 151-152번은 다음 대화형 문자 메시지를 참조하시오.

Blakemore, Carla	[9:32 A.M.]

Jake, (151) 저는 댈러스에서 다음 비행기를 기다리고 있는데, 방금 파일 챙겨오는 것을 잊었다는 사실을 알게 되었어요. 그 파일은 고객과의 회의에 필요합니다. 저에게 보내줄 수 있는 방법이 있을까요?

Truman, Jake   [9:34 A.M.]
물론이죠. 어떤 파일인가요?

Blakemore, Carla   [9:35 A.M.]
Hampton 계정에 로그인해 보세요. "Financials"라고 표시된 폴더를 클릭하시면 됩니다.

Truman, Jake   [9:36 A.M.]
알겠습니다.

Blakemore, Carla   [9:37 A.M.]
어제 날짜가 적힌 파일입니다.

Truman, Jake   [9:39 A.M.]
(152) 방금 파일을 첨부해서 이메일을 보냈습니다. 다른 것이 필요하면 알려주세요.

Blakemore, Carla   [9:43 A.M.]
(152) 최고예요! 피닉스에 도착해서 호텔에 체크인하면 연락드리겠습니다.

표현 정리 flight 항공편 account (정보 서비스) 이용 계정 labeled 표를 붙인 attach 첨부하다 check in (호텔에) 투숙하다, 체크인하다

151. 세부사항

해설 Ms. Blakemore의 첫 대화 중 I'm in Dallas waiting for my next flight에서 다음 비행기를 기다리고 있다고 하므로 공항에 있음을 알 수 있다. 따라서 정답은 (C)이다.

Ms. Blakemore는 어디에 있는가?

(A) 회의에
(B) 호텔에
(C) 공항에
(D) 사무실에   정답 (C)

152. 의도 파악 문제

해설 Mr. Truman의 마지막 대화 중 I just sent you an e-mail with the file attached.에서 Ms. Blakemore가 원하는 파일을 이메일로 첨부해주었다고 한다. 이에 대해 Ms. Blakemore가 You're the best!라고 응수하므로 고마움을 표현한다는 (D)가 정답이다.

오전 9시 43분에 Ms. Blakemore가 "You're the best"라고 말한 이유는?

(A) 아마도 더 많은 파일이 필요할 것이다.
(B) Mr. Truman을 고용하고 싶어한다.
(C) Mr. Truman의 이메일 작성법을 좋아한다.
(D) Mr. Truman의 도움에 고마워한다.   정답 (D)

문제 153-155번은 다음 광고를 참조하시오.

Alpha 자동차 유리

50여 년 간 피츠버그에서 가장 신뢰받는 자동차 유리 전문가로 활약해 왔습니다.

다음은 저희의 전문 분야입니다.

· 앞 유리 균열 수리
· (153) 전체 앞 유리 교체
· 측면 및 후면 유리 교체
· 다양한 색조의 선팅

대부분의 서비스는 1시간 이내에 완료될 수 있습니다.

9개 지점 중 한 곳에 서비스를 예약하시려면 1888-555-5943번으로 전화해 주십시오. (155C) 본 광고를 언급하시고 청구서에 5% 할인을 받으시기 바랍니다.*

너무 바빠서 자동차를 가져올 시간이 안 되시나요? (153) 저희는 이제 이동 서비스를 제공합니다. 정규 서비스를 수행하기 위해 고객님의 댁이나 직장에 방문할 것입니다. (154) 자세한 내용은 www.alphaglass.com을 확인하십시오.

*(155A) 본 혜택은 3월 15일부터 6월 15일까지 유효합니다. (155B) 고객당 1회 할인으로 제한합니다.

표현 정리 trusted 신뢰받는 specialist 전문가 specialize in ~을 전문으로 하다 windshield 바람막이 창, 전면 유리 chip (그릇이나 연장의) 이가 빠진 흔적 complete 완전한, 완성하다 replacement 교체 rear 뒤의 tinting 착색(着色) a range of 다양한 location 위치, 장소 bill 청구서 perform 실행하다 details 세부사항 good 유효한

153. 추론 문제

해설 먼저 이곳의 전문 분야로 소개된 것 중 Complete windshield replacement에서 앞 유리 교체가 명시된다. 다음으로 마지막 단락 중 We now offer a mobile service.에서 이제 이동 서비스를 제공한다고 나온다. 즉, 고객의 집이나 직장을 직접 방문해 서비스를 수행할 수 있다고 하므로 직원들이 이동할 수 있다는 (A)가 정답이다. We now offer a mobile service.에서 현재 서비스를 시행 중이므로 새로운 서비스가 곧 제공될 것이라는 (C)는 오답이다. 지문에 웹사이트 주소가 명시되는데, 이는 온라인 예약이 아닌 온라인에서 새로운 서비스에 대해 참조하는 것이므로 (D)도 오답이다. 본문에 9개 지점이 있다는 말이 있지만, 첫 줄에 For over fifty years, we have been the most trusted auto glass specialists in Pittsburgh.라고 했으므로 최소한 전국에 있다고 보기에는 무리가 있다. 오히려 Pittsburgh에 9개 지점이 산재해 있다고 보는 것이 논리적으로 타당하다. 그래서 (B)는 오답이다.

패러프레이징 mobile service, come to your home or place of work ▶ Its employees can travel

Alpha 자동차 유리에 대해 나타난 것은?

(A) 직원들은 새 앞 유리를 설치하기 위해 이동할 수 있다.

(B) 회사는 전국에 지점을 가지고 있다.
(C) 새로운 서비스가 곧 제공될 것이다.
(D) 고객은 온라인으로 예약해야 한다. 　　　　　정답 (A)

154. 세부사항

해설　마지막 문장 Check out www.alphaglass.com for details.에서 서비스의 세부사항 참조를 위해 온라인을 방문하는 것이므로 (C)가 정답이다.

패러프레이징 **Check out ~ for details ▶ Learn more**

광고에 따르면 독자는 회사 웹사이트에서 무엇을 할 수 있는가?

(A) 특정 색상을 선택한다.
(B) 고객 후기를 읽는다.
(C) 서비스에 대해 더 많이 안다.
(D) 쿠폰을 다운로드한다. 　　　　　정답 (C)

155. Not/True 문제

해설　광고에 *표시로 된 마지막 문장 *Offer good from March 15 through June 15.에서 한시적으로 이용 가능하므로 (A)는 사실이다. Limit one discount per customer.에서 고객당 1회 할인으로 제한되므로 (B)도 사실이다. 지문 중반부 중 역시 *표시가 된 Mention this advertisement and save 5% off your bill.*에서 광고 내용을 언급하면 할인을 받는다고 하므로 (C)도 사실이다. 일부 서비스가 적용되지 않는다는 내용은 찾을 수 없으므로 (D)가 정답이다.

패러프레이징 **good from March 15 through June 15 ▶ available for a limited time / Limit one discount ▶ only be used once / Mention this advertisement ▶ talk about the advertisement**

광고된 할인에 대해 언급되지 않은 것은?

(A) 제한된 시간 동안 이용할 수 있다.
(B) 한 번만 사용할 수 있다.
(C) 고객은 광고에 대해 이야기해야 한다.
(D) 일부 서비스에는 적용되지 않는다. 　　　　　정답 (D)

문제 156-158번은 다음 이메일을 참조하시오.

수신: Elizabeth Kelley ⟨e.kelley@lightfoot.com⟩
발신: Frances Patterson ⟨f.patterson@lightfoot.com⟩
날짜: 4월 22일
제목: 직책 #49045

Ms. Kelley 귀하,

(156) 귀 부서에 인력을 채우고자 하는 행정 보조 직책에 대해 문의해 주셔서 감사합니다. (157) 귀하가 제공한 정보는 회사 웹사이트의 채용 공고를 작성하기에 충분합니다. 귀하의 요청에 따라 게시물은 5월 1일부터 5월 30일까지 공개됩니다. 게시물이 삭제되면 제출된 모든 지원서의 디지털 버전을 보내드립니다. (158) 저희 사무실의 Stacy Bergson에게 연락하여 인쇄본을 요청하실 수 있습니다. 그녀가 귀하의 요청을 이행하는 데 최대 24시간이 소요됩니다. 자료는 사내 우편을 통해 전달되거나 저희 사무실에서 수령하실 수 있습니다. 또한 인터뷰 준비에 도움을 드릴 수 있습니다.

감사합니다.

Frances Patterson
(158) 인사부
Lightfoot Corporation

표현 정리 **administrative** 관리[행정]상의 **assistant** 조수 **position** 직책 **fill** 채우다 **sufficient** 충분한 **job posting** 구인 광고 **make public** (대중 매체를 통해) 일반에게 알리다 **remove** 삭제하다 **application** 신청(서)

fulfill 이행하다 **interoffice mail** 사내 우편 **assistance** 지원

156. 추론 문제

해설　이메일 도입부 Thank you for contacting us about the administrative assistant position you would like to fill in your department.에서 상대방이 자신의 부서에서 일할 행정 보조 직책에 대해 문의했다고 나온다. 뒤이어 이에 대한 채용 공고가 일정 기간 게시될 것이라고 하므로, 구인 공고를 통해 직원을 채용하려는 사람에게 글을 쓴 지문임을 유추할 수 있다. 따라서 정답은 (A) A hiring manager이다.

이메일은 아마도 누구를 대상으로 하겠는가?

(A) 채용 관리자
(B) 웹사이트 디자이너
(C) 구직자
(D) 신입 사원 　　　　　정답 (A)

157. 세부사항

해설　둘째 문장 The information you provided is sufficient for us to create a job posting for the company's Web site.에서 Ms. Kelley가 제공한 채용 정보는 회사 웹사이트에 작성될 것임을 알 수 있다. 뒤이어 나온 As per your request, the posting will be made public from May 1 through May 30.에서는 게시 기간이 언급된다. 따라서 정답은 (C)이다.

행정 보조직에 대해 언급된 것은?

(A) 다음 달에 채워질 것으로 예상된다.
(B) Ms. Patterson이 직원을 관리할 것이다.
(C) 온라인으로 광고될 것이다.
(D) 몇몇 지원서가 접수되었다. 　　　　　정답 (C)

158. 추론 문제

해설　질문의 키워드 Ms. Bergson은 Printed copies can be requested by contacting Stacy Bergson in our office.에 언급된다. 여기서 our office를 통해 이메일 발신인인 Ms. Patterson과 함께 일하고 있음을 알 수 있는데, Ms. Patterson은 하단에 소속이 Human Resources Department로 명시되어 있다. 따라서 Ms. Bergson이 인사부에서 일한다는 (D)가 정답이다.

Ms. Bergson에 대해 제시된 것은?

(A) 컴퓨터를 프로그래밍하는 방법을 알고 있다.
(B) 신입 사원이다.
(C) 구직자를 인터뷰한다.
(D) 인사부에서 일한다. 　　　　　정답 (D)

문제 159-161번은 다음 기사를 참조하시오.

MIDLAND (160B) 7월 2일 – (159/160D) Capitol Paint는 어제 Midland에 새로운 생산 시설을 건립하기 위해 3억 8천만 달러를 투입했다고 발표했다. 애틀랜타에 있는 회사 본사에서 열린 기자 회견에서 CEO인 Marcy Lambert가 이와 같이 발표했다. Ms. Lambert는 "지난해 기록적인 판매를 기록했고, 저희는 현금을 투자해 미래 성장을 위한 여건을 조성하고 싶습니다."라고 말했다. (160B) 공장 건립은 다음 달에 시작될 것으로 예상된다. 완공되면 6,500평방미터 규모의 건물은 매년 최대 1억 5천만 달러 상당의 페인트를 생산하고 (160A) 최소 100개의 일자리를 창출할 것으로 예상된다. (160C/161) 올해 초 이사회가 임명한 Ms. Lambert는 회사에서 지역의 숙련된 인력 외에도 철도 및 주요 고속도로와의 근접성에 따라 Midland를 선택했다고 밝혔다.

표현 정리 **commit** (돈 · 시간을) 쓰다 **production facility** 생산 시설 **press conference** 기자 회견 **corporate headquarters** 회사 본사 **invest** 투자하다 **plant** 공장 **complete** 완성하다 **appoint** 임명하다

board 위원회 based on ~에 근거하여 proximity to ~에 가까움
skilled 숙련된, 노련한 workforce 노동재[직원]

159. 주제/목적 찾기 문제

해설 첫 문장 Capitol Paint announced yesterday that the company
has committed $380 million to build a new production facility in
Midland.에서 Capitol Paint 사가 Midland 지역에 새로운 생산 시설을 건립
하고자 한다는 내용이 나온다. 따라서 사업 확장을 보도한다는 (D)가 글의 목
적으로 적절하다.

**패러프레이징 build a new production facility ▶ business
expansion**

기사의 목적은 무엇인가?

(A) 회사의 제품을 홍보하기 위해
(B) 새로운 기업 리더를 발표하기 위해
(C) 지역 경제 상황을 분석하기 위해
(D) 계획된 사업 확장에 대해 보도하기 위해   정답 (D)

160. Not/True 문제

해설 지문 후반부 Once completed, the 6,500-square-meter
building is expected to produce up to $150 million worth of paint a
year and will create at least 100 jobs.에서 공장이 완공되면 100여 개
의 일자리가 창출된다고 하므로 이곳에서 일할 신입사원을 채용한다는 (A)는
사실이다. MIDLAND (July 2)에서 기사 작성일은 7월인데, Construction
of the plant is expected to start next month.에서 공장 건립이 다음달
이라고 하므로 8월에 시작한다는 (B)는 사실이다. 첫 문장 Capitol Paint
announced yesterday that the company has committed $380
million to build a new production facility in Midland.에서 투자 금액
이 약 4백만 달러라는 (D)도 확인할 수 있다. 마지막 문장 Ms. Lambert,
who was appointed by the board earlier this year, stated that her
company chose the location ~에서 Ms. Lambert는 올해 초에 임명되
었고, 본문 첫 줄에 보면, 어제 회사의 계획을 발표했으므로 전임 CEO가 선
정했다는 (C)가 사실과 달라 정답이다.

**패러프레이징 Construction of the plant is expected to start ▶
Work on the building will commence / create at least 100
jobs ▶ New employees will be hired / the company has
committed $380 million ▶ Almost $400 million will be spent**

새로운 페인트 공장에 대해 언급되지 않은 것은?

(A) 그곳에서 일하게 될 신입 사원이 채용될 것이다.
(B) 건물 공사는 8월에 시작할 것이다.
(C) 공장 위치는 전임 CEO에 의해 선정되었다.
(D) 거의 4억 달러가 공장 건립에 사용될 것이다.   정답 (C)

161. 추론 문제

해설 기사글 마지막 문장 Ms. Lambert, who was appointed by the
board earlier this year, stated that her company chose the location
based on proximity to a rail line and major highways in addition to
the skilled workforce in the area.에서 the location, the area가 새로운
공장이 건립되는 Midland로 이곳이 선정된 이유는 철도선과 주요 고속도로가
가깝기 때문이라고 나온다. 이에 대해 교통 인프라가 양호하다고 표현한 (B)가
정답이다.

**패러프레이징 proximity to a rail line and major highways ▶
good transportation infrastructure**

Midland에 대해 제시된 것은?

(A) 곧 새로운 본사 건물이 생길 것이다.
(B) 교통 인프라가 양호하다.
(C) 지역에 다른 페인트 회사가 있다.
(D) Ms. Lambert의 고향이다.   정답 (B)

수신: 전 직원 〈all@tampacorp.com〉
발신: David Leonard 〈david.leonard@tampacorp.com〉
날짜: 10월 1일
제목: 공사

전 직원에게,

지난 3개월 동안 12명 이상의 직원이 자동 경보 시스템에 대해 저에게
연락해왔습니다. 이 시스템은 알림, 마감일, 경고 및 기타 메시지를 직
원의 전화로 직접 보내도록 설계되었습니다. (164) 회사 휴대 전화를
발급받은 직원들에게 이 시스템은 필수입니다.

작년에 우리는 경보 시스템을 운영하기 위해 새로운 공급업체인
Campos로 바꿨습니다. 무엇보다도 Campos는 관리자가 직원들
간에 메시지를 빠르게 유포하는 데 사용할 수 있는 양식을 만들어 시스
템에 가치를 더했습니다. 그럼에도 불구하고 일부 직원은 시스템에서
누락되었습니다. 이들 직원은 등록했지만 알림 내용을 받지 못했습니
다. 저는 이 문제의 원인을 찾기 위해 Campos와 긴밀히 협력하고 있
습니다. (162) 설명을 듣는 대로 알려 드리겠습니다.

(163) 그 사이에 자동 경보 시스템에 대해 궁금한 점이 있거나 적시에
메시지를 받지 못한다고 생각되면, 저에게 직접 이메일을 보내 주시기
바랍니다.

고맙습니다.

David Leonard
(163) IT 부서, 부서장
Tampa Corporation

표현 정리 automated 자동화된, 자동의 **alert system** 경보 시스템
reminder 상기시키는[생각나게 하는] 것 **warning** 경고 **directly** 직접, 바로
mandatory 법에 정해진, 의무적인 **issue** 발급하다 **switch to** ~으로
바뀌다 **vendor** (특정한 제품) 판매 회사 **operate** (기계를) 가동[조작]하다
distribute 배포하다 **drop** (~에서) ~을 빼다[빠뜨리다] **register** 등록하다
assure 장담하다, 확인[확약]하다 **closely** 긴밀히 **explanation** 설명
in a timely manner 시기 적절하게

162. 주제/목적 찾기 문제

해설 신규 공급업체와 협력해 새로운 자동 알림 시스템을 사용하고 있는데,
일부 직원들이 시스템에 등록했음에도 누락되었다는 내용이 나온다. 이에 대
해 둘째 단락 마지막 문장 As soon as I have an explanation, I will let
you know.에서 공급사와 논의해 문제의 원인을 알아내면 알려주겠다고 하므
로, 우려에 대응한다는 (B)가 이메일을 보낸 이유로 가장 적절하다. 아직 원인
을 아는 것은 아니므로 이를 설명한다는 (A)는 오답이다.

이메일을 보낸 이유는?

(A) 문제의 원인을 설명하기 위해
(B) 우려에 대응하기 위해
(C) 계약업체를 소개하기 위해
(D) 정책에 대한 의견을 요청하기 위해   정답 (B)

163. 세부사항

해설 이메일 마지막 문장 In the meantime, if you have any questions
about the automated alert system or believe that you are not
receiving messages in a timely manner, please e-mail me directly.
에서 문제가 있을 때 자신에게 이메일을 보내라고 하는데, 이메일 발신인은 하
단에 나온 David Leonard로 이 사람의 직책은 Director, IT Department로
나온다. 즉, IT 부서의 책임자이므로 (C)가 정답이다.

**패러프레이징 e-mail ▶ Reach out to / Director, IT Department ▶
IT department head**

이메일에 따르면, 직원들이 경보 시스템에 대한 자세한 정보를 원하면 어떻게 해야 하는가?

(A) 계약업체에 문의한다.
(B) 양식을 작성한다.
(C) IT 부서장에게 연락한다.
(D) 문자 메시지를 보낸다. 　　　　　　　　　　정답 (C)

164. 문장 위치 문제

해설 지문의 흐름상 주어진 문장이 들어가기에 가장 적절한 곳을 고르는 문제이다. 제시된 문장의 All other employees에서 other라는 말이 있기 때문에, 이 문장 앞에 특정 직원에 관한 언급이 나와야 한다. [1] 바로 앞 문장 The system is only mandatory for employees who are issued a company cell phone.에서 회사 휴대폰을 발급받은 직원들이 'some employees'에 해당하고, 뒤에 All other employees로 시작하는 제시된 문장이 들어가면 '회사 휴대폰을 발급받은 직원들은 필수이고, 다른 나머지 직원들도 사용을 적극 권장한다'로 자연스러운 흐름을 만들 수 있다. 따라서 (A) [1]이 정답이다.

[1], [2], [3], [4]로 표시된 위치 중 다음 문장이 들어가기에 가장 알맞은 곳은?

"다른 모든 직원들도 참여하도록 적극 권장합니다."

(A) [1]
(B) [2]
(C) [3]
(D) [4] 　　　　　　　　　　정답 (A)

문제 165-167번은 다음 팸플릿을 참조하시오.

Mark Twain 리버보트 크루즈

리버보트를 타고 유유자적하게 장엄한 미시시피 강을 탐험해 보세요. 19세기의 유명 양식을 모방하여 건조된 완벽한 현대식 선박으로 모든 최신 기술과 편의시설을 갖추고 있습니다. (165A) 선상 동물 연구가와 역사가들의 대담으로 강, 서식지, 그리고 역사가 생생히 전달됩니다. 저희 크루즈 여행은 결코 잊지 못할 경험입니다.

모든 선박은 킹 사이즈 베드, 욕조가 완비된 욕실, 전용 발코니가 있는 럭셔리 2인용 전용실을 (167) 포함합니다. 친절한 승무원과 스태프로부터 격조 높은 서비스를 받으실 수 있습니다. (165D) 넓은 다이닝 공간에서 맛있는 아침, 점심 및 저녁 식사가 매일 제공됩니다. 모든 선박에는 셀프 서비스 스낵 바와 음료 냉장고를 갖춘 라운지가 있습니다. 또한 (165B) 매일 밤 라이브 극장, 음악, 댄스 공연이 펼쳐집니다.

다음 크루즈 여행 중에서 선택해 보십시오.

• 상류 미시시피 크루즈(8일)
　세인트 루이스 출발 세인트 폴 도착, 6개 항구에서 정차

• 하류 미시시피 크루즈(7일)
　뉴올리언스 출발 멤피스 도착, 5개 항구에서 정차

• 미시시피 델타 크루즈(3일)
　배턴 루즈 출발 멕시코만 도착, 뉴올리언스로 회항, 2개 항구에서 정차

• 그랜드 미시시피 크루즈(15일)
　세인트 폴 출발 뉴올리언스 도착, 12개 항구에서 정차

크루즈 이전 및 이후 패키지를 구매하여 휴가를 연장하고 주요 항구 도시를 더 자세히 탐험해 보시기 바랍니다.

(166) 10개월 전에 크루즈를 예약하시면 특별 할인된 "얼리 버드" 요금 혜택을 받으실 수 있습니다. 정보를 더 얻으시려면 1-888-555-0322로 문의해 주십시오.

표현 정리 mighty 장대한, 웅장한 at a leisurely pace 여유있는 속도로 aboard (배·기차·비행기 등에) 탄, 탑승[승선]한 fully 완전히, 충분히 feature 특별히 포함하다, 특징으로 삼다 latest 최신의 amenity 편의 시설 on-board 선상(船上)의 naturalist 동식물 연구가, 박물학자 habitat 서식지 luxurious 호화로운 stateroom (큰 배의) 개인 전용실 graceful 우아한 friendly 친절한 crew 승무원 daily 매일 spacious 널찍한 vessel (대형) 선박[배] beverage 음료 performance 공연 following 다음의 port 항구 extend 연장하다 ahead of time 예정보다 빨리 rate 요금

165. Not/True 문제

해설 첫 단락 후반부 Talks by on-board naturalists and historians bring the river, its habitats, and its history to life.에서 전문가 강연이 포함되므로 (A)는 맞다. 둘째 단락 Delicious breakfasts, lunches, and dinners are served daily in our spacious dining rooms.에서 하루 3끼 식사가 제공되므로 (D)도 맞다. 같은 단락 마지막 문장 Plus, there is live theater, music, or dance performances every night.에서 밤에 공연이 펼쳐지므로 (B)도 맞다. Mississippi Delta Cruise (3 days)는 1주일 여행은 아니므로 (C)가 정답이다.

패러프레이징 Talks by on-board naturalists and historians ▶ Lectures by experts / live theater, music, or dance performances every night ▶ Nightly entertainment / breakfasts, lunches, and dinners are served daily ▶ Three meals a day

모든 크루즈에 포함되지 않은 것은?

(A) 전문가 강연
(B) 야간 엔터테인먼트
(C) 일주일 전체 여정
(D) 하루 세 끼 식사 　　　　　　　　　　정답 (C)

166. 세부사항

해설 광고 마지막 문단 중 Book your cruise ten months ahead of time and receive special reduced "early-bird" rates.에서 얼리 버드 요금은 10개월 전에 예약하면 가능하므로 (A)가 정답이다. 전화를 하는 것은 정보를 더 얻으려고 하는 것이지, 전화를 하는 것이 할인을 받는 직접적인 방법이 될 수 없다. 그러므로 (C)는 오답이다.

패러프레이징 Book ~ ahead of time ▶ making a reservation well in advance

광고에 따르면, 독자들은 크루즈에서 어떻게 경비를 절감할 수 있는가?

(A) 미리 예약을 함으로써
(B) 전용실을 공유함으로써
(C) 특별한 번호로 전화함으로써
(D) 비수기에 여행함으로써 　　　　　　　　　　정답 (A)

167. 동의어 문제

해설 동사 feature는 '특별히 포함하다, 특징으로 삼다'라는 뜻으로 선박에 킹 사이즈 침대, 완비된 욕실, 개인 발코니를 '포함하다'라는 문맥에 쓰였다. 따라서 (A) include가 의미상 가장 유사하다.

2문단 첫 번째 줄의 단어 "feature"와 의미상 가장 가까운 단어는?

(A) include
(B) look
(C) show
(D) view 　　　　　　　　　　정답 (A)

Fred Bacon	[2:34 P.M.]

(168) 두 분 중 누가 Mike Templeton으로부터 보고서를 받으셨습니까? 그는 어제 오후에 우리 모두에게 보고서를 보내기로 되어 있었습니다.

Sam Lewis	[2:35 P.M.]

제가 화요일 밤에 조사 결과를 계속 작성 중에 있다는 문자 메시지를 그에게서 받았습니다.

Trina Cassidy	[2:36 P.M.]

(169) 언제 끝날지 아시나요?

Sam Lewis	[2:37 P.M.]

(169) 그 이야기는 하지 않았습니다.

Fred Bacon	[2:38 P.M.]

음, 고객은 금요일까지 초안을 원합니다. 실은 제가 고객에게 직접 전달하겠다고 말했습니다. 그래서 우리는 그 전에 뭔가 준비되어 있어야 합니다.

Sam Lewis	[2:39 P.M.]

(170) Mike에게 알리도록 하겠습니다.

Fred Bacon	[2:40 P.M.]

그 사이에 Trina, (171) 고객의 경쟁사에 대해 우리가 가지고 있는 재무 데이터를 작성할 수 있나요? 회의에 그것도 가지고 갔으면 합니다.

Trina Cassidy	[2:41 P.M.]

회사별로 분류하기를 원하세요, 아니면 연도별로 분류하기를 원하세요?

Fred Bacon	[2:42 P.M.]

시간이 있다면 둘 다요.

Trina Cassidy	[2:43 P.M.]

(171) 알겠습니다. 바로 시작할게요.

표현 정리 be supposed to ~하기로 되어 있다 investigation 조사[연구] draft 원고, 초안 deliver 배달하다 in person 직접 compile (여러 출처에서 자료를 따와) 엮다, 편집[편찬]하다 financial 재정적인 competitor 경쟁업체 sort 분류하다, 구분하다

168. 세부사항

해설 Fred Bacon의 첫 대화 Did either of you receive the report from Mike Templeton?에서 직원으로부터 보고서를 받았는지 묻고 있다. 따라서 보고서 서류에 대해 문의한다는 (A)가 연락한 이유로 가장 적절하다.

패러프레이징 the report ▶ a document

Mr. Bacon이 다른 대화자들에게 연락한 이유는?

(A) 서류에 관해 문의하기 위해
(B) 이메일에 대한 후속 조치를 취하기 위해
(C) 자신의 진행 상황을 보고하기 위해
(D) 프로젝트를 개발하기 위해   정답 (A)

169. 의도 파악 문제

해설 Sam Lewis는 Mike Templeton으로부터 조사 결과를 작성 중이라는 문자 메시지는 받았지만(I got a text message from him Tuesday night saying he was still writing up the results of his investigation.), 언제 보고서가 완료될지에 대한 Trina Cassidy의 질문(Any idea when he will be done?)에 시기는 말하지 않았다고 말하므로 완료 시기는 모른다는 의미로 말하고 있음을 알 수 있다. 따라서 정답은 (D)이다.

패러프레이징 the results of his investigation ▶ a task / be done ▶ be completed

오후 2시 37분에 Mr. Lewis는 왜 "He didn't say"라고 말하는가?

(A) 그는 보고서에 대해 질문하는 것을 잊었다.
(B) 그는 잘못된 사람과 이야기했다.
(C) 그는 대화를 서둘러 끝내야 했다.
(D) 그는 업무가 언제 완료될지 모른다.   정답 (D)

170. 세부사항

해설 Fred Bacon 2:38 P.M. 대화 중 고객이 금요일까지 초안이 필요한데, 자신이 직접 전달하기로 되어 있어서 그 전에 보고서가 완료되어야 한다는 내용에 Sam Lewis가 I'll let Mike know.라고 응수하므로, 동료에게 연락하겠다는 (B)가 정답이다.

패러프레이징 let Mike know ▶ Contact a colleague

Mr. Lewis는 무엇을 하는 데 동의하는가?

(A) 보고서를 수정한다.
(B) 동료에게 연락한다.
(C) 청구서를 지불한다.
(D) 고객과 만난다.   정답 (B)

171. 추론 문제

해설 Fred Bacon 2:40 P.M. 대화 중 Trina에게 고객 경쟁업체의 재무 데이터를 작성(can you compile the financial data we have on our client's competitors)하라는 요청에 Trina Cassidy가 마지막에 Sure, I'll get started right away.라고 응수하므로 바로 이 작업에 돌입할 것을 알 수 있다. 따라서 정답은 (C)이다.

패러프레이징 compile the financial data ▶ Organize some information

Ms. Cassidy는 아마도 다음에 무엇을 할 것인가?

(A) 두 회사를 조사한다.
(B) 모임의 일정을 정한다.
(C) 일부 정보를 만든다.
(D) 대회에 참가한다.   정답 (C)

문제 172-175번은 다음 메모를 참조하시오.

(175) 발신: James Bissel, 생산 관리자
수신: 모든 생산 직원
제목: 응급 처치 교육
날짜: 1월 10일

Campbell Hospital은 다음 달에 직장 응급 처치 수업을 제공할 예정입니다. 안전은 이 공장에서 주요 목표 중 하나이므로, 모두들 기본 응급 처치 수업 참여를 고려해야 할 것으로 생각합니다. 이 수업에서는 참가자들이 응급 상황에 대응하고, 일반적인 부상을 치료하며, 심폐 소생술을 수행하는 방법을 배우게 됩니다. 이 수업은 자격증이 있는 간호사가 가르치며 모든 정부 작업장 안전 기준을 준수합니다. (173) 수업을 성공적으로 이수한 사람은 1년 동안 기본 응급 처치 자격증이 부여됩니다.

(173) 올해 초, 보안 책임자인 Lionel Manfred는 이 수업과 고급 수업을 모두 통과했습니다. 그는 이 수업에서 배운 기술을 여러 차례 활용했기 때문에, 저에게 이를 강력히 추천했습니다.

(172) 수업은 2월 8일 토요일 오전 9시부터 오후 3시까지 Macondo Community Center에서 진행됩니다. www.firstaid.org에서 지역적으로 제공되는 본 수업 및 기타 응급 처치 수업에 대해 자세히 알아볼 수 있습니다.

(175) 수업 참석에 관심이 있으시면 제 사무실에 가입 신청서가 있습니

다. 기본 수준의 수업료는 보통 $125입니다. 최소 20명의 직원이 신청한 경우 1인당 $100의 특별 기업 요금을 받을 수 있습니다. (174) **직원은 수업료를 선불로 지불해야 합니다.** 자격증을 받으면 연간 자격증 재발급은 단 한 시간이 걸리며 비용은 $20입니다.

표현 정리 first-aid 응급 치료의 safety 안전 primary 주된, 주요한 participant 참가자 respond to ~에 대응하다 common 일반적인 perform 수행하다 CPR 심폐소생술 licensed 면허증[자격증]을 소지한 standard 기준 complete 완료하다 certify 자격증[면허증]을 교부하다 advanced 고급[상급]의 strongly recommend 적극 권장하다 utilize 활용[이용]하다 occasion (특별한) 행사[의식/축하] be held 열리다 attend 참석하다 normally 보통 be eligible for 자격이 있다 corporate 기업[회사]의 rate 요금 up front 선불로 annual 연례의

172. 세부사항

해설 첫 단락 둘째 문장 중 I think everyone should consider taking basic first aid.에서 질문의 키워드인 basic first aid가 나오고 메모 내용이 이 수업 참여에 관한 것임을 알 수 있다. 셋째 단락 첫 문장 The class will be held at the Macondo Community Center on Saturday, February 8, from 9:00 A.M. to 3:00 P.M.에서 이 수업은 토요일 단 하루 실시되므로 (B)가 정답이다. 개최 장소는 Macondo Community Center이므로 medical center에서 열린다는 (A)는 오답이다. 이 글은 To: All Production Employees에서 볼 수 있듯이 생산 직원에게 쓴 글이므로 office workers는 맞지 않다. 그래서 (D)는 오답이다.

기본 응급 처치 수업에 대해 언급된 것은?

(A) 의료 센터에서 진행된다.
(B) 하루 동안 제공된다.
(C) 내년에 반복될 것이다.
(D) 사무실 근로자에게 요구된다. 　　　　　　**정답 (B)**

173. 추론 문제

해설 질문의 키워드 Mr. Manfred는 둘째 단락 첫 문장 Earlier this year, Lionel Manfred, our security director, passed this class as well as the more advanced one.에 나오며 이 사람은 기본 응급 처치와 상급 응급 처치 모두를 통과했다고 나온다. 첫 단락 마지막 문장 Anyone successfully completing the class will be certified in basic first aid for one year.에서 이 기본 수업을 이수하면 자격증이 부여된다고 하므로 (A)가 정답이다.

패러프레이징 be certified ▶ earned a credential

Mr. Manfred에 대해 암시된 것은?

(A) 자격증을 받았다.
(B) Mr. Bissel을 감독한다.
(C) CPR을 받아야 했다.
(D) 응급 처치 수업을 진행할 것이다. 　　　　**정답 (A)**

174. 문장 위치 문제

해설 주어진 문장에는 접속부사 However가 나오고, 이 뒤로 자격증을 받은 직원에게 회사에서 수업료를 환급해 준다는 내용이 나온다. 이 문장과 연결이 되려면, 앞 문장에는 수업료에 대한 내용이 언급이 되어야 한다. [4]번 앞 Employees must pay for the course up front.에서 직원들이 수업료를 선불로 결제해야 한다고 나온다. 따라서 주어진 문장이 (D) [4]에 들어가는 것이 적절하다.

[1], [2], [3], [4]로 표시된 위치 중 다음 문장이 들어가기에 가장 알맞은 곳은?

"그러나 회사는 자격증을 받는 직원에게 수업료 전액을 환급해 줄 것입니다."

(A) [1]
(B) [2]
(C) [3]
(D) [4] 　　　　　　　　　　　　　　**정답 (D)**

175. 세부사항

해설 마지막 문단 첫 문장 If you are interested in attending the class, I have a signup sheet in my office.에서 수업에 참여하고 싶으면 자신의 사무실을 방문하라고 하는데 여기서는 메모 발신인인 James Bissel이다. 따라서 Mr. Bissel의 사무실을 방문한다는 (C)가 정답이다.

관심있는 직원은 무엇을 하도록 요청 받는가?

(A) 온라인 양식을 작성한다.
(B) $125 수표를 작성한다.
(C) Mr. Bissel의 사무실을 방문한다.
(D) 병원에 연락한다. 　　　　　　　　　**정답 (C)**

문제 176-180번은 다음 기사와 이메일을 참조하시오.

로스앤젤레스 (6월 8일)-(179) **안락함과 모험의 균형을 약속하는 소규모 가족 친화적인 리조트인 Pitaya가 지난 주 카우아이에 첫 선을 보였다.** 울창한 열대 우림 덕분에 "Garden Isle"로 알려진 카우아이는 하와이 제도에서 가장 오래된 섬이다. 85헥타르의 산림에 위치한 Pitaya는 48개의 개인 별채로 이루어져 있으며 일반 (176) 음식과 하와이 특선 요리를 모두 제공하는 레스토랑을 갖추고 있다.

Pitaya는 Sundara Incorporated 사가 소유하고 운영한다. 로스앤젤레스에 본사를 둔 이 호텔 기업은 캘리포니아와 멕시코에 12개의 호텔을 보유하고 있을 뿐 아니라 하와이 제도에 2개의 추가 리조트를 소유하고 있다. (177) **최대 규모의 Royale은 2015년 오아후 섬에,** (180) **이듬해 Marlin은 마우이 섬에 문을 열었다.** 네 번째 Kumu는 내년에 빅 아일랜드에 첫 선을 보일 예정이다.

(177) **Sundara 사의 모든 하와이 리조트에는 수영장, 개인 전용 해변 및 라이브 엔터테인먼트가 포함된다.** 또한 Pitaya는 다양한 모험 활동을 제공한다. 이에 따라 이용객은 스노클링, 스쿠버 다이빙 또는 서핑을 배울 수 있다. 가이드가 진행하는 카약과 하이킹 여행도 이용할 수 있다.

수신: abenson@pitaya.com
발신: kheller@techman.net
날짜: 7월 8일
제목: 가족 휴가

Mr. Benson 귀하,

(180) **남편과 저는 Marlin이 오픈한 해에 그곳에 머물렀는데 무척 마음에 들었습니다.** 그곳에 머물렀던 한 부부는 다른 섬 방문을 추천했습니다. (179) **저희는 이제 두 명의 어린 자녀가 있으므로, 귀사의 최신 리조트에 대해 알게 되어 기뻤습니다.** 저희는 9월 또는 10월 중 1주일의 휴가를 계획하고 있습니다. 웹사이트에서 일정을 보았지만 8월까지 요금 및 이용 여부에 대한 정보만 찾을 수 있었습니다. 어떤 이유인지 그 후의 달을 클릭하면 오류 메시지만 표시됩니다. (178) **제가 언급한 기간 동안 이용 가능한 상품과 경비를 알려주시겠습니까?**

감사합니다.

Kristin Heller

표현 정리 family-friendly 가정 친화적인 comfort 편안, 안락 known as ~로 알려진 lush 무성한, 우거진 rain forest 열대 우림 forested 숲으로 뒤덮힌 property 부동산, 건물 consist of ~로 구성되다 cottage 작은 집 fare 식사[음식] own 소유하다 operate 운영하다 hospitality 환대, 후한 대접, (회사 등의 기관에서 하는) 접대 an array of 다수의 available 이용 가능한

176. 동의어 문제

해설 fare는 여기서 뒤에 나온 specialties와 호응을 이루는데, restaurant에서 제공하는 것이므로 '일반 음식'과 '하와이 특선 요리'임을 알 수 있다. 따라서 (A) cuisine이 의미상 가장 유사하다.

기사에서, 1문단 여덟 번째 줄의 단어 "fare"와 의미상 가장 가까운 단어는?

(A) cuisine
(B) entertainment
(C) fees
(D) travel

정답 (A)

177. 추론 문제

해설 질문의 키워드 Royale이 언급되는 첫 지문 둘째 단락 셋째 문장 The largest, Royale, opened on the island of Oahu in 2015.에서 Royale은 최대 규모로 오아후 섬에 문을 열었다고 했고, 셋째 단락의 All of Sundara's Hawaiian resorts include swimming pools, private beaches, and live entertainment.에서 개인 전용 해변이 있다고 했기 때문에, 해안에 위치해 있다는 (C)가 정답이다.

Royale에 대해 제시된 것은?

(A) 스쿠버 다이빙 강사가 있다.
(B) 자연 애호가들 사이에서 인기가 있다.
(C) 해안에 위치하고 있다.
(D) 숲에 오솔길이 있다.

정답 (C)

178. 주제/목적 찾기 문제

해설 둘째 지문 마지막 문장 Could you kindly let me know what is available and what it would cost during the timeframe I mentioned?에서 자신이 말한 기간 동안 이용 가능한 상품과 경비를 알려달라고 하므로 정보를 요청한다는 (D)가 정답이다.

Ms. Heller가 Mr. Benson에게 이메일을 쓴 이유는?

(A) 일정 충돌을 알리려고
(B) 예약을 변경하려고
(C) 감사의 표현을 하려고
(D) 정보를 요청하려고

정답 (D)

179. 추론 문제 – 정보 조합

해설 두 지문의 내용을 종합해서 풀어야 하는 연계 문제이다. 이메일 전반부 중 As we now have two small children, we were delighted to find out about your newest resort. We are planning a one-week vacation sometime in September or October.에서 어린 자녀가 생기면서 9–10월에 새로 생긴 리조트에서 휴가를 보내고 싶다고 나온다. 이에 대해 기사글 첫 문장 Pitaya, a small family-friendly resort promising a balance of comfort and adventure, opened last week on Kauai.에서 지난 주 Pitaya가 카우아이에 오픈했다고 하므로, 이들 가족이 휴가를 보낼 장소는 (B) Kauai가 맞다.

Heller 가족은 어디에서 휴가를 보내고 싶어하는가?

(A) 빅 아일랜드
(B) 카우아이
(C) 마우이
(D) 오아후

정답 (B)

180. 추론 문제 – 정보 조합

해설 두 지문의 내용을 종합해서 풀어야 하는 연계 문제이다. 이메일 첫 문장 My husband and I stayed at Marlin the year it opened and loved it.에서 Marlin이 오픈한 해에 이곳을 방문했다고 나오는데, 기사글에서 둘째 문단 중 The following year, Marlin opened on the island of Maui.에서 Marlin은 마우이에 소재하므로 전에 마우이를 방문했다는 (D)가 정답이다.

Heller 부부에 대해 암시되는 것은?

(A) 2년 전에 결혼했다.
(B) 최근에 아이들을 입양했다.
(C) 보통 9월에 휴가를 보낸다.
(D) 전에 마우이를 방문했다.

정답 (D)

문제 181-185번은 다음 웹페이지들을 참조하시오.

ELECTRONICSDIRECT.COM

홈	검색	스페셜	로그인	장바구니	FAQ

개인용 컴퓨터

검색 기준:

유형:
□ 데스크톱 ■ 랩톱 □ 태블릿

상태:
□ 제한 없음 ■ 새 제품 한정 □ 리퍼브 제품 한정

화면 크기:
□ 35cm 미만 (182) ■ **35-40cm** □ 41-50cm □ 51cm 이상

가격대:
(181) ■ **$250 미만** □ $251-400 □ $401-600 □ $601 이상

메모리:
□ 128GB ■ 64GB □ 40GB □ 32GB 더 많은 옵션 표시

(184) **$100 이상 주문품에 대해 무료 3일 배송.**

[지금 검색]

ELECTRONICSDIRECT.COM

홈	검색	스페셜	로그인	장바구니	FAQ

검색 결과: [모두 표시 ▼] 정렬 기준: (184) [가격(낮은 가격순) ▼]

(185) **참고에 현재 재고가 있는 품목을 표시합니다. 재고가 떨어진 품목 또는 타사 판매 제품을 조회하려면 여기를 클릭하십시오.**

□ (182) **Slimbook Lite** (등급: ★★, 후기: 36) $195.99
주요 특징: 실버 케이스, 터치스크린, 웹캠, 4시간 배터리, USB 포트 1개, Max 20 운영 체제
사양 보증 정보

□ Slimbook Pro X (등급: ★★★★, (183) **후기: 182**) $215.99
주요 특징: 실버 케이스, 터치스크린, 웹캠, 5시간 배터리, USB 포트 2개, Max 30 운영 체제
사양 보증 정보

□ Solar ST490 (등급: ★★★, 후기: 5) $229.99
주요 특징: 블랙 케이스, 터치스크린, 4시간 배터리, USB 포트 4개, Sigma 5 운영 체제
사양 보증 정보

□ Freecomp 115 (등급: ★★★★, 후기: 98) $249.99
주요 특징: 블랙 케이스, 터치스크린, 웹캠, 6시간 배터리, USB 포트 2개, Max 30 운영 체제
사양 보증 정보

[비교] [장바구니에 추가]

표현 정리 **search** 검색 **criteria** 기준 **condition** 상태 **refurbish**

(방·건물 등을) 새로 꾸미다[재단장하다] **price range** (상품·증권 등의) 가격폭 **free** 무료의 **shipping** 선적 **order** 주문 **sort** 분류하다. 구분하다 **currently** 현재 **in stock** 비축되어, 재고로 **warehouse** 창고 **out-of-stock** (일시적으로) 재고가 떨어진 **rating** 등급 **review** 후기 **key** 주요한 **feature** 특징 **operating system** 운영 시스템 **specification** (자세한) 설명서, 사양 **warranty** 보증 **compare** 비교하다 **add** 추가하다 **shopping cart** (웹사이트에서) 구매하기 위해 선택한 상품 목록

181. 세부사항

해설 첫 지문, 검색 기준 중 가격대(Price Range)를 보면 $250 미만 제품에 표시되어 있으므로 정답은 (C)이다.

고객이 지불하고자 하는 최대 금액은 아마도 얼마인가?

(A) $200
(B) $225
(C) $250
(D) $400 　　　　　　　　　　　　　　　　　　정답 (C)

182. 추론 문제 – 정보 조합

해설 두 지문의 내용을 종합해서 풀어야 하는 연계 문제이다. 질문의 키워드인 Slimbook Lite는 두 번째 웹페이지에서 조회 품목 중 하나의 제품으로 나온다. 이 제품이 나열된 것은 첫 지문에서 고객이 검색 기준에 이미 지정했기 때문인데, 첫 지문 중 Screen size에서 [x] 35~40cm에 지정이 되어 있으므로 화면 크기가 41cm 미만이라는 (A)가 정답이다.

Slimbook Lite에 대해 나타난 것은?

(A) 화면이 41cm 미만이다.
(B) 반품 및 수리되었다.
(C) 두 가지 색상으로 제공된다.
(D) 가장 비싼 랩톱이다. 　　　　　　　　　　　　　정답 (A)

183. 세부사항

해설 두 번째 웹페이지를 보면, 검색 결과 총 4개의 제품이 조회되는데 이 중에서 Reviews가 가장 많이 달린 제품은 총 182개인 (C) Slimbook Pro X이다.

패러프레이징 feedback ▶ reviews

검색 결과 고객으로부터 가장 많은 의견을 받은 제품은 무엇인가?

(A) Freecomp 115
(B) Slimbook Lite
(C) Slimbook Pro X
(D) Solar ST490 　　　　　　　　　　　　　　　　정답 (C)

184. Not/True 문제 – 정보 조합

해설 두 지문의 내용을 종합해서 풀어야 하는 연계 문제이다. 두 번째 웹페이지에서 Sort by를 보면 낮은 가격순(Price (Low to high))으로 지정이 되어 있고, 상품 목록을 보면 가장 낮은 금액이 $195.99이다. 첫 지문 마지막 하단 Free 3-day shipping on orders of $100 or more.를 보면 $100 이상 주문품은 무료 배송이므로 이들 내용을 종합할 때 고객에게 추가 비용 없이 배달된다는 (B)가 정답이다.

패러프레이징 Free ▶ at no additional cost / shipping ▶ be sent

검색 결과에 명시된 모든 랩톱에 대해 사실인 것은?

(A) 웹사이트가 아닌, 회사가 판매한다.
(B) 추가 비용 없이 고객에게 배송된다.
(C) 화상 통화에 사용할 수 있다.
(D) 거의 동일한 사양을 가지고 있다. 　　　　　　정답 (B)

185. 추론 문제 – 정보 조합

해설 두 번째 웹페이지 상단에 나온 Showing items currently in stock at our warehouses. Click here to show out-of-stock items or products

sold by third parties.에서 목록에 나오는 품목은 현재 재고가 있는 제품이며, 재고가 떨어진 품목이나 타사 제품 판매는 별도로 클릭하라고 나온다. 따라서 추가 품목을 구할 수 있지만 표시되지 않았다고 풀이한 (D)가 정답이다. (C)에서 언급된, 보증에 대한 정보는 본문에 나와있지 않다. 또한, 검색기준에 만족하는 제품이 4개가 나왔을 뿐이지, 화면에 표시될 수 있는 제품이 4개로 한정된 것은 아니다. 그러므로 (B)는 오답이다.

검색 결과에 대해 제시된 것은?

(A) 별이 2개 미만인 항목은 표시되지 않는다.
(B) 4개 제품만 동시에 보여질 수 있다.
(C) 모든 제품은 유사한 보증을 제공한다.
(D) 구매 가능한 랩톱이 더 있을 수 있지만 표시되지는 않았다. 　　정답 (D)

문제 186-190번은 다음 광고와 이메일들을 참조하시오.

Frank's

50여 년 동안 고객에게 서비스를 제공해오고 있습니다

이번 주말 단독!
모든 창문 장착 에어컨 장치의 시즌 종료 세일
(186) 신상 가을 상품의 공간 마련을 위해
여름 전체 재고 상품을 처분해야 합니다
무료 배송 및 설치(지역 제한 적용)*

(187) Frio 2730	LM 7844
현재 $260 (정가 $320)	현재 $320 (정가 $380)
– (187) **꾸준한 베스트셀러 상품 중 하나**	– 〈Home Style〉 잡지 선정 Best Value 상 수상
Palmer 890	Viro 1000
현재 $190 (정가 $220)	현재 $400 (정가 $550)
– 아파트 거주자에게 최적	– 가장 강력한 창문 장착 에어컨

* Medford, Stanley, Winston 및 Middletown의 거주지 주소에서 이용 가능합니다. **(189) 다른 모든 주소에 표준 $25 수수료가 적용됩니다.**

수신: Deborah Vance 〈d.vance@blueskynet.com〉
발신: Kevin Sykes 〈kevin@franks.com〉
날짜: 8월 19일
제목: Frank's에서의 구매

Ms. Vance 귀하,

시즌 종료 세일 기간 동안 Frank's에서 쇼핑해 주셔서 감사합니다. **(187/190) Frio 2730** 에어컨은 내일 오전 11시 30분에 배송될 예정입니다. 설치는 일반적으로 10분에서 20분 정도 소요됩니다. **(189) Edgewood**의 6B Macon Street에 에어컨을 배송할 것입니다. **(188) 이 주소가 정확한 것입니까?** 제 지도 소프트웨어에 6B Macon Street 주소가 표시되지 않습니다.

Kevin

수신: Kevin Sykes 〈kevin@franks.com〉
발신: Deborah Vance 〈d.vance@blueskynet.com〉
날짜: 8월 19일
제목: 회신: Frank's에서의 구매

Mr. Sykes 귀하,

제가 제공한 정보는 정확합니다. 저는 집주인의 소유지에, 개인 차도가 있는 별도의 건물에 살고 있습니다. "6B"가 표시된 우편함을 찾아 주

십시오. 그것이 제 차도의 입구입니다.

(190) 저는 배송 시간 30분 전에 출근해야 합니다. 제가 출발하기 전에 도착할 수 없으실 것 같으면, 일정을 조정할 수 있도록 알려 주시기 바랍니다.

감사합니다!

Deborah

표현 정리 serve (상품·서비스를) 제공하다 mounted ~에 고정시킨[붙인] unit 기구[장치] entire 전체의 stock 재고품[재고] make room for ~을 위해 자리[장소, 길]를 비키다[만들다], 자리를 양보하다 inventory 재고(품) installation 설치 location 위치 restriction 제한 apply 적용되다 consistently 끊임없이, 항상 dweller 거주자 available 이용 가능한 residential 거주의 purchase 구매품 be scheduled to ~할 예정이다 typically 보통, 일반적으로 provide 제공하다 separate 별도의, 분리된 landlord (방·집·사무실 등을 빌려주는) 주인, 임대주 property 토지, 건물, 재산, 소유물 driveway 사유 차도, (도로에서 집·차고까지의) 진입로[차도] entrance 입구 reschedule 일정을 다시 잡다

186. 주제/목적 찾기 문제

해설 첫 지문 상단 중 Entire summer stock must go to make room for new fall inventory에서 가을 상품 공간 마련을 위해 여름 상품을 처분하고 있다고 하므로 (C)가 정답이다.

패러프레이징 new fall inventory ▶ new products

광고에 따르면 Frank's가 세일을 하는 이유는?

(A) 인기 브랜드를 홍보하기 위해
(B) 여름의 시작을 알리기 위해
(C) 신제품을 위한 공간을 마련하기 위해
(D) 기념일을 축하하기 위해 　　　　　　　　　정답 (C)

187. 추론 문제 – 정보 조합

해설 두 지문의 내용을 종합적으로 확인한 후 풀어야 하는 연계 문제이다. 질문의 핵심 어구인 Ms. Vance는 물건을 구입한 고객인데, 직원이 Ms. Vance에게 보낸 이메일 중 We are scheduled to deliver your Frio 2730 air conditioner tomorrow at 11:30 A.M.에서 Ms. Vance가 구입한 모델이 Frio 2730임을 알 수 있다. 첫 지문 중 이 상품에 대한 설명인 consistently one of our best sellers에서 베스트셀러 상품 중 하나라고 하므로 정답은 (B)이다.

패러프레이징 consistently one of our best sellers ▶ a popular model

Ms. Vance가 구매한 제품에 대해 나타난 것은?

(A) 상을 받았다.
(B) 인기 모델이다.
(C) 보통 가격이 $380이다.
(D) 대형 주택에 시원함을 제공할 수 있다. 　　　정답 (B)

188. 주제/목적 찾기 문제

해설 질문의 키워드인 Mr. Sykes는 두 번째 이메일 발신인이다. 마지막 두 문장 Is this correct? My mapping software does not show a 6B Macon Street.에서 고객의 집주소가 자신의 지도 소프트웨어에 표시되지 않아서 맞는지 확인하고 있으므로 이메일을 보낸 목적은 주소를 확인한다는 (A)가 적절하다.

Mr. Sykes가 이메일을 쓴 이유는?

(A) 주소를 확인하기 위해
(B) 오류를 수정하기 위해
(C) 배송 일정을 변경하기 위해
(D) 지연 사유를 설명하기 위해 　　　　　　　정답 (A)

189. 추론 문제 – 정보 조합

해설 두 지문의 내용을 종합적으로 확인한 후 풀어야 하는 연계 문제이다. 두 번째 이메일 후반부를 보면, I will be delivering the unit to 6B Macon Street in Edgewood.에서 고객인 Ms. Vance의 집주소는 Edgewood에 있음을 알 수 있다. 광고 하단 *Available to residential addresses in Medford, Stanley, Winston, and Middletown. Standard $25 fee applies to all other addresses.에서 *표시는 Free delivery and installation (location restrictions apply)*에서 무료 배송 지역을 말하는데, 무료 배송은 Medford, Stanley, Winston, and Middletown에 한하며 이들 지역 이외에는 수수료가 붙는다고 나온다. Ms. Vance는 무료 배송지에 거주하지 않으므로 추가 수수료를 지불했다는 (B)가 정답이다.

Ms. Vance에 대해 제시된 것은?

(A) 8월 18일 Frank's에 방문했다.
(B) 물건을 집으로 배달하기 위해 돈을 지불했다.
(C) 여러 건물의 소유주이다.
(D) 에어컨을 직접 설치할 것이다. 　　　　　정답 (B)

190. 세부사항 – 정보 조합

해설 두 지문의 내용을 종합적으로 확인한 후 풀어야 하는 연계 문제이다. 세 번째 지문 둘째 문단 I have to head off to work half an hour before your delivery time.에서 Ms. Vance는 배송 시간 30분 전에 출근할 예정이라고 한다. 두 번째 지문 둘째 문장 We are scheduled to deliver your Frio 2730 air conditioner tomorrow at 11:30 A.M.에서 배송 예상 시간은 오전 11시 30분이다. 두 내용을 종합할 때 오전 11시인 (D)가 정답이다.

Ms. Vance는 8월 20일 몇 시에 집을 나설 계획인가?

(A) 오전 8시
(B) 오전 9시
(C) 오전 10시
(D) 오전 11시 　　　　　　　　　　　　　정답 (D)

문제 191–195번은 다음 편지, 이메일, 그리고 지침을 참조하시오.

4월 2일

Maria Harbin 귀하,

(191B-D/195) 7월 22일 토요일과 7월 23일 일요일 Riverside Park에서 열리는 제5회 연례 Rockford Arts Festival에 초대합니다.

(191C) 현지 예술가의 작품 전시 외에도 이 축제에는 라이브 음악, 어린이를 위한 활동들, 스토리텔링 텐트, 음식, 예술 및 공예품 시장 등이 선보입니다.

(193) www.raf.org에서 노점상 등록 양식을 작성하여 부스를 예약하십시오. 다음 옵션 중에서 선택하실 수 있습니다.

부스 크기	임대료
2.5m x 2.5m	$187
(192) 2.5m x 3m	$225
3m x 3.5m	$315
3.5m x 6m	$630

올해 축제에서 뵙게 되기를 바랍니다!

감사합니다.

Kendra Davies
조직 팀장
Rockford Arts Festival

40

수신: maria@heartandsoulpottery.com
발신: k.davies@raf.org
날짜: 5월 3일
제목: Rockford Arts Festival 등록
첨부: 청구서

Ms. Harbin 귀하,

(193) 제5회 연례 Rockford Arts Festival에서 노점상으로 등록해 주셔서 감사합니다. (192) 저희는 2.5m x 3m 부스를 예약해 드렸습니다. 부스 #46은 노점상 구역의 3열에 있습니다. 4849로 끝나는 귀하의 신용 카드에 $100의 보증금이 청구되었습니다. (194) 부스 임대료 잔액 기한은 6월 15일까지입니다.

궁금한 점이 있으시면 알려주십시오.

감사합니다.

Kendra Davies

지침

부스 설치
- (195) 노점상들은 행사 시작 전날 오후 5시 이후에 부스를 설치할 수 있습니다. High Street의 서비스 입구를 이용하여 노점상 구역에 들어오실 수 있습니다. 경비원이 축제 구역을 모니터링합니다.

부스 정리
- 청소는 오후 6시에 시작됩니다. 이때 노점상들은 High Street의 서비스 입구를 통해 차량을 노점상 구역으로 가져올 수 있습니다. 모든 물품은 오후 10시까지 철수해야 합니다.

표현 정리 participate in ~에 참여하다 showcase 전시하다 local 지역의 craft 공예 reserve 예약하다 fill out 기입하다, 작성하다 vendor 노점상, 행상인, 판매회사 registration 등록 form 양식 rental 임대 fee 수수료 register 등록하다 annual 연례의 book 예약하다 be located in ~에 위치하다 deposit 보증금, 예치금 charge 청구하다 end in ~로 끝이 나다 balance 잔액 due (돈을) 지불해야 하는 set up 설치하다 entrance 입구 access 접근하다 security 보안 monitor 모니터하다 remove 치우다, 제거하다

191. Not/True 문제

해설 편지 내용인 첫 지문을 보면, 첫 문장 We would like to invite you to participate in the fifth annual Rockford Arts Festival in Riverside Park on Saturday, July 22, and Sunday, July 23.에서 제5회 축제라고 하므로 (B)는 사실이다. 또한 토요일과 일요일 양일간 개최되므로 (D)도 사실이다. 두 번째 문장 In addition to showcasing the work of local artists, the festival includes live music, activities for children, a storytelling tent, food, and an arts and craft market.에서 라이브 음악이 포함되므로 (C)도 사실이다. 손님 입장료가 부과된다는 내용은 찾을 수 없으므로 (A)가 정답이다.

패러프레이징 fifth annual ▶ has been held several times before / on Saturday, July 22, and Sunday, July 23 ▶ takes place over two days / live music ▶ entertainment

편지에서 축제에 대해 언급되지 않은 것은?

(A) 손님 입장료가 부과된다.
(B) 여러 번 개최되었다.
(C) 엔터테인먼트를 포함한다.
(D) 이틀에 걸쳐 실시된다. 정답 (A)

192. 세부사항 – 정보 조합

해설 두 지문의 내용을 종합적으로 확인한 후 풀어야 하는 연계 문제이다. 질문의 키워드인 Ms. Harbin은 페스티벌에 등록한 vendor 고객인데, 두 번째 지문 둘째 문장 We have booked a 2.5 meter by 3 meter booth for you.에서 Ms. Harbin을 위해 2.5m x 3m 규격의 부스가 예약되었다고 나온다. 첫 지문 표에서 이 규격을 찾으면 임대료가 $225이므로 정답은 (B)이다.

Ms. Harbin은 부스 임대료로 얼마의 총액을 지불하겠는가?

(A) $187
(B) $225
(C) $315
(D) $630 정답 (B)

193. 추론 문제 – 정보 조합

해설 두 지문의 내용을 종합적으로 확인한 후 풀어야 하는 연계 문제이다. 둘째 지문 도입부 Thank you for registering as a vendor at the fifth annual Rockford Arts Festival.을 보면 Ms. Harbin이 vendor로 등록했음을 알 수 있는데, 첫 지문 셋째 단락 첫 문장 Reserve your booth by filling out a vendor registration form at www.raf.org.에서 등록은 온라인에서 양식을 작성하라고 나온다. 이들 내용을 종합할 때 (B)가 정답이다.

패러프레이징 filling out ▶ completed

Ms. Harbin에 대해 제시된 것은?

(A) 작년에 축제에 참석했다.
(B) 온라인 양식을 작성했다.
(C) 전화로 Ms. Davies에게 연락했다.
(D) 최근 도자기 사업을 시작했다. 정답 (B)

194. 세부사항

해설 두 번째 지문 첫 단락 마지막 문장 The balance for your booth rental is due by June 15.에서 임대료 잔액 기한을 알리므로 남은 금액 결제를 요청하고 있음을 알 수 있다.

Ms. Davies는 Ms. Harbin에게 무엇을 하도록 요청하는가?

(A) 청구서 수령을 확인하도록
(B) 설치 시간을 확인하도록
(C) 노점상 구역에서 자신을 만나도록
(D) 추가 금액을 지불하도록 정답 (D)

195. 세부사항 – 정보 조합

해설 두 지문의 내용을 종합적으로 확인한 후 풀어야 하는 연계 문제이다. 세 번째 지문 가이드라인 중 부스 설치 안내 첫 문장인 Vendors can set up their booths after 5:00 P.M. the day before the event starts.에서 노점상은 행사 개최 전날 오후 5시에 부스 설치가 가능하다고 나온다. 첫 지문 첫 문장 We would like to invite you to participate in the fifth annual Rockford Arts Festival in Riverside Park on Saturday, July 22, and Sunday, July 23.에서 행사가 개최되는 첫 날은 7월 22일이므로 정답은 전날인 (B) On July 21이다.

Ms. Harbin이 자신의 도자기를 축제 부스에 가져올 수 있는 가장 빠른 날짜는 언제인가?

(A) 7월 20일
(B) 7월 21일
(C) 7월 22일
(D) 7월 23일 정답 (B)

문제 196-200번은 다음 광고, 입장권, 그리고 이메일을 참조하시오.

Sox를 축하해 주세요!
이번 시즌은 San Pedro Sox의 30주년이 되는 해입니다.

특별한 경기의 밤

클래식 유니폼 나이트
6월 4일
vs. Altamont Marlins

50명 행운의 팬들이 무작위로
선정되어 클래식 Sox 야구 모자를
받게 됩니다.

마스코트 나이트
6월 28일
vs. Montrose Sluggers

수년에 걸친 모든 마스코트를
만나보세요. 아이들을 위한
재미와 게임도 있습니다.

(199) 50센트 핫도그 나이트
7월 11일
vs. Yancy Dodgers

핫도그 가격은 단 $0.50입니다.
탄산음료, 감자 튀김과 아이스크림
은 각각 $2입니다.

챔피언십 나이트
8월 10일
vs. Hanford Eagles

Sox의 1999년도
내셔널 챔피언십의 마법을 재현해
보세요. 이전 선수들을 만나고
사인도 수집하세요.

티켓	화요일-목요일	(196D) 금요일-토요일
일반 입장료	(197) $12	$15
VIP 좌석	$24	$24
(196C) 어린이 (12세 이하)	$8	$10

줄을 서서 기다리지 마세요! (196A) www.sanpedrosox.com에서
티켓을 구입하시고, 최대 경기 3시간 전부터 매표소에서 수령할 수 있습니다.

---

(200) Cottar Stadium – "San Pedro Sox 홈구장"

(197/199) 7월 11일, 목요일 Sox 대 Yancy Dodgers 입구 개방 시간: 오후 6:00 경기 시작 시간: 오후 7:00	(197) 일반 입장 좌석 136B

(196B) 취소되는 경우 환불되지 않습니다.
경기가 끝난 후 불꽃 놀이를 즐겨 보세요!

수신: Rus Martin <r.martin@blueribbons.net>
발신: Paul Simms <paulsimms@koinbox.com>
날짜: (199) 7월 12일
제목: Sox 경기

Rus,

(199) 저는 어젯밤 동료들과 함께 첫 Sox 경기를 관람했습니다. 정말 즐거운 시간이었습니다! 날씨는 완벽했고 팬들은 열광적이었습니다.

저는 제 아들에게 이 경기에 대해 이야기했는데, 아들 녀석이 이제 경기에 가고 싶다고 합니다. 다음주 토요일에 갈 생각입니다. (198) 당신과 Steven이 함께하고 싶어 할 것 같아서요. (200) 함께 경전철을 타고 강가까지 가서, 간단히 요기를 한 다음, 경기장까지 걸어 갈 수 있습니다.

(198) 어떻게 생각하세요?

감사합니다.

Paul

표현 정리 mark (중요 사건을) 기념[축하]하다 randomly 무작위로 relive

다시 체험하다 **former** 이전의 **autograph** (유명인의) 사인 **admission** 입장(료) **skip** 건너뛰다[생략하다] **refund** 환불 **in the event of** ~인 경우에 **cancelation** 취소 **stick around** (어떤 곳에(서)) 가지 않고 있다[머무르다] **coworker** 동료 **have a blast** 아주 즐거운 한때를 보내다 **enthusiastic** 열렬한, 열광적인 **be interested in** ~에 관심이 있다 **light rail** 경철도 **waterfront** 물가, 해안가, 부둣가 **grab a bite to eat** 간단히 먹다

196. Not/True 문제

해설 Sox 경기를 소개하고 있는 첫 지문 중 티켓 가격을 명시한 부분을 보면 주말에 해당하는 Friday – Saturday 입장료는 평일보다 모두 비싸므로 사실과 다른 내용으로 (D)가 정답이다. 마지막 문장 Get your tickets at www.sanpedrosox.com ~.에서 온라인으로 티켓 구매가 가능하므로 (A)는 사실이다. Children (12 and under)에서 어린이는 일반 입장료보다 가격이 저렴하므로 (C)도 사실이다. 두 번째 지문 티켓 중 No refund in the event of cancelation.에서 취소 시 환불되지 않는다고 하므로 (B)도 사실이다.

Sox 경기 티켓에 대해 나타나지 않은 것은?
(A) 온라인으로 구입할 수 있다.
(B) 환불되지 않는다.
(C) 아이들에게는 더 저렴하다.
(D) 주말에는 더 저렴하다. **정답 (D)**

197. 세부사항 – 정보 조합

해설 두 번째 지문이 구입한 티켓이 되는데, Thursday, July 11에서 평일에 일반 입장(General Admission)임을 알 수 있다. 첫 지문 중 Tuesday – Thursday에 속하는 일반 입장료는 (A) $120다.

티켓 비용은 얼마인가?
(A) $12
(B) $15
(C) $20
(D) $24 **정답 (A)**

198. 주제/목적 찾기 문제

해설 이메일 둘째 단락에서 아들과 Sox 경기를 보러 갈 예정인데 함께 가는 게 좋을 것 같다(I thought you and Steven might be interested in joining.)면서, 마지막에 의견을 묻고(What do you think?) 있으므로 이를 초대한다(extend an invitation)고 표현한 (B)가 정답이다.

이메일의 목적은 무엇인가?
(A) 대중교통 이용을 제안하기 위해
(B) 초대를 하기 위해
(C) 지침을 제공하기 위해
(D) 휴가에 대해 보고하기 위해 **정답 (B)**

199. 세부사항 – 정보 조합

해설 질문의 키워드인 Mr. Simms는 이메일 발신인으로 이메일 도입부 I saw my first Sox game last night with my coworkers.에서 어젯밤 동료들과 Sox 경기를 관람했다고 나온다. 이메일을 보낸 날짜가 July 12일이므로 경기 관람일은 7월 11일인데, 첫 지문에서 7월 11일에 펼쳐지는 행사는 (C) Fifty-Cent Hot Dog Night이다.

Mr. Simms는 어떤 행사를 즐겼는가?
(A) 챔피언십 나이트
(B) 클래식 유니폼 나이트
(C) 50센트 핫도그 나이트
(D) 마스코트 나이트 **정답 (C)**

200. 추론 문제 – 정보 조합

해설 질문의 키워드인 Cottar Stadium은 두 번째 지문인 티켓 중 Cottar Stadium – "Home of the San Pedro Sox"에 명시되는데, 경기가 열리는 장소임을 알 수 있다. 이메일 두 번째 단락 마지막 문장 We could take the light rail down to the waterfront, grab a bite to eat, and then walk to the game.에서 경전철을 타고 가서 간단히 요기를 한 다음 경기장까지 걸어 가자고 하므로 대중교통이 가깝다는 (D)가 정답이다.

패러프레이징 take the light rail ~ and then walk ▶ near public transportation

Cottar Stadium에 대해 제시된 것은?

(A) 최대 20,000명을 수용할 수 있다.
(B) 1999년에 처음 문을 열었다.
(C) 일주일에 4일씩 야간 경기를 한다.
(D) 대중 교통이 가깝다. 정답 (D)

TEST 03

PART 5

101. 시제

해설 문장의 주어는 twenty-five people이고 빈칸이 동사 자리이다. 문장 끝에 나온 next week는 미래 시점 부사이므로 빈칸에는 단순미래 시제인 (C) will attend가 들어가는 것이 맞다.

표현 정리 according to (진술·기록 등에) 따르면 **seminar** (토론·교육을 위한) 세미나[토론회/연구회] **attend** 참석하다

이메일에 따르면 25명이 다음 주 세미나에 참석할 예정이다. 정답 (C)

102. 부사 어형

해설 빈칸이 없어도 문장이 완전하며 빈칸은 주어와 동사 사이에 위치하고, 뒤에 나온 동사를 꾸미게 된다. 따라서 정답은 부사인 (C) frequently이다.

표현 정리 offer 제공하다 **savings** 저축한 돈, 예금 **certificate** 증서, 증명서 **above-average** 평균 이상의 **interest rates** 금리 **frequency** 빈도 **frequent** 빈번한 **frequently** 자주

Templeton Bank는 평균 이상의 이자율을 가진 저축증서를 자주 제공한다. 정답 (C)

103. 명사 어형

해설 빈칸은 동사 is seeking의 목적어 역할이므로 명사 자리이다. 문맥상으로는 '연례 직원 우수상 후보를 찾고 있다'라고 해야 연결된다. 따라서 정답은 일반명사인 (C) nominations이다.

🔍 **함정 분석** 목적어 자리에 동명사를 생각할 수 있는데, 동사 seek는 동명사를 목적어로 취하지 않는다. 동명사를 목적어로 취하는 동사는 enjoy, finish, consider, include, mind 등이 있다.

표현 정리 currently 현재 **seek for** 찾다 **annual** 매년의, 연례의 **award** 상 **nominate** (중요한 역할·수상자·지위 등의 후보자로) 지명[추천]하다 **nomination** 지명, 추천, 임명

Vexus Corporation은 현재 연례 직원 우수상 후보를 찾고 있다. 정답 (C)

104. 동사 어휘

해설 빈칸에는 목적어인 the contest entries와 호응을 이루는 어휘가 필요하다. '동의하다'라는 뜻의 agree는 〈agree with〉, 〈agree on/about〉의 형태로 쓴다. '보다'라는 뜻의 look은 〈look for〉, 〈look at〉 형태로, reply 역시 'reply to'의 형태가 되어야 '~에 대답하다'라는 의미를 이룬다. 이들 동사 모두 목적어를 바로 취할 수 없으므로 소거한다. '확인[검토]하다'라는 뜻의 (A) review가 들어가 '대회 참가작을 검토하다'로 연결되는 것이 의미상으로도 자연스럽다.

표현 정리 panel 패널(특정한 문제에 대해 조언·견해를 제공하는 전문가 집단, 또는 방송에 나와 주요 관심사에 대한 토론을 하는 사람들) **judge** 심판, 심사위원 **contest** 대회, 시합 **entry** 참가작, 출전, 응모

8명의 심사위원단이 7월 1일부터 대회 참가작을 검토할 것이다. 정답 (A)

105. 전치사

해설 숙어 표현으로 접근할 수 있다. 여기서는 앞에 동사 notify가 나오는데, inform의 동의어인 notify는 〈notify someone of something〉의 구문으로 쓰인다. 여기서도 '운전자들에게 3번 터미널의 현재 상황에 대해 알리다'의 의미로 쓰인 (A) of가 정답이다.

추가 포인트 토익 시험에서 A of B 구조로는 〈inform/notify/remind/advise/convince A of B〉 이러한 것들이 있다.

표현 정리 notify 알리다[통고/통지하다] **present** 현재의 **condition** 상태, 상황

모든 운전자들에게 3번 터미널의 현재 상황에 대해 알리십시오. 정답 (A)

106. 동사 어휘

해설 빈칸에는 뒤에 that이 이끄는 절을 목적어로 취할 수 있는 동사가 필요하다. complete는 '완료하다, 완성하다'라는 뜻이고, determine은 '결정하다', '파악하다'라는 의미다. consider는 '고려[숙고]하다'라는 의미다. that절을 목적어로 취하면서 '우리가 새로운 생산 장비에 즉시 투자해야 한다고 권고하다'라는 자연스러운 문맥을 이루는 (A) recommend가 정답이다.

표현 정리 consultant 상담가 invest in ~에 투자하다 production 생산 equipment 장비 immediately 즉시, 즉각

상담가들은 우리가 새로운 생산 장비에 즉시 투자해야 한다고 권고한다.
정답 (A)

107. 부사 어형

해설 빈칸은 동사구인 'are to be delivered'를 수식하는데 '수송품이 별도로/따로따로 배송되려면'의 문맥을 이뤄야 하며 동사를 수식해야 하므로 정답은 부사 (D) separately이다.

표현 정리 shipment 수송품, 적하물 deliver 배달하다, 배송하다 schedule 일정을 정하다 separate 분리된 separable 분리될 수 있는 separation 분리, 구분 separately 따로따로

수송품이 별도로 배송되려면 우리는 곧 두 번째 운전자를 예약해야 할 것이다.
정답 (D)

108. 부사 어휘

해설 선택지는 〈briefly 간단히 / currently 현재 / gradually 점차적으로 / urgently 긴급히〉로 이루어져 있다. 먼저 부사 currently는 현재/현재 진행 시제와 어울리는데 동사가 treated라는 과거시제이므로 먼저 소거한다. 'in the hospital's emergency room'과 호응을 이루려면 '의사와 간호사 팀이 병원 응급실에 있는 환자들을 긴급 치료했다'고 해야 연결된다. 따라서 정답은 (D) urgently이다.

표현 정리 treat 치료하다, 처치하다 patient 환자 emergency room 응급실

의사와 간호사 팀이 병원 응급실에 있는 환자들을 긴급 치료했다. 정답 (D)

109. 인칭대명사

해설 〈make 목적어 feel〉 원형 부정사가 나온 구문으로, 빈칸은 사역 동사 make의 목적어 역할이다. 따라서 주격인 they, 소유격 강조 형태인 their own은 소거한다. 앞에 나온 명사 the visitors를 받는 목적격 인칭대명사 (B) them이 정답이다.

🔍 **함정 분석** 재귀대명사는 주어와 목적어가 동일할 때 쓴다. 여기서 to make의 주체는 the visitors가 아닌 Ms. Penner로, 주어와 목적어가 동일 형태가 아니므로 재귀대명사 themselves는 오답이다.

표현 정리 offer 제공하다 light 가벼운 refreshment (공공장소에서 팔거나 공식 행사에서 제공되는) 다과 visitor 방문객, 손님

Ms. Penner는 방문객들이 환대를 느끼도록 가벼운 다과를 내놓았다.
정답 (B)

110. 명사 어휘

해설 exceptions는 '예외'라는 뜻이고, investment는 '투자'라는 뜻으로 〈investment in〉 형태로 잘 쓰인다. '개선, 향상'이라는 뜻의 improvement는 〈make improvement〉 구문으로 쓰일 수 있다. '발표, 소식'이라는 뜻의 announcement는 〈make an announcement〉 형태로 쓰인다. 문맥상 '여러분의 의견은 McKnight 커뮤니티 재단이 지원하는 다수의 프로그램을 개선하는 데 도움이 되다'라고 해야 연결되므로 구문도 만족하고 해석도 자연스러운 (C) improvements가 정답이다.

표현 정리 opinion 의견, 견해, 생각 support 지원하다 foundation 재단

여러분의 의견은 저희가 McKnight 커뮤니티 재단이 지원하는 다수의 프로그램을 개선하는 데 도움이 될 것입니다. 정답 (C)

111. 형용사 어형

해설 빈칸은 동사 provide의 목적어인 명사 criticism 앞에 위치하므로 명사를 수식하는 형용사 자리이다. '건설적인 비판을 제공하다'라는 의미로 정답은 형용사인 (B) constructive이다. 참고로 constructing은 constructing the building 형태로 사용하는 동명사이다.

표현 정리 presentation (신제품·작품 등에 대한) 발표[설명], 프레젠테이션 invite 초대하다, 요청하다 listener 청취자 provide 제공하다 criticism 비판, 비난 proposal 제안, 제의 constructively 건설적으로 constructive 건설적인 construct 건설하다

발표 후, David Struthers는 청취자들에게 그의 제안에 대해 건설적인 비판을 하도록 요청했다. 정답 (B)

112. 명사 어휘

해설 선택지는 〈statements 성명, 진술, 내역서 / attractions (사람을 끄는) 명소[명물] / excursions (보통 단체로 짧게 하는) 여행 / statistics 통계, 통계 자료〉로 이루어져 있다. 빈칸에 들어갈 명사는 앞에 나온 tourist와 어울려 복합명사를 이루게 되는데, '관광명소'는 'tourist attractions'로 쓴다. 따라서 정답은 (B) attractions이다.

표현 정리 edition 판 profile 개요를 알려 주다 lesser-known 별로 유명하지 않은

그 가이드북의 최신판은 도시에서 잘 알려지지 않은 몇몇 관광 명소에 대해 소개하고 있다. 정답 (B)

113. 비교급

해설 숙어적인 표현으로 시간 표현 앞에서 '늦어도 ~까지는'이라는 의미는 'no later than'의 형태를 쓴다. 따라서 정답은 (D) later이다.

추가 포인트 부사 lately는 주로 현재완료 시제와 연결된다.

표현 정리 complete 완료하다, 작성하다 survey 설문조사 place 두다 secure 안전한[보안/문단속이 철저한] late 늦은 lately 최근에 lateness 늦음 later 나중에

설문조사를 작성하여 늦어도 2월 28일까지 보안함에 제출해야 한다. 정답 (D)

114. 명사 어휘

해설 선택지는 〈market 시장[장] / security 보안, 경비 / finance 재정[재무] / maintenance (건물·기계 등을 정기적으로 점검·보수하는) 유지〉라는 뜻이다. 빈칸에 들어갈 명사는 뒤에 나온 reasons와 어울려 복합명사를 이루게 된다. 주절을 보면 '승객들은 공항에 어떤 수하물도 방치하지 않도록 요청받는다'고 나오는데, 이와 호응을 이루려면 '보안상의 이유로 수하물을 방치하지 못한다'고 해야 연결된다. 따라서 정답은 (B) security이다.

추가 포인트 〈leave any baggage unattended〉는 5형식 구조로, 동사 leave는 목적격 보어 자리에 형용사가(unattended) 나온다.

표현 정리 request 요청[요구/신청]하다 leave 그대로 두다 baggage 짐, 수하물 unattended 방치된

보안상의 이유로, 승객들은 공항에 어떤 수하물도 방치하지 않도록 요청받는다. 정답 (B)

115. 능동태 축약

해설 문두에 나온 When은 접속사로서 〈When S V〉의 절 형태를 취하거나 〈When ~ing/p.p.〉와 같이 축약 형태로 쓰일 수 있다. 빈칸 뒤에 목적어인 payroll requests가 나오므로 정답은 능동을 나타내는 현재분사 (B) processing이다.

🔍 **함정 분석** 수동태가 축약되면 〈when p.p.〉 형태가 되어야 한다.

표현 정리 **payroll** (한 기업의) 급여 지급 명부 **request** 요청 **double-check** 재확인하다 **calculation** 계산, 산출 **process** 처리하다, 과정

급여 청구서를 처리할 때 항상 모든 계산을 재확인하십시오.   정답 (B)

116. 부사 어휘

해설 선택지는 〈significantly 상당히 / originally 원래, 본래 / elegantly 우아하게 / finally 마침내〉라는 뜻의 부사로 이루어져 있다. 문맥상 '전문적으로 쓰여진 도서 비평의 온라인 데이터베이스인 Booklog는 원래 가입하여 이용할 수 있었다'고 해야 연결되므로 정답은 (B) originally이다.

추가 포인트 readily/freely/easily/widely + available

표현 정리 **professionally** 전문적으로 **available** 이용 가능한 **subscription** 구독, 가입

전문적으로 쓰여진 도서 비평의 온라인 데이터베이스인 Booklog는 원래 가입하여 이용할 수 있었다.   정답 (B)

117. 형용사 어휘

해설 선택지는 〈compact 소형의 / profitable 수익성이 있는 / introductory 입문자들을 위한 / mechanical 기계로 작동되는〉라는 뜻의 형용사 어휘로 이루어져 있다. 빈칸에 들어갈 형용사는 명사 car를 꾸미게 된다. 문맥상 '자동차 회사가 주차하기 쉬운 신형 소형차를 출시하다'라고 해야 자연스럽다. 따라서 정답은 (A) compact이다.

표현 정리 **release** (대중들에게) 공개[발표]하다 **fuel efficient** 연료 효율적인

Daiwa Motors는 주차하기 쉽고 연료 효율이 매우 좋은 신형의 소형 자동차를 출시했다.   정답 (A)

118. 명사 어형

해설 〈complete an online ———— form〉 구조에서 빈칸은 뒤에 나온 명사 form을 꾸미는 형용사 자리이거나 복합명사를 이루는 또 다른 명사 자리가 될 수 있다. 따라서 동사인 apply부터 소거한다. 명사는 〈applicant 신청자 / application 신청〉이 남는다. 문맥상 '온라인 신청 양식을 작성해야 한다'고 해야 연결되므로 정답은 사물 명사인 (D) application이다.

표현 정리 **participate in** ~에 참가[참여]하다 **complete** 작성하다 **form** 양식 **apply** 신청하다, 지원하다 **applicant** 지원자 **application** 지원[신청](서)

연수 세미나에 참여하고자 하는 사람은 누구나 온라인 신청 양식을 작성해야 한다.   정답 (D)

119. 수량 형용사

해설 명사 shipment는 선적물을 뜻하며 여기서는 가산명사로 쓰였음을 알 수 있다. other는 '다른'이라는 뜻으로 뒤에 '가산복수명사/불가산명사'와 어울린다. 즉 other shipments 형태로 써야 한다. each는 '각각의'라는 뜻으로 '가산단수명사'와 어울린다. any는 '어떤'이라는 의미로 단수 복수 모두 올 수는 있지만 의미상 적절하지 않다. all은 '모든'이라는 의미로 other처럼 '가산복수명사/불가산명사'와 어울린다. 구조적으로 가산단수명사와 어울리는 any와 each 중 의미상 '포장하기 전에 각 발송물을 주의 깊게 확인하다'가 되어야 적절하므로 정답은 (B) each이다.

표현 정리 **make sure** 반드시 하다, 확실히 하다] **shipment** 선적물 **carefully** 주의 깊게 **pack** 싸다, 포장하다

포장하기 전에 각 선적물을 주의 깊게 확인하십시오.   정답 (B)

120. 명사 어휘

해설 선택지는 〈operation 운용, 사업장 / duration 지속, (지속되는) 기간 / environment 환경 / renovation 개조, 수리〉라는 뜻이다. 빈칸 앞에 나온 good은 여기서 '유효한'이라는 의미로 형용사 valid와 동의어이다. 문맥상 '폐쇄 기간 동안 유효한 무료 버스 승차권을 얻을 수 있다'고 해야 연결되므로 정답은 (B) duration이다. 〈for the duration of something〉이 숙어처럼 쓰이므로 암기해 둔다.

표현 정리 **customer** 고객 **obtain** 얻다, 구하다 **closure** 폐쇄

고객은 폐쇄 역에서 폐쇄 기간 동안 유효한 무료 버스 승차권을 얻을 수 있다.   정답 (B)

121. 부사 어형

해설 빈칸이 없어도 문장이 완전하고, 빈칸은 동사인 has p.p. 사이에 위치한다. '창조적으로 사용했다'는 의미를 이루는 부사 (D) creatively가 정답이다.

표현 정리 **a variety of** 여러 가지의, 다양한 **recycle** 재활용하다 **material** 자재 **public** 공공의 **sculpture** 조각품 **create** 창조하다 **creative** 창의적인 **creation** 창조, 창작 **creatively** 창의적으로

지역 예술가 Mason McGregor는 공공 조형물을 제작하기 위해 다양한 재활용 자재들을 창의적으로 사용했다.   정답 (D)

122. 형용사 어휘

해설 빈칸에 들어갈 형용사는 are의 보어 역할을 하게 된다. selective는 명사 앞에 나올 때는 '선택적인'이라는 의미이고, 〈available 구할[이용할] 수 있는 / accessible 접근[입장/이용] 가능한 / convenient 편리한, 간편한〉라는 의미이다. 문맥상 'Harmony Bakery에서 만든 몇몇 인기 제품은 현재 지역 커피숍에서 구입할 수 있다'고 해야 연결된다. 따라서 정답은 (B) available이다.

추가 포인트 〈accessible to ~에 접근이 쉬운〉, 〈available to/for ~가 이용 가능한〉

표현 정리 **popular** 인기 있는 **local** 지역의

Harmony Bakery에서 만든 몇몇 인기 제품은 현재 지역 커피숍에서 구입할 수 있다.   정답 (B)

123. 인칭대명사

해설 문장 구조를 간략히 보면 〈Tamara Barkley ~ used to design computer programs〉 문장을 이루고 있다. 즉, 빈칸에 들어갈 형태는 생략 가능한 품사가 들어가야 한다. 재귀대명사가 강조용법으로 쓰이면 주어를 강조하면서 문장 끝에 위치할 수 있다. 주어인 Tamara Barkley를 강조하는 재귀대명사 (C) herself가 들어가는 것이 적절하다.

추가 포인트 〈used to 동사원형: ~하곤 했었다〉, 〈be used to 동사원형: ~하는 데 사용되다〉, 〈be used to ~ing: ~하는 데 익숙하다〉

표현 정리 **owner** 소유주 **used to** ~하곤 했다 **design** 설계하다

Giga Software Company의 소유주인 Tamara Barkley는 컴퓨터 프로그램을 직접 설계하곤 했다.   정답 (C)

124. 접속사

해설 빈칸에는 'it can bring in more revenue by the end of the quarter'라는 완전한 절을 연결하는 접속사가 필요하다. 먼저 soon은 부사 기능이므로 소거한다. 나머지는 모두 접속사 형태이므로 해석이 필요하다. 문맥상 'High Street Café는 분기말까지 더 많은 매출을 올리지 못한다면 문을 닫아야 할 것이다'라고 해야 연결된다. 따라서 정답은 '만일 ~하지 않는다면'이라는 뜻의 조건의 부사절 접속사인 (A) unless이다.

표현 정리 **revenue** 수익, 매출 **quarter** 분기

High Street Café는 이번 분기말까지 더 많은 매출을 올리지 못한다면 문을 닫아야 할 것이다.   정답 (A)

125. 명사 어휘

해설 선택지는 〈mistakes 실수/ operations 운영, 사업장 / statements 성명, 진술, 내역서 / adjustments 수정[조정]〉라는 명사로 이루어져 있다. 빈칸에 들어갈 명사는 형용사 minor의 수식을 받으면서 동사 make의 목적어 역할을 하게 된다. 주절인 'we were able to create stylish and affordable clothing'에서 '스타일리시하고 가격이 적정한 옷을 만들 수 있었다'라고 하므

로 '디자인을 약간 수정함으로써'라는 문맥이 되는 것이 적절하다. 따라서 정답은 (D) adjustments이다.

추가 포인트 〈make a mistake 실수하다〉, 〈make a statement 성명을 발표하다〉

표현 정리 **minor** 작은(가벼운)[별로 중요하지 않은] **stylish** 유행을 따른, 멋진 **affordable** (가격이) 알맞은 **clothing** 옷, 의복

디자인을 약간 수정함으로써 우리는 스타일리시하고 가격이 적정한 의류를 만들 수 있었다. **정답 (D)**

126. 분사

해설 동사 intend는 '의도[작정]하다'라는 뜻인데, 빈칸 앞에 is가 나오고 뒤에 to 부정사가 나오므로 의미상 '의도되어지다'라는 뜻이므로 빈칸에는 수동태를 만드는 과거분사 (B) intended가 들어가는 것이 적절하다.

표현 정리 **performance** 실적, 성과 **evaluation** 평가 **process** 과정 **objective** 객관적인 **workplace** 직장, 업무현장 **intend** 의도하다, 계획하다 **intended** 의도[겨냥]하는 **intentional** 의도적인

성과 평가 과정은 직장에서 직원들을 객관적으로 평가하기 위한 것이다. **정답 (B)**

127. 부사 어휘

해설 선택지는 〈carefully 주의하여, 조심스럽게 / thoroughly 철저히, 완전히 / remarkably 현저하게 / extremely 극도로, 매우〉라는 뜻이다. 빈칸에 들어갈 부사는 뒤에 나온 동사 enjoyed를 꾸미게 된다. 문맥상 '유람선 승객들은 음악과 춤 공연을 완전히 즐겼다'고 해야 적절하므로 정답은 'very much'의 의미인 (B) thoroughly이다.

🔍 **함정 분석** extremely는 very와 동의어로 동사를 수식하지 못하고 형용사나 부사를 수식하는 단어이다.

표현 정리 **cruise** 유람선 여행 **passenger** 승객 **performance** 공연

유람선 승객들은 음악과 춤 공연을 완전히 즐겼다. **정답 (B)**

128. 부사 어형

해설 빈칸에 들어갈 품사는 동사 operate를 꾸미게 된다. '채광 장비를 전자적으로 작동시킨다'는 의미로 정답은 부사인 (C) electronically이다.

표현 정리 **dangerous** 위험한 **section** (여러 개로 나뉜 것의 한) 부분, 부문, 구획 **mine** 광산 **operate** (기계를) 가동[조작]하다 **mining** 광업 **equipment** 장비 **electricity** 전기 **electronic** 전자의, 전자 활동에 의한 **electronically** 전자[공학]적으로 **electronics** 전자 공학

광산의 위험한 구간에서 작업할 때, 우리는 채광 장비를 전자적으로 작동시킨다. **정답 (C)**

129. 부사 어휘

해설 선택지는 〈accidently 우연히 / typically 전형적으로, 보통 / effectively 효과적으로 / specifically 특별히〉라는 뜻의 부사들로 이루어져 있다. 문맥상 '특별히 주민들에게 더 많은 나무를 심도록 장려하기 위해 지역 그린하우스와 제휴했다'고 해야 연결되므로 정답은 (D) specifically이다.

표현 정리 **partner** 제휴하다 **local** 지역의 **greenhouse** 온실 **encourage** 격려하다 **resident** 거주자, 주민 **plant** 심다

Montrose County는 특별히 주민들에게 더 많은 나무를 심도록 장려하기 위해 지역 그린하우스와 제휴했다. **정답 (D)**

130. 명사 어휘

해설 선택지는 〈case 경우 / scope (주제, 조직, 활동 등이 다루는) 범위 / volume 용량, 소리, 서적 / height 높이〉로 이루어져 있다. 빈칸에 들어갈 명사는 동사 expand와 호응을 이뤄야 한다. 문맥상 '조사 범위를 확대함으로써 문제의 원인을 파악할 수 있다'는 문맥을 이루어야 하므로 정답은 (B)

scope이다.

추가 포인트 broaden, expand, extend, increase, limit, minimize, narrow, reduce, restrict, widen + scope

표현 정리 **determine** 결정하다 **cause** 원인 **expand** 확대[확장/팽창]시키다 **investigation** 조사

Mr. Taketa는 조사범위를 확대함으로써 문제의 원인을 파악할 수 있다고 생각한다. **정답 (B)**

문제 131~134번은 다음 기사를 참조하시오.

> (10월 2일) – Danner Outdoor Equipment의 판매 직원인 Tamara Shelly가 북대서양 지역 올해의 직원으로 선정되었다.
>
> 각 매장 관리자들은 이 상에 한 명의 직원을 지명할 수 있다. 지명자는 과거 업무 성과, 상사와 동료의 추천, 고객 후기 등을 바탕으로 지역 지휘부에 의해 평가된다.
>
> 각 지역을 대표하는 12명의 수상자는 $500의 현금을 받게 된다. 게다가, 이들은 시애틀에 있는 회사 본사에서 열리는 축하 연회에 초대된다.
>
> "저는 전국에 있는 동료들을 만나기를 기대하고 있습니다."라고 Ms. Shelly는 말했다. "서부 해안을 방문하는 일은 이번이 처음입니다."
>
> Ms. Shelly는 2013년부터 Danner Outdoor Equipment의 직원이었다. 그녀는 3년 전 #784번 상점으로 이동하기 전에 #675번 상점에서 근무를 시작했다.

표현 정리 **name** 지명[임명]하다 **region** 지역 **manager** 관리자, 운영자 **award** 상 **nominee** 지명[추천]된 사람, 후보 **evaluate** 평가하다, 감정하다 **based on** ~에 근거하여 **performance** 성과 **recommendation** 추천 **supervisor** 감독관, 관리자 **colleague** (같은 직장이나 직종에 종사하는) 동료 **celebratory** 기념[축하]하는 **banquet** 연회, 만찬 **headquarters** 본사, 본부 **look forward to** ~을 기대[고대]하다

131. 명사 어형

해설 〈Tamara Shelly, a sales ——— at Danner Outdoor Equipment ~〉 구조에서 중간에 나온 콤마는 동격을 나타낸다. 즉, Tamara Shelly라는 사람을 설명하는 단어가 빈칸에 필요하다. 앞에 나온 명사 sales와 어울려 '판매 직원'이라는 의미를 이루는 사람 명사 (A) associate가 정답이다. association은 '협회'라는 뜻의 사물 명사이고, associates는 복수 형태인데 앞에 단수 명사와 어울리는 부정관사 a가 나오므로 오답이다. **정답 (A)**

132. 시제

해설 문장의 주어는 Managers이므로 수 일치가 맞지 않는 단수 동사 형태인 nominates부터 소거한다. 문맥상 '각 매장 관리자들은 이 상에 한 명의 직원을 지명할 수 있다'는 현재 사실 내용으로 연결되는 것이 자연스러우므로 '~할 수 있다'는 의미를 이루는 동사 형태인 (B) can nominate가 정답이다. (D)는 '임명했어야 했는데' 란 의미이다. **정답 (B)**

133. 접속부사

해설 접속부사 문제이다. 선택지는 〈However 그러나 / Otherwise 그렇지 않으면 / Moreover 게다가 / Since then 그 이후로〉라는 뜻이다. 빈칸 앞은 '각 지역을 대표하는 12명의 수상자는 $500의 현금을 받게 된다'는 말이고, 뒤는 '회사 본사에서 열리는 축하 연회에 초대된다'는 말이다. 앞뒤가 수상자가 받는 혜택으로 나열되므로 '추가/부가'를 나타내는 (C) Moreover가 정답이다. **정답 (C)**

134. 문장 삽입

해설 빈칸 뒤에 'She started working at store #675 before relocating to store #784 three years ago.'와 같이 명사 She가 나오므로 빈칸에는 She가 가리킬 수 있는 사람이 나와야 한다. 특히 store #784로 이동하기 전 store #675에서 일했다는 구체적인 경력이 나오는데, (B) Ms. Shelly has been an employee at Danner Outdoor Equipment since 2013. 이 들어가면 Ms. Shelly를 받는 대명사 She도 연결되고, 이 사람의 경력을 소개하면서 뒤에 구체적인 내용으로 연결하는 것도 흐름상 자연스럽다.

(A) 친구인 Karen Bates는 Ms. Shelly가 선정 되지 않은 것에 놀라지 않았다.
(B) Ms. Shelly는 Danner Outdoor Equipment에서 2013년부터 일했다.
(C) 참가하려는 직원은 최소 3년의 경력이 반드시 필요하다.
(D) 지역 가게 소유주들이 Ms. Shelly에게 직접 수상 소감을 전했다. **정답 (B)**

문제 135-138번은 다음 이메일을 참조하시오.

발신: dbaxter@manfred.com
수신: t.eubank@dcmail.net
날짜: 8월 8일 금요일
제목: 면접
첨부자료: 약도

Ms. Eubank 귀하,

저는 오늘 아침 우리의 전화 통화에 대한 후속 조치를 취하고자 이 서신을 쓰고 있습니다. 저는 8월 13일 수요일 오후 1시 30분에 저희 고용 관리자와 귀하의 면접 일정을 정해 두었습니다. 논의한 대로 10분 일찍 도착하도록 계획해 주십시오. 덧붙여, 세 명의 전문 추천인의 이름과 전화번호를 지참해 주시기 바랍니다.

저희 건물을 찾는 일이 다소 힘들 수 있습니다. 그런 이유로, 약도를 보냅니다. 소지할 수 있도록 사본을 인쇄하는 것이 좋을 것입니다. 주차장은 C구역에서 이용할 수 있지만, 임시 주차권이 필요합니다. <u>입구의 보안 직원이 무료로 하나를 발급해 줄 수 있습니다.</u>

다음 주에 귀하를 만나기를 고대합니다.

감사합니다.

Daniel Baxter
사무소 관리자
행정 서비스부
Manfred Corporation

표현 정리 **follow up** (방금 한 것에) ~을 덧붙이다, 더 알아보다 **hiring** 고용 **professional** 전문적인, 전문가의 **reference** (취업 등을 위한) 추천인[신원 보증인] **somewhat** 어느 정도, 다소 **tricky** 까다로운, 곤란한 **directions** 길 안내 **temporary** 임시의 **issue** 발부[지급/교부]하다

135. 시제

해설 동사 schedule의 적절한 시제를 찾는 문제이다. 다음에 나오는 As we discussed, please plan to arrive ten minutes early.에서 10분 일찍 도착하라고 말하므로 이미 일정을 정했고 지금 현재 말을 하므로 현재 완료시제가 정답이 된다. 현재 완료는 1. 과거에서 지금까지 ex. I have lived in Seoul for 10 years. 2. 과거에 일어났지만 지금 말을 할 경우 ex. I have lost my watch. 이렇게 2가지 경우가 있다. **정답 (C)**

136. 접속부사

해설 빈칸 앞은 '건물을 찾는 일이 다소 까다로울 수 있다'는 말이고, 뒤는 '약도를 보낸다'는 말이다. 앞뒤가 인과 관계로 연결되는 것이 자연스러우므로 (C) For that reason이 정답이다. **정답 (C)**

137. 문장 삽입

해설 빈칸 앞에서 주차장을 이용할 수 있는데, 임시 주차권이 필요하다고 나온다. 이에 대해 (D) The security guard at the gate can issue one at no charge.가 들어가면 대명사 one이 앞에 나온 a temporary parking pass를 가리키며 자연스러운 흐름을 이루게 된다.

(A) 할인된 버스 승차권은 현재 직원들이 이용할 수 있습니다.
(B) 정책상 임시직 근로자는 최대 90일 동안 저희 회사에서 일할 수 있습니다.
(C) 저희 회사에서 새로운 직책을 맡게 되신 데 대해 축하드립니다.
(D) 입구의 보안 직원이 무료로 하나를 발급해 줄 수 있습니다. **정답 (D)**

138. 동명사

해설 'look forward to'는 '~을 고대하다'는 뜻인데, 특히 to는 전치사이다. 동명사의 관용 표현을 묻는 문제로, 정답은 동명사인 (B) meeting이다. having met은 완료형 동명사로, 〈I don't recall ever having met him.〉처럼 주절보다 먼저 일어난 과거 사실을 나타낼 때 쓰인다. 여기서는 과거 사실을 기술하는 것이 아니므로 단순 동명사가 필요하다. **정답 (B)**

문제 139-142번은 다음 이메일을 참조하시오.

수신: t.parish@gomail.net
발신: f.vargas@bantam.com
날짜: 8월 5일
제목: 귀하의 최근 숙박

Mr. Parish 귀하,

Bantam Hotels를 선택해 주셔서 감사합니다. 저희는 고객들이 저희 호텔에서 좋은 경험을 할 수 있도록 최선을 다하고 있습니다.

저희 기록에 의하면 귀하께서는 7월 13일과 7월 14일에 Dexter에 있는 저희 호텔에 머무셨습니다. 호텔 숙박은 어떠셨습니까? 좋았던 부분과 개선 사항에 대해 문의를 드리고 싶습니다. 잠시 시간을 내어 짧은 설문 조사를 작성하시고 의견과 제안을 공유해 주십시오. 시작하려면 다음 링크를 클릭해 주십시오: <u>Bantam Hotel Survey.</u>

설문조사를 마치면 경품 응모를 하실 수 있습니다. <u>매달, 한 명의 행운의 우승자가 무작위로 선정됩니다.</u> 상품은 모든 Bantam Hotel 지점에서 이용 가능한 1박 무료 숙박권입니다.

감사합니다.

Fernando Vargas

표현 정리 **commit** (일 · 활동 등에) 전념[헌신]하다 **positive** 긍정적인 **experience** 경험 **improve** 개선하다 **share** 나누다, 공유하다 **comment** 논평, 언급 **suggestion** 제안 **survey** 설문조사 **simply** 그냥 (간단히), 그저 (단순히) **on(upon) ~ing** ~하자마자 곧 **drawing** 그림, 추첨 **randomly** 무작위로 **voucher** 상품권

139. 명사 어휘

해설 선택지는 〈employees 직원 / participants 참가자 / guests 고객 / guides 가이드〉라는 뜻의 명사로 이루어져 있다. Bantam Hotels에서 고객에게 보내는 서신으로 '호텔을 이용하는 고객이 호텔에서 좋은 경험을 하도록 노력하다'라고 해야 문맥이 연결된다. 따라서 (C) guests가 정답이다. **정답 (C)**

140. 동사 어휘

해설 선택지는 〈attend 참석하다 / improve 개선하다 / complete 작성하다 / purchase 구입하다〉라는 뜻이다. 등위접속사 and는 앞뒤 구조적으로나 의미적으로 병렬 구조로 연결되게 된다. 앞에 나온 'what we did well(우리가 잘 한 부분)'과 호응을 이루려면 '우리가 개선할 수 있는 부분'이라고 하는 것

TEST 03

이 자연스러우므로 (B) improve가 정답이다. 　　　정답 (B)

141. 동명사

해설 빈칸은 전치사 by의 목적어인데 뒤에 'a short survey'라는 목적어가 나오므로 동명사가 필요하다. 따라서 정답은 (C) completing이다. 'by ~ing'는 '~함으로써'라는 뜻으로 수단을 나타낸다. 　　　정답 (C)

142. 문장 삽입

해설 빈칸 앞에 나온 'Upon completion of the survey, you can enter your name in a drawing.'에서 drawing은 '제비뽑기, 추첨'이라는 뜻이다. 설문 조사 후 추첨에 응모할 수 있다는 내용 뒤에 (B) Each month, one lucky winner is randomly chosen.이 들어가 매달 1명의 우승자가 선정된다고 하는 것이 흐름상 자연스럽다.

(A) 마감일이 지나기 전에 지원서를 보내주십시오.
(B) 매달 한 명의 행운의 우승자가 무작위로 선정됩니다.
(C) 독립된 기관에서 저희 호텔 대신 조사를 실시하고 있습니다.
(D) Bantam Hotel은 귀사 근처에 있습니다. 　　　정답 (B)

문제 143-146번은 다음 이메일을 참조하시오.

> 수신: k.lyman@gotmail.com
> 발신: custserv@homestore.com
> 제목: 주문 #7393
> 날짜: 9월 7일
>
> Ms. Lyman 귀하,
>
> 귀하의 주문(#7393) 현황을 업데이트해 드리고자 본 서신을 드립니다. 귀하가 저희 웹사이트에서 구매하신 상품은 Beaverton에 소재한 Hampton Road 558번지에 있는 저희 소매점에 배송되었습니다. <u>귀하의 주문품을 고객 서비스 데스크에 보관할 것입니다.</u> 귀하는 정상 영업 시간에 주문품을 수령하실 수 있습니다. 이미 주문품 결제를 하셨기 때문에, 저희는 귀하의 신원을 확인할 필요가 있습니다. 이 이메일 사본이나 사진이 부착된 신분증을 지참해 주십시오.
>
> 오늘부터 60일 이내에 주문품을 수령하지 않으면, 주문품을 귀하에게 배송해 드릴 것입니다. 배송료는 귀하의 신용카드로 청구될 것입니다.
>
> 감사합니다.
>
> 고객서비스
> The Homestore

표현 정리 update 가장 최근의 정보를 알려주다[덧붙이다] merchandise 물품, 상품 purchase 구입[구매]하다 retail 소매(의) normal 보통의, 정상의 verify 확인하다, 입증하다 identity 신원, 신분 bill 청구서[계산서]를 보내다 shipping 배송, 운송

143. 명사 어휘

해설 선택지는 〈number 수, 숫자 / portion 일부분 / status (진행 과정 상의) 상황 / delay 지연, 지체)라는 뜻이다. 고객의 주문(#7393) '현황'을 업데이트하고자 서신을 쓴다고 해야 문맥이 연결된다. 뒤이어 고객의 주문품이 특정 지점에 배송되었다(The merchandise that you purchased from our Web site has been delivered to our retail location at 558 Hampton Road in Beaverton.)고 현재 추적 상황을 덧붙이므로 (C) status가 정답이다. 　　　정답 (C)

144. 문장 삽입

해설 빈칸 다음 문장인 'You can pick up your order there during our normal business hours.'에서 위치를 가리키는 부사 there가 나오므로 빈칸에 삽입될 문장에 there가 가리킬 수 있는 장소가 언급되어야 한다. (D)

We will hold your order at the customer service desk.가 들어가면 customer service desk를 there로 받아, 여기에서 물품을 수령할 수 있다는 자연스러운 흐름을 이루게 된다.

(A) 저희의 판매용 주간 전단지를 확인해 보십시오.
(B) 질문이 있는 경우 본 이메일에 회신해 주십시오.
(C) 각 지점은 가맹점주가 관리합니다.
(D) 귀하의 주문품을 고객 서비스 데스크에 보관할 것입니다. 　　　정답 (D)

145. 접속사

해설 빈칸에 알맞은 접속사를 찾는 문제이다. '이미 주문품 결제를 했기 때문에, 고객의 신원을 확인할 필요가 있다'와 같이 인과 관계로 연결되는 것이 자연스러우므로 정답은 이유의 부사절 접속사인 (A) Since이다. 　　　정답 (A)

146. 전치사

해설 빈칸 뒤에 나온 'sixty days of today'는 기간 명사이다. 전치사 before와 until은 기간 명사가 아닌, 시점 명사를 목적어로 취하므로 소거한다. 기간 명사를 목적어로 취해 '~이내에'라는 의미를 이루는 (B) within이 정답이다. '오늘부터 60일 이내에 주문품을 수령하지 않으면'과 같이 의미도 자연스럽다. except는 '~를 제외하고'라는 뜻이다. 　　　정답 (B)

PART 7

문제 147-148번은 다음 이메일을 참조하시오.

> 수신: Ellen Lewis 〈e.lewis@netdino.com〉
> 발신: Susan Blandon 〈sb2@generalhealth.org〉
> 날짜: 4월 4일
> **(147) 제목: 영양 상담**
> 첨부: 섭취 양식
>
> Ms. Lewis 귀하,
>
> 당사 웹사이트에서 상담 신청을 해 주셔서 감사합니다. **(147) 귀하는 4월 11일 월요일 오전 8시에 영양사와 만날 예정입니다.** 일반적으로 최초 상담은 15분에서 30분 정도 소요됩니다. 상담 중에 영양사는 귀하의 의료 정보를 검토하고, 식습관을 평가하며, 가능한 수정 사항을 제안하게 됩니다. **(148) 첨부된 섭취 양식을 작성하셔서 저에게 다시 보내 주십시오.** 문의 사항이 있으시면 언제든지 555-1134번으로 저에게 전화해 주시기 바랍니다.
>
> 감사합니다.
>
> Susan Blandon

표현 정리 nutritional 영양상의 consultation 상담 attachment 첨부 intake 섭취 form 양식 sign up ~에 등록하다, ~에 신청하다 nutritionist 영양학자, 영양사 initial 처음의, 초기의 evaluate 평가하다 dietary 음식물의, 식이 요법의 modification (개선을 위한) 수정[변경] fill out 작성하다 make recommendations 추천하다 verify 확인하다 paperwork 문서, 서류 forward 전달하다

147. 주제/목적 찾기 문제

해설 이메일 제목인 Subject: Nutritional Consultation에서 상담이 목적임을 알 수 있고, 본문 두 번째 문장 You are scheduled to meet with a nutritionist on Monday, April 11, at 8:00 A.M.에서 구체적인 일정을 알려주고 있다. 뒤이어 상담 소요 시간 및 진행 과정이 연결되므로 이메일을 쓴 이유는 예약을 확인한다는 (C)이다.

Ms. Blandon이 Ms. Lewis에게 이메일을 쓴 이유는?

(A) 식이 요법에 관련된 추천을 하려고
(B) 의료 기록을 확인하려고
(C) 예약을 확인하려고
(D) 전문가를 추천하려고　　　　　　　　　　정답 (C)

148. 세부사항

해설 지문 후반부 중 Please fill out the attached intake form and send it back to me.에서 첨부 양식을 작성해 다시 보내달라고 하므로 (A) Complete some paperwork가 정답이다.

패러프레이징 fill out ▶ complete / the attached intake form ▶ paperwork

Ms. Lewis는 무엇을 하도록 요청 받는가?

(A) 서류를 작성하도록
(B) 시간을 추천하도록
(C) 이메일을 전달하도록
(D) 식단을 바꾸도록　　　　　　　　　　　정답 (A)

문제 149-150번은 다음 광고를 참조하시오.

Pedal One 자전거 투어

저희와 함께 몬트리올 도시를 탐험하세요! (149C) **친절한 가이드가 그들의 고향을 편안하고, 재미있고, 유익하게 여행을 시켜 드립니다.** 일부 유명 명소에 정차하고, 운하를 따라 크루즈를 즐기며, 숨겨진 지역을 탐험하게 됩니다. (149B) **2시간, 반나절, 종일 투어 중에서 선택할 수 있습니다.** 종일 투어는 예술가와 다른 크리에이티브 아티스트들이 자주 찾는 인기 카페에서의 점심 식사가 포함됩니다. 자전거를 가져오셔도 되고, (149D) **저희 자전거를 이용하셔도 됩니다.** 헬멧과 자물쇠가 제공됩니다. (149A) **또한 당사 로고가 새겨진 물병을 증정해 드립니다.** 이 물병은 가져가시면 되고, 투어에 대한 기억이 떠오르게 해줄 것입니다. (150) **모든 투어는 Dubois 지하철역에서 가까운 East Street 사무소에서 출발합니다.** www.pedalone.ca를 방문해서 오늘 투어를 예약하세요!

표현 정리 explore 탐험하다 friendly 친절한 relaxing 마음을 느긋하게 해 주는, 편한 informative 유용한 정보를 주는, 유익한 attraction 명소 canal 운하 frequent (특정 장소에) 자주 다니다 remind 상기시키다 depart (특히 여행을) 떠나다[출발하다] souvenir 기념품 duration (지속되는) 기간 self-guided 셀프 가이드 투어의 operate 운영하다 public transportation 대중교통

149. Not/True 문제

해설 Choose from two-hour, half-day, and full-day tours.에서 투어 기간이 다른 3종류가 있으므로 (B)는 사실이다. Bring your own bike or use one of ours.에서 여행사에서 제공하는 장비를 이용할 수 있으므로 (D)도 사실이다. We will also give you a water bottle with our logo.에서 물병을 증정하므로 기념품을 준다 (A)도 사실이다. Our friendly guides will take you on a relaxing, fun, and informative tour of their hometown.에서 가이드가 인도하는 투어이므로 자기가 직접 여행한다는 (C)가 사실과 달라 정답이다.

패러프레이징 give you a water bottle ▶ Riders receive a souvenir / two-hour, half-day, and full-day tours ▶ different durations / use one of ours ▶ Equipment is available for use

투어에 대해 나타나 있지 않은 것은?

(A) 자전거 이용객은 기념품을 받는다.
(B) 투어 기간이 다르다.
(C) 셀프 가이드 여행을 해야 한다.
(D) 장비를 사용할 수 있다.　　　　　　　　정답 (C)

150. Not/True 문제

해설 지문 후반부 All tours depart from our East Street office, a short distance from the Dubois metro stop.에서 여행사 사무소가 지하철역과 근거리에 있다고 하므로 (D)가 정답이다.

패러프레이징 a short distance from the Dubois metro stop ▶ located near public transportation

Pedal One에 대해 제시된 것은?

(A) 자전거를 판매하고 있다.
(B) 다른 도시에서 투어를 운영한다.
(C) 프로 사이클리스트만 고용한다.
(D) 대중 교통 근처에 위치하고 있다.　　　　정답 (D)

문제 151-153번은 다음 정보를 참조하시오.

---

(151) **계정에 액세스하는 방법**

(152D) **귀사의 퇴직 연금 제도 관리가 10월 1일에 Iverson Financial로 전환됩니다.** 9월 24일 주간 동안, Iverson 사에서 귀하에게 PIN(개인 식별 번호)을 우편으로 보내 드릴 것입니다. 이 고유 번호를 사용하면 전환이 완료되는 즉시 계정에 액세스하실 수 있습니다.

(151) **Iverson Financial은 계정에 액세스하는 두 가지 방법을 제공합니다.** www.iverson.com을 방문하여 귀사의 퇴직 연금 제도 페이지를 조회하십시오. (152A) **그런 다음 귀하의 고유 PIN을 입력하시고 사용자 이름과 비밀번호를 설정합니다.** (153) **로그온하면 계정 잔액을 확인하고, 계정 설정을 변경하고, 거래를 승인하며, 서비스 담당자와 채팅하고, 다른 기능을 수행할 수 있습니다.** (152C) **1-800-555-6394 번으로 전화하셔서 계정에 액세스할 수도 있습니다.** 하루 24시간 자동화된 계정 정보를 들으실 수 있습니다. 거래에 대한 도움이 필요하거나 문의가 있으시면 월요일부터 금요일, 오전 7시부터 오후 7시까지 고객 서비스 담당자에게 말씀해 주십시오.

표현 정리 management 관리 retirement 은퇴, 퇴직 savings plan 저축 제도 transition 이행[변천]하다 PIN (은행 카드 등의) 개인 식별 번호[비밀 번호] access 액세스하다, 접근하다 account 계정 changeover (시스템 · 작업 방법 등의) 전환 complete 완료된 enter 입력하다 balance 잔액 authorize 재개인가]하다, 권한을 부여하다 transaction 거래 representative 담당자, 직원 perform 수행하다 function 기능 automated 자동화된 assistance 지원 charge 부과하다 unavailable 이용할 수 없는

151. 목적 파악

해설 정보의 제목인 Ways to Access Your Account에서 계정에 액세스하는 방법을 알리는 글임을 알 수 있다. 지문 첫 단락은 퇴직 연금 제도를 관리하는 회사가 바뀌었다는 내용이고, 2문단 첫 문장 Iverson Financial offers two ways to access your account.에서 새로 바뀐 회사에서 계정 액세스에 관한 2가지 방법을 제공한다고 나온다. 뒤이어 이에 대한 자세한 내용이 연결되므로 정답은 과정을 설명한다는 (D)이다.

정보의 목적은 무엇인가?

(A) 퇴직 연금 제도를 홍보하기 위해
(B) 새로운 관리 회사를 소개하기 위해
(C) 고용주에게 도움을 제공하기 위해
(D) 과정을 설명하기 위해　　　　　　　　정답 (D)

152. Not/True 문제

해설 계정 액세스에 관해 설명된 2문단을 보면, Then, enter your PIN to set up a username and password.에서 각자의 고유 PIN 번호가 필요하므로 (A)는 사실이다. You can also access your account by calling

1-800-555-6394.에서 전화 이용도 가능하므로 (C)도 사실이다. 첫 문단 첫 문장 Management of your company's retirement savings plan will transition over to Iverson Financial on October 1.에서 이 새로운 회사는 10월 1일부터 서비스를 시행하므로 10월 1일 전에 이용할 수 없다는 (D)도 사실이다. 월 사용료에 대한 내용은 찾을 수 없으므로 (B)가 정답이다.

Iverson 사의 퇴직 연금 계정에 대해 나타나 있지 않은 것은?

(A) 액세스 번호를 사용해야 한다.
(B) 월 사용료가 청구된다.
(C) 전화로 확인할 수 있다.
(D) 10월 1일 이전에는 사용할 수 없다.   정답 (B)

153. 세부사항

해설 2문단 4번째 문장 Once you are logged on, you can check your account balance, change your account settings, authorize transactions, chat with a service representative, and perform other functions.에서 잔액 확인이 가능하므로 (C)가 정답이다.

패러프레이징 check your account balance ▶ Find out how much is in their accounts

정보에 따르면, 고객은 Iverson 사의 웹사이트에서 무엇을 할 수 있는가?

(A) 투자 옵션 목록을 조회한다.
(B) 자동 알림을 설정한다.
(C) 계정에 남아 있는 잔액을 확인한다.
(D) 담당자와의 회의 일정을 정한다.   정답 (C)

문제 154-155번은 다음 공지를 참조하시오.

공지

게시일: 5월 2일

(154) 시 교통국의 담당자들이 5월 18일 목요일 오후 6시, Bakersfield 공립 도서관의 Warwick 지역 지점에서 공청회를 개최하여 제안된 공사 프로젝트를 논의할 예정입니다.

(154) Bakersfield 시는 Gilbert Road와 Sahara Street의 교차로 개선을 고려하고 있습니다. 이 프로젝트는 새 배수구, 고가 조명 및 교통 신호등을 설치할 예정입니다. 자동화된 신호를 갖춘 눈에 잘 띄는 횡단보도가 설치됩니다. 좌회전 전용 차선을 만들 수 있도록 도로가 확장됩니다. (155) 전체적으로, 이런 수정사항은 교통 흐름, 보행자 안전 및 폭우 배수를 개선하게 됩니다.

본 프로젝트의 계획은 초기 단계이므로, 지역사회의 의견이 요청됩니다. (154) 지역 기업과 주민들이 이 행사에 참여할 수 있습니다.

프로젝트 제안서 사본은 www.bakersfield.gov/transportation/9087834에서 다운로드할 수 있습니다.

표현 정리 representative 대표(자) **authority** 당국 **hold** 개최하다 **public meeting** 공청회 **branch** 지점 **proposed** 제안된 **improve** 개선하다 **intersection** 교차로, 교차 지점 **install** 설치하다 **drain** 물[액체] 을[이] 빼내다[빠지다] **overhead** 머리 위의, (지상에서) 높이 세운 **light** 조명 **highly** 매우 **visible** 눈에 띄는 **crosswalk** 횡단보도 **automated** 자동화된 **widen** 넓어지다 **lane** 차선 **modification** (개선을 위한) 수정[변경] **pedestrian** 보행자 **safety** 안전 **stormwater** 폭우 **stage** 단계 **input** 의견 **resident** 거주자 **attend** 참석하다 **proposal** 제안서 **juncture** 접합, 연결

154. 추론 문제

해설 도입부 Representatives from the City Transportation Authority will be holding a public meeting on Thursday, May 18, at 6:00 P.M.,

at the Warwick neighborhood branch of the Bakersfield Public Library to discuss a proposed construction project.에서 시 교통국 직원들이 공사 프로젝트에 대해 공청회를 한다고 나온다. 2문단 첫 문장 The city of Bakersfield is considering improving the intersection of Gilbert Road and Sahara Street.에서는 교차로 개선 공사임을 알 수 있다. 다음으로, 지문 후반부 중 Neighborhood businesses and residents are welcome to attend this event.에서 이 공청회에 지역 사업체와 주민 참여를 독려하고 있다. 이들 내용을 모두 종합할 때 이 공지의 대상은 (D) People living near a road juncture가 적절하다.

패러프레이징 the intersection of Gilbert Road and Sahara Street ▶ road juncture

이 공지는 아마도 누구를 대상으로 하겠는가?

(A) 정부 기획자
(B) 건설 노동자
(C) 도심 사업체
(D) 연결 도로 부근에 사는 사람들   정답 (D)

155. Not/True 문제

해설 2문단 마지막 문장 Altogether, these modifications will improve traffic flow, pedestrian safety, and stormwater drainage.에서 교통 흐름 개선, 보행자 안전, 폭우로 인한 배수 등이 개선된다는 3가지 사항을 확인할 수 있다. 쇼핑객을 위한 주차 공간은 언급되지 않으므로 (C)가 정답이다.

패러프레이징 improve traffic flow ▶ fewer traffic jams / improve pedestrian safety ▶ Walkers can cross the street without fear / improve stormwater drainage ▶ Rain will be less likely to cause flooding

공사 프로젝트에 암시된 혜택이 아닌 것은?

(A) 비로 인한 홍수 가능성이 줄어든다.
(B) 교통 체증이 감소할 것이다.
(C) 쇼핑객은 더 많은 주차 공간을 이용할 수 있다.
(D) 보행자는 두려움 없이 길을 건너갈 수 있다.   정답 (C)

문제 156-158번은 다음 대화형 문자 메시지를 참조하시오.

| Todd Cristiano | [2:08 P.M.] |

Glen, 저에게 오기로 한 우편물이 도착했나요?

| Glen Pierce | [2:09 P.M.] |

(156) 제가 아직도 책상에서 벗어날 수가 없었습니다. 뭔가 오기로 했나요?

| Todd Cristiano | [2:09 P.M.] |

제품 카탈로그입니다. 제가 사무실로 돌아가면 우편실에 가 볼게요.

| Glen Pierce | [2:10 P.M.] |

알겠습니다. 퇴근 후 간단히 뭘 좀 드시겠어요?

| Todd Cristiano | [2:11 P.M.] |

(157) 다음 기회에요. 아들의 축구 경기를 보기로 아들과 약속했거든요.

표현 정리 arrive 도착하다 **get away from** 탈출하다[벗어나다] **expect** 기대하다, 예상하다 **product** 제품 **mailroom** 우편실 **grab a bite to eat** 간단히 먹다 **frequently** 종종 **politely** 정중하게

156. 추론 문제

해설 Todd Cristiano의 첫 대화인 Glen, did a package arrive for me? 에서 본인 앞으로 우편물이 도착했는지 묻고 있다. 이에 대해 Glen Pierce (2:09 P.M.)가 I haven't been able to get away from my desk yet. Are you expecting something?에서 책상을 벗어나지 못했다고 하고 도착할 물건이 있는지 묻고 있다. 이에 대해 Todd Cristiano (2:09 P.M.)가 I'll go to the mailroom when I get back to the office.에서 자기가 사무실에 돌아가 우편실에 가서 직접 물건을 픽업하겠다고 한다. 이들 내용을 종합할 때 우편물은 mailroom에서 가져가는 것을 알 수 있으므로 Mr. Pierce가 우편실을 오늘 방문하지 않았다는 (B)가 정답이다.

Mr. Pierce에 대해 아마도 사실인 것은?

(A) 종종 우편으로 물품을 주문한다.
(B) 오늘 우편실에 가지 않았다.
(C) 쇼핑을 할 계획이다.
(D) 일찍 사무실로 돌아갔다. **정답 (B)**

157. 의도 파악 문제

해설 Glen Pierce의 마지막 대화 중 Do you want to grab a bite to eat after work?에서 퇴근 후 간단히 먹자고 제안하는데, 이에 대해 Todd Cristiano가 아들의 축구 경기를 볼 예정(I promised my son I would watch his soccer game.)이라고 한다. 즉, 제안을 거절하기 위해 Maybe some other time.이라고 말한 것임을 유추할 수 있다. 따라서 (A)가 정답이다.

오후 2시 11분에 Mr. Cristiano가 "Maybe some other time""이라고 말한 이유는?

(A) 정중하게 제안을 거절하고 있다.
(B) 오늘 늦게까지 일해야 한다.
(C) 스케줄을 확인하는 것을 잊었다.
(D) 저녁을 먹는 것을 좋아하지 않는다. **정답 (A)**

문제 158~160번은 다음 광고를 참조하시오.

직책: 등록 간호사(RN)
게시일: 6월 1일

Ventura Hospital은 환자에게 우수한 진료 서비스를 제공하기 위해 노력하고 있습니다. 간호 스태프는 당 병원의 사명을 수행하는 데 필수적입니다. 이에 따라 저희는 간호사들에게 합리적인 환자 수, 정상 근무 시간 및 예정된 휴식을 제공합니다. **(158) 당 병원이 캘리포니아주에서 가장 높은 간호 직원 유지비율을 가지고 있다는 것은 놀라운 일이 아닙니다.**

당 병원은 소아과 진료 팀에 합류할 전임 간호사를 찾고 있습니다. **(159B) 합격자는 병원, 보건소 또는 진료소에서 3년 이상의 경력과 함께 RN 면허 및 소아 간호 자격증을 소지해야 합니다.** 간호학 준학사 학위가 필요합니다. 단, 간호학 학사 학위가 적극 우대됩니다. **(159C) 지원자는 저녁 교대 근무(오후 3시~오후 11시)가 가능해야 합니다.**

당 병원 팀의 일원으로서, 지원자는 질병과 부상에 대한 (160) **일상적인** 진료와 치료를 원하는 어린이들을 보살피게 됩니다. 또한 만성 질환이 있는 자녀를 둔 가족이 재택 간호 계획을 세우도록 도움을 주게 됩니다. 예방 관리는 아동의 행복 및 건강한 발달에 필수 요소입니다. **(159A) 따라서 지원자의 역할은 또한 어린이와 부모에게 건강한 습관, 영양 및 예방 접종에 대해 가르치는 것입니다.** 다양한 문화적 배경을 가진 가족들과 민감하게 의사 소통할 수 있는 능력이 필수 요소입니다.

당 병원은 경쟁력 있는 급여 및 혜택, $12,000 상당의 사이닝 보너스와 수업료 환급을 제공합니다.

www.venturahospital.org에서 지원하십시오.

표현 정리 position 직책 **registered nurse** 주(州) 공인 간호사, (정식 자격을 지닌) 등록 간호사 **committed to** ~에 전념하는 **exceptional** 우수한, 특출한 **mission** 사명, 임무 **reasonable** 합리적인 **load** (사람·기계의) 작업[업무]량 **regular hours** 정상 영업[근무] 시간 **scheduled** 예정된 **break** 휴식 **retention rate** 유지비율, 보유율 **seek** 구하다 **successful**

---

applicant 합격자 **license** 면허 **pediatric** 소아과(학)의 **experience** 경험 **associate degree** 준학사 학위 **required** 필수의 **bachelor's degree** 학사 학위 **preferred** 선호되는 **shift** 교대근무 **treatment** 치료 **illnesses** 질병 **chronic** 만성의 **preventive care** 예방치료 **wellbeing** 복지 **healthy** 건강한 **nutrition** 영양 **vaccination** 백신[예방] 접종 **communicate** 의사 소통하다 **sensitively** 민감하게, 예민하게 **competitive** 경쟁력 있는 **benefit** 혜택 **signing bonus** (계약 체결 시 선지급하는) 사이닝 보너스 **tuition** 수업료 **reimbursement** 환급 **turnover** (기업의 직원) 이직률 **expand** 확대하다 **credentials** 자격 인증서, 자격증 **predictable** 예측[예견]할 수 있는

158. 세부사항

해설 첫 문단 마지막 문장 It is no surprise that we have one of the highest retention rates for nursing staff in California.에서 we가 질문의 키워드인 Ventura Hospital을 가리키는데, 이 병원에서 간호사 유지비율이 주에서 가장 높다고 나온다. 따라서 이를 이직률이 낮다로 표현한 (B)가 정답이다.

패러프레이징 the highest retention rates for nursing staff ▶ turnover of nurses is low

Ventura Hospital에 대해 나타난 것은?

(A) 주로 해외 환자에게 서비스를 제공한다.
(B) 간호사의 이직률이 낮다.
(C) 운영 시간이 제한되어 있다.
(D) 최근에 소아과를 확장했다. **정답 (B)**

159. Not/True 문제

해설 3문단 후반부 As such, your role will also be to teach children and their parents about healthy habits, nutrition, and vaccinations.에서 어린이와 부모에게 건강 습관 등에 대해 가르치게 된다고 하므로 (A)는 사실이다. 2문단 중 The successful applicant will have an RN license and pediatric nursing certification along with three or more years of experience at a hospital, health center, or doctor's office.에서 지원자는 특정 자격증이 필요하므로 (B)도 사실이다. 2문단 마지막 문장 The applicant must be able to work the evening shift (3:00 P.M. to 11:00 P.M.).에서 밤 근무도 필요하므로 (C)도 사실이다. 약국 경력은 명시되지 않으므로 (D)가 정답이다.

패러프레이징 teach children and their parents ▶ Providing education to families / have an RN license and pediatric nursing certification ▶ Possessing certain credentials

지원자에게 요구되지 않는 것은?

(A) 가족에게 교육 제공 하기
(B) 특정 자격 증빙 소지
(C) 야간에 환자 돕기
(D) 전에 약국에서 근무한 경험 **정답 (D)**

160. 동의어 찾기 문제

해설 routine은 규칙적으로 하는 '정례적인'이라는 뜻이다. 합격자는 '일상적인/정기적인' 진료가 필요한 어린이를 돌본다는 의미로 routine은 (C) regular와 의미상 가장 유사하다.

3문단 첫 번째 줄의 단어 "routine"과 의미상 가장 가까운 단어는?

(A) predictable
(B) boring
(C) regular
(D) balanced **정답 (C)**

문제 161-163번은 다음 메모를 참조하시오.

회람

발신: Mason Tacuba, 사장
수신: 모든 Dayana 직원
날짜: 10월 13일
제목: All-Star 요금

지난 주, 저는 회사 직원들이 더 이상 다음 달 1일부터 All-Star Child Care Center에서 할인 요금의 자격 대상이 아니라고 발표했습니다. 그 이후로 제 받은 편지함에 이메일이 넘쳐났습니다. 일부 사람들은 일하는 부모에 대한 지원을 회사가 중단하고 있다고 말했습니다. (161) **이는 사실이 아닙니다.** 어떻게 그리고 왜 이러한 결정을 내리게 되었는지를 완벽히 알리지 않은 책임은 전적으로 저에게 있습니다.

All-Star는 5년 전에 설립된 이래로 할인된 요금을 우리에게 제공했습니다. 소유주인 Sarah Jenkins는 우리 회사의 가족 친화적인 정책을 강력하게 지원했기 때문에 우리와 이 특별한 방침을 마련했습니다. Ms. Jenkins는 자신의 사업에 A-Plus 인증을 받기 위해 열심히 노력했습니다. (162) **그녀와 그녀의 직원들은 이 등급을 받기 위해 수백 시간의 교육을 이수해야 했습니다.** (161/163) A-Plus의 우수한 등급을 달성한 All-Star는 모든 고객에게 동일한 요금을 청구하고 모든 종류의 할인 혜택 제공을 중단하기로 결정했습니다. All-Star에 아이를 보내는 것은 여전히 뛰어난 거래라고 생각합니다. 사실, 저는 제 딸을 그곳에 보낸 것을 자랑스럽게 생각합니다.

추가 질문이나 관심 사항이 있으시면, 언제든지 Ms. Jenkins 또는 저에게 문의해 주십시오.

표현 정리 no longer 더 이상 ~아닌[하지 않는] be eligible for 자격이 있다 rate 요금 effective 유효한 inbox 받은 편지함 be flooded with ~이 넘쳐나다 back away from ~에서 물러나다, 서서히 후퇴하다 responsibility 책임 fully 완전히 arrangement 준비, 마련, 주선 policy 정책 accreditation 승인, 인가 complete 완료하다 attain 달성하다 achieve 성취하다 distinction 등급, 분류 charge 청구하다 cease 중단시키다 outstanding 뛰어난, 걸출한 deal 거래, 합의, 대우, 취급 additional 추가의 childcare 육아, 보육 clarify 명확하게 하다, 분명히 말하다 misunderstanding 오해 caliber (사물의) 품질, 등급

161. 주제/목적 찾기 문제

해설 1문단은 다음달부터 직원들이 All-Star Child Care Center에서 할인 혜택을 받지 못하게 되는데, 이에 대해 직원들의 문의가 많았다고 나온다. 일부 직원은 이에 대해 회사에서 일하는 부모를 지원하지 않는다고 말했다고 하는데, 이에 대해 Nothing could be further from the truth.라고 하면서 이는 사실이 아니라고 덧붙인다. 이어지는 문단에서 할인 혜택이 중단된 이유 중 All-Star decided to charge all customers the same rates and to cease offering discounts of any kind.에서 All-Star 측에서 모든 고객에게 동일 요금을 제공하면서 자사에게 주어지는 할인 혜택이 중단되게 되었다고 나온다. 이들 내용을 종합할 때 잘못 알고 있는 내용을 명확히 한다는 (A)가 정답이다.

메모의 목적은 무엇인가?

(A) 오해를 명확히 하기 위해
(B) 새로운 프로그램을 발표하기 위해
(C) 가족의 친구를 홍보하기 위해
(D) 정책 변경을 발표하기 위해 **정답 (A)**

162. 추론 문제

해설 질문의 키워드인 Ms. Jenkins는 2문단 중 The owner, Sarah Jenkins에서 신원을 알 수 있다. 즉, All-Star 소유주인데 She and her staff had to complete hundreds of hours of training to attain the rating.에

서 우수 등급 달성을 위해 직원들과 함께 교육을 이수해야 했다고 나온다. 따라서 이를 학습 이벤트에 참석했다고 표현한 (D)가 정답이다.

패러프레이징 had to complete hundreds of hours of training ▶ attended learning events

Ms. Jenkins에 대해 제시된 것은?

(A) 많은 불만을 받았다.
(B) 여러 사업체를 소유하고 있다.
(C) 딸이 Mr. Tacuba를 알고 있다.
(D) 학습 이벤트에 참석했다. **정답 (D)**

163. 문장 위치 문제

해설 지문의 흐름상 주어진 문장이 들어가기에 가장 적절한 곳을 고르는 문제이다. 이 요금은 여전히 다른 제공자보다 낮은 요금이라고 하므로 주어진 문장의 앞 부분에 요금과 관련한 내용이 나와야 한다. [4] 앞인 Upon achieving the A-Plus distinction, All-Star decided to charge all customers the same rates and to cease offering discounts of any kind.에서 우수 등급을 받은 직후 바로 모든 고객에게 동일 요금을 제공한다고 하는데, 이 the same rates가 주어진 문장의 The rates이고 이 요금은 여전히 다른 제공자보다 더 저렴하다고 하면 문장 흐름 자연스럽게 연결된다.

[1], [2], [3], [4]로 표시된 위치 중 다음 문장이 들어가기에 가장 알맞은 곳은?

"이 요금은 여전히 해당 등급의 다른 보육 서비스 제공자보다 낮은 요금입니다."

(A) [1]
(B) [2]
(C) [3]
(D) [4] **정답 (D)**

문제 164-167번은 다음 온라인 채팅 토론을 참조하시오.

Raul Limon [11:13 A.M.]
저는 Dark Night에 대한 우리의 진행 상황을 알리기 위해 금요일 오후 2시에 Mr. Chen과 전화 회의를 마련해 두었습니다. (165) **해당 프로젝트의 모든 팀 리더가 참여할 수 있을까요?**

Sam Trinh [11:15 A.M.]
(165) **아마도요.** 저는 여전히 라스베이거스에서 열린 컨퍼런스에 참석 중입니다.

Raul Limon [11:15 A.M.]
언제 끝날까요?

Sam Trinh [11:16 A.M.]
수요일인데, 목요일에 일부 개발자와 회의가 예정되어 있습니다. 비행기는 그날 저녁에 도착할 예정이고요.

David Friedman [11:18 A.M.]
저도 포함시켜 주세요. Mr. Chen과 공유할 그래픽이 있거든요. 그가 매우 만족해할 것이라고 생각합니다.

Raul Limon [11:19 A.M.]
좋아요, David. 누구 Suki 소식 들으셨나요? 그녀의 아이콘이 외부에 있다고 표시되어 있네요.

David Friedman [11:19 A.M.]
(166) **제가 그녀에게 문자 메시지를 보낼 수 있습니다.**

Raul Limon [11:20 A.M.]
(166) **한번 해보세요.** (164/167) 게임 음악이 어떻게 되어가고 있는지 들어보고 싶어요.

52

Sam Trinh   [11:21 A.M]

(167) 제가 마지막으로 들었을 때, 그녀는 완성된 파일 일부를 Mr. Chen에게 송부했는데, 그는 마음에 들어 했습니다.

표현 정리 set up (어떤 일이 있도록) 마련하다 conference call 전화 회담 progress (목표 달성·완성을 향한) 진척[진행] participate 참여하다 developer 개발자 get in ~에 도착하다 count in (어떤 활동에) ~를 포함시키다[끼우다] come along 되어 가다. 나타나다. 도착하다 supervise 관리하다, 감독하다 be unable to ~할 수 없다 approve of ~을 찬성하다 colleague 동료 demanding 요구가 많은, 쉽게 만족하지 않는 pleased with ~에 만족해[뿌듯해] 하는

164. 추론 문제 – 정보 조합

해설 작성자들의 신원을 묻는 문제이므로 전체 대화를 통해 단서를 얻어야 한다. (11:16 A.M.) I'm meeting with some developers on Thursday. (11:18 A.M.) I have some graphics to share with Mr. Chen. (11:20 A.M.) I'd really like to hear how the music for the game is coming along. 등을 보면 게임과 관련된 일을 하고 있음을 유추할 수 있으므로 (B)가 정답이다.

작성자들은 아마도 누구이겠는가?

(A) 전문 음악가
(B) 비디오 게임 디자이너
(C) 로봇 프로그래머
(D) 그래픽 아티스트   정답 (B)

165. 추론 문제

해설 Raul Limon의 첫 대화 I set up a conference call with Mr. Chen at 2:00 P.M. on Friday to let him know about our progress on Dark Night. Can all of the team leaders for that project participate?에서 전화 회의를 준비해 두었는데, 팀 리더들이 모두 참석 가능한지 묻고 있다. 이에 대해 질문의 키워드인 Mr. Trinh이 Possibly. I'm still at the conference in Las Vegas.에서 라스베이거스 컨퍼런스에 있지만 가능하다고 말한다. 즉, Mr. Trinh이 그룹 리더임을 유추할 수 있으므로 (D)가 정답이다.

패러프레이징 team leaders ▶ head of a workgroup

Mr. Trinh에 대해 제시된 것은?

(A) Suki를 감독한다.
(B) 전화 회의에 참여할 수 없을 것이다.
(C) 일찍 행사장을 떠날 계획이다.
(D) 작업 그룹의 리더이다.   정답 (D)

166. 의도 파악 문제

해설 Mr. Limon이 의도한 것을 묻는 문제이므로, 질문의 인용어구(Go for it)가 언급된 주변 문맥을 확인한다. David Friedman (11:19 A.M.)의 대화 I can send her a text message.에서 Suki에게 문자를 보낼 수 있다고 하는데 이에 대해 Go for it이라고 행동을 독려하므로 동료의 행동에 찬성한다는 (B)가 정답이다. Go for it은 타인의 행동을 독려할 때 쓰이는 표현이다.

오전 11시 20분에 Mr. Limon이 "Go for it"라고 말한 의미는?

(A) 문자 메시지를 받고 싶어한다.
(B) 동료가 행동을 취하는 것을 찬성한다.
(C) 전화번호를 제공할 수 있다.
(D) 곧 떠나야 한다.   정답 (B)

167. 세부사항

해설 질문과 관련된 Mr. Chen은 Sam Trinh의 마지막 대화인 Last I heard, she had sent a few of the finished files to Mr. Chen. He liked them.에 언급된다. Mr. Chen이 Suki가 보낸 파일에 만족했다고 하는데, Suki는 Raul Limon (11:20 A.M.) 대화 중 I'd really like to hear how the music for the game is coming along.에서 게임 음악을 담당하

고 있음을 알 수 있다. 따라서 이들 내용을 종합할 때 음악에 만족을 표현했다는 (C)가 정답이다.

Mr. Chen에 대해 언급된 것은?

(A) 매우 까다로운 고객이다.
(B) 지난주에 Suki를 만났다.
(C) 일부 음악에 만족해 한다.
(D) 스포츠를 좋아한다.   정답 (C)

문제 168-171번은 다음 기사를 참조하시오.

(168) 스포츠 의류 소매업체인 Soraya는 젊은 고객을 유치하기 위해 새로운 기술을 채택하고 있다. 현재 이 회사의 평균 구매 고객은 45세에, 두 명의 자녀가 있으며, 교외에 거주한다. (169) 22년 전 회사가 처음 창립된 이래로, 이 연령대 인구층이 경제에 중요한 역할을 했지만, 대부분의 새로운 소득 성장은 18~34세의 연령대 사이에 주요 대도시 지역에서 일어나고 있다. 이 연령대는 의류뿐만 아니라 기술 및 사회적 소통 방식에서도 다른 취향을 가지고 있다.

Soraya는 Soraya Lite이라는 신상 제품군 출시와 함께, 새로운 스마트폰 앱을 선보였다. 이를 통해 소비자는 프로필을 작성하고 (170) 자기에게 맞는 맞춤 추천 및 쿠폰을 받을 수 있다. (171) 또한 앱을 사용하는 쇼핑객은 소매점 또는 www.soraya.com에서 구매할 때마다 "포인트"를 생성하게 된다. 이들 포인트는 선물, 할인 및 무료 배송에 사용할 수 있다.

Soraya의 두 번째 혁신은 개인 배송 기업인 Zippy와의 협력이었다. 고객은 Soraya 앱을 사용하거나 인근 소매점에서 물품을 구매하여 현지 주소로 배달할 수 있다. 시간 압박을 많이 받는 전문 직종 종사자들의 경우, 화면을 터치하면 몇 시간 안에 새로운 운동복을 받을 수 있다.

마지막으로, Soraya는 곧 타사가 제품을 판매할 수 있도록 허용할 예정이다. 좋아하는 체육관이나 테니스 클럽에서 구매할 수 있게 되는 이 회사의 시그니처 반지와 티셔츠를 기대한다. 신규 앱 사용자는 매장의 실제 표시 가격에 관계없이 www.soraya.com에서 판매하는 동일한 가격으로 이들 매장에서 Soraya 사의 제품을 구매할 수 있다.

표현 정리 apparel 의류 retailer 소매업체 adopt 채택하다 attract 끌어들이다[끌어 모으다] currently 현재 average 평균의 demographic 인구(통계)학의 segment 부분 play a major role in ~에서 중요한 역할을 하다 income 수입, 소득 growth 성장 occur 발생하다 metropolitan 대도시[수도]의 mode (특정한) 방식[방법/유형] social interaction 사회적 상호 작용 concurrent with ~을 동반하는, ~과 일치하는 debut 데뷔하다, 첫 무대에 서다 personalized 개인이 원하는 대로 할 수 있는 recommendation 추천 generate 발생시키다, 만들어 내다 redeem (주식·상품권 등을) 현금[상품]으로 바꾸다[교환하다] shipping 선적 innovation 혁신 team up with ~와 협동[협력]하다 delivery 배송 nearby 근처의 local 지역의 time-stressed 시간 스트레스를 받는 professional 전문가 outfit 의류 permit 허가하다 get ready for ~에 대비하다 shorts 반바지 available 이용 가능한 sticker price 표시 가격 preference 선호 found 설립하다 appeal to ~에 호소하다 affiliated 소속된, 연계된

168. 주제/목적 찾기 문제

해설 기사의 도입부 Sports apparel retailer Soraya has been adopting new technologies to attract younger customers.에서 한 의류 소매상이 새로운 기술을 채택해 젊은 고객을 유치하고 있다고 소개한다. 이어지는 각각의 문단에서 이 새로운 기술을 debuted a new smartphone app, team up with the private delivery company Zippy, permit third parties to sell its products 등 3가지로 소개하므로 글의 주제는 전략을 바꾸는 기업이라는 (C)가 적절하다.

기사는 주로 무엇에 관한 것인가?

(A) 젊은 직원을 채용하는 회사
(B) 신기술 개발
(C) 전략을 바꾸는 기업
(D) 소비자의 선호 변화 　　　　　　　　　　　정답 (C)

169. Not/True 문제

해설 1문단 3번째 문장 Although that demographic segment has played a major role in the economy since the company first opened twenty-two years ago, most new income growth is occurring in major metropolitan areas among 18–34 year olds.에서 이 회사가 22년 전에 처음 문을 열었다고 하므로 (B)가 정답이다.

패러프레이징 the company first opened twenty-two years ago
▶ It was founded over two decades ago

Soraya에 대해 사실인 것은?

(A) 더 많은 가족이 상점에서 쇼핑하기를 원한다.
(B) 설립된지 20년이 넘었다.
(C) 대부분의 상점은 교외에 있다.
(D) 다양한 운동 시설을 운영한다. 　　　　　　정답 (B)

170. 세부사항

해설 새 앱을 선보인다는 내용이 소개되는 2문단 2번째 문장 With it, consumers can create a profile and receive personalized recommendations and coupons.에서 앱을 통해 개별 맞춤 제안을 받을 수 있다고 하므로 (A)가 정답이다.

패러프레이징 receive personalized recommendations ▶
suggest items for purchase

새 앱에 대해 나타난 것은?

(A) 구매할 상품을 제안할 수 있다.
(B) 첫 고객에게 특별 할인을 제공한다.
(C) 20대 쇼핑객 유치를 목표로 한다.
(D) 계열사 소매점에서는 이용할 수 없다. 　　　정답 (A)

171. 추론 문제 – 정보 조합

해설 질문의 키워드인 the company's Web site가 언급되는 2문단 후반부 중 Plus, shoppers using the app generate "points" for each purchase made at a retail location or at www.soraya.com.에서 웹사이트에서 구매 시 포인트를 적립할 수 있다고 나온다. 그리고 Points can be redeemed for gifts, discounts, and free shipping.에서 포인트는 선물, 할인, 무료 배송으로 바꿀 수 있다고 하므로 (A)가 정답이다.

패러프레이징 discounts ▶ savings

기사에 따르면 쇼핑객은 회사 웹사이트에서 무엇을 할 수 있는가?

(A) 향후 절감 혜택을 받는다.
(B) 가격을 비교한다.
(C) 후원 피트니스 센터를 찾는다.
(D) 배송을 추적한다. 　　　　　　　　　　　정답 (A)

문제 172–175번은 다음 이메일을 참조하시오.

수신: Alan Kemper 〈alankemper@teafortwo.com〉
발신: Fred Shiller 〈f.shiller@findlaymarkets.com〉
날짜: 5월 1일
제목: 회신: 샘플

Mr. Kemper 귀하,

이메일을 보내 주셔서 감사합니다. 저는 차 샘플을 받아서 직원과 고객 모두가 시음할 수 있도록 일부 매장에 배포했습니다. 반응은 압도적으

로 긍정적이었습니다. 모두들 맛과 향기를 좋아합니다. 포장도 매력적입니다. 결과적으로 저희는 주문을 하고 싶습니다. (174) **귀사 제품 담당자 한 분과의 이전 대화를 바탕으로, 저는 1만 상자 이상 구매 시 귀사에서 일반 도매가의 10% 할인을 제공한다고 알고 있습니다. 이것이 맞는다면 적어도 그 최소 분량을 주문하고 싶습니다.** 저희는 월 판매량이 충분해서 처음에 이렇게 상당한 양을 구매하는 것이 타당하다고 생각합니다.

그러나 진행하기 전에, 저희 회사의 다른 의사 결정권자들이 저와 동의하는지 확인을 할 필요가 있습니다. (172/175) **그래서 저는 회사의 지역 관리자 세 분과 전화 회의를 하고 싶습니다.** 또한 Nathan Robinson 영업 부사장님과 함께 통화하고 싶습니다. (173) **Mr. Robinson은 승진하기 전에 제 직책에서 근무를 했습니다.** Mr. Robinson은 고객층과 관련하여, 인구 통계 정보를 제공할 수 있습니다. (172) **어떤 요일과 시간이 가장 적합한지 알려주십시오.**

감사합니다.

Fred Shiller
(173) **구매 책임자**
Findlay Markets

표현 정리 distribute 배포하다 a handful of 소수의 response 응답 overwhelmingly 압도적으로 packaging 포장 attractive 매력적인 place an order 주문하다 representative 담당자, 직원 understanding 이해 regular 정기의 wholesale price 도매가 minimum 최소의 monthly 매월의 justify 옳음[타당함]을 보여주다 initial 초기의 move forward 전진하다 decision 결정 onboard 선상의, 기내의, 탑재된 (본문에서는 "동의하다"라는 뜻으로 사용) set up (어떤 일이 있도록) 마련하다 conference call (3인 이상이 하는) 전화 회담 district 지구[지역] position 직책 promotion 승진 demographic 인구 (통계)학의 virtual (컴퓨터를 이용한) 가상의 elevate 승진[승격]시키다 negotiate 협상하다

172. 주제/목적 찾기 문제

해설 1문단은 주문을 하고 싶다는 내용인데, 2문단은 일을 진행하기 전에 회사의 다른 의사 결정권자들의 동의가 필요하다고 나온다. 이후 Thus, I would like to set up a conference call with my company's three district managers.와 I would also like to be on the call along with our vice president of sales, Nathan Robinson.에서 이들 결정권자들과 전화 회의를 하고 싶다고 덧붙인다. 마지막 문장 Please let me know what days and times work best for you.에서는 수신인에게 conference call을 하기 위한 적절한 시간대를 묻고 있다. 즉, 회의를 주선하려는 목적임을 알 수 있으므로 (B)가 정답이다.

패러프레이징 set up a conference call ▶ arrange a virtual meeting

이메일을 보낸 이유는?

(A) 설문에 응답하기 위해
(B) 가상 회의를 주선하기 위해
(C) 주문을 수정하기 위해
(D) 일부 제품을 추천하기 위해 　　　　　　　정답 (B)

173. 추론 문제

해설 질문의 키워드인 Mr. Robinson은 2문단 중 I would also like to be on the call along with our vice president of sales, Nathan Robinson. Mr. Robinson was in my position before his promotion.에 등장하는데, 승진 전 이메일 발신인 본인의 직책에서 근무했다고 나온다. 이메일 발신인 Fred Shiller의 직책은 하단 Chief Buyer에서 물건 구매 책임자이다. 따라서 한때 wholesale 구매자였다는 (D)가 정답이다. 1문단 중 my understanding is that you offer 10% off your regular wholesale prices on purchases of ten thousand boxes or more.에서 도매가로 물건을 구입하는 것을 확인할 수 있다.

Mr. Robinson에 대해 제시된 것은?

(A) 최근 Mr. Shiller의 직책으로 승진되었다.
(B) 개인적으로 차 샘플을 시음해 보았다.
(C) 최근 제품 담당자를 만났다.
(D) 한때 도매 구매자였다.　　　　　　　　정답 (D)

174. 추론 문제

해설　질문의 키워드인 Findlay Markets는 이메일 발신인이 일하는 직장이다. 1문단 중반부 중 Based on an earlier conversation I had with one of your product representatives, my understanding is that you offer 10% off your regular wholesale prices on purchases of ten thousand boxes or more.에서 일반 도매가에서 10% 할인을 받으려면 1만 상자를 구매할 경우라고 나온다. 뒤이어 If this is correct, then we would like to order at least that minimum amount, I think we have enough monthly sales volume to justify such a large initial purchase.에서 자신의 회사에서 이 정도 구매량을 주문하는 것은 매월 판매할 수 있다고 믿기 때문이라고 나온다. 따라서 (C)가 정답이다.

Findlay Markets에 대해 나타난 것은?

(A) Mr. Shiller는 현재 가장 큰 매장에서 근무한다.
(B) 전국에 매장이 있다.
(C) Mr. Shiller는 수천 상자의 차를 팔 수 있다고 믿는다.
(D) Mr. Kemper의 회사와 할인을 협상했다.　　　정답 (C)

175. 문장 위치 문제

해설　주어진 문장에 대명사 They가 나오고, 이들이 제품 마케팅 및 가격 책정에 관한 질문이 있다고 하므로, 이러한 질문을 할 수 있는 복수의 사람이 이 앞에 언급되어야 한다. [3] 앞에 나온 Thus, I would like to set up a conference call with my company's three district managers.에서 3명의 지역 관리자와 전화 회의를 하게 되는데 They가 my company's three district managers를 가리키면서 이들이 질문할 수 있다고 해야 흐름이 연결된다. 따라서 (C) [3]이 정답이다.

[1], [2], [3], [4]로 표시된 위치 중 다음 문장이 들어가기에 가장 알맞은 곳은?

"그들은 제품 마케팅 및 가격 책정에 관한 질문이 있습니다."

(A) [1]
(B) [2]
(C) [3]
(D) [4]　　　　　　　　　　　　　　　　정답 (C)

문제 176-180번은 다음 메모와 이메일을 참조하시오.

메모

수신: 모든 고객 서비스 직원
발신: Lewis Campbell, 고객 서비스부 이사
제목: 개선점
날짜: 4월 8일

우리는 최대 고객 중 3곳으로부터 거의 12건의 불만을 접수했습니다. 구체적으로 말하면, 이메일과 전화가 제때 회신되지 않았으며, **(176) 잘못된 사실이 제공되고, 청구 오류가 효율적으로 해결되지 않았습니다.**

새로운 인터넷 기반 전화 시스템 및 추적 소프트웨어를 도입한 이후, 많은 팀원이 상당한 부담을 겪고 있음을 이해합니다. 업무를 처리하거나 새로운 기술을 배우는 데 문제가 있는 경우 도움을 받을 수 있습니다. 인사부에서는 외부 **(178)** 기관이 제공하는 무료 상담 서비스를 여러분에게 추천할 수 있습니다.

(180) 또한, 저는 Concentric Communication과 협력하여 특정 요구에 맞는 워크숍을 개발하고 있습니다. **(179)** 잠정 날짜는 4월 22일

또는 4월 25일입니다. Concentric Communication의 트레이너가 전화 시스템 및 소프트웨어를 최대한 활용하는 방법을 알려드릴 예정입니다. **(177)** 참여하시려면 l.campbell@sigmafinancial.com으로 저에게 연락하십시오.

수신: Lewis Campbell 〈l.campbell@sigmafinancial.com〉
발신: Kevin Sanford 〈k.sanford@sigmafinancial.com〉
날짜: 4월 9일
제목: 워크숍

Lewis,

먼저, 전화 시스템을 업그레이드해 주셔서 감사합니다. 기존 시스템을 사용하여 전화를 돌리기가 어려웠습니다. **(180) 이 부분이 제가 새 시스템에서 사용하기 훨씬 쉽다고 생각하는 기능입니다.** 그럼에도 불구하고, 저는 이 시스템에 완전히 편안함을 느끼려면 여전히 배워야 할 것이 많습니다. 저는 워크숍 참석에 관심이 있습니다. **(179) 그러나 귀하께서 제안한 두 번째 날짜에 시간이 안 됩니다. 그 날짜에 휴가 시작이 예정되어 있는데 예약을 변경할 수 없습니다.** 다른 날짜를 선택해 주시면 저는 분명히 참석할 수 있습니다.

감사합니다.

Kevin

표현 정리　nearly 거의　complaint 불만　specifically 구체적으로 말하면, 특히　in a timely manner 시기 적절하게　billing 청구서　clear up ~을 해결하다[설명하다]　efficiently 효율적으로　considerable 상당한　strain 부담, 중압[압박](감)　adoption 채택　tracking 추적　have trouble ~ing ~하는 데 어려움을 겪다　keep up with ~에 뒤지지 않다　workload 업무량, 작업량　available 이용 가능한　refer somebody/something to somebody/something (도움·조언·결정을 받을 수 있도록) ~을 …에게 보내다[…에게 ~을 참조하게 하다]　tailor (특정한 목적·사람 등에) 맞추다[조정하다]　specific 특정한　tentative 임시의　get the most out of ~을 최대한으로 활용하다　participate 참여하다　transfer 옮기다, 이동[이송/이전]하다　feature 특색, 특징, 특성　completely 완전히　comfortable 편리한　interested in ~하는 데 관심이 있는　attend 참석하다　available 시간이 되는　propose 제안하다　schedule 일정을 잡다　unable to ~할 수 없는　reservation 예약　definitely 분명히[틀림없이]

176. 세부사항

해설　첫 지문 둘째 문장, Specifically, e-mails and calls have not been returned in a timely manner, incorrect facts have been provided, and billing errors have not been cleared up efficiently.에서 잘못된 정보를 받았다고 하므로 (B)가 정답이다. 이메일과 전화 회신이 제때 이뤄지지 않은 것이고 제품을 미수령한 것이 아니므로 (A)는 오답이다. 청구 오류가 해결되지 않았다는 문구에서 청구 오류가 구체적으로 무엇을 말하는지 알 수 없으므로, 과다 청구되었다는 (D)도 오답이다.

패러프레이징 incorrect facts have been provided ▶ received the wrong information

메모에 따르면 고객들이 불만을 표하는 한 가지 이유는 무엇인가?

(A) 제 시간에 제품을 받지 못했다.
(B) 잘못된 정보를 받았다.
(C) 무례한 직원들과 이야기를 나눴다.
(D) 청구서에 과다 청구되었다.　　　　　　정답 (B)

177. 세부사항

해설　첫 지문은 직원들이 여전히 새로운 시스템에 어려움을 겪고 있어 이를 해결할 수 있는 워크숍을 준비하고 있다고 말한다. 이에 대해 마지막 문장 If you would like to participate, please contact me at l.campbell@

sigmafinancial.com.에서 참여하고 싶으면 본인에게 연락하라고 하므로 (A)가 정답이다.

Mr. Campbell은 직원들에게 무엇을 하도록 요청하는가?

(A) 교육에 관한 관심을 알리도록
(B) 인사부 직원과 만나도록
(C) 새로운 전화기를 테스트하도록
(D) 추가 날짜를 제안하도록　　　　　　　　　　정답 (A)

178. 동의어 찾기 문제

해설　party는 여기서 교육을 제공하는 외부 '단체'를 의미하므로 (C) organization이 정답이다.

메모에서, 2문단 네 번째 줄의 단어 "party"와 의미상 가장 가까운 단어는?

(A) celebration
(B) legal agreement
(C) organization
(D) political group　　　　　　　　　　　　　　정답 (C)

179. 세부사항 – 정보 조합

해설　두 지문의 내용을 종합해서 풀어야 하는 연계 문제이다. 질문의 키워드 Mr. Sanford는 이메일 발신인인데, I am very interested in attending the workshop; however, I am not available on the second date that you proposed.에서 워크숍에 참석하고 싶지만 둘째 날은 어렵다고 말한다. I scheduled my vacation to start on that date, and I am unable to change my reservation.에서 그 날 취소 불가능한 여행이 잡혀 있다고 덧붙인다. 첫 지문 중 3문단 The tentative dates are April 22 or April 25.에서 두 번째 워크숍 일정이 4월 25일이므로 (D)가 정답이다.

Mr. Sanford는 아마도 언제 여행하겠는가?

(A) 4월 8일
(B) 4월 9일
(C) 4월 22일
(D) 4월 25일　　　　　　　　　　　　　　　　정답 (D)

180. 세부사항 – 정보 조합

해설　질문의 키워드인 Concentric Communication은 첫 지문 마지막 문단 중 In addition, I am working with Concentric Communication to develop a workshop tailored to our specific needs.에서 워크숍을 제공하는 곳임을 알 수 있고, 그 이후 문장에서 ~ to show you how to get the most out of their phone system and software. 새로운 전화 시스템의 공급업체임을 알 수 있다. 이전 전화 시스템에 관한 내용은 없으므로 (B)는 오답이다. 또한 이 부분을 가지고 Concentric Communication이 최선을 다하고 있다고 말하는 것은 논리의 비약이기 때문에 (D)도 오답이다. 이메일에서 발신인인 Mr. Sanford는 It was challenging to transfer calls using the old system. That is one feature of the new system that I find is much easier to use.에서 전화 돌리기가 어려웠는데 새 시스템에서 이 부분이 맘에 든다고 하므로 (A)가 정답이다.

Mr. Sanford가 Concentric Communication에 대해 나타내는 것은?

(A) 기술에 그가 좋아하는 한 가지 특징이 있다.
(B) 이전 전화 시스템도 만들었다.
(C) 그는 이 회사에 불만이 있다.
(D) 동료 직원들을 돕기 위해 최선을 다하고 있다.　　정답 (A)

문제 181-185번은 다음 광고와 이메일을 참조하시오.

　Sojourner 리조트 휴가

　(181) 25년 이상의 기간 동안 저희 리조트는 투숙객을 위한 놀라운 휴가 경험을 만들어 냈습니다. (182) 저희 리조트는 모든 것을 포함하

고 있어서, 휴가에 집중하는 것을 수월하게 해 드립니다. 단일 요금으로 고급 숙박, 탁월한 서비스, 맛있는 식사, 라이브 엔터테인먼트, 저희의 전용 해변과 기타 시설 이용이 가능합니다. 일부 지역에서는 투숙객에게 가이드가 동반하는 보트 투어와 기타 특별 활동을 제공합니다. (185) Coral Beach의 Manatee 공항에 도착하는 투숙객은 저희의 모든 리조트까지 무료 셔틀을 이용할 수 있습니다.

저희는 Sunshine Coast를 따라 4개의 리조트를 운영합니다. 가족에게 인기 있는 Sand Dollar Cay는 가장 오래된 최대 규모의 리조트입니다. 수중 모험을 찾고 계십니까? 만족하실 때까지 스노클링, 서핑, 요트 여행을 즐길 수 있는 Manta Ray Lagoon에 체류하십시오. 경험이 필요하지 않습니다. 저희 강사진은 최고 실력자들입니다. 낭만적인 휴가를 위해 Emerald Point는 하루 종일 프라이버시와 룸 서비스를 제공합니다. (184) 최신 리조트인 Condor Natura는 평화롭고 조용합니다. 스파에서 휴식을 취하고 에너지를 회복하십시오. 해변에서 요가를 하고 매일 마사지를 받을 수 있습니다.

www.sojourner.com

수신: reservations@sojourner.com
발신: k.harper@topton.gov
날짜: 6월 10일
제목: 귀하의 확인

안녕하세요.

(184) 남편과 저는 7월 8일부터 7월 14일까지 가장 최근에 지어진 리조트(예약 번호 38948)에 숙박을 예약했습니다. 저희는 작년 기념일에 연인의 천국에 머물며 멋진 시간을 보냈습니다. 이번에는 뭔가 다른 것을 찾고 있었습니다. 저희는 멋진 바다 전망을 볼 수 있도록 Opa Lodge의 상층에 있는 객실을 요청했습니다. 그런데 제 남편이 무릎을 다쳤습니다. 남편은 계단과 엘리베이터를 이용하지 않았으면 합니다. (185) 또한 셔틀 승하차에 도움이 필요할 수도 있습니다. (183) 저희가 1층 객실로 옮길 수 있을까요? 차액은 기꺼이 지불할 것입니다.

감사합니다.

Kate Harper

표현 정리 all-inclusive 교통비, 숙박비, 식사비, 여행비, 안내비 등 여행에 필요한 통상경비가 모두 포함된 여행 **single fee** 단일 요금 **lodging** 숙박 **exquisite** 매우 아름다운, 정교한, 강렬한, 예민한 **access to** ~에의 접근, 이용 **facility** 시설 **location** 위치 **guided** 가이드가 안내[인솔]하는 **complimentary** 무료의 **operate** 운영하다 **aquatic** 물과 관련된 **sail** 요트를 타다 **content** 만족[자족]하는 **instructor** 강사 **top-notch** 최고의, 아주 뛰어난 **getaway** 휴가 **restore** (이전의 상황·감정으로) 회복시키다 **daily** 매일의 **book** 예약하다 **recently** 최근에 **reservation** 예약 **anniversary** 기념일 **look for** ~을 찾다 **injure** 다치다 **prefer** 선호하다 **deal with** 다루다, 해결하다 **assistance** 지원 **get on** 타다 **get off** 내리다 **willing to** 기꺼이 ~하는 **airfare** 항공 요금[운임] **established** 인정받는, 확실히 자리를 잡은 **hassle-free** 성가시지 않은, 편리한 **milestone** 중요한[획기적인] 단계[사건]

181. 세부사항

해설　첫 지문 첫 문장 For over twenty-five years, we have created amazing vacation experiences for our guests.에서 25년간 사업을 운영해 오고 있으므로, 이미 자리를 잡은 기업임을 알 수 있다. 따라서 (B)가 정답이다. established는 '인정받는, 확실히 자리를 잡은'이라는 뜻이다.

광고에서 회사에 대해 암시되는 것은?

(A) 휴가 패키지에 항공료가 포함되어 있다.
(B) 자리를 잡은 사업체이다.
(C) 투숙객 객실에 식사를 제공할 것이다.

(D) 자체 페리 서비스를 운영한다.　　　　　　　　정답 (B)

182. 추론 문제

해설　첫 지문 첫 단락 중 Our resorts are all-inclusive, making it easy for you to focus on your vacation.에서 모든 경비가 포함된 리조트로 고객은 휴가에만 집중할 수 있다고 나온다. 뒤이어 For a single fee, you get luxurious lodging, exquisite service, delicious meals, live entertainment, and access to our private beaches and other facilities.에서 단일 요금으로 다양한 서비스를 누릴 수 있으므로 번거로운 휴가를 원하지 않는 고객을 대상으로 한 것임을 유추할 수 있다. 따라서 (A)가 정답이다.

이 광고는 아마도 누구를 대상으로 작성되었겠는가?

(A) 번거롭지 않은 휴가를 원하는 사람들
(B) 집 근처에서 휴가를 원하는 사람들
(C) 다양한 장소를 가고 싶어하는 사람들
(D) 해외 여행을 즐기는 사람들　　　　　　　　정답 (A)

183. 주제/목적 찾기 문제

해설　질문의 키워드인 Ms. Harper는 이메일 발신인이다. 원래 상층 객실을 예약했지만 남편의 부상으로 1층 객실로 변경 가능(Would it be possible for us to move to a first-floor room?)한지 묻고 있으므로 이메일을 쓴 이유는 (C)가 적절하다.

Ms. Harper가 이메일을 쓴 주된 이유는?

(A) 예약을 확인하기 위해
(B) 만족을 표현하기 위해
(C) 변경이 가능한지 확인하기 위해
(D) 중요한 사건을 축하하기 위해　　　　　　　정답 (C)

184. 세부사항 – 정보 조합

해설　두 지문의 내용을 종합해서 풀어야 하는 연계 문제이다. 질문의 키워드인 Ms. Harper는 이메일 도입부 My husband and I booked a stay at your most recently built location (reservation #38948) from July 8 to July 14.에서 최근 지어진 리조트에 예약했다고 말한다. 광고인 첫 지문 중 2문단 후반부 Condor Natura, our newest resort, offers peace and quiet.에서 최신 리조트는 (A) Condor Natura임을 알 수 있다.

Ms. Harper는 어떤 리조트를 방문할 계획인가?

(A) Condor Natura
(B) Emerald Point
(C) Manta Ray Lagoon
(D) Sand Dollar Cay　　　　　　　　　　　　　정답 (A)

185. 추론 문제 – 정보 조합

해설　두 지문의 내용을 종합해서 풀어야 하는 연계 문제이다. 이메일 후반부 중 He might also need assistance getting on and off your shuttle.에서 Ms. Harper는 남편이 셔틀 이용 시 도움이 필요할 수 있다고 말한다. 첫 지문 중 1문단 마지막 문장 Guests arriving at Manatee Airport in Coral Beach can take our complimentary shuttle to any of our resorts.에서 Coral Beach에 있는 공항을 이용하는 고객이 셔틀을 이용함을 알 수 있다. 이들 내용을 종합할 때 Coral Beach까지 비행기를 이용할 것이라는 (D)가 정답이다.

Ms. Harper에 대해 암시되는 것은?

(A) 작년에 결혼했다.
(B) 돈에 대해 결코 걱정하지 않는다.
(C) 정기적으로 Sunshine Coast를 방문한다.
(D) Coral Beach로 비행기를 이용할 것이다.　　정답 (D)

문제 186–190번은 다음 이메일, 광고, 그리고 기사를 참조하시오.

수신: Vincent Chavez 〈vince@solarcoffee.com〉
발신: Linda Domini 〈l.domini@cmr.com〉
날짜: 3월 3일
제목: 시장 분석
첨부: 보고서

Mr. Chavez 귀하,

(186) 저희 팀은 Castleton 바로 외곽에 위치한 여러 지역에 대한 분석을 완료했습니다. 이들 각 지역은 주요 대도시 지역과 가깝고, 인구 밀도가 높으며 소비자 활동이 매우 활발합니다. 또한 시 행정구역 밖에 있기 때문에, 세금이 저렴합니다. 주요 과제는 부동산 가격이 높다는 점입니다. 저희 조사에 따르면 다음 지역 네 곳이 귀사의 비즈니스 모델을 가장 잘 지원할 수 있습니다.

• Fox Haven은 컨트리 클럽과 제한된 수의 건물이 있는 고소득 지역 (연 평균 임대료: $118/제곱미터)
• (187) Mayfair는 대학가 근처에 소수의 적합한 건물이 있고, 보행자 왕래가 많음 (연 평균 임대료: $107/제곱미터)
• (188) Palmyra는 병원, 식당 및 상점 근처에 적정한 건물 보유 (연 평균 임대료: $96/제곱미터)
• Riverton은 여러 개의 소규모 쇼핑 센터 보유 (연 평균 임대료: $82/제곱미터)

(186) 전체 시장 분석을 정리한 보고서가 첨부되어 있습니다.

감사합니다.

(186) Linda Domini

그랜드 오프닝 축하

6월 1일 금요일
오전 7시~오전 11시

(188) 최근 오픈한 Solar Coffee지점!

1208 Park Avenue
(188) Palmyra

갓 뽑은 커피, 수제 커피 음료 및 갓 구운 페이스트리 샘플을 맛보세요.

Black Eagles, (189) Travis Walker, Salem Organ Trio가 선사하는 라이브 음악.

구매 시 음료 제품*의 50% 할인 쿠폰을 받으세요.

* 본 지점에서만 유효. 8월 31일에 만료.

8월 1일: Franklin County 중소기업 협회(FCSBA)는 이 달의 사업주로 Vincent Chavez를 선정했습니다. Mr. Chavez는 Solar Coffee의 소유주입니다. (190D) 두 달 전, 그는 이 지역에 세 번째 지점을 오픈했습니다.

Mr. Chavez는 "(190C) 새로운 커피숍에서 사업이 급성장하고 있습니다."라고 말합니다. "(190B) 제가 교육한 훌륭한 직원들을 보유하고 있으며 충성도 높은 고객 기반을 구축하고 있습니다."

커피에 대한 열정에 버금가는 것은 음악에 대한 그의 애정입니다. Mr. Chavez는 "이번 그랜드 오프닝 행사는 대단히 성공적이어서 이 지점에서 정기 라이브 음악을 선보일 계획입니다. (189) 이번 이벤트를 성공적으로 이끈 모든 뮤지션들이 다시 공연을 하기로 했습니다."라고 덧붙였습니다.

Vincent Chavez에 대한 자세한 내용을 보려면 www.fcsba.org를 방문하십시오.

표현 정리 complete 완료하다, 완전한 **analysis** 분석 **immediate** 아주 가까이에[바로 옆에] 있는 **outskirts** (도시의) 변두리[교외] **metropolitan** 대도시의 **population density** 인구 밀도 **administration** 행정, 관리, 집행 **primary** 주요한 **real estate** 부동산 **income** 소득 **a limited number of** 제한된 수의 **property** 부동산, 건물 **average** 평균의 **annual** 연례의, 연간의 **rent** 임대 **a handful of** 소수의 **suitable** 적합한 **pedestrian traffic** 보행교통량 **decent** (수준·질이) 괜찮은[제대로 된] **attached** 첨부된 **present** 보여주다 **location** 장소, 위치 **freshly brewed coffee** 갓 뽑은 커피 **beverage** 음료 **good** 유효한 **expire** 만기가 되다 **boom** 호황을 맞다, 번창[성공]하다 **train** 교육시키다 **build up** ~을 창조[개발]하다 **loyal customer** 충성 고객 **second to** ~에 버금가는 **passion** 열정 **regular** 정기적인 **agree** 동의하다 **custodian** 관리인 **landlord** (방·집·사무실 등을 빌려주는) 주인 **affluent** 부유한 **instruct** 가르치다

186. 추론 문제

해설 질문의 키워드인 Ms. Domini는 첫 지문 이메일 발신인이다. 도입부 My team has completed our analysis of several communities on the immediate outskirts of Castleton.에서 자신의 팀이 지역 분석을 완료했다고 하고, 뒤이어 연구 결과를 알리고 있다. 마지막 문장 Attached is a report presenting our complete market analysis.에서도 '우리의 전체 시장 분석 보고서'라고 나오므로 Ms. Domini는 연구원일 가능성이 높다. 따라서 (B) A researcher가 정답이다.

Ms. Domini는 아마도 누구이겠는가?

(A) 관리인
(B) 연구원
(C) 부동산 개발자
(D) 임대주   정답 (B)

187. 추론 문제

해설 질문의 키워드인 Mayfair는 첫 지문 중 지역 4곳을 분석한 지역 중 한 곳에 속한다. Mayfair has a handful of suitable properties near the university and gets lots of pedestrian traffic.에서 보행자 왕래가 많다고 하므로 이를 도보로 이용 가능한 지역이 많다고 표현한 (C)가 정답이다. (A)의 경우 지문의 Fox Haven is a high-income area ~를 lots of affluent residents로 표현하고 있다. (B)의 경우, 본문에서는 세금이 낮다고 표현했지 (being outside the city's administration, taxes are lower), 세금이 없다고 하지 않았기 때문에 오답이다.

패러프레이징 with lots of pedestrian traffic ▶ walkable areas

Mayfair에 대해 제시된 것은?

(A) 많은 부유한 거주민들이 있다.
(B) 사업세를 부과하지 않는다.
(C) 도보로 이용 가능한 지역이 포함된다.
(D) 대형 의료 센터가 있다.   정답 (C)

188. 세부사항 – 정보 조합

해설 두 지문의 내용을 종합적으로 확인한 후 풀어야 하는 연계 문제이다. 질문의 키워드인 Solar Coffee의 새 시점 오프닝 소식을 다룬 두 번째 지문 중 1208 Park Avenue Palmyra를 통해 오픈 지역이 Palmyra임을 알 수 있다. 첫 지문에서 커뮤니티 4곳을 분석한 내용 중 Palmyra (Average annual rent: $96/square meter)에서 연 임대료를 확인할 수 있다. 따라서 (B) Around $96 per square meter가 정답이다.

새로운 Solar Coffee 지점의 연간 임대료는 얼마인가?

(A) 제곱미터당 약 $82
(B) 제곱미터당 약 $96

(C) 제곱미터당 약 $107
(D) 제곱미터당 약 $118   정답 (B)

189. 추론 문제 – 정보 조합

해설 두 지문의 내용을 종합적으로 확인한 후 풀어야 하는 연계 문제이다. 질문의 키워드인 Travis Walker는 두 번째 지문 중 Live music provided by the Black Eagles, Travis Walker, and the Salem Organ Trio.에서 공연을 선보인 뮤지션 중 한 사람임을 알 수 있다. 기사인 세 번째 지문 중 3문단 마지막 문장 All of the musicians that made the event a success have agreed to come back.에서 이벤트에서 공연을 펼친 모든 뮤지션이 다시 공연을 하는 데 동의했다고 하므로 (D)가 정답이다.

Travis Walker에 대해 제시된 것은?

(A) Mr. Chavez를 위해 일한다.
(B) Castleton에 산다.
(C) 커피에 대해 향후 할인을 받았다.
(D) Solara Coffee에서 다시 공연하기를 원한다.   정답 (D)

190. Not/True 문제

해설 기사 1문단 마지막 문장 Two months ago, he opened his third location in the area.에서 (D)는 사실이다. 2문단 첫 문장 "Business is booming at my new coffee shop," said Mr. Chavez.에서 (C)도 사실이다. 바로 다음 문장 "We have a wonderful staff that I trained, and we are building a loyal customer base."에서 (B)도 사실이다. 음악가가 되기 위해 공부했다는 내용은 찾을 수 없으므로 (A)가 정답이다.

패러프레이징 opened his third location ▶ owns more than one coffee shop / Business is booming at my new coffee shop ▶ new coffee shop is succeeding / staff that I trained ▶ personally instructed his employees

기사에서 Mr. Chavez에 대해 나타나 있지 않은 것은?

(A) 음악가가 되기 위해 공부했다.
(B) 직원들을 개인적으로 가르쳤다.
(C) 새로운 커피숍이 성공하고 있다.
(D) 하나 이상의 커피숍을 소유하고 있다.   정답 (A)

문제 191-195번은 다음 메모, 일자리 공지, 그리고 이메일을 참조하시오.

메모

발신: **(194) Jason Burton, 채용 관리자, 교통과**
수신: Fred Kimble, 재무 부사장
제목: 채용 허가
날짜: 3월 19일

저는 주니어 엔지니어를 채용할 수 있는 권한을 공식적으로 요청 드립니다. 최근 기업 개편에 따라 제 직원 2명이 관리직으로 옮겨갔습니다. 이러한 변동으로 인해 일상적인 인프라 프로젝트 설계에 참여할 수 있는 데 한계가 있습니다. **(191) 우리 팀은 최근 8번 고속도로와 12번 고속도로를 연결하는 도로를 건설하기 위해 정부로부터 1,500만 달러 상당의 계약을 체결했으므로 팀원이 추가로 필요합니다.** 신입직원이 참여할 수 있는 다른 프로젝트도 몇 가지 있습니다. 신규 직책의 자금을 지원하는 예산 제안서가 첨부되었습니다. 답변을 기다리겠습니다.

www.jobfinder.com

게시 #: 746744
(193) 직함: 토목 기사 I
고용주: Ashton Corporation

(192B) 위치: 솔트레이크 시티

Ashton Corporation은 교통과에 합류할 토목 기사를 찾고 있습니다. (193) 지원자는 도로, 고가도로, 진입/진출 차선, 제방 및 휴게소를 포함하되 이에 국한되지 않는 교통 인프라 공사를 설계하고 감독할 책임이 있습니다. (195) 지원자는 토목 공학 학사 학위, 현 CEP 면허, 엔지니어링 회사에서 근무한 2년 이상의 경력, CADDO 소프트웨어 능력, 탁월한 구두 및 서면 의사 소통 능력을 보유하고 있어야 합니다. 주정부 교통 위원회와 함께 일한 이전 경력은 적극 우대됩니다.

본 직책은 주 지역의 프로젝트를 방문하고 때때로 호텔에서 1박 이상을 보내야 합니다.

(192D) 지원하려면 여기를 클릭하십시오. (192A) 직책 게시일은 5월 1일부터 5월 31일까지입니다.

(195) 참고: 최소 요건을 충족하는 지원서만 채용 관리자에게 전달됩니다.

수신: Kevin Sears 〈kevin.g.sears@wjakline.net〉
발신: Danielle McKinley 〈d.mckinley@ashton.com〉
날짜: 6월 8일
제목: 토목 기사 I 직책 지원

(195) Mr. Sears 귀하,

(194/195) 저희는 최근 교통과 내 토목 기사 I에 대한 귀하의 지원서를 접수했으며 채용 관리자와의 인터뷰를 위해 사무실을 방문해 주시기 바랍니다. 인터뷰는 다음 날짜와 시간에 가능합니다.

6월 12일 화요일 오전 10시
6월 13일 수요일 오후 2시 15분
6월 15일 금요일 오전 9시

가장 적합한 시간대를 알려주십시오.

감사합니다.

Danielle McKinley
인사 전문가
Ashton Corporation

표현 정리 formally 공식적으로 request 요청하다 permission 허가 junior 하급의 corporate 기업의 reorganization 재편성, 개편 managerial 경영[관리/운영]의 role 역할 limit 제한하다 availability 가용성 be involved in ~에 관여되다 additional 추가의 recently 최근에 award 주다, 수여하다 contract 계약 contribute 기여하다 attached 첨부된 budget 예산 proposal 제안서 fund 자금을 대다 response 응답 position 직책 employer 고용주 seek 구하다 join 합류하다 be responsible for ~에 책임이 있다 oversee 감독하다 transportation 교통 roadway 도로, 차도 overpass 고가 도로, 고가 철도 off-ramp 진출[출구] 차선 embankment (도로 · 철로가에 쌓은) 경사면 rest stop (간선 도로변의) 주차장, 휴게소 applicant 지원자 bachelor's degree 학사 학위 current 현재의 license 면허 experience 경험 proficiency 숙련도 prior 사전의 preferred 선호된 occasionally 가끔 minimum 최소의 requirement 요건 forward 전달하다 application 지원서 available 이용 가능한 following 다음의 workload 업무량, 작업량 collaborate with ~와 협동하다 multiple 다수의

191. Not/True 문제

해설 첫 지문인 메모의 후반부 중 My team needs an additional member as we were recently awarded a $15 million contract from the government to build a road linking Highway 8 and Highway 12.에서 최근 정부 계약으로 추가 팀원이 필요하다고 나온다. 따라서 업무량이 늘었다는 (A)가 정답이다. Following the recent corporate

reorganization, two members of my staff have been moved into managerial roles.에서 직원이 타부서로 이동한 것이고 퇴사한 것은 아니므로 (C)는 오답이다.

메모에 따르면 교통과에 대해 사실인 것은?

(A) 업무량이 증가했다.
(B) 매년 새로운 예산을 마련해야 한다.
(C) 최근에 직원 몇 명이 퇴사했다.
(D) 지방 정부 기관의 일부이다. 정답 (A)

192. 세부사항

해설 직책 공고 지문인 두 번째 지문에서 단서를 확인한다. Location: Salt Lake City에서 (B)는 사실이다. Position open from May 1–May 31.에서 (A)도 사실이다. Click here to apply.에서 온라인 지원이 가능하므로 (D)도 사실이다. Ms. McKinley는 세 번째 지문인 이메일 발신인으로 지원자에게 면접 일정을 알리고 있지만 구인 공고를 작성한 인물인지는 알 수 없으므로 (C)가 정답이다.

광고된 직책에 대해 언급되지 않은 것은?

(A) 지원서는 1개월간 접수된다.
(B) 직책은 솔트레이크 시티에 위치할 것이다.
(C) 게시글은 Ms. McKinley가 작성했다.
(D) 구직자는 온라인으로 지원할 수 있다. 정답 (C)

193. 추론 문제

해설 질문의 키워드인 Civil Engineer I은 구인공고에서 모집 중인 직책이다. 관련 업무를 명시한 The person will be responsible for designing and overseeing construction of transportation infrastructure, including, but not limited to, roadways, overpasses, on-and off-ramps, embankments, and rest stops.에서 교통 인프라 관련 디자인 및 감독을 맡게 된다고 나온다. overpasses, on-and off-ramps 등은 전부 연결 도로에 해당하므로 (B)가 정답이다.

패러프레이징 overpasses, on-and off-ramps ▶ connector route

토목 기사 I이 하게 될 일은 무엇인가?

(A) 채용 예산 제출
(B) 연결 도로 설계
(C) 컴퓨터 프로그램 제작
(D) 주니어 엔지니어 교육 정답 (B)

194. 세부사항 – 정보 조합

해설 두 지문의 내용을 종합적으로 확인한 후 풀어야 하는 연계 문제이다. 질문의 키워드인 Ms. McKinley는 세 번째 지문 이메일 발신인이고 Mr. Sears는 이메일 수신인이다. 도입부 We have received your application for the Civil Engineering I position in the Transportation Department and would like you to come in to our office to interview with the hiring manager.에서 채용 관리자와의 인터뷰를 위해 사무실을 방문하라고 메일을 쓴 것인데, Ashton Corporation의 채용 관리자는 첫 지문 메모 발신인 FROM: Jason Burton, Hiring Manager에서 확인할 수 있다. 따라서 이들 내용을 종합할 때 (A)가 정답이다.

Ms. McKinley가 Mr. Sears에게 이메일을 쓴 이유는?

(A) Mr. Burton과 만나도록 요청하기 위해
(B) 지원서 자료를 확인하기 위해
(C) 그에게 일자리를 제공하기 위해
(D) 인터뷰 일정을 변경하기 위해 정답 (A)

195. 추론 문제 – 정보 조합

해설 두 지문의 내용을 종합적으로 확인한 후 풀어야 하는 연계 문제이다. 질문의 키워드인 Mr. Sears는 세 번째 이메일 수신인으로 직책에 지원한 사람임을 알 수 있다. 구인 공고인 두 번째 지문 중 NOTE: Only applications that meet the minimum requirements will be forwarded to the hiring manager.에서 채용 관리자에 서류가 지원되려면 최소한의 자격 요건을 충족해야 함을 알 수 있다. 그리고 이 자격 요건 중 Applicants must have a bachelor's degree in civil engineering, a current CEP license, two or more years' experience working at an engineering firm, proficiency in CADDO software, and excellent oral and written communication skills.에서 2년 이상의 근무 경력이 필요하므로 이들 내용을 종합할 때 (D)가 정답이다. 참고로 본문에서 Prior experience working with the State Board of Transportation is strongly preferred.라고 주정부 교통 위원회와 함께 일한 이전 경력이 있으면 좋다고 했지, 반드시 그런 경력이 있어야 하는 것은 아니다. 그러므로 (B)가 사실이라고 단정할 수 없다.

패러프레이징 two or more years' experience working at an engineering firm ▶ worked in his field before

Mr. Sears에 대해 제시된 것은?

(A) 소프트웨어를 프로그래밍할 수 있다.
(B) 정부 관리들과 협력했다.
(C) 여러 대학 학위를 받았다.
(D) 전에 자기 분야에서 일한 적이 있다. 정답 (D)

문제 196-200번은 다음 광고, 양식, 그리고 이메일을 참조하시오.

Family Fashion Outlet

겨울 막바지 세일이 한창 진행 중입니다!

이미 저렴한 겨울용 의류에 더 큰 절감 혜택을 누려 보세요.

(198) 25% 할인 모든 코트, 재킷, 파카, 스노우 팬츠	15% 할인 모든 스웨터
10% 할인 모든 겨울용 액세서리 (모자, 장갑 등)	20% 할인 모든 겨울 신발

지역 Family Fashion Outlet에서 원하는 품목을 찾을 수 없나요?
(196) 온라인으로 주문하시고 저희의 모든 매장으로 무료 배송을 받아 보세요.

(196) 가까운 매장을 찾으시려면
웹사이트 www.familyfashionoutlet.com을 방문하시거나
또는 1-888-555-4953번으로 전화하세요.

주문서

주문 번호: 768412
접수일: 2월 12일

배송지: Patricia Raymer
893 Elm Street
(200) Owings Mills, MD 21117

전화번호: (301) 555-3998

배송일: 2월 13일

제품 #	(198) 내역	수량	가격
67710	*Highlander 스노우 부츠, 여아용, 흰색	1	$22.15
87439	*Elise 울 스카프, 여성용, 헤더 격자 무늬	1	$9.75
22741	*Icelandia 울 스웨터, 여아용, 블루/화이트	1	$17.50
74503	*Maxto 스키 장갑, 남아용, 파란색	1	$11.25
		소계	$60.65
		(197D) 판매세(7%)	$4.25
		(197A/C) 배송(표준 3-5일)	$5.90

	총계	$70.80

(197B) www.familyfashionoutlet.com에서
쇼핑해 주셔서 감사합니다!

* 세일 품목에 대한 환불 불가.
구매 후 30일 이내에만 상점 크레딧으로 반환 가능함.

수신: Family Fashion Outlet <contactus@familyfashionoutlet.com>
발신: Patricia Raymer <p.raymer@oriona.com>
날짜: 2월 17일
제목: 주문 # 768412

안녕하세요.

주문품을 아주 신속히 보내 주셔서 감사합니다. 제 언니가 귀사의 세일 이벤트에 대해 말해주었습니다. 그녀는 정기적으로 Morgantown 지점에서 쇼핑합니다. 저는 제 옷과 아들을 위해 구입한 제품이 정말 마음에 듭니다. 그런데, 딸 아이를 위해 구입한 스웨터를 아이가 좋아하지 않습니다. (199) 딸 아이는 취향이 매우 까다로운데, 체크 무늬 옷을 입지 않기로 결정했습니다. 그래서 그 옷을 민무늬 옷으로 교환하고 싶습니다. (200) 저희 지역에 소재한 귀사 매장에서 이 품목을 교환할 수 있는지 궁금합니다. 그렇게 하면 상품을 반품하기 위해 배송비를 지불할 필요가 없어요. 이것이 가능한지 알려주시기 바랍니다.

감사합니다.

Patricia Raymer

표현 정리 footwear 신발류 order 주문하다 deliver 배달하다 free 무료로 ship 선적하다 description 내역 quantity 수량 plaid 격자 무늬 천 subtotal 소계 refund 환불 return 반환하다 regularly 정기적으로 thrilled with ~으로 감동한 finicky 지나치게 까다로운 refuse 거부하다 exchange 교환하다 solid (색깔이) 다른 색깔이 섞이지 않은[완전한]

196. Not/True 문제

해설 첫 지문에 질문의 키워드인 Family Fashion Outlet이 나오고, 세일 이벤트를 알리고 있음(Our end-of-winter sale is happening now!)을 알 수 있다. 본문 내용 중 마지막 문장 Order online and have it delivered free to any of our stores.에서 온라인으로 주문하고 매장 어디서나 무료 배송을 받을 수 있다고 하므로 하나 이상의 소매점이 있다는 (B)가 정답이다. Visit www.familyfashionoutlet.com or call 1-888-555-4953 to find a store near you.에서도 가까운 매장 위치를 찾는 방법을 소개하므로 여러 소매점이 있음을 확인할 수 있다.

광고에 따르면, Family Fashion Outlet에 대해 사실인 것은?

(A) 현재 진행 중인 세일이 곧 종료된다.
(B) 하나 이상의 소매점을 가지고 있다.
(C) 영업 담당자를 항상 만날 수 있다.
(D) 시즌마다 큰 세일 행사를 한다. 정답 (B)

197. Not/True 문제

해설 질문의 키워드인 Ms. Raymer가 언급된 두 번째 지문 주문서를 통해 정답을 찾아야 한다. Thank you for shopping at www.familyfashionoutlet.com!에서 (B)는 사실이다. Sales Tax (7%)에서 (D)도 사실이다. Shipping (Standard 3-5 Days)에서 (A)는 사실이지만, 배송료에 $5.90이 붙으므로 무료 배송이라는 (C)가 사실과 달라 정답이다.

Ms. Raymer의 주문서에 대해 나타나 있지 않은 것은?

(A) 도착하는 데 1주일도 걸리지 않는다.
(B) 온라인으로 주문했다.
(C) 무료로 배송된다.
(D) 정부에 지불하는 내역이 포함되었다. 정답 (C)

198. 추론 문제 – 정보 조합

해설 두 번째 지문에서 Ms. Raymer가 주문한 품목을 보면 Highlander snow boots, Elise wool scarf, Icelandia wool sweater, Maxto Ski gloves를 확인할 수 있다. 첫 지문 표에서 snow boots는 20% off all winter footwear에 속하고, 스카프와 장갑은 10% off all cold-weather accessories에 속하며, wool sweater는 15% off all sweaters가 적용된다. 즉, 25% off all coats, jackets, parkas, and snow pants에 해당하는 품목은 구매하지 않았으므로 정답은 (D) 25%이다.

Ms. Raymer의 주문서에 아마도 어떤 할인이 적용되지 않았는가?

(A) 10%
(B) 15%
(C) 20%
(D) 25% 　　　　　　　　　　　　　　　　　　　정답 (D)

199. 세부사항

해설 이메일 본문 중반부 중 She is very finicky and has decided to refuse to wear anything with stripes on it.에서 딸아이가 체크무늬 옷을 입지 않기로 했다고 나오므로 (D)가 정답이다.

Ms. Raymer가 품목을 교환하려는 이유는?

(A) 품목 사이즈가 잘못되었다.
(B) 상점 크레딧을 받고 싶어한다.
(C) 품질에 불만이 있다.
(D) 그녀의 아이가 패턴을 좋아하지 않는다. 　　　　정답 (D)

200. 추론 문제 – 정보 조합

해설 두 지문의 내용을 종합적으로 확인한 후 풀어야 하는 연계 문제이다. 이메일 후반부 중 I was wondering if I could exchange it at your store in my neighborhood.에서 자신이 사는 지역에 있는 Family Fashion Outlet 매장에서 물건을 교환하고 싶다고 말한다. 주문서의 배송지를 보면 Patricia Raymer가 사는 지역 주소가 893 Elm Street, Owings Mills, MD 21117이므로 이들 내용을 종합할 때 (A)가 정답이다. (B)에서 언급한 2월 12일은 주문서가 판매 회사인 Family Fashion Outlet에서 접수된 날짜이지 Ms. Raymer가 주문품을 받은 날짜가 아니다. 자녀를 위한 품목도 구입했으므로 (C)는 오답이다.

Ms. Raymer에 대해 나타난 것은?

(A) Owings Mills 지점을 기꺼이 방문하고자 한다.
(B) 2월 12일에 주문품을 받았다.
(C) 모든 품목을 자신을 위해 구입했다.
(D) 자주 Family Fashion Outlet에서 쇼핑한다. 　　　정답 (A)

TEST 04

PART 5

101. 인칭대명사

해설 빈칸 앞에 등위접속사 so가 나온다. so 뒤에는 '주어+동사'를 갖춘 절이 나와야 하는데 빈칸은 주어 자리이다. 앞에 나온 Mr. Tam and Ms. Ito라는 복수를 가리키는 주격 인칭대명사 (C) they가 정답이다.

표현 정리 be interested in ~하는 데 관심이 있다 join 합류하다 attend 참석하다

Mr. Tam과 Ms. Ito는 마케팅 팀 합류에 관심이 있으므로 그들은 다음 주 회의에 참석할 것이다. 　　　　　　　　　　　정답 (C)

102. 수의 일치

해설 문장의 주어는 The Preston Gallery이고 빈칸이 동사 자리이다. 따라서 동사가 아닌 exhibiting과 to exhibit는 소거한다. 주어가 3인칭 단수형이므로 수 일치가 맞는 (B) exhibits가 정답이다.

표현 정리 professional 전문적인, 전문가 photographer 사진작가 exhibit 전시하다

Twin Oaks에 있는 Preston Gallery는 아마추어 및 전문 사진작가 모두의 작품을 전시한다. 　　　　　　　　　　　정답 (B)

103. 형용사 어휘

해설 multiple은 '많은, 다수[복수]'의'라는 뜻이다. '(능력·특질상) ~을 할 수 있는'이라는 의미의 capable은 주로 〈be capable of doing something = be able to do something〉 구문으로 잘 쓰인다. accurate은 '정확한'이라는 뜻이다. '열렬한, 간절히 바라는, 열심인'이라는 뜻의 eager는 〈eager to do something / eager for N〉 형태로 잘 쓰인다. 문맥상 '영업 관리자는 우리가 매장에 있는 여러 품목의 가격표를 확인해야 한다고 요청했다'고 해야 자연스럽다. 따라서 정답은 'involving or consisting of many people, things, or parts'라는 뜻의 (A) multiple이다.

추가 포인트 주절의 동사 자리에 request와 같은 '제안, 요청, 의무' 등의 동사가 나오면 that절 이하 동사는 should가 생략된 동사원형이 나온다. 즉, 'The sales manager requested that we (should) verify ~.'로 볼 수 있다.

표현 정리 request 요청하다 verify 확인하다 price tag 가격표

영업 관리자는 우리가 매장에 있는 여러 품목의 가격표를 확인해야 한다고 요청했다. 　　　　　　　　　　　　　정답 (A)

104. 형용사 어형

해설 먼저 'Applicants should send a résumé and a cover letter'까지 완전한 문장이다. 그리고 현재분사 outlining 이하는 앞에 나온 명사구 'a résumé and a cover letter'를 꾸미는 형용사 역할이다. 다음으로, 타동사에서 파생된 현재분사 outlining의 목적어가 'how they meet the ——— requirements of the position'이 된다. '이력서와 자기 소개서가 어떻게 해당 직책의 구체적인 요건을 충족시키는지'와 같이 자연스럽게 연결되는 형용사 (B) specific이 정답이다.

표현 정리 applicant 지원자 cover letter 자기소개서 outline 개요를 서술하다 meet 충족시키다 requirement 요건 position 직책 specify (구체적으로) 명시하다 specific 구체적인, 명확한, 분명한 specifically 분명히, 구체적으로, 특히 specification (자세한) 세부사항, 사양

지원자는 어떻게 해당 직책의 구체적인 요건을 충족시키는지 설명하는 이력서와 자기 소개서를 제출해야 한다 　　　　　정답 (B)

105. 부사 어휘

해설 빈칸은 부사 어휘 문제이다. 〈substantially 상당히 / consistently 지속적으로 / provisionally 잠정적으로 / eventually 결국〉이라는 부사들 중

정답 및 해설 ••• 61

에서, 문맥상 '전기 기술자로 일할 수 있는 면허를 취득한 Mr. Stevens는 꾸준히 일자리를 찾고 있었다'고 해야 연결된다. 따라서 'steadily and in the same way for a period of time'이라는 뜻의 (B) consistently가 정답이다.

표현 정리 **earn** 얻다 **license** 면허 **electrician** 전기기술자 **look for** ∼을 찾다

전기 기술자로 일할 수 있는 면허를 취득한 Mr. Stevens는 지속적으로 일자리를 찾고 있다. **정답 (B)**

106. 관계대명사

해설 선택지는 관계대명사와 복합관계대명사로 구성되어 있다. 먼저 구조적으로 '―――― support one another'은 앞에 나온 사람 선행사 team of employees를 꾸미는 관계절이다. 먼저 선행사가 오지 못하므로 whoever부터 소거한다. 선행사가 사람이고(employees) 주어 없이 동사가 나오는 주격 관계대명사인 (A) who이다.

🔍 **함정 분석** 소유격 관계대명사 whose는 〈N1 whose N2 ∼〉와 같이 whose 뒤에 꾸밈을 받는 명사가 나온다(예: It's the house whose door is painted red.). 참고로 whose의 선행사는 사람/사물 모두 가능하다. 목적격 관계대명사 whom은 사람 선행사가 필요하고 뒤에는 목적어가 없는 주어 + 동사 형태의 구조가 나온다.

표현 정리 **highly** 매우 **effective** 효과적인 **support** 지원하다 **one another** 서로

Mr. Kent는 서로를 지원하는 직원들로 구성된 매우 효과적인 팀을 개발했다. **정답 (A)**

107. 분사 형용사

해설 한 문장에 are과 can receive라는 두 개의 동사가 나오는데, 이를 접속사 if가 연결하므로 빈칸이 동사 자리는 아니다. 따라서 remain부터 소거한다. 〈for any ―――― issues〉에서 빈칸은 뒤에 나온 명사를 꾸미는 형용사 자리이다. 문맥상으로는 '남은 출판물 호에 대해 환불을 받을 수 있다'고 해야 연결된다. 따라서, '남아 있는, 남은'이라는 뜻의 순수 형용사인 (B) remaining이 정답이다.

🔍 **함정 분석** remained는 과거분사가 아니고 과거 동사로 사용된다. Ex. He remained in China until July.

표현 정리 **unsatisfied with** ∼에 만족하지 못하는 **publication** 출판, 출판물 **refund** 환불 **issue** (잡지, 신문 같은 정기 간행물의) 호 **subscription** 구독 **remain** 여전히 ∼이다. 남다 **remaining** 남아 있는, 남은 **remainder** 나머지

당사의 발행물에 만족하지 않으면 구독 시 남은 호에 대해 환불을 받을 수 있습니다. **정답 (B)**

108. 전치사

해설 빈칸에는 'the end of the month'라는 시점 명사를 목적어로 취하는 전치사가 필요하다. '∼이내에'라는 의미의 within은 기간 명사가 뒤따르므로 소거한다. upon은 on과 비슷한 의미인데, 전치사 on의 경우 요일, 특정일 등의 시간 표현 앞에 쓰인다. 주절 동사 자리에 'is having a clearance sale'은 '재고정리 판매를 한다'는 의미로 지속적 의미이다. 따라서 '∼까지'를 뜻하는 (A) until이 들어가 '이달 말까지 재고 정리 세일을 실시하다'로 연결하는 것이 자연스럽다.

🔍 **함정 분석** 전치사 since는 '∼이후로'라는 뜻인데 〈Turkey has been a republic since 1923.〉과 같이 since 뒤에는 과거시점 명사가 나오고, 주절은 현재완료 시제로 연결되어야 한다. Upon은 '위에,∼하자 마자'의 뜻으로 사용된다.

표현 정리 **have a clearance sale** 점포 정리 세일을 하다

Kitchen Store는 이달 말까지 Carter-Soka 사의 가전 제품에 재고 정리 세일을 가질 것입니다. **정답 (A)**

109. 부사 자리

해설 부사 어휘 문제이다. 빈칸에 들어갈 부사는 동사인 can complete를 꾸미게 된다. 먼저 very의 동의어인 extremely는 부사나 형용사를 수식하고, 동사는 직접 수식하지 않으므로 소거한다. '시기적절한, 때맞춘'이라는 뜻의 timely는 부사가 아닌 형용사이므로 구조적으로 오답이다. (A) rigidly는 '엄격한'의 뜻으로 의미상 어색하다. 의미상 '당신 시설에서 가장 일반적인 혈액 검사를 신속히 완료할 수 있다'라고 해야 자연스럽게 연결된다. 따라서 정답은 '(시간상으로) 빨리, 곧'이라는 뜻의 (C) quickly이다.

표현 정리 **equipment** 장비 **complete** 완료하다 **common** 일반적인 **facility** 시설

저희 회사 장비를 사용하여 당신 시설에서 가장 일반적인 혈액 검사를 신속히 완료할 수 있습니다. **정답 (C)**

110. 부사 어형

해설 형용사 'different'를 수식하면서 의미상 자연스러운 (D) completely가 정답이 된다. (B)번도 형용사로 문법적으로는 가능하지만 의미상 자연스럽지 않다. (C)는 동명사 형태로 사용이 된다.

표현 정리 **different** 다른 **industry** 산업 **career** 경력

Mr. Kendall은 포틀랜드에서 경력 초반에 완전히 다른 업계에서 일했다. **정답 (D)**

111. 형용사 어휘

해설 선택지는 〈outgoing 외향적인, (책임 있는 자리를) 떠나는[물러나는] / possible 가능한[하거나 성취할 수 있는] / upcoming 다가오는, 곧 있을 / relative 비교상의, 상대적인〉이라는 뜻의 형용사 어휘로 이루어져 있다. 문맥상 '신임 행정 비서인 Ms. Abuja는 다가올 컨퍼런스 준비를 도울 것이다'라고 해야 자연스럽다. 따라서 정답은 (C) upcoming이다.

표현 정리 **administrative** 행정의 **assistant** 보조, 조수 **prepare for** ∼을 준비하다

신임 행정 비서인 Ms. Abuja는 다가올 컨퍼런스 준비를 도울 것이다. **정답 (C)**

112. 명사 어형

해설 〈promote better ―――― between our Hong Kong and London offices〉 구조에서 빈칸은 동사 promote의 목적어 역할이므로 better는 형용사로 명사를 꾸미는 것으로 봐야 한다. 따라서 (A) cooperation이 정답이다.

표현 정리 **exchange** 교환 **promote** 촉진[고취]하다 **cooperation** 협력, 협동 **cooperate** 협력[합동]하다 **cooperatively** 협력[합동]하여

교환 프로그램은 홍콩 사무소와 런던 사무소 간의 보다 나은 협조를 촉진하기 위해 마련되었다. **정답 (A)**

113. 동사 어휘

해설 celebrate는 '축하하다'라는 뜻이다. entitle은 '자격[권리]을 주다'라는 뜻인데, 주로 〈entitle someone to something / entitle someone to do something〉 구문으로 잘 쓰인다. 동사 invite는 〈invite someone to/for something〉이나 〈invite someone to do something〉 구문으로 쓰인다. qualify는 '(어떤 일을 하는 데 필요한 기술·지식 등의) 자격을 주다'라는 의미로 〈be qualified to do something〉이나 〈qualify for〉 형태로 잘 쓰인다. 문맥상으로는 '현재와 이전 고객들이 우리의 새로운 사무실 그랜드 오프닝에 초대되었다'고 해야 적절하다. 따라서 정답은 (C) invited이다.

표현 정리 **current** 현재의 **former** 이전의

현재와 이전 고객들이 우리의 새로운 사무소의 개소식에 초대되었다. **정답 (C)**

114. 부사 어형

해설 빈칸은 수동태 동사인 was designed 사이에 나온다. 따라서 동사를 수식하는 품사인 부사 (D) innovatively가 정답이다.

표현 정리 indicate 나타내다 branch 지점, 지사 innovate 혁신[쇄신]하다 innovative 혁신적인 innovation 혁신 innovatively 혁신적으로

뉴스 보도에 따르면 신형 Zam-Zoom 모터 스쿠터는 뉴욕 지사에서 혁신적으로 설계되었다. **정답 (D)**

115. 형용사 어휘

해설 빈칸은 are의 보어 자리이므로 형용사가 필요한데, 특히 뒤에 that절로 연결된다. ready는 '(사람이) 준비가 (다) 된'이라는 의미이다. certain은 '확실한, 틀림없는'이라는 의미로 〈certain of/about〉이나 〈certain that S V〉 구문으로 쓰인다. bound는 '꼭 ~할 것 같은, ~할 가능성이 큰'이라는 뜻인데 뒤에 to부정사와 잘 연결된다. constant는 주로 명사 앞에 '끊임없는, 거듭되는'이라는 뜻이다. 뒤에 that절과 연결되면서 '신형 휴대 전화기가 매우 잘 팔릴 것임을 절대적으로 확신한다'라고 해야 문맥이 연결되므로 정답은 (B) certain이다.

추가 포인트 부사 lately는 주로 현재완료 시제와 연결된다.

표현 정리 absolutely 절대적으로 extremely 극도로, 매우

시장 조사 보고서를 읽어본 후 우리는 신형 휴대 전화기가 매우 잘 팔릴 것임을 절대적으로 확신한다. **정답 (B)**

116. 전치사

해설 여기서는 앞에 명사 award가 나오는데, '~로 인한 상'이라는 표현은 'award for' 형태로 쓴다. 즉 for는 '~로 인해서'라는 의미를 가지며 종종 출제가 되고 있는 중요한 어휘이다. 따라서 정답은 (A) for이다. 참고로 among 다음에는 복수 명사가 와야 한다.

표현 정리 press release 보도 자료 award 상 innovative 혁신적인 attire 의복

보도 자료에 따르면 Ms. Montoya는 혁신적인 운동복 디자인으로 인해 상을 수상했다. **정답 (A)**

117. 명사 어휘

해설 선택지는 〈efficiency 효율성 / alteration 변화, 개조 / observation 관찰, 관측/ possibility 가능성〉이라는 뜻의 명사로 이루어져 있다. 'productivity increased'에서 생산성이 증대되었다고 하는데, 문맥상 '한 사무소에서 다른 사무소로 직원들의 정기적인 변화로 생산성이 증대되었다'라고 해야 연결된다. 따라서 (B) alteration이 정답이다.

표현 정리 productivity 생산성 regular 주기적인, 정기의

우리는 한 사무소에서 다른 사무소로 직원들의 정기적인 변화로 생산성이 증대되었음을 확인했다. **정답 (B)**

118. 수동태

해설 빈칸 앞에 are가 나오고, 뒤에 수동태에서 행위의 주체를 나타내는 'by N' 형태가 나온다. 직역하면 '신입 판매 사원은 매장의 보조 관리자에 의해 교육을 받는다'고 해야 연결된다. 따라서 정답은 과거분사인 (A) trained이다.

표현 정리 sales associate 판매 직원 normally 보통 assistant 조수, 보조 train 교육[훈련]시키다, 교육[훈련]받다

신입 판매 사원은 일반적으로 매장의 보조 관리자의 교육을 받는다. **정답 (A)**

119. 부사 어휘

해설 빈칸에 들어갈 부사는 동사 will return을 꾸미게 된다. 선택지는 〈especially 특히 / promptly 신속히 / efficiently 능률적으로 / already 이미〉라는 뜻이다. 'Ms. Thai는 회의가 끝나자마자 귀하의 전화에 즉각 회신할 것입니다'라고 해야 자연스럽다. 따라서 정답은 'immediately'의 의미로

쓰인 (B) promptly이다.

표현 정리 currently 현재 return 되돌려주다[갚다]

Ms. Thai는 현재 회의 중이지만 회의가 끝나자마자 귀하의 전화에 즉각 회신할 것입니다. **정답 (B)**

120. 접속사

해설 빈칸에는 과거분사인 required와 축약 구문으로 원래의 문장은 Although (advance registration is) not required이다. In addition은 '게다가'라는 뜻의 접속부사로, 〈In addition, S V ~.〉 형태가 되어야 한다. In order to는 목적의 부사구로 to 뒤에 동사원형이 나와야 한다. 따라서 이 두 형태는 구조적으로 소거한다. 접속사 Unless는 '만일 ~하지 않는다면'이라는 뜻이고, Although는 '비록 ~일지라도'라는 의미로 뒤에 과거분사와 축약해서 쓰일 수 있다. 따라서 해석이 필요하다. 주절에서 '겨울 강연을 위한 사전 등록은 일반 회원에게 강력히 권고된다'라고 나오고, 빈칸 이하는 '필수는 아니다'라는 말이다. 앞뒤가 서로 역접을 나타내므로 (C) Although가 정답이다.

표현 정리 advance 사전의 registration 등록 lecture 강연 strongly 적극 recommend 권장하다

비록 필수는 아니지만 겨울 강연을 위한 사전 등록은 일반 회원에게 강력히 권고된다. **정답 (C)**

121. 명사 어형

해설 빈칸은 형용사 written의 꾸밈을 받으면서 동사 obtain의 목적어 역할을 하게 된다. 문맥상으로는 '관리자로부터 서면 승인서를 받다'라고 해야 연결된다. 따라서 명사인 (D) approval이 정답이다.

🔍 **함정 분석** 동명사는 부사의 꾸밈을 받고, 일반 명사가 형용사의 꾸밈을 받는다.

표현 정리 obtain 얻다, 구하다 supervisor 관리자 submit 제출하다 order 주문 approve 승인하다 approval 승인

구매 주문서를 제출하기 전에 관리자로부터 서면 승인서를 받으십시오. **정답 (D)**

122. 접속사

해설 주어진 선택지는 모두 등위접속사 계열이다. 먼저 nor의 경우 〈I have not been asked to resign, nor do I intend to do so.〉라는 문장처럼 nor 앞에 이미 부정어가 포함된 문장이 나와야 하고, nor 뒤로는 도치 구문이 되어야 하는데, 이 문장은 긍정문이므로 nor는 소거한다. 다음으로, so는 결과를, for는 이유를, but은 역접을 나타낸다. 빈칸 앞의 매출이 꾸준히 증가(steadily growing)한다는 말인데, 빈칸 뒤는 감소(declines)하고 있다는 말이다. 앞뒤가 서로 대조적인 내용이므로 (D) but이 정답이다.

표현 정리 retail 소매의 location 위치 steadily 꾸준히 decline 감소

대부분의 소매점에서 판매가 꾸준히 증가하고 있지만 일부 매장은 감소를 겪고 있다. **정답 (D)**

123. 관계대명사

해설 한 문장에 include와 will issue라는 두 개의 동사가 나오는데 이를 연결하는 접속사가 없다. 따라서 빈칸에 접속사 기능이 필요하므로, 단순 대명사 기능인 their와 its부터 소거한다. '——— members include leading economists'는 The bank committee를 꾸미는 관계절이다. 빈칸 이하에 명사 members가 나오고 두 문장을 연결해 주고 있으므로 빈칸에는 소유격 관계대명사인 (A) whose가 정답이다.

🔍 **함정 분석** 관계대명사 who는 사람 선행사가 나오지만, 뒤에 주어 없이 동사가 나온다.

표현 정리 committee 위원회 leading 주요한 economist 경제학자 recommendation 추천

회원에 주요 경제학자들을 포함하는 그 은행위원회는 금요일에 권고안을 발표할 것이다. 정답 (A)

124. to부정사

해설 빈칸은 to부정사이므로 동사원형을 찾으면 (A) increase가 정답이 된다. 〈In addition to / prior to / thanks to / look forward to / be committed to〉는 전치사 to이므로 명사나 동명사가 가능하다.

표현 정리 delay 지체시키다, 미루다 hire 채용하다 production 생산

생산이 계속 증가하고 있지만 공장 관리자는 추가 직원 채용을 미루었다.
정답 (A)

125. 부사 어휘

해설 선택지는 〈adversely 불리하게, 반대로 / optionally 마음대로 / currently 현재 / unusually 평소와 달리〉라는 뜻의 부사로 이루어져 있다. 문맥상 '영화사 직원들이 그 도시에 머문 동안 작은 시골 식당은 평소와 달리 매우 바빴다'라고 해야 연결된다. 따라서 정답은 'extremely'의 동의어인 (D) unusually이다. Currently는 현재나 현재 진행형 시제에 사용된다.

표현 정리 rural 시골의 crew 팀, 승무원

영화사 직원들이 그 도시에 머문 동안 그 작은 시골 식당은 평소와 달리 매우 바빴다. 정답 (D)

126. 명사 어형

해설 빈칸은 정관사 The 뒤에 위치하므로 명사 자리이다. '오래된 공장 건물의 개조'라는 의미로 명사 (D) renovation이 정답이다.

표현 정리 renovate (낡은 건물·가구 등을) 개조[보수]하다 renovation 수선, 수리

오래된 공장 건물의 개조는 지난 달에 시작될 예정이었다. 정답 (D)

127. 전치사

해설 전치사 어휘 문제이다. 선택지는 각각 〈concerning ~에 관한[관련된] / beside ~옆에 / from ~로부터 / toward ~쪽으로, ~을 향하여〉라는 뜻이다. 문맥상, '제품 조립 지침에 대한 불만이 많이 접수되었다'라고 해야 적절하다. 따라서 정답은 주제를 나타내는 명사 앞에 쓰이는 (A) concerning이다.

추가 포인트 'information', 'question', 'discussion', or 'advice' + concerning

표현 정리 complaint 불만 assembly 조립 instructions (무엇을 하거나 사용하는 데 필요한 자세한) 설명(서)

고객으로부터 제품 조립 지침에 대한 불만이 많이 접수되었다. 정답 (A)

128. 전치사

해설 문장 구조를 보면, 〈No one at our office has ever visited corporate headquarters.〉가 완전한 문장을 이룬다. 즉, '———— Mr. Crandall'은 수식어에 해당하고 빈칸은 Mr. Crandall이라는 명사가 있으므로 전치사 자리이다. whereas와 unless는 절을 취하는 접속사이므로 소거한다. yet은 '그럼에도 불구하고'라는 뜻으로 여기서는 의미적으로 맞지 않다. 문맥상으로 'Mr. Crandall을 제외하고 우리 사무실의 누구도 회사 본사를 방문한 적이 없다'고 해야 연결된다. 따라서 정답은 전치사로 '~을 제외하고'라는 뜻의 (C) besides이다.

표현 정리 headquarters 본사

Mr. Crandall을 제외하고 우리 사무실의 누구도 회사 본사를 이제껏 방문한 적이 없다. 정답 (C)

129. 동사 어휘

해설 빈칸은 동사 어휘 문제이다. 먼저, inquire는 '묻다, 알아보다'라는 뜻으로 〈inquire about〉 형태로 쓴다. 나머지는 〈perform 수행하다/실시하다 / enforce (법률 등을) 집행하다 / authorize 허가하다, 권한을 부여하다〉라는

뜻이다. 문맥상 '시의회는 다음 회의에서 쇼핑몰 건설을 승인할 것으로 예상된다'고 해야 연결된다. 따라서 정답은 (D) authorize이다.

🔍 **함정 분석** 〈enforce + agreement, law, regulations, rule, sanction〉〈perform a task/duty/service〉, 〈perform an experiment/check/test〉 등과 같이 각 동사와 호응하는 목적어를 확인해 둔다.

표현 정리 city council 시의회 construction 공사, 건설

시의회는 다음 회의에서 쇼핑몰 건설을 승인할 것으로 예상된다. 정답 (D)

130. 형용사 어형

해설 〈in ———— terms〉 구조에서 빈칸은 뒤에 나온 명사 terms를 꾸미는 형용사 자리이다. 따라서 동사인 broaden과 부사인 broadly는 소거한다. 선택지에 최상급 형용사와 원급 형용사가 남는다. 최상급 형용사를 쓰려면 'in the broadest sense of the word'와 같이 최상급 형용사 앞에 정관사 the나 소유격이 나와야 한다. 빈칸 앞에 관사가 없으므로 따라서 정답은 (C) broad이다.

표현 정리 fluctuation (방향·위치·상황의) 변동 term 용어, (계약)조건 broaden 넓히다 broad (폭이) 넓은 broadly 대략(적으로)

Mr. Jackson의 보고서는 가격 변동의 원인을 대부분 광범위한 용어로 설명한다. 정답 (C)

PART 6

문제 131-134번은 다음 이메일을 참조하시오.

발신: t.sheppard@grainger.com
수신: all@grainger.com
날짜: 10월 4일
제목: Lisa Wharton

들으셨던 것처럼, 회계 관리자인 Lisa Wharton이 곧 회사를 곧 떠날 예정입니다. 그녀는 캘리포니아에 있는 직책을 수락했습니다. Lisa와 그녀의 남편은 가까운 장래에 자녀를 갖기를 원하므로 가족과 더 가까이 살기 위해 이주하려고 합니다. 우리는 Lisa를 그리워할 것이지만, 그녀가 인생의 다음 단계를 준비하는 것이므로 그녀의 행운을 기원합니다.

Lisa의 마지막 근무일은 10월 12일 금요일입니다. 정오에 101호실에서 고별 점심 식사를 함께 해 주시기 바랍니다. 우리는 지난 9년 동안 Lisa가 회사에 공헌한 데 대해 기념할 예정입니다. 작별 카드에 서명하는 시간도 마련될 것입니다. 모든 직원을 이 모임에서 만나기를 기대합니다.

감사합니다.

Tim Sheppard

표현 정리 accounting 회계 (업무) supervisor 감독관, 관리자 position 직책 in the near future 가까운 장래에 miss 그리워하다 prepare for ~를 준비하다 stage 단계 farewell 작별 celebrate 기념하다, 축하하다 sign 서명하다

131. 시제

해설 문장의 주어는 She이고 빈칸이 동사 자리이다. 먼저 뒤에 a position이라는 목적어가 나오므로 수동태인 was accepted는 소거한다. 후반부 내용 중 Lisa's last day of work is Friday, October 12. Please join us for a farewell lunch in Room 101 at noon.을 보면 이미 퇴사가 예정되어 있음

을 알 수 있으므로, 캘리포니아에 있는 직책을 수락한 상황임을 알 수 있다. 따라서 이미 과거에 일어난 일이지만 현재 이야기를 해서 알려주므로 현재완료 시제인 (C) has accepted가 정답이다. would have accepted는 가정법 과거완료로 과거에 이루지 못한 상황을 나타낸다. **정답 (C)**

132. 접속사

해설 빈칸이 이끄는 부사절 내용은 '우리는 Lisa를 그리워할 것이다'이고 주절은 '그녀가 인생의 다음 단계를 준비하는 것이기 때문에(〜이므로) 그녀의 행운을 기원한다'라는 말이다. 이유를 나타내고 있으므로 (D) as가 정답이 된다. Even if는 가정을 나타내 '비록 〜하더라도'라는 의미이고, In case는 '〜할 경우에 대비해서'라는 뜻이다. Assuming은 '만약 〜가정해 보면'이라는 뜻이다. **정답 (D)**

133. 명사 어휘

해설 빈칸에 들어갈 명사는 문맥상으로는 'Lisa의 회사에 대한 공헌/기여를 기념하다'라고 해야 연결된다. '〜에 대한 기여/공헌'은 'contribution to'로 쓴다. 따라서 정답은 (C) contributions이다. 나머지는 〈transfer 이전 / anniversary 기념일 / promotion 승진, 진급, 홍보〉라는 뜻이다. **정답 (C)**

134. 문장 삽입

해설 빈칸 앞에서 Lisa의 송별회가 실시될 예정이고 직원들의 서명이 들어갈 작별 카드도 준비될 것이라고 나온다. 이에 대해 a farewell lunch 를 gathering으로 받으며 이 모임에서 직원 모두를 보고 싶다는 (A) I look forward to seeing everyone at the gathering.이 들어가는 것이 흐름상 자연스럽게 연결된다.

(A) 모든 직원을 이 모임에서 만나기를 기대합니다.
(B) 그녀는 우리가 한 모든 일에 감사를 표합니다.
(C) 그녀는 다음 달 부사장으로 승진할 것입니다.
(D) 이 문제에 도움을 주셔서 감사합니다. **정답 (A)**

문제 135–138번은 다음 보증 정보를 참조하시오.

> Vault 휴대용 하드 드라이브를 구입해 주셔서 감사합니다. 구입하신 하드 드라이브는 5년 보증이 됩니다. Vault는 일반적 사용 하에 재료 및 제조상의 결함에 대해 모든 제품을 보증합니다. 부적절한 사용이나 보관으로 인한 손상에는 보증이 적용되지 않습니다. Vault 사 제품의 수리는 오직 인증 받은 기술자만 수행할 수 있습니다.
>
> 모든 제품 보증은 구매일로부터 시작됩니다. <u>구매 증거로 영수증 사본을 보관하십시오.</u> 또한 소유주는 온라인으로 제품을 등록하도록 적극 권고합니다. 이렇게 하면 향후 보증 청구가 신속하게 처리될 수 있습니다. 제품을 등록하려면 www.vault.com/registration/login을 방문하십시오. 먼저 계정을 만들어야 합니다. 그런 다음 제품의 모델 번호, 일련 번호 및 구매 날짜를 입력하여 등록을 완료하십시오.

표현 정리 portable 휴대용의 come with 〜이 수반되다 warranty (제품의) 품질 보증서 warrant (물품의 질·양)을 보증하다 defect 결함 workmanship 솜씨, 기술 damage 손상 cause 일으키다 improper 부적절한 storage 보관 repair 수리 perform 수행하다. 실행하다 technician 기술자 strongly 적극적으로 advise 조언하다 register 등록하다 expedite 더 신속히 처리하다 claim 클레임, 주장 account 계정 complete 작성하다

135. 형용사 어휘

해설 선택지는 〈excessive 지나친, 과도한 / personal 개인의[개인적인] / normal 보통의, 정상적인 / frequent 빈번한〉이라는 뜻이다. 제품 보증과 관련된 문장인데, 문맥상 '일반적 사용 하에 재료 및 제조상의 결함에 대

해 모든 제품을 보증한다'라고 해야 연결된다. 바로 다음 문장인 Damage caused by improper use or storage will not be covered by the warranty.에서는 보증에서 제외되는 상황을 말하고 있으므로, 빈칸 앞에서는 제품 보증이 허용되는 일반적 상황을 기술하는 것이 적절하다. 따라서 정답은 (C) normal이다. **정답 (C)**

136. 과거분사

해설 빈칸은 뒤에 나온 명사 technicians를 꾸미는 형용사 자리이다. 따라서 동사 형태인 certifies부터 소거한다. '인증서 기술자'라는 말도 어색하므로 명사 형태인 certificate도 소거한다. '인증받은'이라는 뜻의 과거분사인 (B) certified가 정답이다. **정답 (B)**

137. 문장 삽입

해설 빈칸 앞은 모든 제품 보증은 구매일로부터 시작된다는 말이다. 빈칸 뒤는 '첨가/부가'를 나타내는 접속부사 In addition으로 시작되는데 제품을 온라인으로 등록하라는 말이다. 이 부분과 연결되려면 빈칸에 삽입되는 문장역시 보증과 관련해 고객이 해야 할 구체적인 사항을 명시하는 것이 좋다. 빈칸에 (C) Please retain a copy of your receipt as proof of purchase. 가 들어가면 '영수증을 보관하시오 → 온라인으로 제품 등록을 하시오'와 같이 앞뒤 흐름이 자연스럽게 연결된다.

(A) 모든 제품을 할인된 가격으로 구입할 수 있습니다.
(B) 원하는 보증 기간을 선택하십시오.
(C) 구매 증거로 영수증 사본을 보관하십시오.
(D) 고객 서비스는 1–888–555–7686번으로 문의할 수 있습니다. **정답 (C)**

138. to부정사

해설 콤마 뒤에 명령문으로 시작하는 주절이 나온다. 따라서 콤마 앞은 수식어가 된다. 문맥상 '제품을 등록하기 위해'와 같이 목적의 부사구가 되어야 하므로 정답은 (A) To register이다. **정답 (A)**

문제 139–142번은 다음 광고를 참조하시오.

> **RCC에서 살사 춤 배우기**
>
> Ridgecrest Community Center는 목요일 오후 7시에 입문자를 위한 살사 댄스 강좌를 제공합니다. <u>살사는 라틴 아메리카에서 시작된 재미 있고 활기 넘치는 댄스 스타일입니다.</u>
>
> 이 수업은 Guillermo Castro와 Alma Castro 부부가 가르칩니다. 쿠바 출신인 Castro 부부는 30년 이상 댄스 강사였습니다. 이 부부 강사는 수많은 상을 수상했습니다. Mr. Castro는 지역 라틴 아메리카 댄스 클럽의 회장입니다.
>
> 이 수업은 2월 22일에 시작하여 8주 동안 진행됩니다. 수업은 무료이며 일반에 공개됩니다. 16세 이상이면 누구나 참가할 수 있습니다. 사전 댄스 경험은 필요하지 않습니다. 그러나 공간은 20명으로 제한됩니다. 안내 데스크에서 등록하십시오.

표현 정리 introductory 입문자들을 위한 instructor 강사 numerous 다수의 award 상 run 운영되다 free 무료의 open to the public 대중에게 개방하다 participate 참여하다 necessary 필수의 limited to 〜로 제한된 register 등록하다

139. 문장 삽입

해설 빈칸 앞은 Ridgecrest Community Center에서 입문용 살사 댄스 강좌를 제공한다는 말이다. 이에 대해 (C) Salsa is a fun and energetic style of dance that originated in Latin America.가 들어가 살사에 대한 소개를 덧붙이는 것이 흐름상 자연스럽다.

(A) 이 특별 이벤트에 참여해 주셔서 감사합니다.
(B) 많은 전직 전문 무용가들이 우리 스튜디오에서 시작했습니다.
(C) 살사는 라틴 아메리카에서 시작된 재미 있고 활기 넘치는 댄스 스타일입니다.
(D) RCC는 지역 사회를 풍요롭게 하기 위해 설립될 것입니다. 정답 (C)

140. 전치사

해설 문장 구조를 보면 'Natives of Cuba, the Castros have been dance instructors'까지 이미 문장이 완전하고, 'for ——— three decades'는 전명구가 된다. 빈칸 앞에 이미 전치사 for가 나오므로 빈칸에 또 다른 전치사가 들어갈 수 없다. 따라서 until, during은 모두 소거한다. 숫자 앞에서 '이상'이라는 표현의 부사는 〈more than = over〉를 쓴다. 따라서 (C) over가 정답이다. 정답 (C)

141. 형용사 어휘

해설 선택지는 〈eligible 자격 있는 / prior 이전의 / new 새로운 / little 작은〉이라는 뜻의 형용사로 이루어져 있다. 살사 수업에 참여하는 데 '이전' 댄스 경험을 필요로 하지 않는다고 해야 적절하므로 정답은 (B) prior이다. 정답 (B)

142. 접속 부사

해설 빈칸 앞은 수업에 참여하는 데 사전 댄스 경험은 필요하지 않다는 말이고, 뒤는 공간은 20명으로 제한된다는 말이다. 앞뒤가 서로 역접 관계이므로 (A) However가 정답이다. 정답 (A)

문제 143-146번은 다음 이메일을 참조하시오.

수신: 모든 직원
발신: Benjamin Deacon
날짜: 8월 1일
제목: 웹사이트 개발

전 직원 여러분께,

인사부는 직원들이 직업 혜택에 대해 알 수 있는 내부 웹사이트를 개발하는 과정에 있습니다. 사이트가 완성되면 직원들은 다양한 혜택에 대한 적격성 여부를 확인할 수 있습니다. 직원은 다양한 혜택 옵션에 대해 파악하고 일반적으로 자주 묻는 질문에 대한 답변을 찾을 수도 있습니다.

이 사이트를 여러분의 요구에 맞출 수 있도록 모든 직원에게 몇 분간 시간을 소요해 예비 디자인을 검토하도록 요청하고 있습니다. 부서 웹페이지에 대한 이 링크가 사이트로 연결됩니다. 확인한 후에 간단한 설문 조사를 작성해야 합니다. 여러분의 피드백은 디자인을 개선하는 데 사용됩니다.

이 중요한 문제에 도움을 주셔서 감사합니다.

감사합니다.

Ben Deacon

표현 정리 be in the process of ~하는 중이다, ~하는 과정이다 **internal** 내부의 **benefit** 이득, 혜택 **complete** 완료하다 **allow** 허락하다 **verify** 확인하다 **eligibility** 자격 **a variety of** 다양한 **tailor** (특정한 목적·사람 등에) 맞추다[조정하다] **preliminary** (더 중요한 행동, 행사에 대한) 예비의 **have the opportunity to** ~할 기회가 있다 **assistance** 지원

143. 접속사

해설 빈칸 뒤에는 completed라는 과거분사가 나온다. 원래의 문장은 〈Once (it is) completed, the site will allow ~.〉와 같이 접속사 Once 이

하에 'it is'가 생략되어 과거분사가 바로 축약된 것으로 이해할 수 있다. 의미상 '~하자 마자'의 뜻이므로 정답은 (A) Once가 된다. 정답 (A)

144. 부사 어휘

해설 선택지는 〈regularly 정기[규칙]적으로 / commonly 흔히, 보통 / presently 현재 / certainly 틀림없이, 분명히〉라는 뜻의 부사로 이루어져 있다. 여기서는 〈commonly asked questions 일반적으로 자주 묻는 질문〉이라는 의미의 숙어 표현을 묻고 있다. 따라서 정답은 (B) commonly이다. 정답 (B)

145. to부정사

해설 문장의 동사는 are asking이고 접속사가 없으므로 빈칸이 동사 자리는 아니다. 따라서 동사 형태인 takes, is taking은 모두 소거한다. 다음으로, 동사 ask는 〈ask someone to do something〉의 구조로 잘 쓰인다. 여기서도 빈칸이 동사 ask의 목적격 보어 자리이므로 정답은 (C) to take이다. 이외에 allow/enable/require/request 목적어 to V 형태도 있다. 정답 (C)

146. 문장 삽입

해설 빈칸 앞에서 웹사이트 예비 디자인에 대한 직원들의 의견을 구하는 설문조사를 진행 중이라고 나온다. 이에 대해 (B) Your feedback will be used to improve the design.이 들어가서 설문지 용도를 구체적으로 덧붙이는 것이 흐름상 자연스럽다.

(A) 설문조사가 이 이메일에 첨부됩니다.
(B) 여러분의 피드백은 디자인을 개선하는 데 사용됩니다.
(C) 우리가 가장 자주 사용하는 혜택을 알려주십시오.
(D) 후보 지명은 온라인으로 제출할 수 있습니다. 정답 (B)

PART 7

문제 147-148번은 다음 전단지를 참조하시오.

자전거 시장

Newport Bike Club은 5월 9일 토요일 (148B) **오전 9시부터 오후 2시까지** Newport Community Center에서 제2회 연례 자전거 시장을 개최합니다. (147) **이 행사는 구형 자전거를 현금으로 받거나 다른 모델로 교환할 수 있는 절호의 기회입니다.** (148D) 판매 또는 교환할 수 있는 모든 자전거와 장비는 작동 가능한 상태여야 합니다. 또한 이 지역의 여러 자전거 상점은 행사에서 엄청난 할인을 통해 재고품목을 판매할 것입니다. (147) **누구나 구매는 가능하지만 (148A) 클럽 회원만 판매할 수 있습니다.** 자세한 내용은 555-9046으로 문의하십시오.

표현 정리 hold 개최하다 **annual** 연례의 **exchange** 교환(하다) **equipment** 장비 **available** 이용 가능한 **in working condition** 작동 상태인 **extra** 추가의 **inventory** 재고 **huge** 막대한 **details** 세부사항 **functional** (특히 기계·조직·시스템이) 가동되는

147. 추론 문제

해설 지역에 자전거를 교환 또는 판매할 수 있는 마켓이 열린다는 내용이다. 구체적으로 This is a golden opportunity to get some cash for an old bike or exchange a bike for another model.에서 구형 자전거를 판매하고 교환 가능하다고 나오고 Everyone is invited to shop, but only our club members can sell.에서 누구나 구매 가능하므로 행사가 열리는 Newport Community Center 지역에 사는 주민을 대상으로 함을 유추할 수 있다. 따라서 (B)가 정답이다.

전단지를 읽는 대상 이용객은 아마도 누구이겠는가?

(A) 피트니스 강사
(B) 지역 주민
(C) 패션 모델
(D) 전문 사이클 선수 　　　　　　　　　정답 (B)

148. Not/True 문제

해설　The Newport Bike Club is holding our second annual bike market on Saturday, May 9, from 9:00 A.M. to 2:00 P.M. at the Newport Community Center.에서 시간대가 지정되어 있으므로 (B)는 사실이다. Everyone is invited to shop, but only our club members can sell.에서 클럽 회원만 판매 가능하므로 (A)도 사실이다. All bikes and equipment available for sale or exchange must be in working condition.에서 작동 가능한 장비만 판매 가능하므로 (D)도 사실이다. (C)의 경우, 본문의 첫 문장을 보면, 이번 5월 9일에 개최 예정인 행사가 두 번째 행사이다. 그러므로 지금까지 딱 한 번 개최되었다는 의미이므로 수년 동안 개최되어 왔다는 말은 맞지 않기 때문에 정답이 된다.

패러프레이징　**from 9:00 A.M. to 2:00 P.M. ▶ last for several hours / only our club members can sell ▶ limits selling to certain participants / be in working condition ▶ only features functional equipment**

자전거 시장에 대해 언급되지 않은 것은?

(A) 판매를 특정 참가자로 제한한다.
(B) 몇 시간 동안 지속될 것이다.
(C) 수년 동안 개최되어 왔다.
(D) 작동되는 장비만 선보인다. 　　　　　정답 (C)

문제 149-151번은 다음 기사를 참조하시오.

((149C) 4월 19일) – Falcon Glove는 지난 밤 Capital Theater에서 최신 앨범인 Slow Dance on Mars에 실린 수록곡들로 3시간 넘게 팬들을 즐겁게 했습니다. 이들의 첫 두 앨범에서 인기를 끌었던 일부 인기곡들도 연장된 무대 공연 동안 선보였습니다. (149B-D/150/151) 지난 번 이들이 Sedgewick에 있을 때 Falcon Glove를 만났던 본 기자는 이 밴드가 Slow Dance on Mars를 녹음하기 직전에 그룹 창단 멤버였던 Harrison Baker를 대신해 새로 영입한 드러머 Steve Adams의 연주를 무척 듣고 싶었습니다. Adams와 나머지 세 명의 창단 멤버 간의 케미는 전기가 통할만큼 인상적이었습니다. 보컬인 Paul Liu는 관객들이 그를 따라 부르도록 리드했습니다. (151) James Isa의 기타 연주와 Glen Waldron의 베이스 라인은 파워가 넘쳤습니다. (149C) 이 공연을 놓치셨다 해도 Falcon Glove는 내일 Manfred 대학에서 공연합니다. – (151) Alan Chin

표현 정리　**entertain** 즐겁게 해 주다 **interwoven in** ~와 뒤섞인 **extended** (보통 때나 예상보다) 길어진[늘어난] **be eager to** ~을 하고 싶어하다 **replace** 교체하다 **co-founder** 공동 창설[창립]자 **shortly before** ~직전 **chemistry** (사람 사이의) 화학 반응 **remaining** 남은 **electrical** 전기와 같은, 감동적인 **guitar riff** 반복적이고 인상적인 기타주법 **miss** 놓치다

149. Not/True 문제

해설　Having seen Falcon Glove the last time they were in Sedgewick, I was eager to hear their new drummer, Steve Adams, who replaced co-founder Harrison Baker shortly before the band recorded Slow Dance on Mars.에서 기자가 이들 밴드가 Sedgewick에서 공연할 때 만났다고 하므로 (D)는 사실이고, 원년 멤버 대신 새로 드러머를 영입했다고 하므로 (B)도 사실이다. 기사 작성일은 April 19인데, 마지막 문장 If you missed this show, Falcon Glove is playing tomorrow at the University of Manfred.에서 내일도 공연하므로 (C)도 사

실이다. 멤버가 학생이라는 내용은 찾을 수 없으므로 (A)가 정답이다.

밴드에 대해 언급되지 않은 것은?

(A) 학생들로 구성되어 있다.
(B) 구성원이 바뀌었다.
(C) 4월 20일에 공연할 것이다.
(D) 전에 Sedgewick에서 공연했다. 　　　정답 (A)

150. 추론 문제

해설　질문의 키워드인 Harrison Baker가 언급되는 Having seen Falcon Glove the last time they were in Sedgewick, I was eager to hear their new drummer, Steve Adams, who replaced co-founder Harrison Baker shortly before the band recorded Slow Dance on Mars.에서 밴드 창단 멤버 중 한 사람이므로, 이를 데뷔 앨범에서 연주했다고 표현한 (D)가 정답이다.

Harrison Baker에 대해 제시된 것은?

(A) 밴드 이름을 제안했다.
(B) 여행을 좋아하지 않는다.
(C) 학교에 복학했다.
(D) 밴드 데뷔 앨범에서 연주했다. 　　　정답 (D)

151. 추론 문제

해설　질문의 키워드인 Alan Chin은 기사 작성자로 맨 마지막에 나온다. 본문 내용 중 Having seen Falcon Glove the last time they were in Sedgewick, I ~.에서 밴드를 만났다는 내용과 후반부 The guitar riffs of James Isa and bass lines of Glen Waldron were powerful.에서 기타 연주와 베이스 라인을 논하므로 음악 비평가임을 유추할 수 있다. 따라서 (B)가 정답이다.

Alan Chin은 아마도 누구이겠는가?

(A) 녹음 엔지니어
(B) 음악 평론가
(C) 극장 소유주
(D) 콘서트 기획자 　　　　　　　　　정답 (B)

문제 152-153번은 다음 대화형 문자 메시지를 참조하시오.

Tanya Romano	[4:15 P.M.]
Jeff, 저는 내일에나 복귀할 수 있을 것 같아요.	
Jeff Snyder	[4:16 P.M.]
무슨 일이죠?	
Tanya Romano	[4:17 P.M.]
(152) 오늘 저녁 제 항공편이 취소되었습니다. 폭풍우가 왔다고 해요.	
Jeff Snyder	[4:18 P.M.]
(153) 오늘 밤 머물 곳은 있나요?	
Tanya Romano	[4:18 P.M.]
아니요. 그 문제를 도와주실 수 있는지 궁금합니다.	
Jeff Snyder	[4:19 P.M.]
(153) 제가 할 수 있는 일을 확인해 볼게요.	
Tanya Romano	[4:20 P.M.]
감사합니다! 공항 근처 장소라면 가장 좋을 것 같아요.	

표현 정리　**flight** 항공편 **thunderstorm** 뇌우 **ideal** 이상적인 **halt** 세우다, 중단시키다 **lodging** 임시 숙소 **fill in for** ~을 대신[대리]하다(= replace) **check on** (이상이 없는지를) 확인하다[살펴보다]

152. 세부사항

해설 Tanya Romano (4:17 P.M.) 대화 My flight this evening has been canceled. A thunderstorm just arrived.에서 비행편이 날씨로 인해 취소되었다고 하므로 (A)가 정답이다.

패러프레이징 My flight has been canceled ▶ halted her flight

Ms. Romano가 오늘 돌아올 수 없는 이유는?

(A) 날씨로 인해 비행편이 중단되었다.
(B) 티켓을 분실했다.
(C) 비행기에 기계적인 문제가 있다.
(D) 공항에 늦게 도착했다.   정답 (A)

153. 의도 파악 문제

해설 Jeff Snyder (4:18 P.M.)의 대화 Do you have a place to stay tonight?에서 비행편 취소로 머물 숙소는 있는지 묻는 질문에 Tanya Romano (4:18 P.M.)의 대화 No, I was wondering if you could help with that.에서 이에 대해 도움을 줄 수 있는지 답하고 있다. 이에 대해 Jeff Snyder가 Let me see what I can do.라고 응수하므로 부탁한 숙소를 확인해 줄 것임을 알 수 있다. 따라서 (A)가 정답이다.

패러프레이징 a place to stay ▶ lodging

오후 4시 19분에 Mr. Snyder가 "Let me see what I can do"라고 말한 의미는?

(A) Ms. Romano의 숙소를 찾기 위해 노력할 것이다.
(B) 지금 바쁘다.
(C) Ms. Romano를 대신할 수 있다.
(D) Ms. Romano의 비행편을 확인할 것이다.   정답 (A)

문제 154-155번은 다음 영수증을 참조하시오.

Mansfield Garden Center
1908 Harper Road
Mansfield, CT 06269
(959) 555-8921

6월 8일   9:37 A.M.

12 x 딸기 식물, 1.25리터 화분	$48.00
8 x **(155) 향나무 관목, 5리터 화분**	$42.00
1 x 면 장갑, 중	$3.75
1 x 모종삽	$12.25
1 x 물 뿌리개, 3리터	$7.50
소계	$113.50
판매세(6%)	$6.81
총액	$120.31
받은 금액	$130.00
(154) 거스름돈	**$9.69**

환불 정책
반품 및 교환은 원본 영수증 지참 시에만 처리할 수 있습니다. 모든 식물, 도구, 서적, 부대용품, 선물 품목은 30일 이내에 상점 크레딧으로 교환하거나 반환할 수 있습니다. 비식물 제품은 처음 포장 상태여야 합니다. **(155) 구매일로부터 12개월 동안 3.75리터 이상의 화분에 담긴 모든 식물을 보장해 드립니다.** 고객은 검사를 위해 원래 구입한 식물을 가지고 오셔야 합니다. 3.75리터 미만의 용기에 담긴 과일, 채소, 식물은 보증 대상이 아닙니다.

표현 정리 juniper 노간주나무, 향나무 **bush** 관목, 덤불 **trowel** 모종삽 **watering can** 물뿌리개 **change** 잔돈 **return** 반환(하다) **exchange** 교환(하다) **process** 처리하다 **receipt** 영수증 **original** 원래[본래]의

154. 추론 문제

해설 Amount received $130.00와 Change $9.69를 통해 현금으로 계산하고 차액을 거스름돈으로 받았음을 알 수 있다. 따라서 (A)가 정답이다. 구매한 시점은 오전 9시 37분이라고 되어 있기 때문에 (B)는 오답이고, 품목을 교환했다거나 할인을 받았다는 근거가 없다.

고객에 대해 제시된 것은?

(A) 현금으로 지불했다.
(B) 오후에 쇼핑했다.
(C) 품목을 교환했다.
(D) 할인을 받았다.   정답 (A)

155. Not/True 문제

해설 반품 정책을 명시한 지문의 하단을 보면, 구매한 제품이 30일 안에는 반품이나 교환이 되는데, We guarantee all plants in 3.75 liter or larger pots for 12 months from the date of purchase.에서 3.75리터 이상의 모든 식물의 경우에는, 구입 후 12개월 동안 보장해 준다고 나온다. 고객이 구입한 품목 중 juniper bushes, 5 liter pot가 여기에 해당한다. 따라서 (A)가 정답이다.

한 달 후에 어떤 품목을 반환할 수 있는가?

(A) 향나무 관목
(B) 물뿌리개
(C) 면 장갑
(D) 딸기 식물   정답 (A)

문제 156-158번은 다음 공지를 참조하시오.

수도 사용 제한 강화

6월 28일

(156B) Tupelo County 수자원국(TCWA)은 7월 1일에 3단계 용수 제한을 시행하고 추후 공지가 있을 때까지 효력이 유지된다고 지시했습니다. 주정부 수문학자들이 카운티 전역의 여러 테스트 우물의 지하수 수치 감소를 발표한 후 이러한 결정이 내려졌습니다. 올해 총 강우량은 평균보다 25센티미터 이하이고, 이는 기록상 가장 건조한 해로 만든 수치입니다.

(156A) 이로 인해 Tupelo 카운티의 거주민과 사업체는 잔디밭에 물을 주는 것이 일주일에 단 1회로 제한됩니다. (156D) 물을 주는 것은 오전 8시 이전과 오후 7시 이후에 수작업으로 또는 스프링클러 시스템으로 행할 수 있습니다. 또한 주민들은 한 양동이의 물을 사용하여 손으로 차량을 세차할 수 있습니다. (156C) 호스와 동력 분무기는 용수 낭비를 방지하기 위해 허용되지 않습니다. 용수 재활용 기술을 갖춘 상업용 세차장을 이용하도록 적극 권장됩니다. (157) 새로운 제한 사항 목록 및 수도 사용 절약 요령을 보려면 www.tcwa.gov를 방문하십시오.

표현 정리 restriction 제한 **tighten** 더 엄격하게 하다 **implement** 시행하다 **remain in effect** 그대로 유효하다 **until further notice** 다음 통지가 있을 때까지 **hydrologist** 수리학자, 수문학자 **decline** 감소하다 **groundwater** 지하수 **test well** 시험 우물 **rainfall** 강우(량) **limit** 제한하다 **sprinkler** 살수(물 뿌리는) 장치, 스프링클러 **vehicle** 차량 **bucket** 양동이, 들통 **power sprayer** 동력 분무기 **commercial** 상업용의 **car wash** 세차장 **recommend** 권장하다 **complete** 완전한

156. Not/True 문제

해설 2문단 첫 문장 The new restrictions limit residents and businesses in Tupelo County to water their lawns only one day per week.에서 주민과 함께 사업체도 적용 받으므로 주민만 적용된다는 (A)가 사실과 달라 정답이다. 도입부 The Tupelo County Water Authority (TCWA) has ordered Phase III water restrictions to be implemented on July 1 and to remain in effect until further notice.에서 추후 공지가 있을 때까지 용수 제한 정책이 유지되므로 종료일이 없다는 (B)는 사실이다. Watering may be done by hand or with a sprinkler system before 8:00 A.M. and after 7:00 P.M.에서 시간이 정해져 있으므로 (D)는 사실이다. Hoses and power sprayers are not permitted to avoid wasting water.에서 특정 방법은 허용되지 않으므로 (C)도 사실이다.

새로운 제한 사항에 대해 언급되지 않은 것은?

(A) 현지 주택 소유주에게만 적용된다.
(B) 종료 날짜가 없다.
(C) 자동차 세차에 대해 특정 방법을 막는다.
(D) 사람들이 잔디에 물을 공급할 수 있는 시간을 제한한다.　　　　정답 (A)

157. 세부사항

해설 마지막 문장 For a complete list of new restrictions and water-saving tips, please visit www.tcwa.gov.에서 수도 사용 절약 팁을 참조할 수 있으므로 (D)가 정답이다.

수자원국의 웹사이트에서 무엇을 찾을 수 있는가?

(A) 연간 강우량
(B) 제안된 회사 지도
(C) 영향을 받는 커뮤니티 이름
(D) 주민을 위한 조언　　　　정답 (D)

문제 158-160번은 다음 이메일을 참조하시오.

수신: Juliette Barnes ⟨juliebarnes@beautyinsight.net⟩
발신: Mayra Trujillo ⟨m.trujilllo@naturalliving.com⟩
(159) 날짜: 7월 6일
제목: 귀하의 사진

Ms. Barnes 귀하,

연례 아마추어 사진 콘테스트에 귀하의 작품 "Cloud Forest"를 제출해 주셔서 감사합니다. 귀하의 사진과 함께 서명이 있는 공식 출품 양식을 함께 제출하셨지만 사진을 찍을 당시 귀하의 나이가 명시되지 않았습니다. **(158) 귀하의 생년월일을 기재해 이 이메일에 회신해 주십시오.** 저희가 해당 정보를 받으면 올바른 연령 카테고리에 귀하의 사진을 배정해 드릴 수 있습니다. **(159) 편집 위원과 다수의 전문 사진작가를 포함한 심사위원단이 이달 말 출품작을 검토하기 시작할 것입니다.** **(160) 콘테스트 우승자에게 보내는 서한은 9월 15일에 발송됩니다. 또한 상을 받은 모든 사진은 저희 잡지 10월호에 게재됩니다.**

감사합니다.

Mayra Trujillo
Natural Living Magazine

표현 정리 submission 제출 **annual** 연례의 **be accompanied by** ~을 동반하다 **official** 공식적인 **entry form** 참가 신청서 **signature** 서명 **respond to** ~에 회신하다 **assign** 맡기다[배정하다/부과하다] **judge** 심사위원 **editorial** 편집의, 편집과 관련된 **professional** 전문적인 **review** 검토하다 **issue** (잡지, 신문 같은 정기 간행물의) 호

158. 주제/목적 찾기 문제

해설 출품작 제출 양식에 나이를 명시하지 않았다고 말하면서 Please respond to this e-mail with your date of birth.와 같이 생년월일을 기재해 이메일에 회신해 달라고 한다. 따라서 이메일을 쓴 목적은 정보를 요청한다는 (A)가 적절하다.

이메일이 발송된 이유는?

(A) 정보를 요청하기 위해
(B) 구독을 확인하기 위해
(C) 상을 발표하기 위해
(D) 사진을 주문하기 위해　　　　정답 (A)

159. Not/True 문제

해설 이메일 후반부 중 Our panel of judges, which includes members of our editorial board as well as several professional photographers, will begin reviewing submissions at the end of this month.에서 심사위원단이 이달 말에 검토를 시작한다고 하는데, 이메일을 보낸 날짜가 DATE: July 6이라 7월이므로 정답은 (A)이다.

패러프레이징 Our panel of judges, our editorial board as well as several professional photographers ▶ a group

Ms. Barnes의 사진은 그룹에 의해 언제 평가가 실시될 것인가?

(A) 7월
(B) 8월
(C) 9월
(D) 10월　　　　정답 (A)

160. 문장 위치 문제

해설 지문의 흐름상 주어진 문장이 들어가기에 가장 적절한 곳을 고르는 문제이다. 주어진 문장은 5개 연령 부문으로 상이 주어진다는 말이므로, 앞뒤에 수상과 관련한 세부사항이 명시된 부분을 찾아야 한다. [4] 앞에서 콘테스트 우승자에게 서신이 발송된다고 하고, 뒤에 나온 문장은 In addition으로 시작해 상과 관련한 추가/부가 내용을 서술하므로 수상 관련 내용을 [4]에 삽입하면 앞뒤 흐름이 자연스럽게 연결될 수 있다.

[1], [2], [3], [4]로 표시된 위치 중 다음 문장이 들어가기에 가장 알맞은 곳은?

"5개 연령 부문으로 1등, 2등 및 3등 수상자에게 상품이 수여됩니다."

(A) [1]
(B) [2]
(C) [3]
(D) [4]　　　　정답 (D)

문제 161-163번은 다음 메모를 참조하시오.

발신: Jennifer Sorokin, 인사부 이사
수신: 모든 직원
날짜: 4월 21일
제목: 휴가 정책

인사부는 회사의 복지혜택에 대해 신중하게 검토했습니다. **(161) 지역 노동 시장의 현행 기준에 맞게 회사의 유급 휴가 정책이 다음과 같이 변동되었습니다.**

지금부터 즉각 시행되며, 모든 정규직 직원은 근무 시간 40시간마다 0.25일, 1년에 최대 15일의 유급 휴가를 받습니다. 새롭게 적립된 휴가 일수는 격주 급여 기간이 끝날 때 이용할 수 있습니다.

(162) 또한 유급 휴가 정책을 확대하여 이제 모든 시간제 직원도 이용할 수 있습니다. 이들 직원은 정규 직원과 동일한 비율로 연간 최대 5일의 유급 휴가를 받게 됩니다.

모든 직원은 관리자의 재량에 따라 무급 휴가를 계속 요청할 수 있습니다. 직원들은 이번 해에서 다음 해까지 최대 5일의 휴가를 이월할 수 있습니다. 남은 미사용 유급 휴가 일수는 연말에 효력을 상실합니다.

유급 또는 무급 휴가는 다음 일정에 따라 관리자에게 서면으로 요청해야 합니다.

- 3일 이하의 휴가는 10일 전에 요청해야 함
- 3일 이상의 휴가는 30일 전에 요청해야 함

(163) 본 새로운 정책에 관한 문의 사항은 각자의 관리자 또는 인사부 담당자에게 해 주십시오.

표현 정리 carefully 주의 깊게 review 검토하다 benefit 혜택 paid vacation 유급 휴가 policy 정책 in line with ~의 방침에 의거 current 현재의 labor market 노동 시장 effective 유효한 immediately 즉시 available 이용 가능한 biweekly 격주의 expand 확대[확장/팽창]시키다 at the discretion of ~의 재량대로 supervisor 관리자, 감독관 carry over ~으로 넘기다, 이월하다 remaining 남은 forfeit 몰수[박탈]당하다 in writing 서면으로 in advance 미리 direct (편지 등을) ~에게로 보내다 coincide with ~와 동시에 일어나다, 일치하다

161. 세부사항

해설 1문단 두 번째 문장 The following changes are being made to our paid vacation policy to bring it in line with current standards in the local labor market.에서 지역 노동 시장의 현행 기준에 맞추기 위해 정책을 바꾼 것이므로 (A)가 정답이다.

패러프레이징 bring it in line with current standards in the local labor market ▶ match the policies of other companies

회사가 유급 휴가 정책을 바꾸려는 이유는?

(A) 다른 회사의 정책과 일치시키기 위해
(B) 근로자들에게 더 많은 휴식 시간을 주기 위해
(C) 새로운 급여 지불 기간과 일치시키기 위해
(D) 외부 지역에서 더 많은 근로자를 유치하기 위해 　　정답 (A)

162. 추론 문제

해설 3문단 In addition, we are expanding our paid vacation policy to include all part-time employees. These employees will earn paid vacation days at the same rate as full-time employees for up to 5 days per year.에서 파트타임 직원도 유급휴가를 받을 수 있고, 풀타임 직원과 동일한 혜택을 받는다고 하므로, 과거에는 유급 휴가 제도가 적용되지 않았음을 추론할 수 있다. 따라서 (B)가 정답이다. 4문단 첫 문장 All employees may continue to request unpaid vacation days at the discretion of their supervisor.에서 무급 휴가는 모든 직원이 계속 이용 가능하다고 하므로 (D)는 오답이다.

파트타임 직원에 대해 제시된 것은?

(A) 해마다 휴가 일수를 모을 수 없다.
(B) 과거에 유급 휴가를 받지 않았다.
(C) 회사에 많은 파트타임 직원들이 있다.
(D) 더 이상 무급 휴가 일수를 가질 수 없다. 　　정답 (B)

163. 세부사항

해설 마지막 문장 Please direct any questions concerning this new policy to your supervisor or Human Resources representative.에서 문의 사항은 관리자에게 직접 하라고 하므로 supervisor를 manager로 표현한 (C)가 정답이다.

독자가 새로운 규칙에 대해 확실하지 않은 경우 어떻게 하도록 요청 받는가?

(A) 사무실을 방문하도록
(B) 첨부 파일을 검토하도록
(C) 관리자에게 이야기하도록
(D) 여행사와 만나도록 　　정답 (C)

문제 164-167번은 다음 온라인 채팅 토론을 참조하시오.

Evan Reich	[9:03 A.M.]

안녕하세요! 저는 시장님의 새로운 문화 정책 담당관인 Selena Giles가 어제 저에게 연락을 취해, 우리가 그들과 함께 일하는 데 관심이 있는지 문의해서 회의를 요청했습니다.

| Mina Shen | [9:05 A.M.] |

어떤 종류의 프로젝트입니까?

| Evan Reich | [9:06 A.M.] |

(164) 그녀는 우리가 Sudbrook Park의 일요 농산물 직거래 장터에 대한 짧은 다큐멘터리를 제작하기를 원합니다. 시에서 지역 문화를 보여주는 웹페이지에 이 영상을 게시하려고 합니다.

| Carol Blaine | [9:07 A.M.] |

저는 제작에 동의해요! (165) 그 지역에 살 때 매주 그곳에 가곤 했거든요.

| Mina Shen | [9:08 A.M.] |

저도요. 그런데 저는 다음 주 화요일에나 시내에 돌아올 예정입니다. 그래서 이번 주말에는 촬영할 수 없습니다.

| Evan Reich | [9:09 A.M.] |

문제 없습니다. 프로젝트를 시작하기 전에 시장실의 허가를 받아야 합니다. 따라서 몇 주 동안은 시작하지 못할 것입니다.

| Mina Shen | [9:10 A.M.] |

(166) 해보도록 해요.

| Evan Reich | [9:11 A.M.] |

좋습니다. (167) Ms. Giles에게 우리가 관심을 가지고 있고 그녀가 얼마를 지불할 의향이 있는지 확인해 보겠습니다.

표현 정리 ask for 요청하다 mayor 시장 cultural affairs 문화 업무 be interested in ~에 관심이 있다 documentary 다큐멘터리, 기록물(영화나 라디오 · 텔레비전 프로) profile 개요[프로필]를 알려 주다[작성하다] up for it 할 준비가 되어 있다(= agree to go ready) shoot (영화 사진을) 촬영하다 [찍다] permit 허가 willing to 기꺼이 ~하는 used to 과거 한때는[예전에는] ~이었다[했다] reside 거주하다 potential 잠재적인 collaborator 협력자

164. 추론 문제

해설 (9:06 A.M.) Evan Reich 대화 중 She wants us to create a short documentary about the Sunday farmers market at Sudbrook Park.에서 시 공무원인 Selena Giles가 우리(=writers)가 다큐멘터리를 제작하기를 원한다고 하므로 이들은 영화 제작자임을 추론할 수 있다. 따라서 (B)가 정답이다.

작성자들은 아마도 누구이겠는가?

(A) 광고주
(B) 영화 제작자
(C) 농부
(D) 공무원 　　정답 (B)

165. 세부사항

해설 질문의 키워드인 Ms. Blaine의 (9:07 A.M.) 대화 중 I used to go there every week when I lived in that part of town.에서 그 지역에 살 때 매주 방문했었다고 나오는데, 여기서 그 지역은 다큐멘터리가 제작되는 Sudbrook Park이므로 (C)가 정답이다.

Ms. Blaine에 대해 나타난 것은?

(A) 주말에 더 이상 쇼핑하지 않는다.
(B) 현재 사무실에 있지 않다.
(C) Sudbrook Park 근처에 살았다.

(D) 한때 문화 사무소의 일원이었다.　　　　　　　정답 (C)

166. 의도 파악 문제

해설 Ms. Shen이 의도한 것을 묻는 문제이므로, 질문의 인용어구(Let's do it)가 언급된 주변 문맥을 확인한다. 시청에서 요청한 다큐멘터리 제작에 관해 동료 직원들이 모두 찬성 의사를 표하고 있고, (9:09 A.M.) Evan Reich의 대화 We would need to get permits from the mayor's office before starting on the project. So we probably won't get started for another few weeks.에서도 시장 허가를 구해야 하므로 몇 주 후에 시작할 수 있다는 말에 Let's do it.이라고 응수하므로 역시 프로젝트 참여에 동의하는 것임을 알 수 있다. 따라서 (A)가 정답이다.

오전 9시 10분에 Ms. Shen이 "Let's do it"이라고 쓸 때 의미하는 것은?

(A) 프로젝트에 참여하기를 원한다.
(B) 시작일을 더 늦은 날짜로 협상하고 싶다.
(C) 웹사이트를 디자인하고 싶어한다.
(D) 허가를 요청하려고 한다.　　　　　　　정답 (A)

167. 세부사항

해설 (9:11 A.M.) Evan Reich의 마지막 대화 중 I'll tell Ms. Giles we are interested and see what she is willing to pay.에서 프로젝트를 문의한 담당자에게 직접 말하겠다고 하므로 (C)가 정답이다.

Mr. Reich는 무엇을 할 계획인가?

(A) 사업 면허를 신청한다.
(B) 결제를 한다.
(C) 잠재 협력자에게 문의한다.
(D) 이번 주말에 농산물 직거래 장터를 방문한다.　　　　　　　정답 (C)

문제 168~171번은 다음 기사를 참조하시오.

---

(168) Sanford, 북동부 지역 공사 계약 획득
Seth Oliver

TRAINOR ((169) 10월 2일) – (168/170) Sanford Systems는 Clover City에 있는 Franconia River 아래에 터널을 건설하기 위한 18억 달러 계약에 10% 지분을 받았다. 이 지역 기업은 7개 회사로 구성된 컨소시엄 회원으로 입찰에 응했으며, 이들 중 Sanford를 제외한 모든 회사는 북동부 지역에 위치해 있다.

(169) Cross-Town이라는 이름의 이 컨소시엄은 다음 달 최종 계약에 서명할 것으로 예상된다. 이때 입찰 시 제출된 예비 설계안이 공개될 예정이다.

Cross-Town 대변인에 따르면, 2차선 터널 공사는 내년 6월에 시작될 것이라고 한다. (170) 2km 길이의 터널은 Highland Park와 Riverview 지역을 연결하게 된다.

터널 운영은 Clover City Port Authority에서 관리할 예정이다. Cross-Town의 개별 기업들은 최소 10년 동안 필요에 따라 유지 보수 작업을 계속 수행할 것으로 예상된다.

(171) 이 프로젝트에서 Sanford 사의 역할은 모든 전기 시스템을 설계하고 설치하는 것이다.

"저희는 다른 지역의 프로젝트에 진출하게 되어 기쁩니다."라고 Sanford 사의 CEO David Walsh는 말했다. "이 프로젝트는 저희 회사의 확장계획에서 최초 프로젝트입니다." 작년 초 Sanford에서 최고 직책에 임명된 이후 Mr. Walsh는 회사의 수익을 적극적으로 늘리는 데 주력해 왔다.

표현 정리 award 주다, 수여하다　contract 계약　submit 제출하다　bid 응찰　consist of ~로 이루어지다　based in ~에 기반을 둔　be expected

to ~할 것으로 예상되다　sign 서명하다　final 최종의　preliminary 예비의　make public 일반에게 알리다　operation 운영　handle 다루다　perform (일·과제·의무 등을) 행하다[수행하다/실시하다]　maintenance (건물·기계 등을 정기적으로 점검·보수하는) 유지　on an as-needed basis 필요에 따라　install 설치하다　branch out (새로운 사업을) 시작하다[새로운 분야로] 진출하다]　expansion 확장　appoint 임명하다　position 직책　aggressively 공격적으로　revenue (정부·기관의) 수익[수입/세입]　subcontractor 하도급 업자[업체]　lighting fixture 조명 기구

168. 주제/목적 찾기 문제

해설 기사 제목인 Sanford Scores Construction Contract in the Northeast에서 한 회사가 공사 계약을 따냈음을 알 수 있다. 도입부 Sanford Systems has been awarded a 10% share in a $1.8 billion contract to build a tunnel under the Franconia River in Clover City.에서도 공사 계약 중 일부 지분을 얻게 되었다고 나오고, 뒤이어 계약 내용이 전개되므로 이를 회사의 성공으로 요약한 (D)가 정답이다.

기사는 주로 무엇에 관한 것인가?

(A) 팀의 개편
(B) 리더십의 변화
(C) 입찰 재개
(D) 회사의 최근 성공　　　　　　　정답 (D)

169. 의도 파악 문제

해설 먼저 기사 작성일인 TRAINOR (October 2)에서 현재 10월임을 알 수 있다. 질문의 키워드인 November을 next month로 표현한 2문단 The consortium, called Cross-Town, is expected to sign the final contract next month. At that time, preliminary designs from the bid will be made public.에서 11월(= next month, At that time)에 예비 디자인이 일반에 공개된다고 하므로 (B)가 정답이다.

패러프레이징 preliminary designs from the bid will be made public ▶ Details about a tunnel will be revealed

기사에 따르면 11월에 어떤 일이 발생할 것인가?

(A) 일단의 기업들이 기자 회견을 열 것이다.
(B) 터널에 대한 세부 사항이 공개될 것이다.
(C) 1차 지불이 이루어질 것이다.
(D) 공사 프로젝트가 시작될 것이다.　　　　　　　정답 (B)

170. 추론 문제

해설 질문의 키워드인 Highland Park가 언급된 3문단 The 2-kilometer-long tunnel will connect the Highland Park and Riverview neighborhoods.에서 터널이 연결되는 한 지역임을 알 수 있다. 1문단 첫 문장을 보면, Sanford Systems has been awarded a 10% share in a $1.8 billion contract to build a tunnel under the Franconia River in Clover City.에서 Clover City에 있는 Franconia River 밑에 터널을 건설하는 프로젝트이기 때문에, Highland Park은 Clover City의 한 부분이라는 (D)가 정답이다.

Highland Park에 대해 아마도 사실인 것은?

(A) 인구 증가를 겪고 있다.
(B) Mr. Walsh의 고향이다.
(C) 다리가 여러 개 있다.
(D) Clover City의 한 부분이다.　　　　　　　정답 (D)

171. 문장 위치 문제

해설 주어진 문장의 actual lighting fixtures and control switches는 조명 기구와 스위치를 말하므로 이 앞으로 관련 내용이 나와야 한다. [3] 앞에 나온 문장 Sanford's role in the project is to design and install all of the electrical systems.에서 Sanford 사가 전기 시스템을 맡게 되는데, 실제 조명 기구와 스위치는 하청업체를 고용할 수 있다는 주어진 문장이 이 뒤에 삽

입되면 흐름이 자연스럽다. 따라서 (C) [3]이 정답이다.

[1], [2], [3], [4]로 표시된 위치 중 다음 문장이 들어가기에 가장 알맞은 곳은?

"실제 조명기구 및 조절 스위치를 공급하기 위해 하청업체가 고용될 수 있다."

(A) [1]
(B) [2]
(C) [3]
(D) [4]   정답 (C)

문제 172 – 175번은 다음 메모를 참조하시오.

메모

수신: 모든 직원
발신: Joseph Okempo, 공장 관리자
제목: 품질 관리
날짜: 12월 8일

아시다시피, 결함으로 인해 폐기된 제품의 수는 지난 6개월 동안 5%에서 15%로 증가했습니다. 이러한 상황으로 수익이 감소하기 시작했으며 이는 반드시 해결되어야 합니다. 결함 있는 제품 생산이 늘어나는 이유를 찾기 위해 기술자 팀을 배정했습니다. **(172) 이들의 신중한 조사 덕분에 몇 가지 요인과 해결책을 밝혀 냈습니다.**

먼저, 우리는 지난 5월에 새로운 품질 관리 프로세스를 시행했습니다. 결과적으로, 결함 있는 제품이 소매점으로 배송되기 전에 이들 제품을 더 많이 찾아내고 있습니다. 검사 팀의 **(173) 훌륭한** 작업에 대해 칭찬해 드리고 싶습니다. 우리는 그들의 노고를 계속 지원할 것입니다.

(174) 두 번째로, 주요 공급 업체 중 한 곳이 폐업했습니다. 우리는 비슷한 가격으로 대체 재료를 제공하는 다른 회사를 찾았습니다. 그런데 이들 새 재료는 생산 공정에서 쉽게 손상됩니다. 우리는 그 과정을 조정 중에 있습니다.

마지막으로, 우리 기기의 대부분은 50년 이상으로 노후화되었습니다. 따라서 효율적으로 운영하려면 더 많은 유지 관리가 필요합니다. 기기를 제대로 관리하지 못하면 생산 오류가 크게 발생합니다. **(175) 자금을 사용할 수 있게 되면 이들 기기를 교체할 예정입니다.** 그 동안 엄격한 유지 보수 일정을 새롭게 시행하고 있습니다.

표현 정리 discard 버리다, 폐기하다 **defect** 결함 **cut into** (이익·가치 따위)를 줄이다 **address** 해결하다 **assign** 배정하다 **technician** 기술자 **careful** 주의 깊은 **investigation** 조사 **reveal** 밝히다 **factor** 요인 **implement** 시행하다 **quality control** 품질 관리 **process** 과정 **flawed** 결함[결점/흠]이 있는 **retailer** 소매업체 **commend** (특히 공개적으로) 칭찬하다 **inspection** 검사 **supplier** 공급업체 **go out of business** 폐업하다 **replacement** 교체 **comparable** 비슷한, 비교할 만한 **damage** 손상을 주다, 피해를 입히다 **make adjustments to** ~을 조절하다, 조정하다 **maintenance** (건물·기계 등을 정기적으로 점검·보수하는) 유지 **efficiently** 효율적으로 **improperly** 부적절하게 **contribute to** ~에 원인이 되다 **significantly** 상당히 **available** 이용 가능한 **replace** 교체하다 **rigorous** 엄격한 **phase out** ~을 단계적으로 중단[폐지]하다

172. 주제/목적 찾기 문제

해설 질문의 키워드인 Mr. Okempo는 From: Joseph Okempo, Factory Manager에서 메모 발신인으로서 공장 관리자이기도 하다. 1문단에서 결함 있는 제품 생산이 늘어남에 따라 조사팀을 배정하고 요인과 해결책을 찾았다(Their careful investigation revealed several factors and solutions.)고 말한다. 뒤이은 문단에서 First, Second, Finally 등을 통해 이들 요인과 해결책을 구체적으로 나열하고 있으므로 메모를 쓴 이유는 문제의 이유를 설명한다는 (B)가 적절하다.

Mr. Okempo가 메모를 쓴 주된 이유는?

(A) 더 간단한 과정을 제안하기 위해
(B) 문제의 이유를 설명하기 위해
(C) 새로운 정책을 소개하기 위해
(D) 새로운 공급사를 추천하기 위해   정답 (B)

173. 동의어 찾기 문제

해설 I want to commend our inspection team for their fine work.에서 fine은 '질 높은, 우수한, 만족할 만한'이라는 의미로 쓰였으므로 (D) satisfactory가 의미상 가장 유사하다.

2문단 세 번째 줄의 단어 "fine"과 의미상 가장 가까운 단어는?

(A) delicate
(B) healthy
(C) narrow
(D) satisfactory   정답 (D)

174. 세부사항

해설 3문단 Second, one of our major suppliers went out of business. We have found another company that has provided us with replacement materials at comparable prices.에서 기존 공급업체가 운영을 하지 않게 되어 새로운 업체를 찾은 것임을 알 수 있다. 따라서 (D)가 정답이다.

패러프레이징 went out of business ▶ ceased operating

공장이 다른 회사로부터 재료를 구매하기로 결정한 이유는?

(A) 기존 재료에서 문제가 발견되었다.
(B) 가격이 더 낮았다.
(C) 새로운 생산 공정을 채택해야 했다.
(D) 공급 업체의 운영이 중단되었다.   정답 (D)

175. 추론 문제

해설 질문의 키워드인 machines가 언급된 마지막 문단을 보면 대부분 50년된 노후화된 기기(Finally, many of our machines are over fifty years old.)임을 알 수 있다. 후반부 As funds become available, we will replace these machines.에서 자금이 마련되면 이들 기기를 교체할 것이라고 하므로 (B)가 정답이다. 대부분의 기기가(many of our machines) 노후화된 것이지, 모든 기기는(all) 아니므로 (A)는 오답이다.

패러프레이징 replace these machines ▶ be phased out

공장에 있는 기기에 대해 나타난 것은?

(A) 모두 구식이 되었다.
(B) 일부는 단계적으로 폐기될 것으로 예상된다.
(C) 몇몇은 매우 높은 효율로 작동한다.
(D) 대부분은 잘 관리되지 않았다.   정답 (B)

문제 176–180번은 다음 광고와 이메일을 참조하시오.

Value Plus Prescription Savings Plan

Value Plus Prescription Savings Plan(처방약 절감 플랜)으로 정가에서 최대 60% 할인 혜택을 받으세요. **(176) 당사는 건강 보험이 없거나 반려동물을 위한 의약품을 포함하여 건강 보험이 적용되지 않는 의약품이 필요한 회원을 위해 이 플랜을 특별히 설계했습니다.**

Prescription Savings Plan은 건강 보험 플랜이 아닌 당사 회원이 이용할 수 있는 선택적 혜택입니다. **(177) 연간 $25의 추가 비용을 지불하시면 회원은 매장 내 약국이 있는 모든 Value Plus 지점에서 사용할 수 있는 Prescription Savings Plan 카드를 받을 수 있습니다.** 처방약을 주문할 때 이 카드를 제시하시면 결제 시 20%~60%의 할인

이 적용됩니다.

회원이 아니십니까? 오늘 가입하십시오. (179) Standard Value Plus 멤버십은 연간 $80에 이용할 수 있습니다(기본 회원, 배우자 및 부양 가족 포함). Business Value Plus 멤버십은 연간 $100에 이용할 수 있습니다. 혜택 목록은 www.valueplus.com을 참조하십시오.

수신: (180) Kevin Owens ⟨kevin@owenspainting.com⟩
발신: (180) Richard Pena ⟨richard.pena@doharay.com⟩
날짜: 5월 1일
제목: 할인 의약품 프로그램
첨부 파일: scan01

Kevin,

(180) 어젯밤 동창회에서 너를 만나서 소식을 듣게 되어 좋았어. Marshall High를 졸업한 이후 25년이나 시간이 흘렀다니 믿어지지 않아!

(178) 우리가 나눈 대화와 관련해, 너에게 어쩌면 도움이 될 수 있는 Value Plus에서 받은 정보를 보낼게. (179) 올해 초 Highpoint 지점에서 가족을 위한 멤버십에 가입했어. 아내가 당뇨와 다른 건강상의 문제가 있어. 아내에게 약값으로 한 달에 $550를 썼는데 이제 Value Plus 처방약 플랜을 이용해서 $100를 절감하고 있어. 이 프로그램에 대해 진작 알았다면 좋았을 것이라고 생각해. 자네와 직원들을 위해 이 플랜을 확인해 봐.

그럼,

Richard

표현 정리 prescription 처방전 saving 절약 regular price 정가 specifically 특별히 health insurance 건강보험 medication 약품 cover 보장하다 optional 선택적인 benefit 혜택 available 이용 가능한 extra 추가의 good 유효한 location 위치 in-store 매장 내의 pharmacy 약국 present 제시하다 order 주문하다 prescription 처방 checkout (슈퍼마켓의) 계산대 primary 주요한, 기본적인 spouse 배우자 dependent 부양 가족, 피부양자 reunion (오랫동안 못 본 사람들의 친목) 모임, 동창회 graduate 졸업하다 useful 유용한 diabetes 당뇨병 check out ~을 확인[조사]하다

176. 세부사항
해설 첫 지문 1문단 두 문장 Save up to 60% off our regular prices with the Value Plus Prescription Savings Plan. We designed this plan specifically for our members who do not have health insurance or who need medications that are not covered by their health insurance—including medicine for their pets.에서 반려동물을 위한 의약품에 할인 혜택도 받는 제도이므로 (C)가 정답이다. 2문단 The Prescription Savings Plan is not a health insurance plan, but rather it is an optional benefit available to our members.에서 건강 보험은 아니라고 하므로 (B)는 오답이다.

패러프레이징 medicine for their pets ▶ veterinary medicines

Prescription Savings Plan의 이점은 무엇인가?

(A) 지역 약국 찾기
(B) 건강 보험 혜택 받기
(C) 수의학 의약품에 대해 더 낮은 가격 혜택 받기
(D) 클럽 멤버십으로 비용 절감하기　　　　　　　정답 (C)

177. 세부사항
해설 광고의 2문단에 보면, For an extra $25 a year, members can get a Prescription Savings Plan card good for use at any Value Plus

---

location with an in-store pharmacy.에서 알 수 있듯이 회원은 매장 내 약국이 있는 모든 Value Plus 지점에서 사용할 수 있는 카드를 받을 수 있다고 했다. 이 글에서 어떤 지점은 매장 내 약국이 있고, 매장 내 약국이 없는 지점도 있다는 것을 알 수 있기 때문에 (B)가 정답이다.

Value Plus에 대해 제시된 것은?

(A) 매장은 또한 별도의 건강 보험 플랜을 제공한다.
(B) 일부 지점은 처방약을 조제할 수 없다.
(C) 처방약은 웹사이트에서 주문할 수 있다.
(D) 회비가 최근 인상되었다.　　　　　　　정답 (B)

178. 주제/목적 찾기 문제
해설 두 번째 지문 2문단 첫 문장 In regards to our conversation, I am sending you some information from Value Plus that you might find useful.에서 이메일 수신인에게 도움이 되는 정보를 보낸다고 하고, 마지막 문장 You might want to check it out for you and your employees.에서 직원들을 위해서도 확인해 보라고 한다. 따라서 플랜과 관련해 추천을 한다는 (A)가 적절하다.

Mr. Pena가 Mr. Owens에게 이메일을 보낸 이유는?

(A) 추천을 제공하기 위해
(B) 전화에 대한 후속 조치를 취하기 위해
(C) 감사의 표현을 하기 위해
(D) 그의 사업을 홍보하기 위해　　　　　　　정답 (A)

179. 세부사항 – 정보 조합
해설 두 지문의 내용을 종합해서 풀어야 하는 연계 문제이다. 이메일 2문단 두 번째 문장 I got a membership for my family at the Highpoint location earlier this year.에서 Mr. Pena는 가족을 위한 멤버십에 가입했다고 나온다. 첫 지문 마지막 문단 Standard Value Plus memberships are available for $80/year (includes primary member, spouse, and dependents).에서 배우자를 포함한 가족 멤버십은 연간 $800이므로 (B)가 정답이다.

Mr. Pena는 Value Plus에 가입하기 위해 얼마를 지불했는가?

(A) $25
(B) $80
(C) $100
(D) $120　　　　　　　정답 (B)

180. 사실 파악
해설 질문의 키워드인 Mr. Owens는 이메일 수신인이다. 이메일 1문단 도입부 It was good catching up with you at our class reunion last night. It's hard to believe that twent-five years have passed since we graduated from Marshall High!에서 이메일 발신인인 Mr. Pena와 함께 두 사람은 같은 학교를 졸업한 사이이므로 (A)가 정답이다. 아내의 약값에 비용을 절감한 사람은 Mr. Owens가 아닌 Mr. Pena이므로 (C)는 오답이다.

패러프레이징 class reunion, we graduated from Marshall High
▶ attended school with

Mr. Owens에 대해 나타난 것은?

(A) Mr. Pena와 함께 학교에 다녔다.
(B) 건강 상태가 심각하다.
(C) 아내의 약값으로 더 적은 경비를 사용한다.
(D) 최근 교육 프로그램을 이수했다.　　　　　　　정답 (A)

주택 개선 수업: 2월

(183) Walsh Hardware Store #008

7001 Horner Road, West Mifflin

프로그래밍 가능한 온도 조절기 설치

(2월 4일 **(181A) 토요일** 오전 10시－오전 11시 30분): 새로운 디지털 온도 조절 장치로 에너지 소비를 쉽게 줄일 수 있습니다. 주택에 적합한 모델을 선택하고 직접 연결하는 방법을 알려 드립니다.

주방기기 유지 관리

(2월 12일 일요일 오후 1시－오후 3시): 스토브, 레인지, 전자레인지, 믹서기 및 기타 가전 제품이 수년간 제대로 작동하도록 해 주는 간단한 기술을 배웁니다.

(182) 욕실 수도꼭지 교체

(2월 18일 토요일 오전 9시－오전 10시 45분): **(182) 수도꼭지를 교체**하면 욕실을 새롭게 보이게 하고 물 사용량을 줄일 수 있습니다.

(184) 카펫 및 소파 천 딥 클리닝

(**(184) 2월 26일** 일요일 오후 3시－오후 4시 15분): 상용 등급 카펫 샴푸기 및 증기 청소기를 사용하여 오래된 카펫과 천 소파 등 가구를 새것처럼 탈바꿈시키는 방법을 배우십시오.

(181C) 모든 수업은 매장 뒤편에 있는 학습 센터에서 진행됩니다. 사전 경험이 필요하지 않습니다. **(181B/D) 수업은 무료이지만 공간은 제한되어 있습니다.** 등록하려면 Monica Brito에게 m.brito@walsh.com으로 문의하십시오.

수신: Monica Brito 〈m.brito@walsh.com〉
발신: Ed Springer 〈ed.g.springer@sakaopen.com〉
날짜: 1월 20일
제목: 2월 수업

Ms. Brito 귀하,

(184) 작년에 귀 상점에서 카펫 청소 수업을 제공했을 때 제 친구가 참석했습니다. **(183) 강사 분이 제공한 (185) 조언 덕분에, 친구는 귀 상점에서 대여한 샴푸 청소기를 사용하고 직접 작업을 해서 멋진 결과를 얻었습니다.** 저는 그 수업에 많은 관심이 있습니다. **(184) 그런데, 그 수업이 제가 참가하는 볼링 토너먼트와 같은 날에 예정되어 있어서 참석할 수가 없습니다.** 가까운 시일 내에 수업을 다시 제공할 계획인지 궁금합니다. 그럴 가능성이 없다면, 참가자들에게 제공되는 유인물 사본을 받을 수 있는 방법이 있을까요?

감사합니다.

Ed Springer

표현 정리 **home improvement** 주택 개조 **install** 설치하다 **thermostat** 온도 조절 장치 **reduce** 줄이다 **consumption** 소비 **wire** 연결하다 **maintain** 유지하다 **appliance** (가정용) 기기 **properly** 적절히 **replace** 교체하다 **faucet** 수도꼭지 **consumption** 소비 **upholstery** (소파 등의) 덮개, (소파 등에 충전재를 대고) 천을 씌우는 일 **carpet shampooer** 샴푸를 이용한 카펫 청소기 **steamer** 증기를 이용한 청소기 **rejuvenate** 다시 젊어 보이게[젊은 기분이 들게] 하다, 활기를 되찾게 하다 **upholster** (소파 등에 충전재를 대고) 천[덮개]을 씌우다 **located at** ~에 위치한 **prior** 사전의 **free** 무료의 **limited** 제한된 **attend** 참석하다 **offer** 제안하다 **tip** 팁, 조언 **instructor** 강사 **obtain** 얻다 **participate in** ~에 참여하다 **make it** (어떤 곳에 간신히) 시간 맞춰 가다 **in the near future** 가까운 장래에

181. Not/True 문제

해설 첫 지문 마지막 문단 중 Classes are free, but space is limited.에

서 공간이 제한되어 있으므로 (B)는 사실이지만, 수업은 무료이므로 참가비를 청구한다는 (D)가 사실과 달라 정답이다. All classes meet in the learning center located at the back of the store.에서 매장에서 실시되므로 (C)는 사실이다. 소개된 수업 일정을 보면 토요일과 일요일에 실시되므로 (A)도 사실이다.

모든 수업에 대해 사실이 아닌 것은?

(A) 주말에 열린다.
(B) 참가자 수를 제한한다.
(C) 사업체에서 실시된다.
(D) 참가비를 청구한다. 정답 (D)

182. 세부사항

해설 질문의 키워드인 plumbing은 '(건물의) 배관[수도 시설]'을 의미한다. Replacing Bathroom Faucets 수업에서 수도꼭지 교체 기술을 가르치므로 정답은 (D)이다.

참가자들에게 기본적인 배관 기술을 가르치게 될 수업은 아마도 무엇인가?

(A) 카펫 및 소파 천 딥 클리닝
(B) 프로그래밍 가능한 온도 조절기 설치
(C) 주방 기기 유지 관리
(D) 욕실 수도꼭지 교체 정답 (D)

183. 추론 문제 – 정보 조합

해설 두 지문의 내용을 종합적으로 확인한 후 풀어야 하는 연계 문제이다. 질문의 키워드인 Walsh Hardware는 첫 지문에서 다양한 주택 개조 수업을 실시하는 업체이다. 이메일 두 번째 문장 Thanks to the tips provided by the instructor, my friend obtained excellent results using a rented shampooer from your store and doing the job himself.에서 친구가 이 매장에서 대여한 물품으로 효과를 보았다고 하므로, 두 내용을 종합할 때 클리닝 장비를 대여한다는 (B)가 정답이다.

Walsh Hardware에 대해 제시된 것은?

(A) 매월 같은 수업을 반복한다.
(B) 청소 장비를 대여한다.
(C) Ms. Brito가 수업을 가르친다.
(D) West Mifflin에 하나 이상의 지점이 있다. 정답 (B)

184. 세부사항 – 정보 조합

해설 두 지문의 내용을 종합적으로 확인한 후 풀어야 하는 연계 문제이다. 이메일 중반부 중 However, it is scheduled the same day as a bowling tournament that I am participating in, so I can't make it.에서 볼링 토너먼트가 열리는 날에, 참여하고 싶은 수업도 함께 실시되어 시간이 되지 못한다고 나온다. 참여하고 싶은 수업은 첫 문장 A friend attended your carpet cleaning class when your store offered it last year.에서 카펫 클리닝 수업인데, 첫 지문에서 Deep Cleaning Carpets and Upholstery 수업 일정은 Sunday, February 26, 3:00 P.M.－4:15 P.M.이다. 따라서 정답은 (D)이다.

Mr. Springer는 언제 스포츠 행사에 참석할 계획인가?

(A) 2월 4일
(B) 2월 12일
(C) 2월 18일
(D) 2월 26일 정답 (D)

185. 추론 문제 – 정보 조합

해설 명사 tip은 여기서 '(실용적인, 작은) 조언'이라는 의미로 쓰였으므로 (A) advice가 정답이다.

이메일에서 1문단 첫 번째 줄의 단어 "tips"와 의미상 가장 가까운 단어는?

(A) advice
(B) clues

(C) ends
(D) money   정답 (A)

문제 186-190번은 다음 웹페이지, 일정, 그리고 이메일을 참조하시오.

---

www.techexpo.org

| 회사 소개 | 일정 | 방문 계획 | 수업 |

회사 소개

2005년 Tech Expo는 교육자, 엔지니어 및 과학자 그룹에 의해 설립되었습니다. **(186D) 당사의 목표는 실제 경험을 제공하여 수학 및 과학 개념을 구체화하는 것입니다.** 당사는 아이들이 자신의 감각을 사용하여 주변 세계를 탐구함으로써 가장 잘 학습할 수 있다고 생각합니다. Tech Expo에 오셔서 호기심이 이끄는 대로 여행해 보세요!

(186C) Tech Expo는 2008년 혁신적인 전시회 및 프로그램으로 National Science Education Award(전국 과학 교육상)를 수상했습니다.

입장료의 경우, 어린이는 $5, 성인은 $8입니다. **(186B) 2세 미만의 어린이는 무료입니다.**

회원이 되시고 1년 동안 무제한으로 입장하세요. **(188) 오늘 로비에서 안내 데스크를 방문하여 멤버십을 시작하십시오.**

7월 행사

7월 6일 - (187) 과학자와의 만남 (Wingate Room)
오후 2:30 - 오후 4:00
• 이달의 게스트는 Paulson University의 Karl Jacobson 박사님으로, 서로 다른 재료가 서로 부착되는 방법에 대한 실습 데모를 진행합니다. 전 연령대.

7월 15일 - Makerspace 오픈 아워 (Makerspace)
오후 3:00 - 오후 5:00
• 자신만의 프로젝트를 설계 및 구축하거나 당사 기술 키트 중 하나를 사용하세요. 소모품 제공. 전 연령대.

(190) 7월 23일 - 수학 및 건축 구조 (Octagon Room)
오후 4:00 - 오후 5:30
• 초등학생은 교량, 고층 빌딩 등의 모델을 분해하고 재조립하여 건물을 만드는 방법을 배울 수 있습니다. 부모와 형제 자매 환영.

7월 31일 - 로봇 제작 (Makerspace)
정오 - 오후 3:00
• 7세 이상의 어린이는 자신만의 로봇을 제작합니다. **(188) 회원 할인.** 참가자는 10명으로 제한. www.techexpo.org/classes에서 온라인으로 등록하십시오.

참고: 별도의 언급이 없는 경우, 모든 행사는 입장료에 포함됩니다.

수신: Pamela Gatwick ⟨p.gatwick@techexpo.org⟩
발신: Allison Holmes ⟨allison.holmes@kinecta.com⟩
날짜: 6월 20일
제목: 자원봉사

Pamela,

저는 다음 주 화요일 저녁에 근무해야 하므로, 그날 자원봉사 교육에 참석할 수 없습니다. **(189) 대신, 목요일 오후 교육에 참석할 수 있는 방법이 있을까요? (190) 다가오는 건축 워크숍에서 도움을 드릴 수 있**

도록 허가를 받고 싶습니다. 가능한지 알려주세요.

감사합니다.

Allison

표현 정리 **found** 설립하다 **educator** 교육자 **tangible** 분명히 실재하는[보이는], 유형(有形)의 **explore** 탐구[분석]하다 **award** 주다, 수여하다 **innovative** 혁신적인 **exhibit** 전시회 **admission** 입장(료) **unlimited** 무제한의 **lead** 이끌다 **hands-on** 직접 해 보는[실천하는] **demonstration** 데모, 시연 **attach** 붙이다, 첨부하다 **kit** (특정한 목적용 도구장비) 세트 **supplies** 공급용품 **take apart** ~을 분해하다 **reassemble** 재조립하다 **skyscraper** 고층 건물 **available** 이용 가능한 **participant** 참가자 **register** 등록하다 **specify** 명시하다 **otherwise** 달리, 다르게 **admission** 입장 **be able to** ~할 수 있다 **attend** 참석하다 **session** (특정한 활동을 위한) 시간[기간] **approve** 승인하다, 허가하다 **upcoming** 다가오는 **affiliated with** ~와 제휴한 **gear** ~을 (계획[요구]에) 맞추다[맞게 조정하다][to, for, toward]

186. Not/True 문제

해설 첫 지문 1문단 Our goal is to make mathematical and scientific concepts tangible by providing real experiences.에서 실제 경험을 제공한다고 하므로 (D)는 사실이다. 2문단 Tech Expo was awarded a National Science Education Award of Excellence in 2008 for our innovative exhibits and programs.에서 전국 상을 수상했으므로 (C)는 사실이다. 3문단 Children under 2 years of age get in free.에서 2세 미만 어린이는 무료이므로 (B)도 사실이다. 지역 학교와 제휴한다는 내용은 찾을 수 없으므로 (A)가 사실과 달라 정답이다.

패러프레이징 Children under 2 years of age get in free ▶ It allows some people in at no charge / was awarded an National Science Education Award of Excellence ▶ received country-wide recognition / providing real experiences ▶ encourages hands-on learning

Tech Expo에 대해 언급되지 않은 것은?

(A) 몇몇 지역 학교와 제휴한다.
(B) 일부 사람들은 무료로 이용할 수 있다.
(C) 전국적인 인정을 받았다.
(D) 실습 교육을 장려한다.   정답 (A)

187. 추론 문제

해설 질문의 키워드인 Meet a Scientist 프로그램이 언급된 두 번째 지문 중 Meet a scientist (Wingate Room) 2:30 P.M. – 4:00 P.M.에서 오후에 실시되는 것을 확인할 수 있으므로 (D)가 정답이다.

Meet a Scientist에 대해 제시된 것은?

(A) 어린 아이들에게 맞게 준비된다.
(B) 야외에서 열린다.
(C) 사전 등록이 필요하다.
(D) 오후에 개최될 것이다.   정답 (D)

188. 세부사항 - 정보 조합

해설 두 지문의 내용을 종합적으로 확인한 후 풀어야 하는 연계 문제이다. 먼저 질문의 키워드인 Build a Robot과 관련해 두 번째 지문 Build a Robot 항목 중 Discounts available for members.에서 회원 할인이 가능하다고 나온다. 첫 지문 마지막 문단 Visit the Information Desk in our lobby to start your membership today.에서 회원 가입을 위해 안내 데스크를 방문하라고 하므로 직원과 이야기하라는 (C)가 정답이다.

패러프레이징 Visit the Information Desk in our lobby ▶ speaking with an employee

독자는 어떻게 로봇 제작 행사에 할인된 비용으로 참여할 수 있는가?

(A) 가족을 데려옴으로써
(B) 학교 단체와 함께 참석함으로써
(C) 직원과 대화함으로써
(D) 조기 등록함으로써 　　　　　　　　정답 (C)

189. 주제/목적 문제

해설　이메일 중 Is there any way I can attend the Thursday afternoon session instead?에서 화요일 저녁에 근무해야 해서 대신 목요일 오후 교육에 참석할 수 있는지 묻고 있으므로 일정 변경이 목적임을 알 수 있다. 따라서 (D)가 정답이다.

Ms. Holmes가 이메일을 쓴 이유는?

(A) 회원이 되기 위해
(B) 행사에 등록하기 위해
(C) 새로운 프로그램을 제안하기 위해
(D) 일정 변경에 관해 문의하기 위해 　　　　정답 (D)

190. 세부사항 – 정보 조합

해설　두 지문의 내용을 종합해서 풀어야 하는 연계 문제이다. 이메일 후반부 중 I would really like to be approved to be able to help out at your upcoming architecture workshop.에서 건축 워크숍에 참석하고 싶다고 하는데, 두 번째 지문에서 건축과 관련한 수업은 초등학생이 건물 분해 및 조립을 배울 수 있는 July 23–Math and Built Structures 수업이다. 따라서 (C)가 정답이다.

Ms. Holmes가 자원 봉사하고 싶은 날짜는 언제인가?

(A) 7월 6일
(B) 7월 15일
(C) 7월 23일
(D) 7월 31일 　　　　　　　　　　　정답 (C)

문제 191-195번은 다음 광고, 청구서, 그리고 이메일을 참조하시오.

Global Auto Parts
www.globalauto.com

국내 및 수입 자동차, 트럭, 밴 및 SUV의 모든 모델에 대한 교체 부품 및 액세서리 공급원. 온라인 또는 가까운 상점에서 쇼핑하세요.

9월 특가*

· 5리터 Gold Star 합성 엔진 오일 $35
· 모든 Swift 앞 유리 와이퍼 5% 할인
· Hi-Test 스파크 플러그 4개 구매 시 $10 상당의 기프트 카드 증정
· 모든 Midnight 배터리 10% 할인

오늘 이메일 프로모션에 가입하시고 다음 주문이 $75 이상인 경우 $15 할인 혜택을 받으세요. 고객당 쿠폰 1장으로 제한합니다. 다른 혜택과 결합하여 사용할 수 없습니다.

주문품이 바로 필요하십니까? (192) $100 이상 주문 시 무료 빠른 배송이 가능합니다. 빠른 배송은 24시간 이내에 도착합니다.

*(191) 이달 말까지 유효합니다.

배송 청구서

주문 #: 110832
접수일: 9월 21일(오전 7:42)　　배송일: (193A) 9월 21일(오전 9:55)

(193C) 배송지:
Todd Christensen
813 Palm Street

Coral Gables, FL 33124

전화번호: (786) 555-1258　　　이메일: tc83@nova.com

품목 #	내역	수량	비용
32993	상점 타올, 2개 팩	4	$21,00
(195) 56343	Swift 앞 유리 와이퍼, 한 쌍	1	$17,35
89911	Gold Star 변속기 오일, 1리터	1	$4,75
80427	Midnight 전천후 자동차 배터리	1	$124,00
	소계		$167,10
	세금(7%)		$11,70
	배송비		$0,00
	(192) 총액		$178,80

(193B) 8943으로 끝나는 신용카드로 청구

주문해 주셔서 감사합니다!

반품 및 교환 정책에 대해서는 www.globalauto.com을 참조하십시오.

수신: Global Auto Parts <returns@globalauto.com>
발신: Todd Christensen <tc83@nova.com>
날짜: 9월 22일
제목: 회신: 주문 #110832

안녕하세요,

(195) 제가 최근에 주문한 상품 #56343을 다시 보내 드렸음을 알려드립니다. 그 품목이 제 차에 맞을 것이라고 생각했지만 그렇지 않았습니다. 호환과 관련해 자세한 제품 설명을 읽지 않은 것 같습니다. (194) 품목 #58773으로 교환해 주시기 바랍니다. 감사합니다.

감사합니다.

Todd Christensen

표현 정리 replacement 교체 part 부품 domestic 국내의 imported 수입된 synthetic 합성한, 인조의 windshield 전면유리 purchase 구매품 spark plug (자동차의) 스파크[점화] 플러그 sign up 등록하다 promotion 프로모션, 판촉활동 combine 결합하다 express delivery 빠른 택배 good 유효한 transmission fluid 트랜스미션 플루이드, 변속 장치 오일 all-weather 전천후의 charge 청구하다 policy 정책 fit (모양, 크기가 어떤 사람, 사물에) 맞다 description 설명, 내역 details 세부사항 compatibility 호환성 exchange 교환하다 eligible for ~할 자격이 있는 complimentary 무료의

191. 추론 문제

해설　첫 지문 하단 *Good through the end of the month.에서 이달 말까지만 유효하므로 (A)가 정답이다.

패러프레이징 Good through the end of the month ▶ available for a limited time

광고된 할인에 대해 제시된 것은?

(A) 제한된 시간 동안 이용할 수 있다.
(B) 최소 구매 금액이 필요하다.
(C) www.globalauto.com에서만 사용할 수 있다.
(D) 이메일 프로모션의 일부이다. 　　　　　정답 (A)

192. 추론 문제 – 정보 조합

해설　두 지문의 내용을 종합적으로 확인한 후 풀어야 하는 연계 문제이다. 주문서 총액을 보면 Total $178,80임을 알 수 있다. 첫 지문 하단 중 Free express delivery on orders of $100 or more. Express delivery will arrive within 24 hours.에서 $100 이상 주문 시 24시간 내 빠른 배송이 무

료이므로 이들 내용을 종합할 때 정답은 (C)이다.

Mr. Christensen의 주문서에서 제시된 것은?

(A) 전화로 주문했다.
(B) 기프트 카드가 포함될 것이다.
(C) 무료 1일 배송 대상이다.
(D) 향후 구매 시 할인을 받을 것이다.　　　　정답 (C)

193. Not/True 문제

해설　청구서 지문에서 선택지와 비교해 정답을 찾아야 한다. Shipped: September 21 (9.55 A.M.)에서 (A)는 사실이다. Total charged to credit card ending in 8943에서 신용카드로 지불했으므로 (B)도 알 수 있다. Shipped to에서 배송지가 명시되므로 (C)도 확인할 수 있다. 반품 내역은 청구서에서 찾을 수 없으므로 (D)가 정답이다.

청구서에 나타나지 않은 것은?

(A) 주문품이 발송된 시간
(B) 주문품이 지불된 방법
(C) 주문품이 배송될 장소
(D) 반품할 수 있는 품목　　　　정답 (D)

194. 세부사항

해설　이메일 마지막 문장 Please exchange it for item #58773.에서 물품을 교환해 달라고 하므로 (C)가 정답이다.

Mr. Christensen이 이메일을 쓴 한 가지 이유는?

(A) 환불을 요청하기 위해
(B) 제품 품질에 대한 불만을 표하기 위해
(C) Global Auto Parts에 반품을 알리기 위해
(D) 잘못된 정보를 지적하기 위해　　　　정답 (C)

195. 세부사항 – 정보 조합

해설　이메일 도입부 I just want to let you know that I sent item #56343 from my most recent order back.에서 item #56343을 반품하려고 함을 알 수 있다. 청구서에서 이 품목 번호를 찾으면 56343은 Swift windshield wipers이다. 따라서 (D)가 정답이다.

Mr. Christensen은 어떤 제품을 반환했는가?

(A) 배터리
(B) 상점 타올
(C) 변속기 오일
(D) 앞 유리 와이퍼　　　　정답 (D)

문제 196-200번은 다음 메모, 일정, 그리고 설문조사를 참조하시오.

메모

발신: David Cashman
(200) 수신: 모든 프로젝트 관리자
날짜: 10월 3일
제목: 교육 기회

8월에 발표된 회사의 업데이트된 비즈니스 개발 계획에는 수익 증대를 위한 몇 가지 전략이 요약되어 있습니다. (196) 이러한 전략 중 하나는 우리가 체결하는 정부 기관과의 서비스 계약 수를 늘리는 것입니다. 저는 우리가 이러한 목표를 달성할 수 있다고 확신합니다. 이를 위해, 저는 Argus Enterprises 사에 연락하여 전문 교육 워크숍을 개발했습니다. 이 워크숍에서는 낙찰 성공률을 높일 수 있는 지식, 통찰력 및 기술을 제공합니다. (198) Argus 사는 35년 이상의 경험이 있는 기업 교육 분야의 리더입니다. (200) www.argus.com에서 최소 하나 이상의 워크숍을 신청해 주십시오. 회사에 비용을 청구하려면 코

드 G789를 사용하시기 바랍니다.

Stella Corporation을 위한 맞춤형 Argus 워크숍

워크숍은 Upper St. Claire에 있는 Ballantine Convention Center의 Goldberg Room에서 진행됩니다. 워크숍은 오전 8시부터 정오까지 진행되며, 15분간 휴식이 2차례 마련되어 있습니다.

에이전시와의 소통 (11월 5일 월요일)
(197) 효과적인 제안서 준비 (11월 6일 화요일)
정부 계약 표준 (11월 7일 수요일)
정부 계약 관리 (11월 8일 목요일)

ARGUS ENTERPRISES

워크숍 참가자 만족도 조사

(200) 참가자 이름: Kelley Hanson
(197) 워크숍 날짜: 11월 6일

워크숍의 다음 각각의 사항을 평가해 주십시오.

	우수	양호	보통	미흡
워크숍 내용	X			
수업 속도	X			
발표자	X			
워크숍 자료		X		

의견/제안: 이 수업은 귀사에서 제공한 저의 첫 번째 교육이었습니다. 저는 몇 년 동안 Argus 사에 대해 좋은 평판을 들었습니다. (197/198) Kent Jackson이 이끄는 이 워크숍은 제 기대를 뛰어 넘었습니다. Mr. Jackson은 그룹과 효과적으로 소통하며, 각자가 자료를 습득하고 질문을 하도록 했습니다. (199) 저에게 물론 훌륭한 경험이었지만, 하루 종일 지속되는 워크숍을 선호했을 것입니다. 너무나 많은 좋은 질문들이 나와서 Mr. Jackson이 모든 질문에 대답할 시간이 없었습니다.

표현 정리 release 발표하다, 공개하다 outline 개요를 서술하다 strategy 전략 revenue (정부·기관의) 수익[수입/세입] contract 계약 obtain 얻다, 획득하다 confident 확신하는 achieve 달성하다 reach out to ~에게 관심을 보이다[접근하다] specialized 전문적인, 전문화된 knowledge 지식 insight 통찰력 skill 기술 bid 입찰(하다) field 분야 sign up for 등록하다 bill 청구서를 보내다 be held 열리다 break 휴식 communicate with 의사소통하다 effective 효과적인 participant 참가자 satisfaction 만족 survey 설문조사 rate 등급을 매기다 aspect 측면 instruction 강습 exceed expectations 기대를 능가하다 effectively 효과적으로 prefer 선호하다 come up 언급[논의]되다 network 인적 네트워크[정보망]를 형성하다 specialize in ~을 전문으로 하다 headquartered in ~에 본부[본사]가 있는

196. 주제/목적 문제

해설　메모 1문단 중 One of these is to grow the number of service contracts we obtain with government agencies.에서 정부 계약 수를 늘리기 위함임을 알 수 있다. 따라서 (C)가 정답이다.

패러프레이징 grow the number of service contracts ▶ improve their chances of getting contracts

Mr. Cashman이 직원들에게 워크숍 참석을 원하는 이유는?

(A) 정부 공무원과 인적 네트워크를 형성하기 위해
(B) 계약 사업을 개발하기 위해
(C) 계약 체결 가능성을 높이기 위해
(D) 직원들의 급여를 인상하기 위해　　　　정답 (C)

197. 세부사항 – 정보 조합

해설 두 지문의 내용을 종합해서 풀어야 하는 연계 문제이다. 질문의 키워드인 Mr. Jackson은 세 번째 지문 의견란 중 This workshop led by Kent Jackson exceeded my expectations.에서 워크숍을 이끌었다고 나오고, 설문지 작성자인 Kelley Hanson의 기대를 뛰어넘었다고 나온다. 같은 세 번째 지문 상단에 나온 Date of Workshop(s): November 6에서 Kelley Hanson은 11월 6일 실시된 워크숍에 참석했음을 알 수 있다. 워크숍 일정 지문 중 Preparing Effective Proposals (Tuesday, November 6)에서 11월 6일 실시된 워크숍은 (D)임을 알 수 있다.

Mr. Jackson은 어떤 워크숍을 이끌었는가?

(A) 에이전시와의 소통
(B) 정부 계약 표준
(C) 정부 계약 관리
(D) 효과적인 제안서 준비   정답 (D)

198. 세부사항 – 정보 조합

해설 두 지문의 내용을 종합해서 풀어야 하는 연계 문제이다. 질문의 키워드인 Mr. Jackson은 설문조사지인 세 번째 지문 의견란 중, This workshop led by Kent Jackson exceeded my expectations.에서 언급된다. 그런데 이 워크숍은 첫 지문 중 To ensure we do, I have reached out to Argus Enterprises to develop specialized training workshops.에서 Argus Enterprises에서 마련한 것이므로, Mr. Jackson의 고용주는 Argus 사가 된다. 첫 지문 메모 중 후반부 Argus is a leader in the corporate training field, with over 35 years of experience.에서 이 회사는 35년간 교육 분야 경험이 있다고 나온다. 따라서 이들 내용을 종합할 때 (B)가 정답이다.

Mr. Jackson의 고용주에 대해 사실인 것은?

(A) 맞춤형 교육 마케팅을 전문으로 한다.
(B) 수십 년 동안 운영되어 왔다.
(C) 본사는 Upper St. Claire에 있다.
(D) 정부와 파트너십을 맺고 있다.   정답 (B)

199. 세부사항

해설 설문지인 세 번째 지문 의견란 후반부 중 Although I had a great experience, I would have preferred the workshop to last a full day.에서 하루 종일 지속되었으면 좋았을 것 같다고 하므로 (A)가 정답이다.

Ms. Hanson은 자신이 참석한 워크숍에서 무엇을 바꾸고 싶어하는가?

(A) 워크숍이 더 길기를 원했다.
(B) 더 소규모 그룹에 속하는 것을 선호했다.
(C) 워크숍이 더 어려운 자료를 포함하기를 원했다.
(D) 더 적은 질문을 받고 싶어했다.   정답 (A)

200. 추론 문제 – 정보 조합

해설 두 지문의 내용을 종합해서 풀어야 하는 연계 문제이다. 질문의 키워드인 Ms. Hanson은 워크숍에 참석한 사람이다. 첫 지문 메모의 수신인은 To: All Project Managers에서 프로젝트 관리자임을 알 수 있는데, 메모 후반부 중 Please sign up for at least one workshop at www.argus.com.에서 이들 프로젝트 관리자에게 워크숍에 등록하라고 요청한다. 이들 내용을 종합할 때 Ms. Hanson 역시 프로젝트 관리자임을 알 수 있다. 따라서 (B)가 정답이다.

Ms. Hanson에 대해 제시된 것은?

(A) 몇 가지 개념을 이해하는 데 어려움을 겪었다.
(B) 프로젝트 관리자이다.
(C) 1년에 한 번 Ballantine Convention Center를 방문한다.
(D) 이전에 Argus 사의 워크숍에 참석했다.   정답 (B)

---

101. 소유격

해설 명사 'employees' 앞에 빈칸 문제로 앞에 나온 'Dramo Chemical'을 받아서 이 회사의 직원을 말하므로 소유격이며 회사를 받는 (D) its가 정답이 된다.

표현 정리 safety 안전 training 교육, 훈련 employee 직원 begin 시작하다

Dramo Chemical은 모든 직원을 위한 새로운 안전 교육 프로그램을 시작했다.
정답 (D)

102. 태

해설 문장의 주어는 The Cacophony Coffee Shop이고 빈칸이 동사 자리이다. 빈칸 뒤에 목적어가 있으므로 문장 구조상 능동태이고, 의미상 제공을 하므로 능동태인 (D) serves가 정답이 된다. 빈칸 앞에 나온 부사 now가 현재 시제의 단서를 제공하기도 한다.

표현 정리 fresh-baked 갓 구운 server (식당에서) 서빙하는 사람, 웨이터 serve (식당 등에서 음식을) 제공하다

Cacophony Coffee Shop은 이제 갓 구운 페이스트리와 머핀을 제공한다.
정답 (D)

103. 부사 어휘

해설 빈칸에 들어갈 부사는 뒤에 나온 동사 worked를 꾸미게 된다. '현재'라는 뜻의 부사 currently는 현재시제 또는 현재진행 시제와 어울리므로 소거한다. 부사 simply는 '단지, 간단히'라는 뜻이고, briefly는 ⟨1) 잠시 / 2) 짧게⟩라는 뜻이다. quickly는 '(속도를) 빨리[빠르게]'라는 뜻이다. 뒤에 나온 시간의 부사 'before being transferred to the Sales Department'와 호응을 이루려면 '영업부로 전근가기 전에 회계 부서에서 잠깐/짧게 근무했다'라고 해야 문맥이 연결된다. 따라서 정답은 'for a short time'이라는 의미로 쓰인 (B) briefly이다.

표현 정리 accounting 회계 transfer 전근가다

Ms. Chu는 영업부로 전근가기 전에 회계 부서에서 잠깐 근무했다.
정답 (B)

104. to부정사

해설 주절은 you need to provide a copy of a photo ID이고, 콤마 앞은 수식어에 해당한다. 빈칸 뒤에 주어 없이 동사가 바로 나오는데 Because와 So that은 접속사로서 뒤에 '주어+동사'의 완전한 절 형태가 나와야 하므로 소거한다. '무엇보다도'라는 뜻의 Above all은 부사로서, ⟨Above all, S V.⟩와 같은 구문으로 쓰여야 하므로 소거한다. '~하기 위해서'라는 뜻의 목적의 부사구를 만드는 In order to 뒤에는 원형부정사가 나오고, '인터넷 안전 강의에 등록하려면'과 같이 문맥에도 맞다. 따라서 정답은 (A) In order to이다.

표현 정리 register for ~에 등록하다 safety 안전 course (특정 과목에 대한 일련의) 강의, 강좌 copy 사본, 부(권)

인터넷 안전 강의에 등록하려면 사진이 부착된 신분증 사본을 제공해야 한다.
정답 (A)

105. 형용사 어휘

해설 선택지는 ⟨frequent 빈번한 / probable (어떤 일이) 있을[사실일] 것 같은 / reliable 믿을[신뢰할] 수 있는 / cautious 조심스러운, 신중한⟩이라는 뜻의 형용사로 이루어져 있다. 빈칸에 들어갈 형용사는 뒤에 나온 명사 complaints를 수식하게 된다. 그리고, are의 보어에 지시대명사 those가 나오는데 those는 앞에 언급된 복수 명사 complaints를 가리킨다. 느린 응답 시간은 가장 '자주/빈번하게' 접수하는 불만이라고 해야 문맥이 연결되므로

(A) frequent가 정답이다.

추가 포인트 형용사 reliable는 '믿을[신뢰할] 수 있는'이라는 뜻이고, reliant 는 '의존[의지]하는'이라는 뜻이다. '~에 의존/의지하다'라는 〈be reliant on/ upon = rely on/upon〉으로 쓴다.

표현 정리 complaint 불만, 항의 concerning ~에 관한[관련된] response 대답, 응답, 회신, 답장

우리가 가장 빈번하게 접수하는 불만 중에 응답 시간이 느리다는 불만이 있다.
정답 (A)

106. 형용사 어형

해설 문장 구조를 보면, 'the most ——— designers'는 동사 recruit 의 목적어이면서 뒤에 나온 관계절 '(whom) he can find'의 수식을 받는 다. 여기서 빈칸은 최상급을 만드는 부사 the most가 앞에 나오므로 명사 designers를 꾸미는 형용사 자리이다. '가장 창조적인 디자이너'라는 의미 로 정답은 일반형용사인 (A) creative이다. 부사는 명사를 꾸밀 수 없으므로 creatively는 오답이다.

🔍 **함정 분석** creating은 동명사로 by creating it 형태로 사용되는 단어 이다.

표현 정리 strategy 전략 recruit 모집하다[뽑다] creative 창의적인 creatively 창의적으로 creator 창조[창안/창작]자

Mr. Lowe의 전략 중 하나는 그가 찾을 수 있는 가장 창의적인 디자이너를 채용하는 것이다.
정답 (A)

107. 전치사

해설 전치사 어휘 문제는 〈(1) 숙어 표현 / 2) 해석〉으로 접근해야 한다. 여 기서는 빈칸 뒤에 나온 전치사 to가 단서이다. 〈A부터 B까지〉라는 의미는 〈from A to B〉 구문으로 쓴다. '금요일마다 오후 3시부터 오후 5시까지 제공 되다'라는 의미로 정답은 (C) from이다.

🔍 **함정 분석** 전치사 at은 〈at two o'clock / at noon / at 11:42〉와 같 이 구체적인 시각 표현 앞에 쓰인다. 전치사 in은 〈in 1956 / in the 18th century / in spring〉과 같이 연도, 세기, 계절 등의 표현 앞에 쓰인다. 전치사 through는 〈from A, through B, to C〉라는 구문에서 가능하고 '~을 지나서, 통과하여'라는 의미로 쓰인다.

웹사이트 디자인 수업은 오직 금요일마다 오후 3시부터 오후 5시까지만 제 공된다.
정답 (C)

108. 전치사

해설 콤마 앞의 'The Denver Trade Show will feature many local companies'까지 주절이고 콤마 이하는 수식어에 해당한다. 빈칸 뒤에 some은 '몇 개의 회사'를 뜻하는 대명사이므로 빈칸에는 전치사가 들어가야 한다. '주택 건축 산업의 일부 기업을 포함해 다수의 현지 기업들'이라는 문 맥이 되는 것이 자연스러우므로 정답은 전치사인 (C) including이다. 참고로 (D) included는 과거 동사이다.

표현 정리 feature 특징으로 하다. (잡지, 신문 등에) 소개되다 include 포함하 다 including ~을 포함하여

Denver Trade Show에서는 주택 건축 산업의 일부 기업을 포함해 다수의 현지 기업들이 소개될 것이다.
정답 (C)

109. 명사 어형

해설 빈칸 앞에 더 많은 다운로드를 제공한다고 했으니 사람에게 제공을 하 는 것이므로 (B)나 (D)가 정답이 될 수 있다. 그러나 (B)는 사람 명사는 가산 명사인데, 가산 명사는 관사 없이 단수 형태로 쓰일 수 없으므로 subscriber 도 소거한다. 따라서 정답은 가산 복수명사인 (D) subscribers이다.

표현 정리 launch 개시, 출시 gradually 점차적으로 subscribe 구독하다, 가입하다 subscriber 구독자, 가입자 subscription 구독료, 구독

MusicBox.com은 2015년에 선보인 이후 가입자에게 점점 더 많은 다운로 드를 제공하고 있다.
정답 (D)

110. 관계대명사

해설 빈칸 뒤에 나온 one은 대명사로서 앞에 나온 tour를 가리킨다. 즉, 빈 칸에 들어갈 형태는 뒤의 명사 'one'을 수식해주는 관계대명사가 필요하다. that 뒤에는 'one' 없이 주어 동사가 바로 뒤에 있어야 하므로 소거한다. 의 문부사인 when과 how도 명사 'one'을 수식하지 못하고 뒤에 주어 동사가 와야 하므로 소거한다. 명사를 꾸밀 수 있고 '어떤'을 의미하는 (C) which가 정답이다. 직역하면 '고객들이 선호하는 어떤 투어를 선택할 수 있도록'과 같 이 문맥이 연결된다.

표현 정리 sightseeing 관광 present 주다, 제시하다, 제출하다, 소개하다 prefer 선호하다

고객들이 선호하는 투어를 선택할 수 있도록 여러 관광 투어가 주어진다.
정답 (C)

111. 동사 어휘

해설 주어 부분만 보면 〈Outdoors enthusiasts (who are) interested in ——— a vacation home on the lake ~〉과 같이 중간에 '주격관계대 명사 + be동사'가 생략된 형태이다. 어휘문제로 문맥상 '호반 위 휴가지 매 입에 관심이 있는 야외 열정가들'이라고 해야 적절하므로 정답은 〈(사거나 받 아서) 획득하다[취득하다]〉라는 뜻의 (B) acquiring이다. permit은 '허용[허 락]하다'라는 뜻이다. relax는 '(즐기는 일을 하면서) 휴식을 취하다'라는 뜻이 다. 동사 spend는 '(돈을) 쓰다, (시간을) 보내다'라는 뜻으로 목적어 자리에 'money 또는 시간' 표현이 나오게 된다.

표현 정리 outdoors 야외 enthusiast 열렬한 지지자 interested in ~ 에 관심있는 upcoming 다가오는 session (특정한 활동을 위한) 시간[기간]

호반 위 휴가지 매입에 관심이 있는 야외 열정가들이 다가오는 정보 세션에 초대된다.
정답 (B)

112. 전치사

해설 빈칸 뒤에 poor weather라는 명사가 나오므로 빈칸은 전치사 자리이 다. 선택지에서 전치사(구)는 '~에도 불구하고'라는 뜻의 (A) in spite of뿐이 다. 문맥은 '악천후에도 불구하고 모든 공연이 야외 극장에서 개최되었다'로 자연스럽다. 나머지는 모두 절을(접속사 주어 동사, 주어 동사) 취하는 접속사 이다.

표현 정리 performance 공연, 성과, 실적, 성능 be held 열리다. 개최되다

오페라의 전체 12회 공연이 일부 저녁 악천후에도 불구하고 야외 극장에서 개최되었다.
정답 (A)

113. 시제

해설 문장의 주어는 A film festival이고 빈칸이 동사 자리이다. 따라서 동사 가 아닌 planning은 소거한다. 동사 plan은 '계획을 세우다, 계획하다'라는 의미일 때 사람 주어가 나오는 경우 능동형으로 쓴다. 여기서는 사물 주어이 고 '이탈리아 대사의 다가오는 도시 방문과 동시에 영화제가 열릴 계획이다' 라는 수동형 의미가 적절하므로 정답은 (A) is being planned이다.

표현 정리 coincide with ~와 동시에 일어나다. 일치하다 ambassador 대사 upcoming 다가오는

이탈리아 대사의 다가오는 도시 방문과 동시에 영화제가 열릴 계획이다.
정답 (A)

114. 명사 어형

해설 빈칸은 소유격 인칭대명사 our의 꾸밈을 받으면서 문장의 주어 역할 이므로 명사 자리이다. '우리의 선호 사항 = 보상 포인트를 제공하는 호텔 체 인에 숙박하는 것'과 같이 주어와 보어가 동격을 이루는 구조로 정답은 명사 인 (B) preference이다.

🔍 **함정 분석** 동명사는 소유격의 꾸밈을 받지 않는다. 경우에 따라 동명사 앞에 소유격이 나오는 경우는 주절의 주어와 동명사의 의미상 주어가 달라서 쓰일 때이다. 예를 들어, 〈I understand your preferring managed accounts.〉라고 하면 주절의 주어는 I인데, 동명사의 의미상 주체는 '당신'으로 소유격인 your가 동명사의 의미상 주어로 쓰인 것이다.

표현 정리 select 선택하다 business travel 비즈니스 여행 reward 보수, 보상 prefer 선호하다 preference 선호(도), 애호

출장을 위해 호텔을 선택할 때 우리의 선호 사항은 보상 포인트를 제공하는 호텔 체인에 숙박하는 것이다. 정답 (B)

115. 명사 어휘

해설 tendency는 '경향'이라는 뜻이며, 문맥도 '팀에 대한 각 개인의 기여를 과장하는 경향'으로 자연스럽다. 나머지는 〈presence 존재(함), 참석 / correction 수정 / precision 정확(성), 정밀(성)이라는 뜻이다.

표현 정리 survey (설문) 조사 reveal 드러내다 exaggerate 과장하다 individual 각각[개개]의 contribution 기여, 이바지

설문 조사는 많은 직원들 사이에서 팀에 대한 각 개인의 기여를 과장하는 경향이 있는 것으로 밝혀졌다. 정답 (B)

116. 형용사 어형

해설 주어는 'The ──── hotel rates for conference attendees'까지이다. 빈칸에 들어갈 형태는 뒤에 나온 복합명사 hotel rates를 꾸미는 형용사, 또는 복합명사를 만드는 또 다른 명사가 가능하다. 문맥상 '출시 기념의 호텔 요금'이라고 하는 것이 적절하므로 (B) introductory가 정답이다. (C)는 by introducing you 형태로 사용된다.

표현 정리 rate 요금 attendee 참석자 good 유효한 introduce 소개하다 introductory 입문자들을 위한, 출시 기념을 위한 introduction 소개

컨퍼런스 참석자를 위한 출시 기념 호텔 요금은 이달 말까지만 유효하다. 정답 (B)

117. 접속사

해설 문장은 'The Hudson Avenue library branch will be closed'와 'repairs of the roof are completed'라는 두 개의 절로 이루어져 있으므로 빈칸은 접속사 자리이다. in fact(사실)는 접속 부사이므로 바로 뒤에 콤마가 와야 하므로 소거한다. '~을 고려할 때'라는 뜻의 given은 주로 전치사로 쓰이고, 접속사일 때는 given that과 같이 that을 생략하지 않는 것이 일반적이다. 나머지 두 개 접속사 중 'Hudson Avenue 도서관 지점은 지붕 수리가 완료될 때까지 휴관할 것이다'라고 해야 자연스러우므로, 시간의 부사절 접속사로 '~까지'라는 뜻인 (A) until이 정답이다. 특히, 시간이나 조건의 부사절은 주절이 미래일 때 현재시제를 쓰는데, 여기서도 주절은 미래시제이고 빈칸 이하는 현재시제인 것도 정답의 단서를 제공한다. as if는 '마치 ~인 듯이[~인 것처럼]'라는 뜻이다.

추가 포인트 considering도 '~을 고려할 때'라는 뜻인데, considering은 그 자체로 전치사/접속사 모두 가능하다. 〈전치사 예: Considering her lack of experience, it is surprising she has achieved so much. / 접속사 예: Considering (that) he's 82, he does very well.〉

표현 정리 branch 지점 repair 수리 complete 완료하다

Hudson Avenue 도서관 지점은 지붕 수리가 완료될 때까지 휴관할 것이다. 정답 (A)

118. 인칭대명사

해설 빈칸은 주절에서 주어 자리이다. 빈칸 앞에 나온 Mr. Jung을 가리켜 '그는 월요일마다 매장 문을 닫아야 할 것이다'라는 문맥이 되어야 하므로 정답은 주격 인칭대명사인 (A) he이다.

표현 정리 assistant 조수, 보조원

Mr. Jung이 신임 어시스턴트 매니저를 찾을 수 없는 경우, 그는 월요일마다 매장 문을 닫아야 할 것이다. 정답 (A)

119. 동사 어휘

해설 look은 '보다'라는 look at 형태로 사용한다. obey는 '(명령·법 등을) 따르다'라는 뜻으로 〈to obey a command/an order/rules/the law〉와 같이 목적어에 규칙이나 법률 같은 명사가 나온다. value는 '소중하게[가치 있게] 생각하다[여기다]'라는 뜻이고, lower는 '~을 낮추다'라는 의미다. 목적의 부사구 to increase sales와 호응을 이루려면 '판매량을 늘리기 위해 생수 가격을 낮추다'라고 하는 것이 어울린다. 따라서 정답은 (D) lower이다.

표현 정리 beverage 음료 bottled water 생수

음료 회사들은 판매량을 늘리기 위해 생수 가격을 낮추기로 결정했다. 정답 (D)

120. 부사 어형

해설 빈칸은 수동태인 is fastened 사이에 위치하고 문맥상으로는 '잠금 장치가 단단히 잠겨 있는지 확인하다'라고 해야 연결된다. 따라서 부사인 (D) securely가 정답이다.

표현 정리 exit 나가다 fasten (단단히) 잠그다[잠기다] secure 안전한, 확실한, 안전하게 하다, 확보하다 security 보안, 경비 securely 단단히

정원을 나갈 때 입구 잠금 장치가 단단히 잠겨 있는지 확인하십시오. 정답 (D)

121. 문장 축약

해설 before는 접속사로서 〈before S V〉의 절 형태를 취하거나 전치사로서 〈before doing something〉과 같이 뒤에 ~ing 형태가 오기도 한다. before 뒤에 주어가 없으므로 여기서 before는 전치사로 접근해야 하고, 뒤에 the filing cabinets라는 목적어가 나오므로 능동형이 필요하다. 따라서 정답은 (A) moving이다. 원래의 문장은 before you move the filing cabinets 형태가 된다.

표현 정리 filing cabinet 서류 캐비닛 move 움직이게 하다, 옮기다

파일 캐비닛을 회의실로 옮기기 전에 사무실 관리자에게 확인하십시오. 정답 (A)

122. 형용사 어휘

해설 수량 표현인 many, several, various는 뒤에 나오는 명사가 가산 복수명사가 되어야 하고, 불가산 명사는 올 수 없다. 즉 복수명사가 와야 한다. any는 뒤에 단수명사/복수명사 모두 올 수 있으며 의미상 또한 'not ~ any'의 형태가 되면 전체 부정을 만들기도 한다. 문맥상으로는 '전동기는 정기적인 유지 보수가 전혀 필요하지 않도록 특별히 설계되었다'로 자연스럽다. 따라서 정답은 (A) any이다.

표현 정리 electric motor 전동기 specially 특별히 regular 규칙적인, 정기적인 maintenance (건물·기계 등을 정기적으로 점검·보수하는) 유지

Mutsuhito 전동기는 정기적인 유지 보수가 전혀 필요하지 않도록 특별히 설계되었다. 정답 (A)

123. 동명사

해설 문장의 동사는 is이고 '──── a basic investment portfolio'까지 주어에 해당한다. 주어 자리에는 명사 형태가 나와야 하는데, 빈칸 뒤로 '관사 + 명사'가 나온다. 〈──── 관사 + 명사〉 구조에서 빈칸에 일반 명사는 들어갈 수 없고, 동명사만 가능하다. 즉, 'a basic investment portfolio'를 목적어로 취하면서 주어 역할을 할 수 있는 동명사 (B) Constructing이 정답이다.

표현 정리 basic 기본적인 investment 투자 construct 건설하다 construction (특히 도로·빌딩·교량 등의) 건설, 공사

기본 투자 포트폴리오 구성은 온라인 리소스 가이드를 사용하여 쉽게 수행할 수 있다. 정답 (B)

124. 시제

해설 문장의 주어는 The Franconia Society이고 빈칸이 동사 자리이다. 따라서 동사가 아닌 recognizing을 소거한다. 나머지는 시제만 다르고 모두 능동 형태이다. 문장 마지막에 나온 last month는 명백한 과거시점을 나타내는 부사구이므로 정답은 과거시제 동사인 (D) recognized이다.

표현 정리 contribution 기여, 공헌 **public health** 공중 위생 **education** 교육 **recognize** (공로를) 인정하다, 인지하다

Franconia Society는 지난 달 공중 보건 교육에 대한 Ms. Lee의 공로를 인정했다. 　　　　　　　　　　　　　　　　　　　정답 (D)

125. 부사 어휘

해설 부사 어휘 문제로 〈indefinitely 무기한으로 / preferably 가급적이면 / specifically 특히, 특별히, 구체적으로 / constantly 지속적으로〉라는 뜻의 부사로 이루어져 있다. 문맥상 '특히 우리 회원들을 위해서'라고 해야 연결이 자연스럽다. 따라서 정답은 (C) specifically 이다.

표현 정리 saving plan 저축제도, 예금 **health insurance** 건강 보험

건강 보험이 없는 우리 회원들을 위해 이 예금을 설계했습니다. 　정답 (C)

126. 관계대명사

해설 문장 구조를 보면, '——— is causing our drilling equipment to malfunction'이 동사 have determined의 목적어이다. where과 when은 관계 부사로 뒤에 주어 동사 문장 구조가 와야 한다. That도 'I think that he is right' 형태로 주어 동사 형태가 와야 한다. what은 '= the thing which'와 같은 의미로 빈칸에 'the thing which'를 넣으면 '~것, 무엇'을 의미하므로 정답은 (D) what이다.

표현 정리 determine 결정하다, 파악하다 **exactly** 정확히 **cause** 야기하다 **drilling** 송곳질, 구멍 뚫기 **equipment** 장비 **malfunction** (기계 등이) 제대로 작동하지 않다

우리는 정확하게 무엇이 시추 장비의 오작동을 일으키고 있는지 파악했다. 　　　　　　　　　　　　　　　　　　　정답 (D)

127. 수동태

해설 주어 'All vehicles'가 허락되어지므로 수동태인 (B) permitted가 정답이 된다. (C) permissive는 '관대한'이라는 뜻의 형용사이다.

표현 정리 license plate 자동차 번호판 **even** 짝수의

짝수로 끝나는 번호판을 가진 모든 자동차들은 월요일, 수요일 그리고 금요일에 운행하는 것이 허용될 것이다. 　　　　　　　　　　정답 (B)

128. 숙어

해설 숙어 문제로 문맥상 '예정된 도로 폐쇄에 대해 미리 사업체와 거주지에 통보했다'라고 해야 적절하므로 정답은 '미리'라는 뜻의 부사 (C) in advance이다.

🔍 **함정 분석** as well as는 상관접속사로서 앞뒤가 문법적으로 병치 구조를 이루게 된다. 즉, 〈N1 as well as N2〉와 같이 앞뒤에 동일한 문법적 구조가 와야 한다. 예: I need to go to the bookshop as well as the bank.

표현 정리 notify 알리다 **residence** 주택, 거주지(특히 크고 웅장한 것) **closure** 폐쇄

시는 Harper Road의 예정된 폐쇄에 대해 미리 사업체와 거주지에 통보했다. 　　　　　　　　　　　　　　　　　　　정답 (C)

129. 접속사

해설 문장 구조를 보면, 'Libros, an online textbook retailer, offers free shipping on all purchases'까지 하나의 절이 나오고 빈칸 뒤로 'its competitors charge for shipping'이라는 또 하나의 절이 나온다. 즉, 빈칸

은 두 개의 절을 연결하는 접속사 자리이다. 문맥상으로는 '경쟁사가 운송비를 청구하는 반면 온라인 교과서 소매업체인 Libros는 모든 구매 시 무료 배송을 제공한다'와 같이 앞뒤가 대조적인 관계이다. 따라서 정답은 '~인 반면'이라는 뜻의 부사절 접속사 (D) whereas이다. unlike와 among은 전치사로서 명사를 취한다. instead는 부사로서 절을 취하지 못한다.

표현 정리 retailer 소매업자 **free** 무료의 **shipping** 선적 **purchase** 구매품 **competitor** 경쟁사 **charge for** ~에 대한 요금을 청구하다

경쟁사가 운송비를 청구하는 반면 온라인 교과서 소매업체인 Libros는 모든 구매 시 무료 배송을 제공한다. 　　　　　　　　　정답 (D)

130. 형용사 어휘

해설 선택지는 〈pleasant 즐거운 / accessible 접근 가능한 / probable (어떤 일이) 있을 것 같은 / competitive 경쟁력 있는〉이라는 뜻이다. 문장 구조를 보면 빈칸은 가주어 it과 진주어 that절 구문에서 보어 역할로 쓰인다. 문맥상으로는 '비가 올 것으로 예측되므로 Mr. Bates는 아마도 피크닉 일정을 다시 잡을 것이다'라고 자연스럽게 연결된다. 따라서 정답은 (C) probable이다.

추가 포인트 pleased는 '기쁜, 기뻐하는, 만족해하는'이라는 뜻이며, 〈사람 주어 + be pleased with N〉, 〈사람 주어 + be pleased to do something〉 구문으로 잘 쓰인다.

표현 정리 forecast 예측, 예보 **reschedule** 일정을 변경하다

비 예보로 Mr. Bates는 아마도 피크닉 일정을 다시 잡을 것이다. 　정답 (C)

PART 6

문제 131-134번은 다음 공지를 참조하시오.

> Blakemore 계보 도서관은 배포 자료에 대한 14일의 대출 기간이 일부 이용객에게 너무 짧을 수 있음을 이해합니다. 따라서 우리는 현재 30일의 대출 기간을 가진 장기 대출자 카드를 제공하고 있습니다. <u>이 새 카드는 대출 데스크에서 받으실 수 있습니다.</u> 거주 증명서와 함께 한 가지 공식 신분증을 가지고 오세요. 각각의 예는 당 도서관 웹사이트에서 확인하실 수 있습니다. 일반 대출자 카드와 달리 장기 대출자 카드는 소지자가 연간 수수료를 지불해야 합니다. 비용은 개인의 경우 $50, 학생 및 노인의 경우 $25입니다.

표현 정리 borrowing 대출, 대여 **circulate** (책)을 보급시키다, (신문·잡지 따위)를 배포[배부]하다 **patron** (상점·호텔 따위의) 단골 손님, 고객 **long-term** 장기적인 **official** 공식적인 **proof** 증거 **example** 예시 **require** 필요로 하다 **annual** 연례의 **individual** 개인 **citizen** 시민

131. 접속부사

해설 빈칸 앞 문장은 '14일의 대출 기간이 일부 이용객에게 너무 짧다'이고, 빈칸 뒤에 나온 문장은 '도서관은 현재 30일의 대출 기간을 가진 장기 대출자 카드를 제공한다'는 내용이다. 따라서 '그러므로'를 뜻하는 정답은 (B) Therefore이다. 　　　　　　　정답 (B)

132. 문장 삽입

해설 빈칸 앞에는 현재 도서관에서 30일 대출이 가능한 장기 대출자 카드를 제공한다는 말이 나온다. 뒤의 내용은 신분증을 지참하라는 말이다. 앞뒤 문맥상 새 카드를 제공하고 있는데 발급에 필요한 내용으로 이어지고 있다. 빈칸에 (C) These new cards can be obtained from the circulation desk.가 삽입되면 long-term borrower's cards를 These new cards로 받으면서, 대출 데스크로 신분증을 지참해 오면 발급해 준다는 뒤의 내용과 자연스럽게 연결될 수 있다.

(A) 당 도서관은 대출자의 우려에 대응했습니다.
(B) 이 새로운 옵션에 관심을 표해 주셔서 감사합니다.
(C) 이 새 카드는 대출 데스크에서 받으실 수 있습니다.
(D) 궁극적으로, 선택은 이용객인 여러분이 하시는 것입니다. **정답 (C)**

133. 명사 어형

해설 빈칸 앞에 전치사 of가 나오므로 빈칸은 명사 자리이다. 따라서 동사인 reside(거주하다)부터 소거한다. 선택지에 명사는 사람 명사인 residents(주민)와 사물 명사인 residence(거주)가 있다. 여기서는 '거주 증명'이라는 표현을 묻고 있는데, 이는 'proof of residence'로 쓴다. 따라서 정답은 (D) residence이다. **정답 (D)**

134. 명사 어휘

해설 선택지는 〈tax 세금 / fare (교통) 요금 / fee (조직 · 기관 등에 내는) 요금, 수수료 / meeting 회의〉라는 뜻의 명사로 이루어져 있다. 장기 대출자 카드 소지자가 연간 수수료를 지불해야 한다는 의미로 기관에 내는 '요금'은 fee를 쓴다. 따라서 정답은 (C) fee(= an amount of money that you pay to be allowed to do something such as join an organization)이다. **정답 (C)**

문제 135-138번은 다음 편지를 참조하시오.

Mr. Penner 귀하

Cotter Creek Business Alliance(CCBA)는 귀하의 멤버십 신청이 승인되었음을 알리게 되어서 기쁩니다. 회원으로서 몇 가지 소중한 혜택을 받으실 수 있는 자격이 됩니다. 귀하는 월간 간행물인 〈Cotter Creek Gazette〉의 구독권을 받게 될 것입니다. 여기서는 현 경제 상황, 비즈니스 소유주에게 영향을 미치는 새로운 법률 및 지역 비즈니스 리더 관련 기사를 찾을 수 있습니다. 회원은 또한 교육 및 교류 행사에 대한 독점 초대를 받습니다. 이들 행사는 매년 여러 차례 지역 전역에 있는 지점에서 개최됩니다. 마지막으로 회원으로서 많은 제휴사로부터 할인을 받을 수 있습니다. 자세한 내용은 www.ccba.org를 방문해 주십시오.

감사합니다.

Vance Leonard
CCBA 사장

표현 정리 be pleased to ~하게 되어 기쁘다 **inform** 알리다 **approve** 승인하다 **application** 신청, 지원 **valuable** 소중한 **benefit** 혜택 **subscription** 가입, 구독 **monthly** 월간의 **publication** 출판물, 간행물 **current** 현재의 **economic condition** 경제 상황 **legislation** 법률 **affect** 영향을 미치다 **location** 장소 **region** 지역 **discount** 할인 **details** 세부사항

135. 형용사 어휘

해설 빈칸에 들어갈 형용사는 be동사의 보어이자 뒤에 전치사 for로 연결된다. '~을 가질[할] 수 있다, 자격이 있다'는 〈be eligible for / be eligible to do something〉 구문으로 쓴다. 문맥상으로는 '회원으로서 몇 가지 소중한 혜택을 받을 수 있다/자격이 있다'로 자연스럽게 연결된다. 따라서 정답은 (B) eligible이다. proud(자랑스러워하는, 자랑스러운)는 뒤에 of와 연결된다. valuable은 '소중한, 귀중한'이라는 뜻이다. '운 좋은'이라는 뜻의 fortunate은 뒤에 to부정사와 잘 연결된다. **정답 (B)**

136. 시제

해설 문장의 주어는 You이고 빈칸은 동사 자리이다. 다음으로, 앞에 나온 'to inform you that we have approved your application for membership'에서 멤버십 신청이 승인되었다고 하므로, 이제 회원으로서 월

간행물을 '받을' 것이라는 미래 시제로 연결되는 것이 자연스럽다. 뒤에 이어지는 혜택 내용 중에서도, you will find ~, you will be able to receive ~와 같이 미래 시제로 연결되는 것을 확인할 수 있다. 따라서 정답은 (C) will receive이다. **정답 (C)**

137. 문장 삽입

해설 빈칸 앞은 회원으로서 받게 되는 혜택이 명시되어 있다. 빈칸 뒤에는 지시대명사 These가 나오므로, 빈칸에 삽입될 문장은 These가 가리킬 수 있는 어휘가 포함되어야 한다. (D) Members also receive exclusive invitations to educational and networking events.가 들어가면 회원으로서 받게 되는 추가 혜택이 이어지고, educational and networking events를 뒤에서 These로 받으면서 이들 행사가 매년 여러 차례 지역 내 지점에서 개최된다는 문맥으로 자연스럽게 연결된다.

(A) 기부금은 자선 기부 기금에 쓰일 수 있습니다.
(B) 의견이나 질문이 있으시면 저희 기관 비서에게 보내주십시오.
(C) 선택하신 선물은 앞으로 몇 주 안에 우편으로 발송될 것입니다.
(D) 회원은 또한 교육 및 교류 행사에 대한 독점 초대를 받습니다. **정답 (D)**

138. 전치사

해설 전치사 어휘 문제이다. 빈칸 뒤에 장소를 나타내는 the region이라는 명사가 나온다. '도처에, ~의 전체에 걸쳐'라는 뜻의 (D) throughout이 들어가 '지역 전역에 있는 지점'이라는 문맥을 이루는 것이 적절하다. into는 '~안으로'라는 뜻이다. among은 '(어떤 수 · 종류 · 동아리) ~중에(서)'라는 뜻으로 'among the largest cities'처럼 복수 명사와 어울린다. between은 '~사이[중간]에'라는 뜻인데 주로 〈between A and B〉 구문으로 잘 쓰인다. **정답 (D)**

문제 139-142번은 다음 이메일을 참조하시오.

수신: c.blanchard@hopewellinstitute.gov
발신: bethany.loudon@nha.org
제목: 제안서 요청
날짜: 4월 20일

Mr. Blanchard 귀하,

저희는 9월 7일과 9월 8일 매사추세츠 스프링필드에 소재한 Walden Hotel에서 열리는 제10차 북동부 원예 과학 협회(Northeastern Horticultural Science Association) 컨퍼런스를 준비하고 있습니다. 매년, 저희의 주요 행사에 지역 전역의 학계, 정부 및 민간 부문의 개인들이 함께 모입니다. 올해의 주제는 "유기 농업: 약속과 도전"입니다. 현재 회원들에게 관련 주제에 대한 프레젠테이션 제안서를 제출하도록 요청하고 있습니다. 프레젠테이션에 선발된 발표자는 컨퍼런스 등록비가 면제됩니다. 다른 모든 회원에게는 $125의 참석비가 부과됩니다. www.nha.org에서 프레젠테이션 주제를 설명하는 250자 이하의 제안서를 제출해 주십시오. 제출물은 5월 31일까지 접수해야 합니다.

감사합니다.

Bethany Laudon

표현 정리 annual 매년의, 연례의 **horticultural** 원예의: 원예[학술]의 **bring together** 모이게 하다 **academia** 학계 **sector** (특히 국가 경제 활동) 부문 [분야] **submit** 제출하다 **proposal** 제안서 **related** 관련된 **registration** 등록 **fee** 요금 **charge** (요금값을) 청구하다 **attend** 참석하다

139. 소유격

해설 첫 문장 'We are preparing for the tenth annual Northeastern Horticultural Science Association conference at the Walden Hotel in Springfield, Massachusetts, on September 7 and September 8.'에서

컨퍼런스를 주최하는 주체가 '우리(We)'로 표현되어 있다. 따라서 빈칸에 들어갈 소유격도 '우리의 주요 행사'라는 의미로 (A) our가 적절하다. **정답 (A)**

140. 접속부사

해설 빈칸 앞은 올해 컨퍼런스 주제가 명시되고 있다. 빈칸 뒤는 관련 주제에 대해 현재 제안서를 제출하라고 요청한다는 말이다. 특히, 뒤에 나오는 동사가 are inviting과 같이 현재진행 시제이다. (C) At this time(이때에, 현재)이 들어가면 현재진행 시제와 어울려 문맥이 자연스럽게 연결된다. **정답 (C)**

141. 동사 어휘

해설 선택지는 〈stored 저장하다 / waived 포기하다, (규칙 따위를) 적용하지 않다 / discussed 상의[의논/논의]하다 / removed (어떤 곳에서) 치우다〉라는 뜻이다. 특히 다음 문장인 All other members will be charged $125 to attend.에서 다른 모든 회원은 참가비가 부과된다고 나오는데 이 문장이 단서이다. '프레젠테이션에 선정된 발표자는 컨퍼런스 등록비가 면제된다'라는 의미가 되어야 뒤의 내용과 대조를 이루어 자연스럽게 연결되므로 정답은 (B) waived이다. **정답 (B)**

142. 문장 삽입

해설 빈칸 앞은 presentation topic을 설명하는 250자 미만의 제안서를 제출하라는 말이다. 빈칸에 (D) Submissions must be received by May 31.가 들어가면 앞에 나온 proposal을 Submissions으로 받으면서 접수 만료일을 덧붙이게 되어 흐름상 자연스럽다.

(A) 오늘 사본을 다운로드해야 합니다.
(B) 당신은 무료로 연례 컨퍼런스에 참석할 수 있습니다.
(C) 이메일은 저희에게 연락하는 가장 좋은 방법입니다.
(D) 제출물은 5월 31일까지 접수해야 합니다. **정답 (D)**

문제 143–146번은 다음 기사를 참조하시오.

> 덴버 (11월 3일) – Tough Knits, Inc.는 어제 겨울 스포츠 애호가들에게 필요한 새로운 모자 제품을 개발하기 위해 Atrios Graphics와 제휴할 것이라고 발표했다. 이 지역 의류 제조업체는 과거에 비슷한 파트너십을 체결했었다.
>
> Tough Knits의 CEO인 Emily Stephenson은 "저희는 Atrios와 협력하게 되어 기쁩니다."라고 말했다. "저는 Atrios 사의 디자인을 엄청 좋아합니다. 사실, 저는 이 회사에서 록밴드를 위해 만든 여러 포스터를 소유하고 있습니다."
>
> Boise에 본사를 둔 Atrios Graphics는 다양한 산업 분야의 고객을 위해 일해 왔다. 이 회사는 현지 식당을 위한 홍보 자료를 만드는 것으로 시작했다. 이 회사는 그 이후로 로고, 포장, 제품 그래픽 및 기타 매체를 디자인하기 위해 확장되었다.

표현 정리 announce 발표하다 partner with ～와 협력하다 enthusiast 열광적인 팬 manufacturer 제조자[사], 생산 회사 enter into (～와 어떤 관계·협약 등에을) 들어가다[시작하다] based ～에 기지[기반]를 둔 a variety of 다양한 promotional 판촉의, 홍보용의 expand 확장하다

143. 명사 어휘

해설 'The local ———— manufacturer'는 도입부에 나온 Tough Knits, Inc.를 설명하는 어구이다. 이 회사는 앞 문장 '～ to develop a new line of hats for winter sport enthusiasts'에서 신상 모자 제품을 개발한다고 하므로, hats가 포함될 수 있는 '의류'라는 뜻의 (C) apparel이 정답이다. **정답 (C)**

144. 문장 삽입

해설 앞 문장 I am a huge fan of its designs.에서 CEO가 Atrios

Graphics의 디자인을 엄청 좋아한다고 말한다. 이 문장을 뒷받침하는 (B) In fact, I own several posters it made for rock bands.가 들어가야 좋아하는 디자인 예로 록밴드 포스터를 언급하면 흐름이 자연스럽게 연결된다.

(A) 저희 회사는 작년에 상당히 성장했습니다.
(B) 사실, 저는 이 회사에서 록밴드를 위해 만든 여러 포스터를 소유하고 있습니다.
(C) 저와 이야기할 시간을 내주셔서 감사합니다.
(D) 팬들은 서명이 된 포스터를 무료로 받을 수 있습니다. **정답 (B)**

145. 동명사

해설 빈칸 앞에 전치사 by가 나오고, 뒤에 목적어 형태인 promotional materials가 나온다. 또한 '～함으로써'라는 수단을 나타내는 표현은 'by ～ing'로 쓴다. 따라서 정답은 동명사인 (C) creating이다. **정답 (C)**

146. 부사 어휘

해설 nearly는 '거의, 대략'이라는 의미로 주로 숫자 표현 앞에 쓰인다. shortly는 '곧(=soon)'이라는 뜻으로 미래적인 의미로 쓰인다. entirely는 '전적으로, 완전히, 전부'라는 뜻이다. since는 부사로서 '그 이후로'라는 뜻이며 문장의 동사에 현재완료 시제가 나온다. 빈칸은 현재완료 시제인 has expanded 사이에 위치한다. 문맥상으로는 '회사는 그 이후로 로고, 포장, 제품 그래픽 및 기타 매체를 디자인하기 위해 확장되었다'로 연결하는 것이 자연스럽다. 따라서 부사 (D) since가 정답이다. **정답 (D)**

PART 7

문제 147–148번은 다음 기사를 참조하시오.

> LAWRENCE ((148D) 1월 22일) – (148A/D) 최근 추운 날씨로 인해 Sedona Valley 전역에 있는 주택들에 수십만 달러의 피해를 입힐 것으로 예상되며 이번 주 후반 정상 기온을 회복할 것으로 보입니다. (148D) 일요일에 공항에서 예상치 못한 영하 17℃의 온도가 측정되었습니다. (148B) 영하로 기온이 떨어지면서 난방이 안 되는 지역이나 반 난방 지역에서 파이프가 파열될 수 있습니다. 이러한 피해는 얼음이 녹아 누수가 일어나고 나서야 보통 눈에 띄게 됩니다. (147) 주택 소유주는 문제가 생길 때까지 기다리기보다 지금 파이프를 점검해야 합니다. 파이프의 팽창, 균열 또는 누수가 발견되면 배관공에게 연락하십시오.

표현 정리 cause 야기하다 damage to ～에 대한 손상 temperature 기온 return to normal 정상으로 복귀하다 unexpected 예상 밖의, 뜻밖의 measure 측정하다[재다] sub-zero 영하의 dip 하락[감소] burst 터지다, 파열하다 unheated 난방이 안 되는 notice 알아차리다 leak 누수 inspect 점검[검사]하다 plumber 배관공 swelling 부풀어오름, 팽창 cracking (무엇이 벌어져서 생긴) 금 dripping 뚝뚝 떨어짐, 적하 take preventative action 예방책을 취하다 warning 경보 comment on 코멘트를 하다 wealthy 부유한 atypical 이례적인 at the end of ～의 말에

147. 주제/목적 찾기 문제

해설 날씨가 영하로 떨어지면 파이프에 손상이 갈 수 있다고 하면서, 후반부 마지막 두 문장 Rather than wait for a problem to arrive, homeowners should inspect their pipes now. Call a plumber if any swelling, cracking, or dripping is found.에서 문제가 생길 때까지 기다리기보다는 미리 점검하는 것이 좋다고 말한다. 따라서 글의 목적은 예방조치를 취하라는 (B)가 적절하다. 마지막 문장에 Call a plumber라고 했다고 해서, 답을 (A)로 하면 안 된다. 본문의 내용은 파이프에 문제가 발생하면 plumber를 부르라고

했지 (A)에 있듯이 지금 당장 배관공을 고용하라는 내용이 아니다.

기사의 목적은 무엇인가?

(A) 즉시 배관공을 고용하라고 추천하기 위해
(B) 독자들에게 예방 조치를 취하도록 촉구하기 위해
(C) 겨울 폭풍 경보를 발령하기 위해
(D) 예측되는 오류에 대해 언급하기 위해   정답 (B)

148. Not/True 문제

해설 기사 도입부 LAWRENCE (January 22)−The recent period of cold weather could cause hundreds of thousands of dollars of damage to homes throughout the Sedona Valley as temperatures return to normal later this week.에서 기사 내용은 Lawrence 지역과 관련한 것인데 특히, Sedona Valley 지역의 주택 피해와 관련한 내용을 전하므로 (A)는 사실이다. 또한 1월 22일에 기사가 쓰였는데 주 후반에 정상 기온을 회복한다고 하고 An unexpected low of −17℃ was measured ~.에서 예상치 못한 기온이라고 하므로 이 기온은 1월에 흔하지 않다는 (D)도 사실이다. Sub-zero dips can cause pipes to burst in unheated and semi-heated areas of homes.에서 난방이 안 되거나 절반만 난방이 되는 주택이 있으므로 (B)도 사실이다. 부유층 거주 지역이라는 내용을 찾을 수 없으므로 (C)가 사실과 다른 내용으로 정답이다.

Lawrence에 대해 제시되지 않은 것은?

(A) Sedona Valley에 위치하고 있다.
(B) 일부 주택은 완전히 난방이 되지는 않는다.
(C) 많은 부유한 사람들이 이곳에 거주한다.
(D) 1월 말에 극심한 추위는 일반적이지 않다.   정답 (C)

문제 149-150번은 다음 대화형 문자 메시지를 참조하시오.

> David Mallory   [2:42 P.M.]
> 저는 방금 Advantix에서 전화를 받았습니다. Advantix에서 우리를 위해 인쇄한 포스터가 준비되었습니다. 그곳에 들러 수령해 오실 수 있나요?
>
> Frank Peterson   [2:43 P.M.]
> 아마도요. (149) 오늘 배송 3건이 더 있습니다. 이후에 제 승합차가 비게 됩니다. 그곳에 몇 시에 영업이 끝나나요?
>
> David Mallory   [2:43 P.M.]
> 5시예요.
>
> Frank Peterson   [2:44 P.M.]
> (149) 그 시간에 갈 수 있을 것 같지만 사실 교통량에 달려 있습니다. (150) 오늘 포스터가 정말 필요하시면, Kevin에게 물어보세요. 그가 저에게 방금 문자를 보냈는데 사무실로 돌아오는 중이라고 했거든요.
>
> David Mallory   [2:45 P.M.]
> 알겠어요. (150) 그에게 연락해 볼게요.

표현 정리 ready 준비된 swing by (~에) 잠깐 들르다 pick up 픽업하다 delivery 배송 make it (어떤 곳에 간신히) 시간 맞춰 가다 depend on ~에 달려 있다[~에 의해 결정되다] head back to ~로 다시 향하다 get in touch with ~와 연락[접촉]하다 employ 고용하다 stuck in a traffic jam 교통체증에 갇힌 assign (일·책임 등을) 맡기다[배정하다/부과하다] coworker 동료 workplace 직장

149. 추론 문제

해설 질문의 키워드인 Mr. Peterson의 2:43 P.M. 대화 중 I have three more deliveries to make today. Then, my van will be empty.에서 오늘 배달 3건이 있고 이후에 자신의 밴이 비게 된다고 한다. 또한 2:44 P.M. 대화 I might be able to make it, but it really depends on traffic.에서 끝나는 시간까지 갈 수는 있겠지만 교통 여부에 따라 결정된다고 말한다. 즉, 앞

으로 몇 시간은 배송을 하며 운전할 것임을 알 수 있으므로 (D)가 정답이다. 핵심은 문자를 보내는 시간이 대략 2시 44분 쯤인데, Advantix가 문닫는 시간은 5시이고, 그 시간까지 도착할지 모르겠다는 것이다.

Mr. Peterson에 대해 제시된 것은?

(A) Advantix에 고용되어 있다.
(B) 교통 체증에 갇혀 있다.
(C) 오늘 일찍 떠나야 한다.
(D) 앞으로 몇 시간 동안 운전할 계획이다.   정답 (D)

150. 의도 파악 문제

해설 2:44 P.M. Frank Peterson의 대화 중 If you really need the posters today, you could ask Kevin.에서 포스터가 필요하면 Kevin에게 요청하라고 한다. 이에 대해 I'll get in touch with him.이라고 말하므로, Kevin에게 대신 포스터를 받아오라고 요청할 것임을 알 수 있다. 이를 다른 직원에게 임무를 할당한다고 표현한 (A)가 정답이다.

오후 2시 45분에 Mr. Mallory가 "I'll get in touch with him"이라고 말한 의미는?

(A) 다른 직원에게 임무를 할당할 것이다.
(B) 포스터를 그가 직접 가지러 갈 것이다.
(C) 동료에게 연락하여 포스터를 인쇄할 것이다.
(D) 직장으로 돌아올 것이다.   정답 (A)

문제 151-152번은 다음 공지를 참조하시오.

> 알림: 승객
>
> 게시일: 7월 25일
>
> (151A) Coastal Rail은 모든 디젤 동력 엔진을 단계적으로 폐지하여 전기 동력 엔진으로 교체하는 중에 있습니다. (151B) 이러한 전환에 대비하여 2009년 이전에 건설된 모든 역사를 업그레이드해야 합니다. (152) 트랙 1 작업은 9월 1일부터 11월 15일까지 진행합니다. 트랙 2는 12월 1일에서 2월 15일까지 업그레이드됩니다. 각 트랙의 레일이 보강되고 지상 위 전력선이 설치될 예정입니다. (151C) 플랫폼 1과 플랫폼 2의 벤치와 캐노피도 교체됩니다. 각 플랫폼에는 시간, 날짜, 날씨, 기차 위치 및 예상 도착 시간을 표시할 수 있는 4개의 디지털 화면이 제공됩니다.
>
> (152) 공사 중 영향을 받는 트랙은 도착 또는 출발 예정이 없습니다. 열차는 나머지 트랙으로 우회하므로 가능한 지연 사태에 대비해 주시기 바랍니다.
>
> 양해해 주셔서 감사합니다.
>
> Jim Whitney, Highpoint 역 관리자

표현 정리 phase out ~을 단계적으로 중단[폐지]하다 replace 교체하다 in preparation for ~의 준비[대비]로 transition (다른 상태·조건으로의) 이행(移行) take place 개최되다[일어나다] reinforce (구조 등을) 보강하다 overhead 머리 위의, (지상에서) 높이 세운 power line 송전선 install (장비·가구 등을) 설치[설비]하다 canopy 차양 display (화면에) 표시하다 estimated 어림의, 추측[예상]의 arrival 도착 departure 출발 affected 영향을 받은 reroute (운송로·교통편 등을) 바꾸다, 새로이 편성하다 remaining 나머지의 delay 지연 significantly 상당히 simultaneously 동시에

151. Not/True 문제

해설 Coastal Rail is phasing out all of our diesel-powered engines and replacing them with electric-powered engines.에서 디젤 동력 엔진 대신 전기 동력 엔진으로 교체 중이라고 하므로 (A)는 사실이다. In preparation for the transition, all stations built before 2009 must be upgraded.에서 2009년 이전에 지어진 역사가 영향을 받으므로 (B)도 사실이다. The benches and canopies on Platform 1 and Platform 2 will also be replaced.에서 벤치도 교체되므로 (C)도 사실이다. 특정 유형의 승객에게만 영향을 준다는 내용은 찾을 수 없으므로 (D)가 정답이다.

공사 프로젝트에 대해 언급되지 않은 것은?

(A) 새로운 유형의 열차가 역을 이용할 수 있게 된다.
(B) 2009년 이전에 지어진 모든 Coastal Rail 역에 영향을 미친다.
(C) 새로운 좌석이 두 플랫폼 모두에 설치될 것이다.
(D) 특정 유형의 승객에게만 영향을 미칠 것이다.　　　정답 (D)

152. 추론 문제

해설　먼저 Posted: July 25에서 공지 게시일은 7월이다. 1단락 3~4번째 문장 Work on Track 1 will take place from September 1 through November 15. Track 2 will be upgraded from December 1 to February 15.에서 각 트랙 공사 일정을 확인할 수 있다. 트랙 1 공사가 11월 15일에 끝나고, 트랙 2 공사는 12월 1일에 시작되므로 11월 16일부터 말일까지는 공사가 예정되어 있지 않다. 2단락 During construction, there will be no arrivals or departures on the affected track. Trains will be rerouted to the remaining track, so please be prepared for possible delays.를 보면, 공사 중에는 지연이 있을 수 있다고 한다. 하지만 11월 말에는 공사가 없으므로 이를 지연 가능성이 적다고 표현한 (D)가 정답이다.

공사 일정에서 제시된 것은?

(A) Mr. Whitney는 일정이 크게 바뀔 것으로 예상한다.
(B) 두 플랫폼이 동시에 폐쇄될 때가 있다.
(C) 매일 플랫폼 화면에서 업데이트될 것이다.
(D) 11월 말에 지연이 발생할 가능성이 적다.　　　정답 (D)

문제 153-154번은 다음 안내를 참조하시오.

> 별빛 아래에서 즐기는 라이브 음악
>
> 제9회 연례 Crestwood 재즈 페스티벌
>
> 본 축제는 Crestwood Jazz Society에서 주관합니다. 저희 협회는 지역 사회에 양질의 공연을 소개해 재즈에 대한 사랑을 나누고자 노력합니다. (153) 회원들의 재정적 기부 덕분에 매년 소수의 (154A) 무료 콘서트를 선보입니다. Joseph Prudon과 같은 분들이 저희가 계속 운영할 수 있게 해 주시는 분들입니다. 그와 가족 분들의 상당한 지원에 감사드립니다. 회원이 되시려면 www.crestwoodjazzsociety.org 를 방문하십시오.
>
> 모든 콘서트는 Lemonwood Park 연주대에서 열립니다. (154B) 잔디밭 좌석만 가능합니다. 접는 의자나 담요를 준비하십시오. 좋은 자리를 맡으시려면 일찍 도착해 주세요. (154A) 무료 입장!
>
> | Matt Foster Trio | (154D) 6월 8일 수요일 오후 8시 |
> | Lightfoot | (154D) 6월 9일 목요일 오후 8시 |
> | Devon Marion Quintet | (154D) 6월 10일 금요일 오후 9시 |
> | The Guitar Masters | (154D) 6월 11일 토요일 오후 8:30 |

표현 정리　organize 준비[조직]하다　be committed to ~에 헌신/전념하다　a handful of 소수의　free 무료의　financial 재정의　contribution 기부　generous (무엇을 주는 데 있어서) 후한[너그러운]　support 지원　expand 확장하다　former 이전의　admission 입장료　charge 부과하다　performer 공연자　last 지속되다

153. Not/True 문제

해설　질문의 키워드인 Mr. Joseph Prudon이 언급되는 부분을 먼저 살펴야 한다. We offer a handful of free concerts each year thanks

to financial contributions from our members. People like Joseph Prudon are who keep us running.에서 회원들의 후원으로 이벤트 주최가 가능하다고 하고 이들 회원 중 Joseph Prudon이 소개되고 있다. 따라서 이벤트 주관사인 Crestwood Jazz Society 회원이라는 (D)가 정답이다.

Mr. Joseph Prudon에 대해 사실인 것은?

(A) 최근에 사업을 확장했다.
(B) 전 재즈 음악가이다.
(C) 매년 축제를 조직한다.
(D) Crestwood Jazz Society의 회원이다.　　　정답 (D)

154. Not/True 문제

해설　We offer a handful of free concerts ~.와 Free!에서 (A)는 사실이다. Lawn seating only.에서 (B)도 사실이다. 아래 일정을 보면 6월 8일부터 11일까지 열리므로 (D)도 사실이다. 공연자 정보를 웹사이트에서 찾을 수 있다는 내용은 언급되지 않으므로 (C)가 정답이다.

패러프레이징　free concerts ▶ No admission is charged / Lawn seating only ▶ Performances are held outdoors

축제에 대해 나타나지 않은 것은?

(A) 입장료가 부과되지 않는다.
(B) 공연은 야외에서 열린다.
(C) 공연자에 대한 정보는 그룹의 웹사이트에 있다.
(D) 콘서트는 4일 동안 지속된다.　　　정답 (C)

문제 155-157번은 다음 정보를 참조하시오.

> 〈The View〉는 Windham의 예술, 엔터테인먼트 및 문화를 다루는 인기 잡지입니다. 작가진은 Windham에서 일어나는 일에 대해 많은 정보를 가지고 개요를 제공합니다. (156) 지역 내 40여 지점에 무료로 배포되는 월간 발행 잡지로 수천 명의 독자에게 전달됩니다. Cornerstone Marketing은 매년 도시를 방문하는 50,000명의 관광객 중 최소 65%가 인쇄 또는 온라인 버전을 읽는 것으로 추정합니다. (155) 수십 개의 식당, 상점, 호텔 등에서 당사 잡지에 광고를 선택하는 이유입니다. 저렴한 요금과 다양한 광고 패키지를 통해 잠재 고객과 연결될 수 있도록 도움을 드립니다. 기성 견본 중에서 선택하거나 (157) 그래픽 디자이너 및 작가 팀과 협력하여 귀하만을 위한 특별한 광고를 제작하실 수 있습니다. 당사 상담원이 귀하의 요구에 귀를 기울여 적합한 광고 계획을 개발하도록 도움을 드립니다. 555-9240으로 전화해 주십시오.

표현 정리　informed (특정 주제·상황에 대해) 잘[많이] 아는, 정보통인　overview 개관, 개요　distribute 나누어 주다, 분배[배부]하다　at no cost 무료로　issue (잡지·신문 같은 정기 간행물의) 호　estimate 추정하다　edition 판　combined 결합된, 합동의　affordable (가격 등이) 알맞은　a variety of 다양한　potential 잠재의　readymade 이미 만들어져 나오는 [다 만들어서 파는]　template 견본, 본보기　potential 잠재적인　minority 소수　multiple 다수의　customized 개개인의 요구에 맞춘　primarily 주로　eatery 식당　lodging 숙박

155. 세부사항

해설　지역 소식을 전하는 잡지에 대해 말한 다음, 후반부 With affordable rates and a variety of advertising packages, we can help you connect with potential customers.에서 저렴한 광고비로 잠재 고객과 연결하게 해준다고 말한다. 뒤이어 기성 광고와 맞춤 광고를 선택할 수 있다고 하면서 전화 연락을 유도하고 있다. 따라서 글의 대상은 restaurants, shops, hotels, and more을 소유한 업주임을 유추할 수 있으므로 (D)가 정답이다.

정보는 누구를 대상으로 하는가?

(A) 잠재적 관광객

(B) 광고 전문가
(C) 관광 가이드
(D) 지역 사업주 　　　　　　　　　　　　　정답 (D)

156. 세부사항

해설 세 번째 문장 Distributed at no cost to over forty locations in the area, each month's issue reaches thousands of readers.에서 지역 내 40여 개 지점에 배포된다고 하므로 (C)가 정답이다. 월간 발행 잡지 (each month's issue)이므로 12회 출간되고 dozens of times a year는 아니므로 (A)는 오답이다.

패러프레이징 Distributed at no cost to over forty locations in the area ▶ obtained at multiple locations

〈The View〉에 대해 나타난 것은?

(A) 일년에 수십 차례 출판된다.
(B) 소수의 도시 외곽 방문객들이 읽는다.
(C) 여러 장소에서 구할 수 있다.
(D) 공연자는 해당 페이지에 프로필을 싣기 위해 지불해야 한다. 　정답 (C)

157. 세부사항

해설 지문 후반부 Choose from our readymade templates or work with our team of graphic designers and writers to create a unique advertisement just for you.에서 나만의 특별 광고 제작이 가능하다고 하므로 (A)가 정답이다. 참고로, 본문에서 That's why dozens of restaurants, shops, hotels, and more choose to advertise with us. 수십 개의 음식점과 호텔이 광고를 한다고 되어 있지만, 이 잡지가 식당과 호텔을 주로 대상으로 한다는 말은 아니기 때문에 (C)는 답이 될 수 없다.

패러프레이징 create a unique advertisement just for you ▶ Customized versions can be made

〈The View〉의 광고에 대해 언급된 것은?

(A) 맞춤형 버전을 만들 수 있다.
(B) 잡지사 직원은 할인을 받을 수 있다.
(C) 주로 식당과 숙박 시설용이다.
(D) 지면 광고는 온라인 광고보다 비싸다. 　　　정답 (A)

문제 158-160번은 다음 메모를 참조하시오.

> 발신: Curtis Drew, 급여부 이사
> 수신: 모든 직원
> 제목: 새로운 근무시간 기록표
> 날짜: 5월 3일
>
> 지난 몇 개월 동안, 직원 근무시간 기록표에 계산 오류가 증가했습니다. **(160) 급여부에 정확한 정보를 제출하는 것은 각 직원의 책임임을 다시 한번 알려드리고자 합니다.** 저희 부서 직원들은 회사의 모든 직원이 제때 급여를 지급받도록 최선을 다합니다. 그럼에도 불구하고 근무시간 기록표에서 상당한 양의 오류를 수정하면 시간이 많이 걸리고 다른 중요한 작업을 놓치게 됩니다. **(158) 현 상황을 개선하기 위해 일일 및 주당 총 근무 시간을 자동으로 합산하는 새로운 근무시간 기록표를 만들었습니다. (159) 저희 부서 웹페이지에서 새 근무시간 기록표를 다운로드할 수 있습니다.** 또한 웹페이지에서 올바른 필드에 데이터를 입력하고, 입력한 내용을 저장하고, 근무시간 기록표를 제출하는 방법을 설명하는 인쇄 가능한 유인물을 확인하실 수 있습니다. 그럼에도 불구하고 추가 도움이 필요한 경우 언제든지 c.drew@magenta.com으로 저에게 문의해 주십시오.

표현 정리 calculation 계산 **timesheet** 출퇴근 시간 기록 용지 **remind** 상기시키다 **responsibility** 책임 **submit** 제출하다 **accurate** 정확한

---

make every effort to ~하는 데 온갖 노력을 다하다 **on time** 시간을 어기지 않고, 정각에 **correct** 수정하다 **time consuming** 시간 소모가 큰 **task** 일, 업무 **automatically** 자동으로 **printable** 인쇄[출판]할 만한 **additional** 추가의 **assistance** 지원 **hesitate** 주저하다 **identify** 식별하다 **compensation** 보상 **efficiency** 효율 **instruction** 지침 **complete** 완료하다 **follow** 준수하다 **procedure** 절차

158. 세부사항

해설 본문 중반부 To improve the current situation, we have created new timesheets which will automatically add up the total number of hours worked per day and per week.에서 알 수 있듯이, 자동으로 작업 시간을 계산해서 상황을 향상시키려고 한다고 했으므로, 작업 효율 개선이 목적이라고 한 (C)가 정답이다. (A)의 경우, identify는 '확인하다, 발견하다, 찾다'라는 의미인데, 중대한 오류를 식별(발견)하기 위해서 새로운 근무시간 기록표를 도입하는 것은 아니다.

메모에 따르면, 새로운 근무시간 기록표의 목적은 무엇인가?

(A) 중대한 오류를 식별하기 위해
(B) 직원 보상을 증가시키기 위해
(C) 작업 효율을 향상시키기 위해
(D) 일련의 지침을 제공하기 위해 　　　　　　정답 (C)

159. 세부사항

해설 상황을 개선시키기 위해, 새로운 근무시간 기록표를 만들었고, The new timesheets can be downloaded from my department's Web page.에서 보듯이 급여부서의 웹페이지에 가서 근무시간 기록표를 다운로드 받으라고 한다. 그 다음 문장들을 보면, 데이터 입력, 입력내용 저장, 기록표 제출 등에 관한 유인물도 있다고 설명하고 있다. 그러므로 이 글을 읽는 직원들은 급여부서의 웹페이지에 가야 하고, 근무시간 입력 등 여러 가지 설명을 숙지해야 한다. 이것을 follow a new procedure라고 표현한 (B)가 정답이다.

독자들은 무엇을 하도록 요청 받는가?

(A) 온라인 교육 프로그램을 이수하도록
(B) 새로운 절차를 따르도록
(C) 본인들의 부서 웹페이지를 방문하도록
(D) 서로의 계산을 확인하도록 　　　　　　　정답 (B)

160. 문장 위치 문제

해설 지문의 흐름상 주어진 문장이 들어가기에 가장 적절한 곳을 고르는 문제이다. 주어진 문장에 나온 부사 so는 앞에 나온 문장을 언급할 때 쓰인다. 문장에서 이를 이행하지 않으면 급여 처리가 지연된다고 하므로 이 앞에 관련 내용이 나와야 한다. [2]번 앞 문장 I would like to remind you that it is the responsibility of each employee to submit accurate information to Payroll.에서 직원이 급여부에 정확한 정보를 제공하는 책임이 있다고 하므로 이 뒤에 주어진 문장이 들어가면 이를 이행하지 않을 시 급여 처리가 지연된다는 자연스러운 문맥을 이루게 된다.

[1], [2], [3], [4]로 표시된 위치 중 다음 문장이 들어가기에 가장 알맞은 곳은?

"이를 이행하지 않으면 급여 처리가 지연될 수 있습니다."

(A) [1]
(B) [2]
(C) [3]
(D) [4] 　　　　　　　　　　　　　　　　　정답 (B)

문제 161-163번은 다음 광고를 참조하시오.

> Pomona Synchro 속성 학습
>
> Subesh Seminars에서는 인기 스프레드시트 소프트웨어인 Synchro 사용 방법을 알려드립니다. 단 하루 또는 이틀 만에 생산성을 높여 보세요.

<table>
<tr>
<td>1일차: Synchro의 기초

초보자에게 Synchro의 기본 사항을 소개합니다. 또한 직장과 가정에서 특정 요구를 충족시키기 위해 기능을 맞춤 설정하는 방법을 보여드립니다.

• 최대 효율성과 시각적 효과를 위해 스프레드시트를 디자인하고 구성하기
• 시간을 절약하기 위해 수식 적용
• 시선을 사로잡는 차트 만들기
• 메뉴 바 마스터하기
• 단축키를 사용하여 명령을 더 빠르게 구현하기
현재: $90 (정가 $110)</td>
<td>(161) 2일차: Synchro 파워 유저 되기

(161) 이제 기본 사항을 알기 때문에, Synchro 기술을 한 단계 업그레이드하십시오. 고급 사용자가 되는 방법을 알려드립니다. 친구와 동료가 여러분에게 Synchro 관련 조언을 구할 것입니다.

• 워크시트를 연결하고 상호 참조하는 방법 배우기
• 데이터를 빠르고 쉽게 가져오고 내보내기
• 고급 수식 사용하기
• 반복적인 기능 자동화하기
• 스프레드시트 및 차트 디자인에 고급 원칙 적용하기
현재: $100 (정가 $120)</td>
</tr>
</table>

(162B) 두 가지 수업을 $170에 참석하십시오 – $60 절감!

(162C) Puerto del Sol Hotel, Tucson, Arizona
(162A) 8월 8일–9일, 8월 10일–11일, 8월 15일–16일, 8월 17일–18일
오전 8시–오후 5시
(163) www.subesh.com에서 오늘 등록하십시오.

표현 정리 productivity 생산성 basics 기본[기초] customize 원하는 대로 만들다[바꾸다], 주문 제작하다 function 기능 specific 특정한 maximum 최대의 efficiency 효율성 formula 공식 eye-catching 눈길을 끄는 implement 시행하다 command (컴퓨터에 대한) 명령어 shortcut key 단축키 regularly 정기(규칙)적으로 turn to (도움·조언 등을 위해) ~에 의지하다 cross-reference 상호 참조하다 import (다른 프로그램에서 데이터를) 불러오다 export 내보내다(데이터를 다른 프로그램에서 읽을 수 있도록 전환하여 발송하는 것) advanced 상급의 automate (일을) 자동화하다 repetitive 반복적인 saving 절감 mostly 주로 graphically 도표[그래프]로 attendee 참석자 knowledge 지식 perform 수행하다 calculation 계산 occasion 행사 lodging 숙박 establishment 기관 register 등록하다

161. 추론 문제

해설 질문의 키워드인 class for learners with a prior foundation in Synchro는 기본 지식이 이미 있어서 다음 단계가 필요(Now that you know the basics, take your Synchro skills to the next level.)한 Day 2: Becoming a Synchro Power User 수업을 말한다. 이 수업은 고급 과정으로 기본 단계를 이미 거친 사용자에게 고급 기술을 가르치므로 대부분의 다른 사용자보다 더 많은 지식을 제공한다는 (B)가 정답이다.

Synchro에 사전 기초가 있는 학습자를 위한 수업에 대해 제시된 것은?

(A) 주로 데이터를 그래픽으로 표현하는 데 중점을 둔다.
(B) 대부분의 다른 사용자보다 참석자에게 더 많은 지식을 제공한다.
(C) 가장 빠른 방법으로 계산을 수행하는 방법을 가르친다.
(D) 최신 버전의 Synchro 사용을 포함한다. **정답 (B)**

162. Not/True 문제

해설 하단에 실시 날짜를 보면 August 8–9, August 10–11, August 15–16, and August 17–18로 총 4회 실시되므로 (A)는 사실이다. Attend both for $170—a savings of $60!에서 두 개 수업을 같이 들으면 절감되므로 (B)도 사실이다. Puerto del Sol Hotel, Tucson, Arizona에서 개최 장소가 호텔이므로 (C)도 사실이다. 소프트웨어 프로그램을 배우는 가장 빠른 방법이라는 내용은 찾을 수 없으므로 (D)가 정답이다.

패러프레이징 August 8-9, August 10-11, August 15-16, and August

17-18 ▶ **They will be repeated on four occasions.** / Attend both for $170—a savings of $60! ▶ **A discount is offered for attending the two days together.** / Puerto del Sol Hotel ▶ **lodging establishment**

광고된 세미나에 대해 나타나지 않은 것은?

(A) 4회 반복될 것이다.
(B) 이틀 동안 함께 참석하면 할인이 제공된다.
(C) 숙박 시설에서 개최될 것이다.
(D) 소프트웨어 프로그램을 배우는 가장 빠른 방법이다. **정답 (D)**

163. 세부사항

해설 지문 마지막 문장 Enroll today at www.subesh.com.에서 웹사이트에서 등록이 가능하므로 (B)가 정답이다.

광고에 따르면 독자는 회사 웹사이트에서 무엇을 할 수 있는가?

(A) 추가 할인을 받는다.
(B) 워크숍에 등록한다.
(C) 행사장 길안내를 받는다.
(D) 수업에 대해 더 알아본다. **정답 (B)**

문제 164–167번은 다음 기사를 참조하시오.

WILMINGTON (8월 3일) – (164/166C) 가볍게 식사할 수 있는 식당 체인인 Chester's는 지난 주 한때 어시장 부지였던 Hector Street에 최신 지점을 오픈했다. 원래 20세기 초에 지어진 930제곱미터 규모의 Beauregard Building은 올해 초 대규모 보수 공사를 진행했다. 6개 시설로 나뉘어 있는 이 건물에는 미용실, 커피숍 및 초콜릿 제조 판매업체도 입점해 있다. (166D) 나머지 두 시설 공간은 여전히 세입자를 구하고 있다.

(166A) Chester's는 건물 서편에 위치하고 부두를 향하고 있어 해안가를 걷는 잠재 식당 이용객의 시선을 사로잡기에 완벽하다. 좌석은 야외 파티오 또는 실내에서 이용할 수 있다. 다양한 메뉴와 훌륭한 서비스가 제공된다.

DIY 식사 경험을 선호하는 사람들은 Pit을 이용해 보는 것도 좋다. 이 레스토랑에는 날 것으로도 제공되는 다양한 종류의 고기와 (165) 날 음식으로 이용 가능한 해산물 뷔페가 제공된다. 식당 이용객은 원하는 것을 선택하고 테이블에 놓인 작은 가스 그릴에서 취향 대로 음식을 준비할 수 있다. 소스와 야채도 제공된다.

동편에 위치한 레스토랑 바는 Beauregard Building 내부로 연결된다. 음료 및 스낵이 정상 업무 시간 동안 제공된다.

Chester's는 2011년 샌프란시스코에서 시작되어 미국 전역의 21개 도시로 확장되었다. (167) 캐나다의 밴쿠버 및 홍콩에 지점 오픈 계획을 논의 중이다.

표현 정리 establishment 기관, 시설 former 이전의 originally 원래 undergo 겪다[받다] massive 엄청나게 큰 partition 분할하다, 나누다 chocolatier 초콜릿 제조 판매업(자) tenant 세입자 remaining 나머지의 wharf 부두, 선창 potential 잠재적인 stroll 거닐다, 산책하다 waterfront 해안가, 부둣가 extensive 광범위한 prefer 선호하다 do-it-yourself 스스로[손수] 하는 available 이용 가능한 launch 시작[개시/착수]하다 in the works (어떤 일이) 논의[진행/준비]되고 있는 중인 expansion 확장 rescue 구조하다 pedestrian 보행자 occupant 입주자 identical 동일한, 똑같은 marginally 아주 조금, 미미하게 profitable 수익성이 있는 ambition 야망

164. 주제/목적 찾기 문제

해설 기사 도입부 Chester's, a chain of casual-dining establishments, opened its newest location last week on Hector Street at the site of a former fish market.에서 한 식당 체인이 새 지점을 오픈했다고 소개한다. 뒤이어 이에 대한 내용이 전개되므로 글의 주제는 새로운 사업의 도래로 표현한 (D)가 적절하다.

기사는 주로 무엇에 관한 것인가?

(A) 해안가의 발전
(B) 제안된 레스토랑 확장
(C) 역사적 구조물 복구
(D) 새로운 사업의 도래 정답 (D)

165. 동의어 문제

해설 raw는 '익히지 않은, 날것의'라는 뜻으로 해산물을 조리하지 않은 상태로 제공한다는 의미로 쓰였다. 따라서 (C) uncooked가 의미상 가장 적절하다.

3문단 네 번째 줄의 단어 "raw"와 의미상 가장 가까운 단어는?

(A) atypical
(B) few
(C) uncooked
(D) valuable 정답 (C)

166. Not/True 문제

해설 질문의 키워드인 Beauregard Building은 Chester's가 새로 지점을 오픈한 건물 이름이다. Chester's, a chain of casual-dining establishments, opened its newest location last week on Hector Street at the site of a former fish market.에서 이 건물이 한때 어시장이었다고 하므로 (C)는 사실이다. Tenants are still being sought for the two remaining units.에서 세입자를 여전히 구하는 중이므로 (D)는 사실이다. Chester's is located on the west side of the building and faces the wharf, making it perfect for catching the eye of potential diners strolling the waterfront.에서 해안가를 거닐던 사람들의 눈에 띌 수 있다고 하므로 (A)도 사실이다. 관광지에 위치해 있다는 내용은 찾을 수 없으므로 (B)가 정답이다.

패러프레이징 catching the eye of potential diners strolling the waterfront ▶ visible to pedestrians / the site of a former fish market ▶ a commercial center / still being sought for the two remaining units ▶ has space for additional occupants

Beauregard Building에 대해 언급되지 않은 것은?

(A) 보행자에게 보인다.
(B) 관광 지역에 위치하고 있다.
(C) 예전에는 상업 센터였다.
(D) 추가 입주자를 수용할 수 있는 공간이 있다. 정답 (B)

167. 세부사항

해설 마지막 문장 Plans to open locations in Vancouver, Canada, and Hong Kong in the works.에서 밴쿠버와 홍콩 지점 개점을 계획 중이라고 하므로 이를 국제적 야망이 있다고 표현한 (D)가 정답이다.

패러프레이징 Plans to open locations in Vancouver, Canada, and Hong Kong in the works ▶ have international ambitions

Chester's에 대해 제시된 것은?

(A) 각 지점은 동일한 배치를 특징으로 한다.
(B) 수익이 아주 미미하다.
(C) 고객은 바를 통해 입장하는 것을 선호한다.
(D) 소유주는 국제적 야망을 가지고 있다. 정답 (D)

문제 168-171번은 다음 온라인 채팅 토론을 참조하시오.

Daniel Cooper [9:50 A.M.]
Mr. Wilson 그리고 Ms. Morris, 좋은 아침입니다. 귀 기관에서 그림 4점을 대여한다는 저희의 요청을 받으셨습니까?

Alistair Wilson [9:51 A.M.]
예, 어제 받았습니다. 저희 큐레이터 중 한 분이 대여 계약을 준비 중입니다. (169) 오늘 오후까지 귀하의 받은 편지함에 스캔 사본을 수신하실 것입니다.

Daniel Cooper [9:52 A.M.]
좋습니다. 감사합니다! (168) 신입 인턴으로서, 이번이 제가 참여하는 첫 번째 전시회입니다. 그림이 도착하는 데 보통 얼마나 걸리나요?

Alistair Wilson [9:53 A.M.]
음, 저희는 서명된 계약서 사본을 받아야 합니다. 그런 다음, 운송을 위해 요청된 품목의 포장을 시작할 수 있습니다. 몇 주가 걸릴 수 있습니다.

Daniel Cooper [9:54 A.M.]
알겠습니다. 질문 하나 더 있습니다. 제가 운송 보험을 가입해야 하나요, 아니면 귀 기관에서 제공하는 건가요?

Evelyn Morris [9:55 A.M.]
(170) 귀하가 저희 네트워크의 일원이므로, 교환을 위한 보험이 제공됩니다.

Alistair Wilson [9:56 A.M.]
(170) 저는 그 부분에 대해 확실하지 않습니다.

Evelyn Morris [9:57 A.M.]
(171) 제가 확인해야 할 것 같습니다. Mr. Cooper, 그 부분에 대해 제가 다시 연락 드리겠습니다.

Daniel Cooper [9:58 A.M.]
좋습니다.

표현 정리 request 요청 institution 기관 prepare 준비하다 loan 대출, 대여 agreement 계약서 exhibition 전시회 be involved in ~에 개입되다, 관계되다 normally 보통 signed 서명된 shipment 선적 purchase 구입하다 insurance 보험 exchange 교환 uncertainty 불확실성 express 표현하다 disagreement 의견 충돌[차이] insurance claim 보험금 청구 verify 확인하다

168. 추론 문제

해설 질문의 키워드인 Daniel Cooper (9:52 A.M.) 대화 중 As a new intern, this is the first exhibition I have been involved in.에서 자신이 참여하는 첫 전시회라고 말한다. 앞서 나온 대화들 중 four paintings, curators 등을 통해 미술관 전시회임을 알 수 있으므로 정답은 (D)이다.

Mr. Cooper는 아마도 어디에서 근무하겠는가?

(A) 보험 회사에서
(B) 사무용품점에서
(C) 은행에서
(D) 미술관에서 정답 (D)

169. 세부사항

해설 Alistair Wilson (9:51 A.M.)의 대화 중 One of our curators is preparing a loan agreement. You should get a scanned copy in your inbox by this afternoon.에서 대여 계약서 스캔 사본을 이메일로 수신하게 된다고 하므로 (B)가 정답이다. 참고로, 9:57분에 let me get back to you on that. 때문에 (A)라고 하면 안 된다. 전화를 할지, 이메일을 보낼지, 직접 찾아갈지, 문자를 보낼지 아무것도 정해진 것이 없다.

패러프레이징 scanned copy in your inbox ▶ digital document

Mr. Cooper는 오늘 늦게 무엇을 기대할 수 있는가?

(A) Ms. Morris가 그에게 전화할 것이다.
(B) 그는 전자 문서를 받을 것이다.
(C) 소포가 그의 직장에 도착할 것이다.
(D) 그의 주문품이 상자에 담길 것이다.　　　　정답 (B)

170. 추론 문제

해설 Daniel Cooper (9:54 A.M.)의 대화 중 will I need to purchase shipping insurance, or is that something your institution provides?에서 자신이 운송 보험을 가입하는지, 아니면 상대 회사에서 제공하는지 묻는 질문에 Evelyn Morris는 Since you are part of our network, insurance is provided for exchanges.와 같이 보험이 제공된다고 한다. 하지만 Alistair Wilson은 I'm not so sure about that.이라고 하므로 동료의 대답에 대해 확실하지 않다며 동의하지 않음을 표하는 것으로 볼 수 있다. 따라서 (C)가 정답이다.

오전 9시 56분에 Mr. Wilson이 "I'm not so sure about that"이라고 말한 이유는?

(A) 불확실성을 없애기 위해
(B) 세부사항에 집중하기 위해
(C) 의견에 동의하지 않음을 표현하기 위해
(D) 요점을 설명하기 위해　　　　정답 (C)

171. 세부사항

해설 Evelyn Morris (9:57 A.M.)의 대화 I guess I should check.에서 질문에 대해 자신이 직접 확인 후 연락하겠다고 하므로 정답은 (C)이다.

Ms. Morris는 무엇을 하기로 동의하는가?

(A) 지불을 준비한다.
(B) 보험 청구를 처리한다.
(C) 일부 정보를 확인한다.
(D) 회의 일정을 변경한다.　　　　정답 (C)

문제 172-175번은 다음 편지를 참조하시오.

2월 12일

George Lasko
Gamma Industries
Bellevue, Pennsylvania 15202

Mr. Lasko 귀하

(172) Kendo Electronics는 충분히 검토한 후 자사의 Keta-D 컨트롤러(부품 번호: 8-678443)의 제조 및 판매를 중단하기로 결정했습니다. 올해 12월 31일부터 이 제품에 대한 지원 및 보증 서비스는 더 이상 제공되지 않습니다.

(175) 당사 제품 라인에 영향을 미치는 결정은 숙고 후에만 이루어집니다. Kendo는 정기적으로 제품 수요를 검토합니다. 판매 감소로 인해 더 이상 제품 생산의 명분이 없는 경우, 일반적으로 제품 판매가 중단됩니다.

(173) 당사는 지난 9년 동안 귀하가 이용해 주신 데 대해 감사드립니다. 당사의 결정으로 인해 불편을 끼쳐 드려 죄송하지만, 원 제품의 기능을 개선하는 새로운 제품을 알리게 되어 기쁘게 생각합니다.

Keta-D 컨트롤러는 다음 달에 최근 개발된 Keta-E 및 Keta-F 컨트롤러로 교체될 예정입니다. (174) 두 모델 모두 Keta-D를 개선하면서 고객들이 당사에 기대하게 된 동일한 신뢰성과 가치를 제공합니다. 당사의 지식이 풍부한 영업 담당자가 귀하의 요구에 가장 잘 맞는 모델을 기꺼이 논의할 것입니다. 1-888-555-3477로 전화해 주시면 됩니다.

추가 질문이 있으시면 언제든지 저에게 연락하십시오.

감사합니다.

Christopher Templeton
판매 관리자
Kendo Electronics

표현 정리 careful 주의 깊은　consideration 고려, 숙고　discontinue (특히 정기적으로 계속하던 것을) 중단하다　manufacture 제조　part 부품　warranty 보증　no longer 더 이상 ~않는　product 제품　affect 영향을 미치다　deliberation 숙고, 숙의　justify 옳음[타당함]을 보여 주다　declining 감소하는　typically 보통, 일반적으로　prefer 선호하다　suitable 적합한, 적절한, 알맞은　replacement 교체　available 이용 가능한　loyalty 충실, 충성　inconvenience 불편　feature 특색, 특징, 특성　recently 최근에　reliability 신뢰할 수 있음, 믿음직함　value 소중히 여기다　knowledgeable 아는 것이 많은　additional 추가적인　termination 종료　respond to ~에 대응하다　existing 기존의　contract 계약　conclude 종료되다　frequently 자주　dependable 믿을[신뢰할] 수 있는　long-term 장기적인　guarantee 보장

172. 주제/목적 찾기 문제

해설 도입부 After careful consideration, Kendo Electronics has decided to discontinue the manufacture and sale of our Keta-D controller (part number: 8-678443).에서 제품의 제조 및 판매를 중단한다고 알리므로 (C)가 정답이다.

패러프레이징 discontinue the manufacture and sale of our Keta-D controller ▶ termination of a product

편지의 목적은 무엇인가?

(A) 새로운 절차를 추천하기 위해
(B) 고객 주문 관련 문제를 설명하기 위해
(C) 제품의 종료를 알리기 위해
(D) 서면 문의에 응답하기 위해　　　　정답 (C)

173. 추론 문제

해설 질문의 키워드인 Mr. Lasko는 편지의 수신인이다. 본문 3문단 We appreciate your loyalty over the past nine years.에서 자사 제품을 9년간 이용해 주어 고맙다고 하고 있고, 그 다음 문장에서 Mr. Lasko의 회사가 불편함을 겪을 수도 있다고 말하고 있다. 전체적으로 본문 내용은 Keta-D controller의 생산이 중단되고 Keta-E, Keta-F controller를 추천하고 있기 때문에, Mr. Lasko의 회사가 Keta-D 모델을 사용하고 있지 않다면 이런 글을 쓸 수 없으므로 (B)가 정답이다.

Mr. Lasko에 대해 아마도 사실인 것은?

(A) 그는 Gamma Industries의 소유주이다.
(B) 그의 회사는 과거에 Keta-D 컨트롤러를 구입했다.
(C) 제품 샘플은 그에게 3월에 발송될 것이다.
(D) 그의 기존 계약은 연말에 종료될 것이다.　　　　정답 (B)

174. 세부사항

해설 4문단 The Keta-D controller will be replaced next month by the recently developed Keta-E and Keta-F controllers.에서 판매 중단되는 Keta-D 대신 Keta-E와 Keta-F 모델이 개발되었다고 나오고, 다음 문장 Both models improve on the Keta-D while offering the same reliability and value our customers have come to expect from us.에서 고객들이 Kendo Electronics에게 기대하게 된 신뢰성과 가치를 제공하고 있다고 덧붙인다. 따라서 제품이 믿을 만하다는 (A)가 정답이다.

Kendo 제품에 대해 제시된 것은?

(A) 신뢰할 만한 것으로 알려져 있다.
(B) 자주 업데이트된다.
(C) 장기 보증이 제공된다.

(D) 가장 저렴한 것 중 하나이다.　　　　　　　　**정답 (A)**

175. 문장 위치 문제

해설　주어진 문장은 회사에서 this decision이 무엇을 가리키는 것인지 알아야 하고, 문장의 앞에 However도 힌트가 된다. 본문에서 제품의 생산을 중단하는 것을 가리킨다고 봐야, 적절한 교체품이 가능한 경우에만 이런 결정을 내린다는 말이 가장 자연스럽게 연결되므로 답은 (B)가 된다.

[1], [2], [3], [4]로 표시된 위치 중 다음 문장이 들어가기에 가장 알맞은 곳은?

"그러나 당사는 적절한 교체품이 가능한 경우에만 이러한 결정을 내리고 있습니다."

(A) [1]
(B) [2]
(C) [3]
(D) [4]　　　　　　　　**정답 (B)**

문제 176–180번은 다음 이메일과 정보를 참조하시오.

수신: dhenderson@lunchhouse.net
발신: noreply@portersteaks.com
날짜: 10월 28일, 7:02 A.M.
제목: 주문품 배송

Mr. Drew Henderson 귀하

(177) 귀하께서 10월 27일 주문하신 품목(#674893)이 배송되었습니다. 아래는 주문 요약입니다.

제품 번호	내역	수량
89332	필레 미뇽 스테이크, 280–300그램	4
38211	고메 포크 소시지, 각 70그램	24
47452	티본 스테이크, 670–690그램	2
22016	(176) 핫 소스, 장기 유통기한, (170) 그램(병)	1

(177) 배송 방법: 일반
배송지: 1208 Cross Street, Waltham, MA 02452
전화번호: 555–7683

(180) 배송업체: Tourneau Delivery, Inc. (555–9421)

주문을 추적하려면 여기를 클릭하십시오.

주문 내용에 오류가 있는 것으로 판단되면 custserv@portersteaks.com으로 고객 서비스에 문의하십시오.

Porter Steaks 배송 정보

일반 배송
(177) 주문품은 주문 날짜로부터 영업일 기준 10–14일 이내에 도착합니다.

주문 소계	일반 배송료
최대 $70	$17.00
$71–$150	$19.00
$150 이상	$24.00

빠른 배송 옵션
빠른 배송 옵션은 모든 규격의 주문에 이용할 수 있습니다. 구매 시 원하는 옵션을 지정해 주십시오. 지정된 시간대까지 배송을 보장하기 위한 주문 마감 시간은 www.portersteaks.com/shipping에서 확인하실 수 있습니다.

급행　　　　추가 $9.00　　　영업일 기준 2–3일 내에 도착

---

(178) 익일　　　　추가 $19.00　　　영업일 기준 1–2일 내에 도착

기타 배송 옵션
알래스카/하와이　　　추가 $39.00

배송 제한
(179) 사서함, 사람이 살지 않는 주소 및 미국 이외의 주소로 배송할 수 없습니다. 유효한 전화번호가 제공되고 예정된 배송 날짜가 확인되는 경우에 한해 시골 지역으로 배송됩니다.

배송 과정
당사는 현지 배송 회사와 계약합니다. 주문품의 배송이 준비되기 약 24시간 전에, 배송 회사의 담당자가 연락을 드릴 것입니다. 상하기 쉬운 품목은 드라이 아이스로 포장하고 밀봉된 단열 패키지로 냉동 상태에서 배송합니다. 부패를 방지하기 위해 배송품 수령 시 누군가 배송지에 계셔야 합니다. 당사는 잘못된 주소로 배송된 경우 (즉, 잘못된 정보가 제공된 경우) 또는 사람이 살지 않는 주소지로의 반복적인 배송 시도에 대해 제품의 품질을 보장할 수 없습니다. (180) 배송 일정을 조정해야 하는 경우 배송 회사에 직접 문의하십시오.

표현 정리 summary 요약 quantity 수량 shelf life (식품 등의) 유통기한 method 방법 track 추적하다 incorrect 부정확한 shipping charge 배송료 available 이용 가능한 specify 명시하다 deadline 기한일 guarantee 보장하다 overnight 하룻밤 동안, 밤새도록 restriction 제한 unable to ~할 수 없는 unoccupied (사람이 살거나 이용하지 않고) 비어 있는 rural 시골의, 지방의 valid 유효한 confirm 확인하다 contract 계약하다 ready 준비된 representative 직원 perishable 식품이 잘 상하는[썩는] seal (봉투 등을) 봉[봉인]하다 insulated 절연[단열/방음] 처리가 된 prevent 막다 spoilage (음식·식품의) 부패[손상] present (사람이 특정 장소에) 있는, 참석[출석]한 repeated 반복적인 attempt 시도 reschedule 일정을 변경하다 directly 직접

176. 세부사항

해설　제품 내역을 보면 22016인 Hot sauce만 유통 기한이 길다(long shelf life)고 명시되어 있다. 따라서 정답은 (A) Product #22016이다. 참고로 perishable은 '단기간에 상하는'의 뜻으로 fruit, vegetables, meat 등을 수식할 때 쓰이는 형용사이다.

Mr. Henderson의 주문품 중 잘 상하는 품목이 아닌 것은?

(A) 제품 #22016
(B) 제품 #38211
(C) 제품 #47452
(D) 제품 #89332　　　　　　　　**정답 (A)**

177. 추론 문제 – 정보 조합

해설　두 지문의 내용을 종합해서 풀어야 하는 연계 문제이다. 첫 지문 도입부 Your order (#674893), placed on October 27, has just shipped.에서 주문은 10월 27일에 이루어졌다. Shipping method: standard를 보면 일반 배송을 선택했다. 다음으로, 두 번째 지문 Your order will arrive in 10–14 business days from the date on which it was placed.에서 주문품은 주문일로부터 10–14일이 걸리므로 최소 11월에 도착할 것이라는 (D)가 정답이다.

Mr. Henderson의 주문에 대해 아마도 사실인 것은?

(A) 배송비가 $20 이상 청구되었다.
(B) 서명이 없으면 전달할 수 없다.
(C) 오류가 있다.
(D) 11월에 도착할 것이다.　　　　　　　　**정답 (D)**

178. 세부사항

해설　질문의 키워드인 overnight shipping 요금이 나온 Overnight, Add $19.00에서 추가 요금이 붙음을 알 수 있다. 따라서 (C)가 정답이다.

익일 배송 옵션에 대해 나타난 것은?

(A) 특정 금액의 주문에만 적용할 수 있다.
(B) 일부 현지 회사에서는 제공하지 않는다.
(C) 일반 배송 금액보다 많은 금액을 지불해야 한다.
(D) 미국의 일부 도시에서만 이용할 수 있다. 　　정답 (C)

179. 세부사항

해설 두 번째 지문 Shipping Restrictions 중 We are unable to deliver to P.O. boxes, unoccupied addresses, and addresses outside the United States.에서 미국 이외 지역은 배송이 불가하다고 나오므로 (B)가 정답이다. Deliveries to rural areas will be made as long as a valid phone number is provided and the scheduled delivery date is confirmed.에서 시골 배송에 제약이 따르지만 추가 요금에 관한 내용은 없으므로 (A)는 오답이다. Alaska/Hawaii에 추가 요금이 붙으므로 이용할 수 없다는 (C)도 오답이다. We contract with local delivery companies.에서 지역마다 배송업체와 계약을 맺는 것으로 보아 자체 트럭과 기사가 있다는 (D)도 오답이다.

패러프레이징 unable to deliver to addresses outside the United States ▶ not send orders to international customers

Porter Steaks 배송 정책에 대해 사실인 것은?

(A) 회사는 도시 이외의 지역으로 배송하는 경우 추가 요금을 부과한다.
(B) 회사는 해외 고객에게 주문을 보내지 않을 것이다.
(C) 회사는 알래스카의 특정 지역에 배송할 수 없다.
(D) 회사는 자체 배달 트럭과 운전사가 있다. 　　정답 (B)

180. 세부사항 – 정보 조합

해설 두 지문의 내용을 종합해서 풀어야 하는 연계 문제이다. 두 번째 지문 마지막 문장 If you need to reschedule a delivery, contact the delivery company directly.에서 배송 일정을 변경하고 싶을 때 배송 회사에 직접 문의하라고 나온다. 배송업체는 첫 지문 중 Delivered by: Tourneau Delivery, Inc.(555-9421)에서 확인할 수 있으므로 정답은 (C)이다.

Mr. Henderson은 주문품 수령일을 바꾸고 싶은 경우 어떻게 해야 하는가?

(A) 웹사이트를 방문한다.
(B) 이메일을 보낸다.
(C) 555-9421로 전화한다.
(D) 온라인 양식을 작성한다. 　　정답 (C)

문제 181-185번은 다음 청구서와 이메일을 참조하시오.

Riverside Catering 2001 Dover Road Frederick, MD 21709 (301) 555-1250 www.riversidecatering.com	주문 번호: 744323 **(183)** 접수자: Jennifer Beale 접수일: 5월 11일
청구서 수신인: Matthew Harrison (310) 555-4069	**(181D)** 배송지: 1208 Broad Street Clover Hill, MD 21098

배송 정보

(182) 날짜: 5월 20일	시간: 오전 11:30	**(181C)** 담당자: Reese Taylor

주문 정보

품목 번호	내역	단위	단가	가격
00101	그리스식 샐러드	2그릇	$25.00	$50.00
00798	파스타 샐러드	2그릇	$23.00	$46.00
00433	샌드위치 트레이	트레이 4개	$45.00	$180.00
00241	과일/치즈 트레이	트레이 2개	$38.00	$76.00
00023	각종 페이스트리	트레이 2개	$17.00	$34.00
00809	**(185)** 생수	60병	$1.00	**$60.00**

지불 방법: 수령 시 지불	소계:	$446.00
(181C) 특별 지침: 회의실 외부에 있는 긴 테이블에 음식을 준비해 주십시오. 고객이 추가 냅킨을 요청했습니다. 도착하시면 Kendra Phillips에게 자세한 지침을 문의해 주세요.	판매세(6.55%):	$29.21
	(181A) 총계:	$475.21

이용해 주셔서 감사합니다!

수신: Julie Cartwright 〈julie@riversidecatering.com〉
발신: Matthew Harrison 〈matthew.harrison@connection.com〉
날짜: 5월 23일, 10 A.M.
제목: 나의 주문

Ms. Cartwright 귀하,

(182) 저는 분기별 회의 참석자들이 귀사의 케이터링 음식에 매우 만족해 했음을 알려드리고자 합니다. 직원이 일찍 도착해서 모든 것을 저희 회사에서 원하는 그대로 준비해 주셨습니다. 모두가 음식을 즐겼습니다. 샐러드는 아주 인기가 좋았습니다! 제 동료 중 몇 명이 음식 공급처를 저에게 물었습니다. 그래서 그들에게 귀사 연락처를 주었습니다. 앞으로 몇 주 안에 부서 회의에서 배고픈 직원들에게 음식을 공급해 달라는 전화를 받을 것으로 기대합니다.

그런데, 청구서에 대한 문의 사항이 있습니다. 지금 바로 **(184)** 살펴보니 생수 금액이 청구된 이유가 궁금합니다. **(183/185)** 주문할 때 제가 이야기한 직원은 생수가 무료로 제공될 것이라고 했습니다. 놓친 사항이 있는지 확인하기 위해 웹사이트를 살펴봤습니다. 큰 문제는 아니지만 앞으로의 점심을 위해 예산을 책정할 수 있도록 제가 알아야 합니다.

감사합니다.

Matthew Harrison
지역 관리자
Connection Technologies

표현 정리 bill 청구서[계산서]를 보내다 delivery 배달 unit (상품의) 한 개 [단위] rate 요금 assortment (같은 종류의 여러 가지) 모음, 종합 due (돈을) 지불해야 하는 receipt 받기, 수령, 인수 instruction 지시, 지침 arrival 도착 detailed 자세한 attendee 참석자 quarterly 분기별의 catering (행사·연회 등을 대상으로 하는) 음식 공급[음식 공급업] specification 명세 사항, 세목, 내역 colleague 동료 department 부서 look over ~을 살펴보다 charge (요금·값을) 청구하다[주라고 하다] place the order 주문하다 at no charge 무료로 no big deal 별일 아니다[대수롭지 않다] budget 예산, (지출 예상) 비용

181. Not/True 문제

해설 첫 지문 Total: $475.21에서 (A)를 확인할 수 있다. Staff: Reese Taylor와 Special Instructions: Please set up food on long table outside meeting room.을 통해 (C)도 확인할 수 있다. Deliver To: 1208 Broad Street Clover Hill, MD 21098에서 음식이 배달되는 곳이 적혀 있으므로 (D)도 확인할 수 있다. 식사 시작 시간은 찾을 수 없으므로 (B)가 정답이다.

청구서에 언급되지 않은 것은?

(A) Mr. Harrison이 지불해야 하는 금액
(B) 사람들이 식사를 시작하려는 시간
(C) Mr. Taylor가 해야 할 일
(D) 음식이 배달되는 장소 　　정답 (B)

182. 세부사항 - 정보 조합

해설 두 지문의 내용을 종합적으로 확인한 후 풀어야 하는 연계 문제이다. 이메일 I want to let you know that the attendees at our quarterly meeting were very pleased with your catering.에서 분기별 회의에서 케이터링 음식을 공급받았음을 알 수 있는데, 첫 지문 Delivery Information 중 Date: May 20에서 배송 날짜가 곧 회의 개최일이므로 정답은 (B)이다.

Connection Technologies에서 분기별 회의는 언제 열렸는가?

(A) 5월 11일
(B) 5월 20일
(C) 5월 23일
(D) 5월 24일   정답 (B)

183. 세부사항 - 정보 조합

해설 두 지문의 내용을 종합적으로 확인한 후 풀어야 하는 연계 문제이다. 질문의 키워드인 Ms. Beale은 첫 지문 Received By: Jennifer Beale에서 주문을 접수한 직원이다. 이메일 본문 2문단 The person I spoke to when placing the order said that it would be provided at no charge.에서 이메일 발신인인 Mr. Harrison은 주문 접수 시 이야기한 직원이 생수가 무료 제공된다고 말했다고 나온다. 따라서 이들 내용을 종합할 때 정답은 (A)이다.

패러프레이징 be provided at no charge ▶ get something for free

Ms. Beale에 대해 제시된 것은?

(A) Mr. Harrison이 무료로 무언가를 얻을 수 있다고 말했다.
(B) Riverside Catering의 소유주이다.
(C) Mr. Harrison의 주문을 즉각 배달했다.
(D) Mr. Harrison의 회의에 참석했다.   정답 (A)

184. 동의어 문제

해설 look over는 '대충 훑어보다, 살펴보다' 등의 의미이다. 지금 대충 보니 생수 금액이 청구된 이유가 궁금하다는 의미로 (D) examining quickly가 정답이다.

이메일 2문단 첫 번째 줄의 어구 "looking over"와 의미상 가장 가까운 단어는?

(A) promoting actively
(B) fulfilling
(C) considering
(D) examining quickly   정답 (D)

185. 세부사항 - 정보 조합

해설 두 지문의 내용을 종합적으로 확인한 후 풀어야 하는 연계 문제이다. 두 번째 지문 2문단 중 Looking over it just now, I wonder why I was charged for bottled water. The person I spoke to when placing the order said that it would be provided at no charge.에서 생수가 무료 제공되는 것으로 알았는데 금액이 청구된 이유가 궁금하다고 묻는다. 청구서에서 생수 금액이 $60.00이므로 정답은 (D)이다.

Mr. Harrison이 청구서에서 기대하지 않은 금액은?

(A) $34.00
(B) $46.00
(C) $50.00
(D) $60.00   정답 (D)

문제 186~190번은 다음 광고, 온라인 쇼핑 장바구니, 그리고 이메일을 참조하시오.

Wolf Creek
"양질의 야외 장비 및 의류 공급원"
시즌 마감 대방출!

세일은 9월 1일에 시작하여 여름 전체 재고 상품이 판매될 때까지 계속됩니다. (186) 다음은 매장과 웹사이트에서 싸게 살 수 있는 일부 품목입니다.

- Majestic 브랜드 텐트(1인, 2인 또는 4인 모델), 10%-30% 할인.
- Ubuntu 남성용 양모 하이킹 양말, 한 켤레에 $4(스몰 및 엑스트라 라지에만 해당).
- Mica 브랜드 휴대용 프로판 캠프 스토브 구입 시 별도의 비용 없이 연료 보틀 2개 추가 증정(정가 각 $7.99)!
- 남성, 여성 및 어린이용 Dolomite 하이킹 부츠, 일부 스타일 최대 50% 절약.

(188) $100 이상 주문 시 무료 배송.*

(187) 이메일 명단에 가입하고 귀중한 쿠폰, 제품 추천, 사전 세일 알림 등을 받으세요. www.wolfcreekoutdoor.com을 방문하세요.

(188) *알래스카, 하와이, 캐나다 및 멕시코 주소지는 제외.

---

www.wolfcreekoutdoor.com

| 환영합니다 | 검색 | 장바구니 | 문의 |

손님으로 쇼핑하고 있습니다. 계정을 만들고 향후 거래를 더 빠르고 쉽게 하려면 여기를 클릭하십시오.

고객 정보

청구서 수신인:	(188) 배송지:
Alex Papadopoulos	(청구지 주소와 동일)
71 Rogan Lane	
(188) Juneau, Alaska 99803	
(907) 555-7019	

주문 정보

제품 #	내역	수량	요금
5503	(190) Majestic "Minus 6" 침낭, 성인	1	$120.00
2394	Ubuntu "Trend" 하이킹 양말, 남성용 미디엄	3	$36.00
4581	Majestic "Summit" 2인용 텐트	1	$208.00
7034	(189) Dolomite "Moraine" 하이킹 부츠	1	$95.00

소계: $459.00

배송비 및 세금을 계산하려면 여기를 클릭하십시오.

도움이 필요하신가요? 여기를 클릭하여 채팅 앱을 시작하거나 1-888-555-4131로 전화하십시오. 고객 서비스 팀은 하루 24시간 연중무휴로 궁금하신 사항에 답변해 드립니다.

수신: Wolf Creek 〈info@wolfcreekoutdoor.com〉
발신: Alex Papadopoulos 〈arp83@visionsrv.com〉
날짜: 9월 15일
제목: 제품 문의

안녕하세요,

저는 최근에 귀하의 웹사이트에서 주문을 했으며 (190) 지난 주말 캠핑 여행에서 모든 새로운 장비를 테스트했습니다. 모든 것이 훌륭하게 작

동했습니다! 텐트가 정말 마음에 듭니다. 예상보다 훨씬 공간이 넓습니다. 부츠는 잘 맞으며 지지력과 쿠션감이 균형이 있습니다. (189) 저와 마찬가지로 캠핑과 하이킹을 즐기는 제 형제를 위해 또 다른 한 켤레를 주문할 생각입니다. 그런데 어떤 이유에서인지 웹사이트에서 그 특정 스타일을 찾을 수 없습니다. 비슷한 제품이 재고로 표시되거나 매진되었지만, 제가 구매한 제품은 사라진 것 같습니다. 아직 판매하고 있는지, 그리고 판매 중이라면 주문 방법을 알려주세요.

미리 감사드립니다!

수고하세요.

Alex Papadopoulos

표현 정리 outdoor 야외의 equipment 장비 apparel 의류 blowout 잔치, 파티 entire 전체의 inventory 재고 mark down ~의 가격을 인하하다 portable 휴대용의 throw in ~을 덤으로[거저] 주다[포함시키다] at no additional charge 할증 수수료 없이 sign up for ~을 신청(가입)하다 valuable 소중한 recommendation 추천 advance 사전의 alert 경보, 경계 excluding ~을 제외하고 account 계정 transaction 거래 bill 청구서[계산서]를 보내다 calculate 계산하다 available (사람들을 만날) 시간[여유]이 있는 place an order 주문하다 gear (특정 활동에 필요한) 장비[복장] spacious (방·건물이) 널찍한 support 지지 cushioning 완충 작용 specific 특정한 in stock 비축되어, 재고로 sold out (가게에서 특정 상품이) 다 팔린[매진된/품절의] disappear 사라지다 in advance 미리 restrict 제한하다 last 지속되다 be exempt from ~에서 면제되다 intend 의도하다 partially 부분적으로

186. Not/True 문제

해설 첫 지문 Here is just a sample of the great deals you can find in our store and on our Web site:에서 웹사이트와 매장에서 구매할 수 있는 할인 품목 중에서 일부분(sample)이 광고에 명시한 제품들이므로, 더 많은 세일 품목을 온라인에서 찾을 수 있다는 (B)가 정답이다. 또한 이 문장에서 알 수 있듯이 웹사이트에서도 할인 품목을 구할 수 있다는 것이기 때문에 (A)는 오답이다. Sale starts September 1 and continues until our entire summer inventory has been sold.에서 물건이 소진될 때까지 세일이 이어지므로 (D)도 오답이다.

광고된 세일에 대해 사실인 것은?

(A) 고객은 직접 방문 시에만 할인을 받을 수 있다.
(B) 더 많은 판매 품목은 온라인에서 찾을 수 있다.
(C) 모든 제품은 크기에 의해 제한된다.
(D) 한 달 동안 지속될 것으로 예상된다. 정답 (B)

187. 세부사항

해설 Sign up for an e-mail list and receive valuable coupons, product recommendations, advance alerts for sales, and more. Visit www.wolfcreekoutdoor.com.에서 웹사이트를 방문하면 세일 알림을 사전에 받을 수 있다고 하므로 (B)가 정답이다.

Mr. Papadopoulos는 향후 제안에 대한 알림을 어떻게 받을 수 있는가?

(A) 자신의 계정을 업데이트함으로써
(B) 웹사이트를 방문함으로써
(C) 이메일 메시지를 보냄으로써
(D) 회사 담당자와 대화함으로써 정답 (B)

188. 추론 문제 – 정보 조합

해설 두 지문의 내용을 종합해서 풀어야 하는 연계 문제이다. 첫 지문 하단 *Excluding addresses in Alaska, Hawaii, Canada, and Mexico.에서 알래스카 지역은 제외인데 이 *표시는 Free shipping on orders of $100 or more.*에서 $100 이상 주문 시 무료 배송을 말한다. 두 번째 지문 배송지를 보면 청구 주소와 동일(same as billing)한데 청구지 주소 71 Rogan Lane, Juneau, Alaska 99803에서 Mr. Papadopoulos가 알래스카에 거

주하므로 추가 배송비가 필요함을 알 수 있다. 따라서 정답은 (A)이다.

Mr. Papadopoulos의 장바구니에 대해 아마도 사실인 것은?

(A) 주문품을 받으려면 추가 비용을 지불해야 한다.
(B) 반값에 한 가지 품목을 받았다.
(C) 판매세가 면제될 것이다.
(D) 일부 무료 품목을 받을 것이다. 정답 (A)

189. 세부사항 – 정보 조합

해설 두 지문의 내용을 종합해서 풀어야 하는 연계 문제이다. 이메일 본문 중 The boots fit well and offer a balance of support and cushioning. I'm actually thinking of ordering another pair for my brother, who also enjoys camping and hiking.에서 그의 형제도 하이킹 부츠에 관심이 있음을 알 수 있다. 두 번째 지문에서 하이킹 부츠는 Dolomite "Moraine" hiking boots이므로 (B)가 정답이다.

Mr. Papadopoulos의 형제는 어떤 스타일의 구매에 관심이 있는가?

(A) The "Minus 6"
(B) The "Moraine"
(C) The "Summit"
(D) The "Trend" 정답 (B)

190. 세부사항 – 정보 조합

해설 이메일 I recently placed an order on your Web site and tested all my new gear on a camping trip last weekend. Well, everything worked great!에서 주문한 모든 품목을 테스트해 보았고 모든 것이 만족스러웠다고 말한다. 따라서 일부만 만족했다는 (D)는 오답이다. 모든 새 장비를 테스트해봤다고 하므로 두 번째 주문 내역을 보면 Majestic "Minus 6" Sleeping bag도 사용했음을 알 수 있다. 따라서 (C)가 정답이다.

Mr. Papadopoulos에 대해 제시된 것은?

(A) 곧 다시 캠핑을 갈 계획이다.
(B) 의도했던 것보다 적은 돈을 썼다.
(C) 최근에 구입한 침구를 사용했다.
(D) 그의 주문에 부분적으로만 만족한다. 정답 (C)

문제 191-195번은 다음 웹사이트, 양식, 그리고 이메일을 참조하시오.

Homeshare.com

| 당사 소개 | 목록 검색 | 부동산 등재 | FAQ | 문의 |

장기간 여행할 주택 소유주이시든 다수의 주거용 부동산 소유주이시든, 당사에서 단기 또는 장기 임차인과 연결하는 데 도움을 드립니다. (193) 호스트로 등록하고 신원을 확인하여 계정을 만드시기만 하면 됩니다. 그런 다음 부동산 목록을 등재할 수 있습니다.

당사 사이트에 부동산 등재 시 수수료는 없습니다. 그러나 타인이 귀하의 부동산을 예약할 때마다, 당사에서 3%의 수수료를 받습니다. 거주 지역에 따라 귀하에게 세금 및 수수료가 부과될 수도 있습니다. (자세한 내용은 해당 지역 정부에 문의하십시오.) 모든 금융 거래는 당사 사이트를 통해 처리되므로 절차가 편리하고 안전하며 투명합니다.

가격 책정과 관련하여 귀하에게 통제 권한이 있습니다. 귀하의 부동산 가치에 상응하다고 생각되는 금액을 기준으로 가격을 정하십시오. 확실하지 않으신가요? (192) 당사의 독자적인 알고리즘은 시장을 분석해, 귀하께서 입력하신 사항을 바탕으로 다양한 가격을 제안할 수 있습니다. 또한 주말, 공휴일 및 공공 행사와 같은 성수기에는 가격을 쉽게 조정할 수 있습니다.

부동산 훼손에 대해 우려하십니까? 당사에서 도움을 드립니다. 당사 사이트에 부동산을 등재한 호스트는 100만 달러의 보험을 받습니

다. (191) Gold Shield, Inc.에서 추가 금액을 가입할 수 있습니다 (1-888-555-2092로 전화하여 담당자에게 문의하십시오). 또한 지역의 청소, 유지 관리 및 수리 서비스 제공업체를 추천할 수도 있습니다. 이들 업체 모두 당사의 품질 관리 팀에 의해 검증되었으며 과거 Homeshare.com 호스트의 리뷰를 공유하기로 동의했습니다.

시작하려면 여기를 클릭하십시오.

Homeshare.com

| 당사 소개 | 목록 검색 | 부동산 등재 | FAQ | 문의 |

부동산 등재 양식

(193) 아래 양식을 작성하십시오. 그런 다음 "다음"을 클릭하여 목록을 미리 살펴보십시오.

호스트 정보
이름: Carmen Rivera
계정 #: 384221
전화번호: (210) 555-0342
이메일: c.rivera@holtlaw.com

임대 부동산 정보
주소: 83 Oak Street, Durham, North Carolina 27709
전화번호: (919) 555-4373
유형: 타운하우스   (194D) 침실 수: 3   욕실 수: 2
설명(50자 이하): (194A/B) 울타리가 있는 주택지 내에 있는 매력적인 2층 타운하우스. (195) Hillsboro 인근에 식료품점, 버스 정류장, 은행, 미용실 및 공원. 최대 2대의 차량 주차. 꽃밭과 테라스가 있는 울타리 뒷마당.

요청 임대료: $750/주
(194C) 가용성: 1년 내내
게시 시작일: 4월 15일

다음

수신: Carmen Rivera 〈c.rivera@holtlaw.com〉
발신: Darren Sileski 〈d.sileski@glasson.com〉
날짜: 4월 28일
제목: 등재 #749322 (83 Oak Street, Durham)

Ms. Rivera 귀하,

두 명의 동료와 저는 6월 3일부터 6월 8일까지 Durham에서 열리는 컨퍼런스에 참석할 예정입니다. (195) 저희는 Durham Convention Center에서 도보 거리 내에 있는 조용한 주거 지역에 머물고자 합니다. 귀하의 장소가 아주 적절합니다! 해당 기간 동안 귀하의 장소를 예약할 수 있는지 알려주십시오.

감사합니다.

Darren Sileski

표현 정리 homeowner 주택 소유주 extended (보통 때나 예상보다) 길어진[늘어난] multiple 다수의 residential property 주거용 부동산 long-term 장기간의 renter 임차인, 세입자 register 등록하다 host (손님을 초대한) 주인 verify 확인하다 identity 신원 account 계정 listing 리스트, 목록, 명단 book 예약하다 commission (위탁 판매 대가로 받는) 수수료[커미션] charge 부과하다 details 세부사항 financial 재정의 transaction 거래 process 처리하다 convenient 편리한 secure 안전한 transparent 투명한 be in control (of something)

(~을) 장악[통제]하다 proprietary 상품이 등록[전매] 상표가 붙은, 소유주[자]의 algorithm 알고리즘 analyze 분석하다 a range of 다양한 adjust 조정하다 peak period 성수기 damage 손상, 피해 insurance 보험 representative 직원 recommend 추천하다 provider 제공자 maintenance 유지 보수 agree 동의하다 complete 작성하다 form 양식 preview 미리 관람시키다 gated community (울타리나 담을 친) 외부인 출입 제한 주택지 neighborhood 근처, 인근 vehicle 차량 rate 요금 availability 가용성 coworker 동료 attend 참석하다 within walking distance of ~에서 걸어가는 거리 내에 fit the bill 만족시키다. 딱 필요한 것을 공급하다 timeframe 기간 on a weekly basis 매주, 주 단위로 permit 허가증 enclosed area 둘러막힌 곳 reasonable (가격이) 적정한, 너무 비싸지 않은

191. 세부사항

해설 첫 지문 4문단 중 Additional amounts can be purchased from Gold Shield, Inc. (Call 1-888-555-2092 to speak to one of its representatives.)에서 보험사에 연락해 추가 보험을 가입할 수 있다고 하므로 (A)가 정답이다.

웹사이트에 따르면, 소유주는 어떻게 자신의 부동산을 더 많이 보호할 수 있는가?

(A) 보험사에 연락함으로써
(B) 추천 보안 회사를 고용함으로써
(C) 보험 양식을 반환함으로써
(D) 게스트의 연락처를 확인함으로써   정답 (A)

192. 세부사항

해설 첫 지문 3문단에 가격에 대해 소개되는데, 호스트가 직접 가격을 정할 수도 있지만 Not sure? Our proprietary algorithm analyzes the market and can suggest a range of prices based on your unique inputs.에서 회사에서 알고리즘이 분석해 가격을 제안할 수도 있다고 한다. 따라서 (C)가 정답이다.

패러프레이징 Our proprietary algorithm ~ can suggest a range of prices ▶ Help is available

웹사이트는 임대료에 대해 뭐라고 말하는가?

(A) 결정하기가 어려울 수 있다.
(B) 일단 설정된 가격은 변경할 수 없다.
(C) 호스트는 도움을 받을 수 있다.
(D) 주 단위로 자주 변경된다.   정답 (C)

193. 추론 문제 – 정보 조합

해설 두 지문의 내용을 종합적으로 확인한 후 풀어야 하는 연계 문제이다. 첫 지문 1문단 마지막 문장 Simply register as a host and verify your identity to create an account with us. After that, you can post property listings.에서 호스트로 부동산 목록을 등재하려면 신원 확인이 필요함을 알 수 있다. 두 번째 지문은 Carmen Rivera가 자신의 집을 등록하는 양식에 대해서 나오고, 이메일에서 보면 Darren Sileski가 집을 빌리고 싶다고 글을 쓰고 있기 때문에, Ms. Rivera가 호스트로서 신원 확인 등 적절한 절차를 밟았음을 알 수 있다. 따라서 정답은 (D)이다.

Ms. Rivera에 대해 제시된 것은?

(A) 지역 공무원으로부터 허가를 받았다.
(B) 신용 카드로 돈을 받는 것을 선호한다.
(C) 현재 한 채 이상의 집을 소유하고 있다.
(D) 자신의 개인 정보가 맞는지 증명해야 했다.   정답 (D)

194. Not/True 문제

해설 두 번째 지문 하단 중 Availability: year round에서 등재된 부동산은 1년 내내 이용 가능하므로 한 번에 1주일만 임대할 수 있다는 (C)가 사실과 달라 정답이다. Cute two-story townhouse in gated community.에서

(A)와 (B)를 확인할 수 있다. Bedrooms: 3에서 (D)도 사실이다.

패러프레이징 Cute two-story townhouse ▶ consists of multiple floors / gated community ▶ an enclosed area

Ms. Rivera의 임대 부동산에 대해 언급되지 않은 것은?

(A) 여러 층으로 구성되어 있다.
(B) 에워싸진 지역에 있다.
(C) 한 번에 1주일 동안만 임대할 수 있다.
(D) 여러 사람이 잠을 잘 수 있다. 　　　　　정답 (C)

195. 추론 문제 – 정보 조합

해설 두 지문의 내용을 종합적으로 확인한 후 풀어야 하는 연계 문제이다. 질문의 키워드인 Hillsboro는 두 번째 지문 임대 부동산 설명 중 Grocery store, bus stop, bank, salon, and park in the Hillsboro neighborhood.에 나온다. 이메일인 세 번째 지문 We are looking to stay in a quiet residential area within walking distance of the Durham Convention Center. Your place fits the bill!에서 컨벤션 센터에서 가까운 거주지에 체류하고 싶은데 Ms. Rivera가 올린 거주지가 제격이라고 하므로 이들 내용을 종합할 때 회의장 근처에 있다는 (A)가 정답이다.

Hillsboro에 대해 암시되는 것은?

(A) 회의장 근처에 있다.
(B) 많은 등재된 부동산이 있다.
(C) 많은 사업체가 그곳에 있다.
(D) 임대료가 그 지역에서 매우 합리적이다. 　　정답 (A)

문제 196–200번은 다음 기사, 이메일, 그리고 편지를 참조하시오.

시애틀 (8월 10일)–(196) **Codex Pharmaceuticals는 워싱턴 Lakewood에 있는 이전 Zeus Biotech 시설을 확장하기 위해 천만 달러를 투자할 계획이라고 발표했다.** 이 지역 연구 실험 기업은 올해 초 선도적인 제약 회사에 인수되었다.

Codex 사의 대변인 Blake Riley는 "이번 일회성 자본 지출로 Lakewood 시설의 연구 공간을 30% 늘리고 직원을 추가로 고용할 계획입니다."라고 말했다.

Codex Pharmaceuticals는 뉴저지 Passaic에 본사를 두고 있으며, 이곳에는 행정 사무소와 일부 연구 및 제조 건물이 위치해 있다. 그러나 회사 대부분의 의약품은 펜실베이니아주 Langhorne에 있는 공장에서 개발 및 생산된다. 신규 Lakewood 시설을 통해 회사에서는 완전히 새로운 제품군을 개발할 수 있게 된다.

화학자, 생물학자, 기술자 및 기타 직원 채용이 진행 중이다. (198) **관심 있는 사람은 시애틀(9월 2일), 올림피아(9월 12일), 타코마(10월 1일) 및 켄트(10월 9일)에서 열리는 취업 박람회에서 Codex 담당자를 만날 수 있다.** (197) 자세한 내용은 www.codexpharma.com 참조.

수신: ed.carlton3@willouby.net
발신: s.grainger@codexpharma.com
날짜: 10월 20일
제목: 면접

Mr. Carlton 귀하

(198) **지난 달 귀하의 도시에서 열린 취업 박람회에서 만나게 되어 기뻤습니다.** (199) **귀하의 이력서를 임상 시험 그룹 책임자인 Dr. James Deacon에게 전달했습니다.** 그는 귀하의 교육과 경험에 깊은 인상을 받았으며 직접 이야기를 나누고 싶어하십니다. 다음 주에 당사 Lakewood 시설에 와서 인터뷰를 하실 수 있습니까? Mr. Deacon은

화요일 또는 목요일 오전 10시 또는 오후 2시에 시간이 되십니다. 원하는 요일과 시간을 알려 주십시오.

감사합니다.

Sue Grainger
인사 전문가
Codex Pharmaceuticals

11월 2일

Edmund Carlton
702 High Street, Apt. 5
(198) Olympia, WA 98501

Mr. Carlton 귀하

Codex에 오신 것을 환영합니다! 신입 직원 오리엔테이션을 위해 11월 9일 월요일에 함께 해 주십시오. 저희 회사의 48년 역사에 대해 알고, (200B) 시설을 둘러보고, 새로운 동료를 만날 수 있는 기회를 갖게 됩니다. 또한 회사 정책 및 절차에 대해 설명해 드립니다. (200C) 회사가 제공하는 많은 혜택을 자세히 설명하는 정보 패킷을 받게 됩니다. 오리엔테이션은 오전 8시부터 정오까지 실시됩니다. (200D) 이후 점심 식사를 하신 후 귀하의 각 그룹에서 근무를 시작하게 됩니다.

(199) 다음 주에, 귀하는 저와 만나서 가입하고 싶은 보험 옵션과 퇴직 연금을 선택할 수 있는 기회를 갖게 될 것입니다. 그 만남에서, 궁금하신 문의 사항에 답변해 드리고 등록 양식을 작성하도록 제가 도움을 드릴 것입니다. 다음은 제가 업무 그룹별로 신입 직원을 만나는 일정입니다.

기본 연구 그룹	11월 16일
사전 임상 개발 그룹	11월 17일
(199) 임상 시험 그룹	11월 18일
제품 정제 그룹	11월 19일

문의 사항이 있으시면 언제든지 저에게 (412) 555-2543으로 연락해 주십시오.

감사합니다.

Sue Grainger

표현 정리 announce 발표하다　invest 투자하다　expand 확장하다 former 이전의　facility 시설　research 연구　acquire 인수하다 leading 선두의　capital expenditure 자본 지출　spokesperson 대변인　hire 채용하다　additional 추가의　based 근거지[본사]를 둔 administrative 행정의　manufacturing 제조　produce 생산하다 entirely 전적으로, 완전히, 전부　recruit 채용하다　technician 기술자 underway 여행[진행, 항행]중인, 움직이고 있는　details 세부사항　forward 전달하다　be impressed with ~에 감동받다　in person 직접　available (사람들을 만날) 시간[여유]이 있는　prefer 선호하다　have an opportunity to ~할 기회가 있다　colleague 동료　brief (대비를 할 수 있도록) ~에게 (…에 대해) 알려주다[보고하다]　procedure 절차　packet (특정 목적용으로 제공되는 서류 등의) 뭉치　detail 상세히 알리다[열거하다]　benefit 혜택　respective 각자의　retirement 퇴직　enroll in 등록하다, 가입하다　complete 작성하다　form 양식　intended 의도된　trajectory 궤적　feasibility 실행할 수 있음, (실행) 가능성　acquisition (기업) 인수, 매입(한 물건)　job opening 공석　respectfully 공손하게, 정중하게　distribute 배포하다

196. 주제/목적 찾기 문제

해설 기사 도입부 Codex Pharmaceuticals announced that it plans to invest $10 million to expand the former Zeus Biotech facility in Lakewood, Washington.에서 한 제약 회사가 시설 확대를 위해 투자 계

획을 발표했다고 나온다. 이후 관련 내용이 연결되므로 정답은 (A)이다. trajectory는 '탄도, 궤적, 궤도'라는 뜻인데 여기서는 the way in which a process or event develops over a period of time이라는 의미로 쓰였다.

기사의 주요 아이디어는 무엇인가?

(A) 회사의 의도하는 방향을 설명하기 위해
(B) 계획의 실현 가능성을 평가하기 위해
(C) 사업 인수를 분석하기 위해
(D) 투자 기회를 소개하기 위해 　　　　　　　　　　정답 (A)

197. 세부사항

해설 기사 마지막 문단은 각종 직종군의 채용이 진행 중이라는 내용과 함께 각 도시별 취업 박람회 일정이 소개되고 있다. 마지막 문장 Visit www.codexpharma.com for details.에서 세부사항을 확인하라고 하므로 정답은 (B)가 적절하다. 지원서를 제출하라는 말은 없기 때문에 (C)는 오답이다.

기사의 독자는 웹사이트에서 무엇을 하도록 요청되는가?

(A) 기사의 더 긴 버전을 읽도록
(B) 다가오는 행사에 대해 알아보도록
(C) 채용 공고 지원서를 제출하도록
(D) 회사의 운영에 대해 파악하도록 　　　　　　　　정답 (B)

198. 세부사항 – 정보 조합

해설 세 지문의 내용을 종합해서 풀어야 하는 연계 문제이다. 이메일 첫 문장 It was a pleasure meeting you at the job fair in your city last month. 에서 지난 달 취업 박람회에서 만났다고 하는데 이메일을 보낸 날짜가 DATE: October 20이다. 기사의 마지막 문단 Interested individuals can meet with a Codex representative at job fairs in Seattle (September 2), Olympia (September 12), Tacoma (October 1), and Kent (October 9).에서 지난 달인 9월에는 시애틀과 올림피아에서 각각 박람회가 열렸다. 다음으로, 세 번째 지문 편지 수신인 정보인 Edmund Carlton, 702 High Street, Apt. 5, Olympia, WA 98501에서 Mr. Carlton은 올림피아에 거주하고 있다. 따라서 정답은 (B)이다.

Ms. Grainger와 Mr. Carlton은 아마도 어디에서 처음 이야기를 나누었겠는가?

(A) 켄트에서
(B) 올림피아에서
(C) 시애틀에서
(D) 타코마에서 　　　　　　　　　　　　　　　　정답 (B)

199. 세부사항 – 정보 조합

해설 두 지문의 내용을 종합해서 풀어야 하는 연계 문제이다. 이메일 본문 I forwarded your résumé to the head of the Clinical Trials Group, Dr. James Deacon.에서 Mr. Carlton의 이력서가 Clinical Trials Group에 전달되었다고 하므로 이 사람이 일하는 부서를 먼저 확인할 수 있다. 마지막 지문에서 각 그룹별 직원과 일정에 맞게 보험 혜택 관련 이야기를 나눈다고 나오는데(Then, the following week, you will have a chance to meet with me to select which insurance options and retirement plan you would like to enroll in.) 표에서 Clinical Trials Group과는 November 18에 일정이 잡혀 있다. 따라서 (C)가 정답이다.

Mr. Carlton은 언제 보험 혜택 서류를 작성해야 하는가?

(A) 11월 16일
(B) 11월 17일
(C) 11월 18일
(D) 11월 19일 　　　　　　　　　　　　　　　　정답 (C)

200. Not/True 문제

해설 You will have an opportunity to learn about our company's 48-year history, to tour the facility, and to meet your new

colleagues.에서 시설 투어(tour the facility)가 예정되어 있으므로 (B)는 사실이다. You will receive a packet of information detailing the many benefits the company offers.에서 회사 혜택이 소개된 패킷을 받는다고 하므로 (C)도 사실이다. Lunch will follow ~.에서 (D)도 확인할 수 있다. 의사 소통하는 방법을 배운다는 내용은 찾을 수 없으므로 (A)가 정답이다.

패러프레이징 **tour the facility ▶ walking around / receive a packet of information ▶ distribute printed materials / Lunch will follow ▶ Food will be provided**

오리엔테이션에 대해 나타나지 않은 것은?

(A) 참석자들은 정중하게 의사 소통하는 방법을 배우게 된다.
(B) 걸어 다니는 활동이 포함될 것이다.
(C) 발표자는 인쇄물을 배포할 것이다.
(D) 음식이 신입 사원에게 제공될 것이다. 　　　　　　정답 (A)

TEST 01

READING (Part V ~ VII)

NO.	ANSWER				NO.	ANSWER				NO.	ANSWER				NO.	ANSWER			
	A	B	C	D		A	B	C	D		A	B	C	D		A	B	C	D
101	ⓐ	ⓑ	ⓒ	ⓓ	121	ⓐ	ⓑ	ⓒ	ⓓ	141	ⓐ	ⓑ	ⓒ	ⓓ	161	ⓐ	ⓑ	ⓒ	ⓓ
102	ⓐ	ⓑ	ⓒ	ⓓ	122	ⓐ	ⓑ	ⓒ	ⓓ	142	ⓐ	ⓑ	ⓒ	ⓓ	162	ⓐ	ⓑ	ⓒ	ⓓ
103	ⓐ	ⓑ	ⓒ	ⓓ	123	ⓐ	ⓑ	ⓒ	ⓓ	143	ⓐ	ⓑ	ⓒ	ⓓ	163	ⓐ	ⓑ	ⓒ	ⓓ
104	ⓐ	ⓑ	ⓒ	ⓓ	124	ⓐ	ⓑ	ⓒ	ⓓ	144	ⓐ	ⓑ	ⓒ	ⓓ	164	ⓐ	ⓑ	ⓒ	ⓓ
105	ⓐ	ⓑ	ⓒ	ⓓ	125	ⓐ	ⓑ	ⓒ	ⓓ	145	ⓐ	ⓑ	ⓒ	ⓓ	165	ⓐ	ⓑ	ⓒ	ⓓ
106	ⓐ	ⓑ	ⓒ	ⓓ	126	ⓐ	ⓑ	ⓒ	ⓓ	146	ⓐ	ⓑ	ⓒ	ⓓ	166	ⓐ	ⓑ	ⓒ	ⓓ
107	ⓐ	ⓑ	ⓒ	ⓓ	127	ⓐ	ⓑ	ⓒ	ⓓ	147	ⓐ	ⓑ	ⓒ	ⓓ	167	ⓐ	ⓑ	ⓒ	ⓓ
108	ⓐ	ⓑ	ⓒ	ⓓ	128	ⓐ	ⓑ	ⓒ	ⓓ	148	ⓐ	ⓑ	ⓒ	ⓓ	168	ⓐ	ⓑ	ⓒ	ⓓ
109	ⓐ	ⓑ	ⓒ	ⓓ	129	ⓐ	ⓑ	ⓒ	ⓓ	149	ⓐ	ⓑ	ⓒ	ⓓ	169	ⓐ	ⓑ	ⓒ	ⓓ
110	ⓐ	ⓑ	ⓒ	ⓓ	130	ⓐ	ⓑ	ⓒ	ⓓ	150	ⓐ	ⓑ	ⓒ	ⓓ	170	ⓐ	ⓑ	ⓒ	ⓓ
111	ⓐ	ⓑ	ⓒ	ⓓ	131	ⓐ	ⓑ	ⓒ	ⓓ	151	ⓐ	ⓑ	ⓒ	ⓓ	171	ⓐ	ⓑ	ⓒ	ⓓ
112	ⓐ	ⓑ	ⓒ	ⓓ	132	ⓐ	ⓑ	ⓒ	ⓓ	152	ⓐ	ⓑ	ⓒ	ⓓ	172	ⓐ	ⓑ	ⓒ	ⓓ
113	ⓐ	ⓑ	ⓒ	ⓓ	133	ⓐ	ⓑ	ⓒ	ⓓ	153	ⓐ	ⓑ	ⓒ	ⓓ	173	ⓐ	ⓑ	ⓒ	ⓓ
114	ⓐ	ⓑ	ⓒ	ⓓ	134	ⓐ	ⓑ	ⓒ	ⓓ	154	ⓐ	ⓑ	ⓒ	ⓓ	174	ⓐ	ⓑ	ⓒ	ⓓ
115	ⓐ	ⓑ	ⓒ	ⓓ	135	ⓐ	ⓑ	ⓒ	ⓓ	155	ⓐ	ⓑ	ⓒ	ⓓ	175	ⓐ	ⓑ	ⓒ	ⓓ
116	ⓐ	ⓑ	ⓒ	ⓓ	136	ⓐ	ⓑ	ⓒ	ⓓ	156	ⓐ	ⓑ	ⓒ	ⓓ	176	ⓐ	ⓑ	ⓒ	ⓓ
117	ⓐ	ⓑ	ⓒ	ⓓ	137	ⓐ	ⓑ	ⓒ	ⓓ	157	ⓐ	ⓑ	ⓒ	ⓓ	177	ⓐ	ⓑ	ⓒ	ⓓ
118	ⓐ	ⓑ	ⓒ	ⓓ	138	ⓐ	ⓑ	ⓒ	ⓓ	158	ⓐ	ⓑ	ⓒ	ⓓ	178	ⓐ	ⓑ	ⓒ	ⓓ
119	ⓐ	ⓑ	ⓒ	ⓓ	139	ⓐ	ⓑ	ⓒ	ⓓ	159	ⓐ	ⓑ	ⓒ	ⓓ	179	ⓐ	ⓑ	ⓒ	ⓓ
120	ⓐ	ⓑ	ⓒ	ⓓ	140	ⓐ	ⓑ	ⓒ	ⓓ	160	ⓐ	ⓑ	ⓒ	ⓓ	180	ⓐ	ⓑ	ⓒ	ⓓ

NO.	ANSWER			
	A	B	C	D
181	ⓐ	ⓑ	ⓒ	ⓓ
182	ⓐ	ⓑ	ⓒ	ⓓ
183	ⓐ	ⓑ	ⓒ	ⓓ
184	ⓐ	ⓑ	ⓒ	ⓓ
185	ⓐ	ⓑ	ⓒ	ⓓ
186	ⓐ	ⓑ	ⓒ	ⓓ
187	ⓐ	ⓑ	ⓒ	ⓓ
188	ⓐ	ⓑ	ⓒ	ⓓ
189	ⓐ	ⓑ	ⓒ	ⓓ
190	ⓐ	ⓑ	ⓒ	ⓓ
191	ⓐ	ⓑ	ⓒ	ⓓ
192	ⓐ	ⓑ	ⓒ	ⓓ
193	ⓐ	ⓑ	ⓒ	ⓓ
194	ⓐ	ⓑ	ⓒ	ⓓ
195	ⓐ	ⓑ	ⓒ	ⓓ
196	ⓐ	ⓑ	ⓒ	ⓓ
197	ⓐ	ⓑ	ⓒ	ⓓ
198	ⓐ	ⓑ	ⓒ	ⓓ
199	ⓐ	ⓑ	ⓒ	ⓓ
200	ⓐ	ⓑ	ⓒ	ⓓ

TEST 02

READING (Part V ~ VII)

NO.	ANSWER				NO.	ANSWER				NO.	ANSWER				NO.	ANSWER			
	A	B	C	D		A	B	C	D		A	B	C	D		A	B	C	D
101	ⓐ	ⓑ	ⓒ	ⓓ	121	ⓐ	ⓑ	ⓒ	ⓓ	141	ⓐ	ⓑ	ⓒ	ⓓ	161	ⓐ	ⓑ	ⓒ	ⓓ
102	ⓐ	ⓑ	ⓒ	ⓓ	122	ⓐ	ⓑ	ⓒ	ⓓ	142	ⓐ	ⓑ	ⓒ	ⓓ	162	ⓐ	ⓑ	ⓒ	ⓓ
103	ⓐ	ⓑ	ⓒ	ⓓ	123	ⓐ	ⓑ	ⓒ	ⓓ	143	ⓐ	ⓑ	ⓒ	ⓓ	163	ⓐ	ⓑ	ⓒ	ⓓ
104	ⓐ	ⓑ	ⓒ	ⓓ	124	ⓐ	ⓑ	ⓒ	ⓓ	144	ⓐ	ⓑ	ⓒ	ⓓ	164	ⓐ	ⓑ	ⓒ	ⓓ
105	ⓐ	ⓑ	ⓒ	ⓓ	125	ⓐ	ⓑ	ⓒ	ⓓ	145	ⓐ	ⓑ	ⓒ	ⓓ	165	ⓐ	ⓑ	ⓒ	ⓓ
106	ⓐ	ⓑ	ⓒ	ⓓ	126	ⓐ	ⓑ	ⓒ	ⓓ	146	ⓐ	ⓑ	ⓒ	ⓓ	166	ⓐ	ⓑ	ⓒ	ⓓ
107	ⓐ	ⓑ	ⓒ	ⓓ	127	ⓐ	ⓑ	ⓒ	ⓓ	147	ⓐ	ⓑ	ⓒ	ⓓ	167	ⓐ	ⓑ	ⓒ	ⓓ
108	ⓐ	ⓑ	ⓒ	ⓓ	128	ⓐ	ⓑ	ⓒ	ⓓ	148	ⓐ	ⓑ	ⓒ	ⓓ	168	ⓐ	ⓑ	ⓒ	ⓓ
109	ⓐ	ⓑ	ⓒ	ⓓ	129	ⓐ	ⓑ	ⓒ	ⓓ	149	ⓐ	ⓑ	ⓒ	ⓓ	169	ⓐ	ⓑ	ⓒ	ⓓ
110	ⓐ	ⓑ	ⓒ	ⓓ	130	ⓐ	ⓑ	ⓒ	ⓓ	150	ⓐ	ⓑ	ⓒ	ⓓ	170	ⓐ	ⓑ	ⓒ	ⓓ
111	ⓐ	ⓑ	ⓒ	ⓓ	131	ⓐ	ⓑ	ⓒ	ⓓ	151	ⓐ	ⓑ	ⓒ	ⓓ	171	ⓐ	ⓑ	ⓒ	ⓓ
112	ⓐ	ⓑ	ⓒ	ⓓ	132	ⓐ	ⓑ	ⓒ	ⓓ	152	ⓐ	ⓑ	ⓒ	ⓓ	172	ⓐ	ⓑ	ⓒ	ⓓ
113	ⓐ	ⓑ	ⓒ	ⓓ	133	ⓐ	ⓑ	ⓒ	ⓓ	153	ⓐ	ⓑ	ⓒ	ⓓ	173	ⓐ	ⓑ	ⓒ	ⓓ
114	ⓐ	ⓑ	ⓒ	ⓓ	134	ⓐ	ⓑ	ⓒ	ⓓ	154	ⓐ	ⓑ	ⓒ	ⓓ	174	ⓐ	ⓑ	ⓒ	ⓓ
115	ⓐ	ⓑ	ⓒ	ⓓ	135	ⓐ	ⓑ	ⓒ	ⓓ	155	ⓐ	ⓑ	ⓒ	ⓓ	175	ⓐ	ⓑ	ⓒ	ⓓ
116	ⓐ	ⓑ	ⓒ	ⓓ	136	ⓐ	ⓑ	ⓒ	ⓓ	156	ⓐ	ⓑ	ⓒ	ⓓ	176	ⓐ	ⓑ	ⓒ	ⓓ
117	ⓐ	ⓑ	ⓒ	ⓓ	137	ⓐ	ⓑ	ⓒ	ⓓ	157	ⓐ	ⓑ	ⓒ	ⓓ	177	ⓐ	ⓑ	ⓒ	ⓓ
118	ⓐ	ⓑ	ⓒ	ⓓ	138	ⓐ	ⓑ	ⓒ	ⓓ	158	ⓐ	ⓑ	ⓒ	ⓓ	178	ⓐ	ⓑ	ⓒ	ⓓ
119	ⓐ	ⓑ	ⓒ	ⓓ	139	ⓐ	ⓑ	ⓒ	ⓓ	159	ⓐ	ⓑ	ⓒ	ⓓ	179	ⓐ	ⓑ	ⓒ	ⓓ
120	ⓐ	ⓑ	ⓒ	ⓓ	140	ⓐ	ⓑ	ⓒ	ⓓ	160	ⓐ	ⓑ	ⓒ	ⓓ	180	ⓐ	ⓑ	ⓒ	ⓓ

NO.	ANSWER			
	A	B	C	D
181	ⓐ	ⓑ	ⓒ	ⓓ
182	ⓐ	ⓑ	ⓒ	ⓓ
183	ⓐ	ⓑ	ⓒ	ⓓ
184	ⓐ	ⓑ	ⓒ	ⓓ
185	ⓐ	ⓑ	ⓒ	ⓓ
186	ⓐ	ⓑ	ⓒ	ⓓ
187	ⓐ	ⓑ	ⓒ	ⓓ
188	ⓐ	ⓑ	ⓒ	ⓓ
189	ⓐ	ⓑ	ⓒ	ⓓ
190	ⓐ	ⓑ	ⓒ	ⓓ
191	ⓐ	ⓑ	ⓒ	ⓓ
192	ⓐ	ⓑ	ⓒ	ⓓ
193	ⓐ	ⓑ	ⓒ	ⓓ
194	ⓐ	ⓑ	ⓒ	ⓓ
195	ⓐ	ⓑ	ⓒ	ⓓ
196	ⓐ	ⓑ	ⓒ	ⓓ
197	ⓐ	ⓑ	ⓒ	ⓓ
198	ⓐ	ⓑ	ⓒ	ⓓ
199	ⓐ	ⓑ	ⓒ	ⓓ
200	ⓐ	ⓑ	ⓒ	ⓓ

TEST 04

READING (Part V ~ VII)

NO.	ANSWER A B C D	NO.	ANSWER A B C D	NO.	ANSWER A B C D	NO.	ANSWER A B C D
101	ⓐ ⓑ ⓒ ⓓ	121	ⓐ ⓑ ⓒ ⓓ	141	ⓐ ⓑ ⓒ ⓓ	161	ⓐ ⓑ ⓒ ⓓ
102	ⓐ ⓑ ⓒ ⓓ	122	ⓐ ⓑ ⓒ ⓓ	142	ⓐ ⓑ ⓒ ⓓ	162	ⓐ ⓑ ⓒ ⓓ
103	ⓐ ⓑ ⓒ ⓓ	123	ⓐ ⓑ ⓒ ⓓ	143	ⓐ ⓑ ⓒ ⓓ	163	ⓐ ⓑ ⓒ ⓓ
104	ⓐ ⓑ ⓒ ⓓ	124	ⓐ ⓑ ⓒ ⓓ	144	ⓐ ⓑ ⓒ ⓓ	164	ⓐ ⓑ ⓒ ⓓ
105	ⓐ ⓑ ⓒ ⓓ	125	ⓐ ⓑ ⓒ ⓓ	145	ⓐ ⓑ ⓒ ⓓ	165	ⓐ ⓑ ⓒ ⓓ
106	ⓐ ⓑ ⓒ ⓓ	126	ⓐ ⓑ ⓒ ⓓ	146	ⓐ ⓑ ⓒ ⓓ	166	ⓐ ⓑ ⓒ ⓓ
107	ⓐ ⓑ ⓒ ⓓ	127	ⓐ ⓑ ⓒ ⓓ	147	ⓐ ⓑ ⓒ ⓓ	167	ⓐ ⓑ ⓒ ⓓ
108	ⓐ ⓑ ⓒ ⓓ	128	ⓐ ⓑ ⓒ ⓓ	148	ⓐ ⓑ ⓒ ⓓ	168	ⓐ ⓑ ⓒ ⓓ
109	ⓐ ⓑ ⓒ ⓓ	129	ⓐ ⓑ ⓒ ⓓ	149	ⓐ ⓑ ⓒ ⓓ	169	ⓐ ⓑ ⓒ ⓓ
110	ⓐ ⓑ ⓒ ⓓ	130	ⓐ ⓑ ⓒ ⓓ	150	ⓐ ⓑ ⓒ ⓓ	170	ⓐ ⓑ ⓒ ⓓ
111	ⓐ ⓑ ⓒ ⓓ	131	ⓐ ⓑ ⓒ ⓓ	151	ⓐ ⓑ ⓒ ⓓ	171	ⓐ ⓑ ⓒ ⓓ
112	ⓐ ⓑ ⓒ ⓓ	132	ⓐ ⓑ ⓒ ⓓ	152	ⓐ ⓑ ⓒ ⓓ	172	ⓐ ⓑ ⓒ ⓓ
113	ⓐ ⓑ ⓒ ⓓ	133	ⓐ ⓑ ⓒ ⓓ	153	ⓐ ⓑ ⓒ ⓓ	173	ⓐ ⓑ ⓒ ⓓ
114	ⓐ ⓑ ⓒ ⓓ	134	ⓐ ⓑ ⓒ ⓓ	154	ⓐ ⓑ ⓒ ⓓ	174	ⓐ ⓑ ⓒ ⓓ
115	ⓐ ⓑ ⓒ ⓓ	135	ⓐ ⓑ ⓒ ⓓ	155	ⓐ ⓑ ⓒ ⓓ	175	ⓐ ⓑ ⓒ ⓓ
116	ⓐ ⓑ ⓒ ⓓ	136	ⓐ ⓑ ⓒ ⓓ	156	ⓐ ⓑ ⓒ ⓓ	176	ⓐ ⓑ ⓒ ⓓ
117	ⓐ ⓑ ⓒ ⓓ	137	ⓐ ⓑ ⓒ ⓓ	157	ⓐ ⓑ ⓒ ⓓ	177	ⓐ ⓑ ⓒ ⓓ
118	ⓐ ⓑ ⓒ ⓓ	138	ⓐ ⓑ ⓒ ⓓ	158	ⓐ ⓑ ⓒ ⓓ	178	ⓐ ⓑ ⓒ ⓓ
119	ⓐ ⓑ ⓒ ⓓ	139	ⓐ ⓑ ⓒ ⓓ	159	ⓐ ⓑ ⓒ ⓓ	179	ⓐ ⓑ ⓒ ⓓ
120	ⓐ ⓑ ⓒ ⓓ	140	ⓐ ⓑ ⓒ ⓓ	160	ⓐ ⓑ ⓒ ⓓ	180	ⓐ ⓑ ⓒ ⓓ
						181	ⓐ ⓑ ⓒ ⓓ
						182	ⓐ ⓑ ⓒ ⓓ
						183	ⓐ ⓑ ⓒ ⓓ
						184	ⓐ ⓑ ⓒ ⓓ
						185	ⓐ ⓑ ⓒ ⓓ
						186	ⓐ ⓑ ⓒ ⓓ
						187	ⓐ ⓑ ⓒ ⓓ
						188	ⓐ ⓑ ⓒ ⓓ
						189	ⓐ ⓑ ⓒ ⓓ
						190	ⓐ ⓑ ⓒ ⓓ
						191	ⓐ ⓑ ⓒ ⓓ
						192	ⓐ ⓑ ⓒ ⓓ
						193	ⓐ ⓑ ⓒ ⓓ
						194	ⓐ ⓑ ⓒ ⓓ
						195	ⓐ ⓑ ⓒ ⓓ
						196	ⓐ ⓑ ⓒ ⓓ
						197	ⓐ ⓑ ⓒ ⓓ
						198	ⓐ ⓑ ⓒ ⓓ
						199	ⓐ ⓑ ⓒ ⓓ
						200	ⓐ ⓑ ⓒ ⓓ

TEST 03

READING (Part V ~ VII)

NO.	ANSWER A B C D	NO.	ANSWER A B C D	NO.	ANSWER A B C D	NO.	ANSWER A B C D
101	ⓐ ⓑ ⓒ ⓓ	121	ⓐ ⓑ ⓒ ⓓ	141	ⓐ ⓑ ⓒ ⓓ	161	ⓐ ⓑ ⓒ ⓓ
102	ⓐ ⓑ ⓒ ⓓ	122	ⓐ ⓑ ⓒ ⓓ	142	ⓐ ⓑ ⓒ ⓓ	162	ⓐ ⓑ ⓒ ⓓ
103	ⓐ ⓑ ⓒ ⓓ	123	ⓐ ⓑ ⓒ ⓓ	143	ⓐ ⓑ ⓒ ⓓ	163	ⓐ ⓑ ⓒ ⓓ
104	ⓐ ⓑ ⓒ ⓓ	124	ⓐ ⓑ ⓒ ⓓ	144	ⓐ ⓑ ⓒ ⓓ	164	ⓐ ⓑ ⓒ ⓓ
105	ⓐ ⓑ ⓒ ⓓ	125	ⓐ ⓑ ⓒ ⓓ	145	ⓐ ⓑ ⓒ ⓓ	165	ⓐ ⓑ ⓒ ⓓ
106	ⓐ ⓑ ⓒ ⓓ	126	ⓐ ⓑ ⓒ ⓓ	146	ⓐ ⓑ ⓒ ⓓ	166	ⓐ ⓑ ⓒ ⓓ
107	ⓐ ⓑ ⓒ ⓓ	127	ⓐ ⓑ ⓒ ⓓ	147	ⓐ ⓑ ⓒ ⓓ	167	ⓐ ⓑ ⓒ ⓓ
108	ⓐ ⓑ ⓒ ⓓ	128	ⓐ ⓑ ⓒ ⓓ	148	ⓐ ⓑ ⓒ ⓓ	168	ⓐ ⓑ ⓒ ⓓ
109	ⓐ ⓑ ⓒ ⓓ	129	ⓐ ⓑ ⓒ ⓓ	149	ⓐ ⓑ ⓒ ⓓ	169	ⓐ ⓑ ⓒ ⓓ
110	ⓐ ⓑ ⓒ ⓓ	130	ⓐ ⓑ ⓒ ⓓ	150	ⓐ ⓑ ⓒ ⓓ	170	ⓐ ⓑ ⓒ ⓓ
111	ⓐ ⓑ ⓒ ⓓ	131	ⓐ ⓑ ⓒ ⓓ	151	ⓐ ⓑ ⓒ ⓓ	171	ⓐ ⓑ ⓒ ⓓ
112	ⓐ ⓑ ⓒ ⓓ	132	ⓐ ⓑ ⓒ ⓓ	152	ⓐ ⓑ ⓒ ⓓ	172	ⓐ ⓑ ⓒ ⓓ
113	ⓐ ⓑ ⓒ ⓓ	133	ⓐ ⓑ ⓒ ⓓ	153	ⓐ ⓑ ⓒ ⓓ	173	ⓐ ⓑ ⓒ ⓓ
114	ⓐ ⓑ ⓒ ⓓ	134	ⓐ ⓑ ⓒ ⓓ	154	ⓐ ⓑ ⓒ ⓓ	174	ⓐ ⓑ ⓒ ⓓ
115	ⓐ ⓑ ⓒ ⓓ	135	ⓐ ⓑ ⓒ ⓓ	155	ⓐ ⓑ ⓒ ⓓ	175	ⓐ ⓑ ⓒ ⓓ
116	ⓐ ⓑ ⓒ ⓓ	136	ⓐ ⓑ ⓒ ⓓ	156	ⓐ ⓑ ⓒ ⓓ	176	ⓐ ⓑ ⓒ ⓓ
117	ⓐ ⓑ ⓒ ⓓ	137	ⓐ ⓑ ⓒ ⓓ	157	ⓐ ⓑ ⓒ ⓓ	177	ⓐ ⓑ ⓒ ⓓ
118	ⓐ ⓑ ⓒ ⓓ	138	ⓐ ⓑ ⓒ ⓓ	158	ⓐ ⓑ ⓒ ⓓ	178	ⓐ ⓑ ⓒ ⓓ
119	ⓐ ⓑ ⓒ ⓓ	139	ⓐ ⓑ ⓒ ⓓ	159	ⓐ ⓑ ⓒ ⓓ	179	ⓐ ⓑ ⓒ ⓓ
120	ⓐ ⓑ ⓒ ⓓ	140	ⓐ ⓑ ⓒ ⓓ	160	ⓐ ⓑ ⓒ ⓓ	180	ⓐ ⓑ ⓒ ⓓ
						181	ⓐ ⓑ ⓒ ⓓ
						182	ⓐ ⓑ ⓒ ⓓ
						183	ⓐ ⓑ ⓒ ⓓ
						184	ⓐ ⓑ ⓒ ⓓ
						185	ⓐ ⓑ ⓒ ⓓ
						186	ⓐ ⓑ ⓒ ⓓ
						187	ⓐ ⓑ ⓒ ⓓ
						188	ⓐ ⓑ ⓒ ⓓ
						189	ⓐ ⓑ ⓒ ⓓ
						190	ⓐ ⓑ ⓒ ⓓ
						191	ⓐ ⓑ ⓒ ⓓ
						192	ⓐ ⓑ ⓒ ⓓ
						193	ⓐ ⓑ ⓒ ⓓ
						194	ⓐ ⓑ ⓒ ⓓ
						195	ⓐ ⓑ ⓒ ⓓ
						196	ⓐ ⓑ ⓒ ⓓ
						197	ⓐ ⓑ ⓒ ⓓ
						198	ⓐ ⓑ ⓒ ⓓ
						199	ⓐ ⓑ ⓒ ⓓ
						200	ⓐ ⓑ ⓒ ⓓ

TEST 05

READING (Part V ~ VII)

NO.	ANSWER	NO.	ANSWER	NO.	ANSWER	NO.	ANSWER
101	ⓐⓑⓒⓓ	121	ⓐⓑⓒⓓ	141	ⓐⓑⓒⓓ	161	ⓐⓑⓒⓓ
102	ⓐⓑⓒⓓ	122	ⓐⓑⓒⓓ	142	ⓐⓑⓒⓓ	162	ⓐⓑⓒⓓ
103	ⓐⓑⓒⓓ	123	ⓐⓑⓒⓓ	143	ⓐⓑⓒⓓ	163	ⓐⓑⓒⓓ
104	ⓐⓑⓒⓓ	124	ⓐⓑⓒⓓ	144	ⓐⓑⓒⓓ	164	ⓐⓑⓒⓓ
105	ⓐⓑⓒⓓ	125	ⓐⓑⓒⓓ	145	ⓐⓑⓒⓓ	165	ⓐⓑⓒⓓ
106	ⓐⓑⓒⓓ	126	ⓐⓑⓒⓓ	146	ⓐⓑⓒⓓ	166	ⓐⓑⓒⓓ
107	ⓐⓑⓒⓓ	127	ⓐⓑⓒⓓ	147	ⓐⓑⓒⓓ	167	ⓐⓑⓒⓓ
108	ⓐⓑⓒⓓ	128	ⓐⓑⓒⓓ	148	ⓐⓑⓒⓓ	168	ⓐⓑⓒⓓ
109	ⓐⓑⓒⓓ	129	ⓐⓑⓒⓓ	149	ⓐⓑⓒⓓ	169	ⓐⓑⓒⓓ
110	ⓐⓑⓒⓓ	130	ⓐⓑⓒⓓ	150	ⓐⓑⓒⓓ	170	ⓐⓑⓒⓓ
111	ⓐⓑⓒⓓ	131	ⓐⓑⓒⓓ	151	ⓐⓑⓒⓓ	171	ⓐⓑⓒⓓ
112	ⓐⓑⓒⓓ	132	ⓐⓑⓒⓓ	152	ⓐⓑⓒⓓ	172	ⓐⓑⓒⓓ
113	ⓐⓑⓒⓓ	133	ⓐⓑⓒⓓ	153	ⓐⓑⓒⓓ	173	ⓐⓑⓒⓓ
114	ⓐⓑⓒⓓ	134	ⓐⓑⓒⓓ	154	ⓐⓑⓒⓓ	174	ⓐⓑⓒⓓ
115	ⓐⓑⓒⓓ	135	ⓐⓑⓒⓓ	155	ⓐⓑⓒⓓ	175	ⓐⓑⓒⓓ
116	ⓐⓑⓒⓓ	136	ⓐⓑⓒⓓ	156	ⓐⓑⓒⓓ	176	ⓐⓑⓒⓓ
117	ⓐⓑⓒⓓ	137	ⓐⓑⓒⓓ	157	ⓐⓑⓒⓓ	177	ⓐⓑⓒⓓ
118	ⓐⓑⓒⓓ	138	ⓐⓑⓒⓓ	158	ⓐⓑⓒⓓ	178	ⓐⓑⓒⓓ
119	ⓐⓑⓒⓓ	139	ⓐⓑⓒⓓ	159	ⓐⓑⓒⓓ	179	ⓐⓑⓒⓓ
120	ⓐⓑⓒⓓ	140	ⓐⓑⓒⓓ	160	ⓐⓑⓒⓓ	180	ⓐⓑⓒⓓ

NO.	ANSWER
181	ⓐⓑⓒⓓ
182	ⓐⓑⓒⓓ
183	ⓐⓑⓒⓓ
184	ⓐⓑⓒⓓ
185	ⓐⓑⓒⓓ
186	ⓐⓑⓒⓓ
187	ⓐⓑⓒⓓ
188	ⓐⓑⓒⓓ
189	ⓐⓑⓒⓓ
190	ⓐⓑⓒⓓ
191	ⓐⓑⓒⓓ
192	ⓐⓑⓒⓓ
193	ⓐⓑⓒⓓ
194	ⓐⓑⓒⓓ
195	ⓐⓑⓒⓓ
196	ⓐⓑⓒⓓ
197	ⓐⓑⓒⓓ
198	ⓐⓑⓒⓓ
199	ⓐⓑⓒⓓ
200	ⓐⓑⓒⓓ

TEST 05

READING (Part V ~ VII)

NO.	ANSWER	NO.	ANSWER	NO.	ANSWER	NO.	ANSWER
101	ⓐⓑⓒⓓ	121	ⓐⓑⓒⓓ	141	ⓐⓑⓒⓓ	161	ⓐⓑⓒⓓ
102	ⓐⓑⓒⓓ	122	ⓐⓑⓒⓓ	142	ⓐⓑⓒⓓ	162	ⓐⓑⓒⓓ
103	ⓐⓑⓒⓓ	123	ⓐⓑⓒⓓ	143	ⓐⓑⓒⓓ	163	ⓐⓑⓒⓓ
104	ⓐⓑⓒⓓ	124	ⓐⓑⓒⓓ	144	ⓐⓑⓒⓓ	164	ⓐⓑⓒⓓ
105	ⓐⓑⓒⓓ	125	ⓐⓑⓒⓓ	145	ⓐⓑⓒⓓ	165	ⓐⓑⓒⓓ
106	ⓐⓑⓒⓓ	126	ⓐⓑⓒⓓ	146	ⓐⓑⓒⓓ	166	ⓐⓑⓒⓓ
107	ⓐⓑⓒⓓ	127	ⓐⓑⓒⓓ	147	ⓐⓑⓒⓓ	167	ⓐⓑⓒⓓ
108	ⓐⓑⓒⓓ	128	ⓐⓑⓒⓓ	148	ⓐⓑⓒⓓ	168	ⓐⓑⓒⓓ
109	ⓐⓑⓒⓓ	129	ⓐⓑⓒⓓ	149	ⓐⓑⓒⓓ	169	ⓐⓑⓒⓓ
110	ⓐⓑⓒⓓ	130	ⓐⓑⓒⓓ	150	ⓐⓑⓒⓓ	170	ⓐⓑⓒⓓ
111	ⓐⓑⓒⓓ	131	ⓐⓑⓒⓓ	151	ⓐⓑⓒⓓ	171	ⓐⓑⓒⓓ
112	ⓐⓑⓒⓓ	132	ⓐⓑⓒⓓ	152	ⓐⓑⓒⓓ	172	ⓐⓑⓒⓓ
113	ⓐⓑⓒⓓ	133	ⓐⓑⓒⓓ	153	ⓐⓑⓒⓓ	173	ⓐⓑⓒⓓ
114	ⓐⓑⓒⓓ	134	ⓐⓑⓒⓓ	154	ⓐⓑⓒⓓ	174	ⓐⓑⓒⓓ
115	ⓐⓑⓒⓓ	135	ⓐⓑⓒⓓ	155	ⓐⓑⓒⓓ	175	ⓐⓑⓒⓓ
116	ⓐⓑⓒⓓ	136	ⓐⓑⓒⓓ	156	ⓐⓑⓒⓓ	176	ⓐⓑⓒⓓ
117	ⓐⓑⓒⓓ	137	ⓐⓑⓒⓓ	157	ⓐⓑⓒⓓ	177	ⓐⓑⓒⓓ
118	ⓐⓑⓒⓓ	138	ⓐⓑⓒⓓ	158	ⓐⓑⓒⓓ	178	ⓐⓑⓒⓓ
119	ⓐⓑⓒⓓ	139	ⓐⓑⓒⓓ	159	ⓐⓑⓒⓓ	179	ⓐⓑⓒⓓ
120	ⓐⓑⓒⓓ	140	ⓐⓑⓒⓓ	160	ⓐⓑⓒⓓ	180	ⓐⓑⓒⓓ

NO.	ANSWER
181	ⓐⓑⓒⓓ
182	ⓐⓑⓒⓓ
183	ⓐⓑⓒⓓ
184	ⓐⓑⓒⓓ
185	ⓐⓑⓒⓓ
186	ⓐⓑⓒⓓ
187	ⓐⓑⓒⓓ
188	ⓐⓑⓒⓓ
189	ⓐⓑⓒⓓ
190	ⓐⓑⓒⓓ
191	ⓐⓑⓒⓓ
192	ⓐⓑⓒⓓ
193	ⓐⓑⓒⓓ
194	ⓐⓑⓒⓓ
195	ⓐⓑⓒⓓ
196	ⓐⓑⓒⓓ
197	ⓐⓑⓒⓓ
198	ⓐⓑⓒⓓ
199	ⓐⓑⓒⓓ
200	ⓐⓑⓒⓓ

점수 환산표

자신의 정답 개수를 기준으로 본인의 점수를 개략적으로 환산해 볼 수 있는 자료입니다.
정확한 계산법이 아닌 추정치임을 참고하시기 바랍니다.

Listening Comprehension		Reading Comprehension	
정답 개수	환산점수	정답 개수	환산점수
96-100	470-495	96-100	460-495
91-95	430-495	91-95	420-490
86-90	400-475	86-90	390-460
81-85	360-450	81-85	370-440
76-80	340-410	76-80	330-410
71-75	320-390	71-75	310-380
66-70	280-360	66-70	270-360
61-65	260-330	61-65	240-330
56-60	230-300	56-60	220-300
51-55	200-270	51-55	190-260
46-50	180-250	46-50	150-240
41-45	150-230	41-45	140-210
36-40	120-200	36-40	100-180
31-35	100-170	31-35	90-140
26-30	80-140	26-30	70-120
21-25	60-110	21-25	60-90
16-20	30-90	16-20	40-70
11-15	10-70	11-15	30-55
6-10	5-50	6-10	10-40
1-5	5-40	1-5	5-30
0	5-30	0	5-15

RC 실전문제집

오프라인 수강생 수 10만명 돌파!
고득점 제조기 "초초강추 토익!"

가장 최신경향까지 반영한
적중률 100% 핵심 500제!

정기 토익에 반드시 출제되는 문제만 엄선했습니다.

저자 카톡 관리 서비스!

저자 카톡만 등록해도 엄선된 자료가 쏟아집니다.

13년간의 시험을 분석해 정리한
'초초강추 어휘집' 제공!

최근까지 업데이트한 기출 어휘집을 제공합니다.

이 책을 권장하는 점수대	400 ┠┼┼┼┼┼ 500 ┠┼┼┼┼┼ 600 ┠┼┼┼┼┼┼┼┼┼┼┼┼┼┼┼┼┼┼ 900
이 책의 난이도	쉬움 ┠┼┼┼┼┼┼┼┼┼┼┼┼┼┼┼┼┼┼┼┼┼ 어려움

03740

9 791165 210151

ISBN 979-11-6521-015-1

초초강추 토익 RC 실전문제집
Crack the exam – 500 RC test book

가격 13,000원 (해설집 포함)